Couvertures supérieure et inférieure
manquantes

LA
POLITIQUE

SAINT-DENIS — I.F. CH. FAILLET, 17 RUE DE PARIS

Cie de rueffecement, l'edrucillenis
de D.L. a été envoyé aus
houbles.

LA
POLITIQUE

PAR

M. BLUNTSCHLI

DOCTEUR EN DROIT, PROFESSEUR ORDINAIRE A L'UNIVERSITÉ D'HEIDELBERG
CORRESPONDANT DE L'ACADÉMIE DES SCIENCES MORALES ET POLITIQUES, ETC, ETC

TRADUIT DE L'ALLEMAND ET PRÉCÉDÉ D'UNE PRÉFACE

PAR

M. ARMAND DE RIEDMATTEN

DOCTEUR EN DROIT, AVOCAT A LA COUR DE PARIS

PARIS
LIBRAIRIE GUILLAUMIN ET Cie

Éditeurs du *Journal des Économistes*, de la *Collection des principaux Économistes,*
du *Dictionnaire de l'Économie politique,*
du *Dictionnaire du Commerce et de la Navigation,* etc

RUE RICHELIEU, 14

1879

PRÉFACE DU TRADUCTEUR.

I

Ce volume ne nous était point encore parvenu lorsque nous publiions, en mai 1877, la *Théorie générale de l'Etat*. Il forme, comme nous l'avons dit, la troisième partie du grand ouvrage de M. Bluntschli sur l'État moderne. C'est pour obéir à un désir de l'auteur que nous l'avons traduit avant le second volume ou le *Droit public général*.

Son titre allemand : *Politik als Wissenschaft*, répond littéralement à *Politique comme science*. Si nous l'avons rendu simplement par *la Politique*, c'est que l'ensemble de l'œuvre et le nom de l'auteur indiquaient suffisamment le caractère scientifique de cette étude. Les 408 pages de notre traduction reproduisent intégralement les 630 pages du texte allemand.

Suivant M. *Paul Janet*, « la *science politique* est cette partie de la *science sociale* qui traite des fondements de l'État et des principes du gouvernement *a)* ».

C'est généralement dans un sens moins étendu que les auteurs allemands nous parlent de la politique envisagée comme science. Voyez avec quel soin *Robert von Mohl*, dans son grand ouvrage (*b*), distingue les sciences *sociales*, ou plutôt *de la société* (*Gessellchaftswissenschaften*) (*c*), d'avec les sciences *politiques* ou *de l'État* (*Statswissenschaften*), pour ranger la politique (*Statskunst*) parmi ces dernières, avec la théorie générale de l'État, le droit public et le droit des gens. Dans la langue de M. Bluntschli, la politique prend de même un sens plus précis, et s'oppose à ces trois dernières branches comme *art pratique* et comme *science du gouvernement*. Elle n'a pas à scruter les fondements de l'État ni à décrire ses fonctions. L'État existe, armé de ses organes ; le droit public est connu. L'*art* de l'homme d'État est de les mettre utilement en jeu ; l'objet de la politique comme *science*, de montrer l'esprit des institutions, les règles à suivre dans le gouvernement des peuples, l'activité de la nation dans l'État.

En conséquence, l'auteur étudie d'abord la politique dans ses rapports avec la morale, avec la légalité, avec les idées et les intérêts (L. I). Il nous place ensuite en présence des idées politiques modernes de liberté, d'égalité, de nationalité et d'humanité, qui sont les grands ressorts de toute la vie politique de nos États contemporains (L. II). Puis il nous montre, sous un titre peut-être trop large (L. III), l'importance des qualités individuelles et des qualités de race, du chiffre, de la densité et du groupement de la population, l'influence de l'esprit du temps. Plus loin, viennent les moyens d'action du gouvernement et de la nation (L. IV), les rapports de l'État avec la vie de l'esprit, religion, science, art (L. V), et la politique des diverses constitutions modernes (L. VI, VII, VIII et IX). Enfin le livre X est consacré à la politique de la législation, le livre XI à celle de l'administration, le livre XII et dernier aux partis politiques.

---

a) Diction. général de la politique de Bloch, v° *Politique*
b) Mohl, *Geschichte und Litteratur der Statswissenschaften*, 1, 102.
c) Notre expression *sciences sociales* est très-large. C'est que nous distinguons moins nettement la *société* d'avec l'*État*, les *sciences sociales* proprement dites

II

Ce cadre ne contient-il pas une lacune grave? Peut-être. Il semble qu'il oublie la politique internationale, pour ne s'occuper que de celle de l'État particulier. Cette lacune est d'autant plus surprenante qu'on devait moins l'attendre de l'auteur. Sa *Politique* ne contient guère qu'une page, excellente d'ailleurs, sur la politique étrangère; le chapitre IV, livre II, *Nationalité et humanité (internationalité)*, est le seul qui s'en occupe. Elle méritait davantage.

Par un progrès remarquable des relations humaines, la paix est aujourd'hui l'état quasi-permanent des nations (a). Ne peut-on pas se féliciter hautement quand l'on considère qu'une guerre de la France avec l'Angleterre, l'Espagne ou l'Italie, avec presque tous ses voisins, est une éventualité hors de prévision? Les guerres entre États européens sont devenues plus rares que les dissensions intestines des Cantons suisses formant l'ancienne Alliance perpétuelle. Les peuples de l'Europe sont unis par tant de liens, leurs intérêts sont tellement solidaires, qu'ils forment une véritable confédération à l'état latent, n'attendant qu'un moment propice ou l'impulsion d'un grand homme pour se traduire en acte (b).

avec les sciences *politiques* (comp. *Théorie générale*, ch. *La société*, III, 5). La définition de M. Janet est trop étroite si elle s'applique à toute la science politique (*Staatswissenschaft*), trop large si elle ne vise que la politique (*Staatskunst*) *comme science*

a) Les années de guerre des divers États sont aux années de paix comme un est à vingt.

b) On nous signale au dernier moment trois articles importants publiés par M. Bluntschli dans la revue *die Gegenwart* (9 et 23 février, 2 mars 1878) sous le titre *die Organisation des europäischen Statenverein* (un système de confédération européenne), et dont voici la conclusion : « J'ai la confiance qu'à une date peu éloignée, un ou plusieurs des grands hommes d'État du continent entreprendront de réaliser une organisation de ce genre. L'œuvre est beaucoup plus facile que la fondation de l'empire allemand. » — M. le professeur Lorimer, qui apprécie ces articles dans une lettre adressée à l'*Albany Law Journal* (13 avril 1878), dit à ce sujet : « Ceux qui connaissent les rapports de Bluntschli avec l'empire allemand et le grand chancelier seront probablement d'avis qu'un problème dont il est ainsi parlé n'est pas loin d'entrer dans la sphère des négociations diplomatiques. »

Pourquoi faut-il cependant, en présence de la vivacité de ce sentiment général, que les gouvernements oublient la mission civilisatrice de l'Europe et de la race aryenne? N'était-ce pas à un maître comme M. Bluntschli de la leur rappeler? Leurs buts sont mesquins, leurs ambitions égoïstes. Ils s'observent, se jalousent, s'envient, et écrasent les peuples par leurs armements. Ils semblent incapables de coopérer à un grand but commun, de s'émouvoir pour une grande idée. Le moyen âge avait été plus généreux. Une question de prépondérance dynastique ou militaire peut encore mettre l'Europe en feu. Mais que les dynasties y prennent garde ! On ne méconnaît pas impunément ses grands devoirs ! Les intérêts évidents de la civilisation peuvent seuls aujourd'hui légitimer la guerre.

L'Angleterre semble être la nation qui a le mieux compris cette grande mission. Si tous les États de l'Europe avaient aussi bien accompli leur tâche, la barbarie aurait disparu du monde entier. Encore aujourd'hui, aucun ministre ne sait unir au même degré que le noble Disraeli la politique idéaliste et la politique des intérêts, ni en exprimer les aspirations et les buts dans un langage plus élevé.

III

Les oppositions ingénieuses des qualités de race et des qualités individuelles (chap. I, l. III), sont peut-être la partie la plus originale de ce volume. Elles appartiennent à ce cercle d'idées psychologiques appliquées aux sciences politiques, qui a enfanté l'œuvre un peu bizarre des *Études psychologiques sur l'Église et l'État* (a). Mais elles évitent les écarts de celles-ci, et mettent en relief plusieurs vérités fécondes. Ainsi, elles montrent parfaitement l'importance des qualités de race en face

a) « Cette suprême folie d'un homme intelligent » suivant l'expression de R. v. Mohl, o. c. I, 259 Comp. *Théor. génér.*, p. 64.

des qualités individuelles. Les premières sont visibles, facilement reconnaissables; car c'est la famille, la naissance, le rang, la situation qui les constituent, ou qui du moins les font présumer. Les secondes au contraire ont besoin de se révéler pour être connues; elles sont ignorées tant que l'individu n'a pas prouvé sa valeur personnelle dans les actes. Les qualités de race forment donc des présomptions de capacité, dont le sage politique se gardera de méconnaître la valeur.

Mais c'est surtout dans la fondation et le maintien des États que la *volonté de race* joue un rôle capital. En effet, qu'est-ce que la *volonté générale* qui fonde ou garde l'État, sinon la *volonté de la race humaine*, volonté innée et *nécessaire*, et qu'on peut assimiler à la *sociabilité* en tant qu'elle force l'homme à vivre, non pas dans tel État, mais dans l'État? De même, la volonté générale qui fonde ou maintient l'État français ou l'État anglais, est-elle autre chose que la volonté *naturelle* (non pas nécessaire) *de la race anglaise ou française?* Celle-ci s'identifie en quelque sorte avec le *patriotisme*. Elle se transmet *naturellement* avec le sang ou par l'habitude et l'éducation, mais elle peut s'acquérir par toute autre voie, et se rencontrer même chez un étranger, un naturalisé par exemple. Enfin, et d'une manière plus large, la communauté de l'espèce n'est-elle pas la source, la condition indispensable de toute *volonté générale* et de l'expression suprême qu'elle reçoit dans l'État? Que cet élément central, ce lien commun, vienne à disparaître, que nous soyons en face de volontés purement individuelles et divergentes, et c'en est fait de l'unité et de l'existence de l'État.

Mais comment reconnaître cette volonté générale? Ici le problème est plus complexe, et peut-être la solution donnée par l'auteur n'est-elle pas entièrement satisfaisante « Nous la reconnaissons, dit-il, par la contradiction même qui est en nous, toutes les fois que nous voulons égoïstement une chose qui viole la nature commune (p. 73) ». Suffira-t-il donc que ma volonté soit entièrement désintéressée pour constituer une volonté générale? L'absence de toute contradiction dans mon for intérieur me sera-t-elle un sûr garant de l'excellence de mes intentions? Oui, sans doute, s'il s'agit des principes les plus

simples du droit naturel, par exemple tu ne voleras point,
tu respecteras ton père, tu es né sociable. Ceux-là sont les mêmes
chez tous. Non, évidemment, dès que la question se complique
de circonstances accidentelles d'utilité ou d'opportunité, comme
c'est le cas pour la plupart des questions politiques. Aussi
nous est-il difficile de suivre notre auteur dans l'exemple qu'il
cite : « César, dit-il, veut régner dans Rome, et Brutus veut le
tuer. Il se peut que ces deux volontés ne soient qu'individuelles.
Mais, si l'une est la volonté générale de Rome, c'est-à-dire de la
nation romaine, il est impossible que l'autre le soit également. »
D'accord, disons-nous; et même, ici, c'est l'esprit *humain*, donc
de race, qui, de déduction en déduction, formulera la conclusion.
Mais cette conclusion raisonnée peut-elle être simplement rappor-
tée « à la conscience par qui Dieu parle à l'homme, à la nature
humaine qui manifeste sa moralité ? » (Voy. p. 73.) Nous en doutons fort. C'est là une question de politique pratique à résoudre
par l'étude et la réflexion, suivant les circonstances, bien plus que
par l'interrogation désintéressée de la conscience. César peut se
tromper de la meilleure foi du monde, et Brutus encore davantage.

IV

Nos grandes constitutions représentatives sont une des plus
belles conquêtes de notre histoire contemporaine. L'imagination
s'exalte quand elle considère toute la fécondité des résultats qui
découlent de leur principe. L'édifice politique peut maintenant
croître et se développer indéfiniment sans cesser d'être un. Plus
même il grandira, plus ses lignes seront majestueuses et harmo-
niques. Un grand État représentatif devient de plus en plus l'expression de la conscience humaine dans ce qu'elle a de plus
élevé, et ne peut poursuivre qu'un idéal de justice et de vérité (a).

a) Une principauté minuscule comme Monaco peut seule demeurer une maison
de jeu. — Est-il un seul État moderne qui osât encore faire de la fausse monnaie?

Mais ces grandes constructions ont une base commune, le suffrage ; et l'organisation du suffrage est ainsi redevenue de nos jours, comme elle l'était dans les républiques antiques, et même à un plus haut degré, l'une des questions fondamentales de la politique des constitutions.

Toutes les faveurs de l'opinion sont aujourd'hui pour le suffrage universel ; les masses le réclament avec passion ; les esprits réfléchis eux-mêmes ne peuvent lui refuser leur adhésion.

Gardons nous de blâmer cette tendance ! Elle est excellente, en tant qu'elle veut associer tout le monde à la chose publique ; qu'elle élève l'esprit politique des grandes classes populaires ; qu'elle leur donne conscience de leur valeur et leur fait estimer la dignité de citoyen.

Mais le suffrage universel doit-il être, en outre, *égal* ?

Les nations modernes, jeunes encore, ont souvent ici accepté d'enthousiasme une solution simple et radicale à la fois : tout national mâle, âgé de plus de 20 (ou 21) ans, vote, et n'a jamais qu'une seule voix.

Cette égalité mathématique, cette dure assimilation des situations si variées de la vie, se justifie t-elle au même degré ? faut-il donc qu'il n'y ait qu'une seule règle, une seule loi, mesure unique pour toutes les tailles ? De bons esprits, et des plus éclairés, *Stuart Mill* entre autres, ne l'ont pas cru, et M. Bluntschli est de ce nombre.

En effet, quel est le but à atteindre ? Tous nous voulons que les chambres soient l'expression de la pensée et de la raison nationales. Mais faut-il pour cela donner la prépondérance aux jeunes gens à peine échappés de tutelle, sans expérience, sans situation, sans fortune ? n'est-ce pas renverser l'échelle naturelle ? manquer le but en le dépassant ? inspirer du dégout aux classes cultivées, qui ne retrouvent pas dans le cadre politique la considération dont elles jouissent dans la société ? provoquer ainsi l'abstention des meilleurs éléments ? Étrange procédé qui, dans une question aussi délicate et aussi compliquée, ne considère qu'un seul facteur, l'âge de 21 ans, pour annuler tout ce qui est au-dessous, pour assimiler tout ce qui est au-dessus. C'est simple sans doute, mais n'est-ce pas un peu brutal? Et Servius Tullius, il y a deux mille ans, n'était-il pas un politique plus sage quand, par son immortelle constitution du cens, il fondait la grandeur de Rome? Nos lois electorales seraient un danger permanent si elles n'étaient un peu corrigées par la longueur du mandat de député, qui permet à nos honorables de trouver des accommodements avec les exigences de leurs électeurs

Une bonne organisation du suffrage est une science de proportion, qui doit se baser sur la statistique, l'histoire et la nature du pays, le but et l'esprit de sa constitution. Nous admettons volontiers que chacun puisse voter, mais nous demandons que chacun le puisse suivant ses mérites et sa valeur pour l'Etat. Telle est la seule égalité raisonnable. Or, trois grandes considérations peuvent entrer partout dans la juste distribution du suffrage, l'âge ou l'expérience, la profession ou l'intelligence, la fortune ou l'importance, et l'on concevrait très-bien que chacune de ces conditions donnât une voix en sus, en telle sorte que celui qui les réunirait toutes pourrait avoir jusqu'à quatre voix.

Cette proportionnalité peut-elle choquer personne? Non, ce nous semble. L'homme du peuple, âgé de 30 ou 35 ans, généralement établi ou père de famille, à qui l'on donnerait deux voix, pourrait-il se plaindre d'être placé sur la même ligne que l'avocat, le magistrat, l'ingénieur ou le médecin de 25 à 30 ans? Il se sentira plutôt relevé dans sa dignité d'homme mûr et de père de famille, par cette assimilation qui le tire de la foule des jeunes, et le place au-dessus des fils de famille oisifs ou sans profession.

L'équité ne réclame pas moins énergiquement la représentation des minorités. Les moyens d'y parvenir sont nombreux, et plusieurs d'entre eux ont déjà subi l'épreuve d'une certaine expérience (voy. l. X, ch. III). Enfin, il est à désirer que les circonscriptions électorales soient basées sur les divisions naturelles du pays ou, mieux, sur les *unions organiques*, comme dit M. Bluntschli; et peut-être serait-il bon que personne ne pût voter sans avoir reçu une sorte de *confirmation civique* qui assurât dans une certaine mesure sa capacité et lui rappelât ses devoirs envers l'Etat (voy. l. X, ch 1).

Nous sommes persuadé que c'est à ce système de *classes*, à cette sage proportionnalité, à cette justice distributive qu'appartient l'avenir. Une raison politique plus mûre, une expérience plus grande des ressorts du régime représentatif, nous conduiront sans doute à une organisation du suffrage équitable et savante, qui, par ses règles souples et multiples, donne à chacun sa véritable place dans l'Etat

Nous n'en voulons pour garants que les résultats du suffrage égal actuel. A Berlin, on lui présente Moltke, et il nomme à une majorité écrasante un radical de bas étage. A Paris, il semble prendre à tâche d'éliminer les aînés de la nation.

V.

Léguée par l'antiquité classique aux âmes d'élite, engendrée à nouveau et conservée pendant des siècles par la Suisse seule, sous l'égide de sa forteresse alpestre et en face de l'absolutisme général, l'idée républicaine est aujourd'hui redevenue une puissance. En conquérant la France, elle a décuplé ses forces. Depuis la Rome antique, elle n'avait pas eu la fortune de s'incarner sous d'aussi favorables auspices dans une grande nation du continent. Elle ose saluer sa conquête comme l'aurore de sa résurrection

L'Europe attentive considère avec intérêt cette troisième épreuve de la république en France, décisive peut-être pour elle-même. Qu'elle échoue, et la Suisse reprendra pour longtemps son rôle solitaire. Qu'elle réussisse, et *probablement* la seule influence de son principe transformera l'Europe.

Peuples et dynasties le sentent bien, et cette situation est à la fois pour la France un honneur et un péril. Il serait presque dangereux de la mettre en relief, si elle n'était aussi sympathique aux masses qu'elle l'est peu aux princes. La politique de la France n'en doit être que plus prudente. Si elle prétend semer le germe fécond, qu'elle laisse aux temps le soin de le mûrir.

M. Bluntschli cependant croit cette transformation générale *peu probable*, et il en donne sobrement les raisons (l. VIII, ch. iv). Mais pourquoi, dans l'étude de cette question, ne signale-t-il même pas l'importance de la nouvelle république? Est-ce qu'il ignore la puissante action des idéals français sur les formations politiques de l'Europe? Est-ce qu'il ne voit pas quels ardents rayons un foyer républicain comme la France répand forcément autour de lui? Non certes, car il a lui-même souvent placé la France au premier rang des nations civilisatrices. Son silence ne peut donc s'expliquer que par une certaine défiance contre la stabilité de nos institutions actuelles. Aussi ne s'en occupe-t-il que pour réserver son jugement (l. VIII, ch. ii).

Sans doute, la jeune République française s'est maintenant affirmée par huit années de tranquillité relative. Elle a libéré le territoire, et elle vient d'inaugurer avec dignité la neuvième année de son règne en nommant sans encombre son troisième président. La sécurité semble parfaite. Nos fonds publics n'ont jamais été plus fermes. Rien de pareil dans l'histoire depuis des siècles.

Et cependant les esprits réfléchis, même sympathiques à la forme républicaine, n'osent encore saluer son avénement. C'est qu'elle est en réalité bien plus menacée par l'effervescence du dedans que par l'hostilité du dehors. Elle n'a point encore su rallier autour d'elle un grand parti conservateur de gouvernement, et le suffrage universel égal, source unique de toutes ses autorités, peut faire craindre tous les excès.

Reconnaissons du moins combien son rôle pourrait être beau, si, par sa forte sagesse et sa modération, elle devenait lentement et organiquement le gouvernement initiateur des États de l'Europe vers un idéal nouveau, fondé sur la paix.

VI

Rien de plus intéressant que l'étude de M. Bluntschli sur les partis politiques Comme il renverse avec vigueur la savante théorie et les habiles formules du célèbre *Stahl*, comme il raille finement les enfantillages des radicaux, les manies de l'absolutiste, comme il sait mettre en relief les brillantes qualités du type libéral, la grandeur d'ame et la solide raison du type conservateur ! La théorie de *Rohmer* nous parait profondément saine et vraie, et tout homme politique peut en faire son profit. Elle n'était guère connue en France que par une succincte analyse insérée au dictionnaire politique de M. Block. Je la regarde comme le joyau de ce livre, et je suis heureux de la reproduire, je crois, pour la première fois en français (a).

Jetterons-nous un coup d'œil, à la lumière de ses principes, sur nos partis politiques actuels. Trois partis sont puissants en France les radicaux, les absolutistes et les libéraux. A eux le pouvoir, les organes de la presse, l'opinion. Quant au vrai parti conservateur, à ce type sévère de raison virile et sagement progressive, de respect sans préjugé des traditions et du droit, de grande diplomatie, tel que nous le présente le sénat romain ou les tories anglais, je suis frappé du petit nombre de ses adhérents, de la faiblesse de ses organes et de ses chefs : on dirait une lacune. Qui n'est pas dans le camp des libéraux et des radicaux passe, presque sans transition, dans celui des absolutistes. Où faut-il en chercher la cause ? Est-ce dans la mobilité du caractère français, porté aux extrêmes ? Est-ce dans la raideur du catholicisme, qui n'admet pas de terme moyen et pousse nos meilleurs esprits vers le libéralisme ? Est-ce dans nos révolutions, qui ont mis en présence trois dynasties rivales, et rejeté nombre d'esprits sensés dans la réaction ? Ces deux dernières causes sont les plus immédiates sans doute. On peut remarquer,

a) La Bibliothèque nationale ne possède pas l'ouvrage de Rohmer, ni dans le texte ni dans la traduction.

d'une part, que *Guizot*, notre plus éminent conservateur depuis 1830, est un protestant, et que *Thiers*, né et mort, dit-on, catholique, est le plus éminent libéral de la même époque ; de l'autre, que d'honorables scrupules groupent encore les meilleurs éléments conservateurs autour des dynasties tombées, et en font ainsi un parti mêlé, plus dynastique que vraiment politique, divisé contre lui-même, et impuissant à rendre au pays les services qu'on pourrait en attendre. Il semble difficile, en France, d'être conservateur sans se mettre à la remorque d'intérêts religieux ou dynastiques ; il est difficile, en soi, de le demeurer en s'y mettant. Comme le dit très bien M. Bluntschli : les partis religieux, dynastiques, constitutionnels, ne sont point des formations politiques pures.

En Angleterre, en Allemagne, en Suisse, ces difficultés n'existent pas, du moins au même degré. Elles semblent être l'apanage des pays catholiques. Actuellement, partout dans ceux-ci les libéraux sont au pouvoir ; ainsi de la Belgique, de l'Autriche, de l'Espagne, de la France, de l'Italie. Dans ces trois dernières, les éléments conservateurs sont en outre brisés ou paralysés par des querelles dynastiques. Rien de semblable en Angleterre et en Allemagne. Ce sont les conservateurs qui y gouvernent, et de là sans doute les succès de leur politique étrangère. Quant à la Suisse, gouvernée depuis 1848 par un libéralisme modéré, les dernières élections viennent d'y renforcer considérablement le parti de la sagesse conservatrice.

Et cependant, en France, comme dans tout pays latin, la faiblesse des éléments conservateurs n'est qu'apparente. Ils y subsistent à l'état latent, nombreux, puissants même. Ce qui leur manque, c'est la cohésion, l'unité, un programme défini, peut-être un grand politique qui puisse s'en faire le chef. On les verrait aussitôt devenir, comme ailleurs, le meilleur parti de gouvernement.

VII

Si nous avions à définir le caractère de l'œuvre de M. Bluntschli, maintenant que nous la possédons tout entière, nous

dirions volontiers qu'en politique, ses tendances sont conservatrices, qu'en religion, elle appartient au protestantisme libéral,
à la libre pensée

Ses tendances conservatrices sont incontestables Nous les
avons déjà signalées dans notre préface de la *Théorie générale*.
L'auteur a le respect des traditions ; il sait comprendre la valeur
des éléments aristocratiques Dans sa *Politique*, nous le voyons
tour à tour montrer les limitations nécessaires de l'égalité et de
la liberté, relever l'importance des qualités de race, demander
l'alliance des idées aristocratiques et des idées démocratiques et
la réforme du suffrage égal, fonder les élections sur les *classes*
et les *unions organiques* Enfin, sa théorie des partis politiques
assimile le conservateur à l'homme mûr dans la plénitude des
forces, et lui donne ainsi le premier rang.

Mais, en religion, la raison indépendante de l'auteur se prononce nettement contre le dogmatisme traditionnel. S'il garde
ses plus vives attaques pour le catholicisme, au fond, il ne ménage pas plus l'orthodoxie protestante que l'orthodoxie catholique. Il repousse le miracle, et ne conserve du christianisme que
sa doctrine morale (p. 151 et suiv.). La diversité des croyances
lui paraît un bien plutôt qu'un mal, au moins dans ce
volume (p. 31). Certaines de ses formules sont même panthéistes (p. 154), mais sans doute elles dépassent sa pensée. Sa
théologie paraît être celle de *Laurent*, du Dieu « immanent et
personnel, » qualités difficilement conciliables quand on les
place sur la même ligne, et qui mènent au panthéisme ou à la
théologie chrétienne dès que l'on fait prédominer l'une d'elles.

VIII

M Laurent et M. Bluntschli sont peut-être les publicistes contemporains qui ont écrit les ouvrages les plus considérables sur
le droit public général et le droit des gens. Ces deux célèbres
amis ont plusieurs traits de ressemblance. Tous deux repoussent le christianisme dogmatique ; tous deux sont épris de liberté

religieuse et politique, tous deux acclament l'essor de la société
moderne. Mais l'un est plus sobre, plus systématique, plus profond. Ses tendances et sa manière sont conservatrices, et c'est le
droit public qui est le centre de son enseignement. L'autre est
ardent, abondant, exubérant, plein de répétitions, critique plus
hardi mais moins sûr. Il appartient à l'école libérale et démocratique, et c'est de l'histoire qu'il a fait son piédestal. Aussi le
grand ouvrage de M. Laurent compte-t-il 18 volumes (a), tandis
que les études politiques de M. Bluntschli n'en ont que trois,
cinq, si l'on y ajoute son *Droit des gens codifié* et son *Histoire du
droit public au xvie siecle*.

Les *Etudes de Laurent sur l'histoire de l'humanité* sont remarquables à plus d'un titre : richesse des matériaux rassemblés,
facilité et chaleur du style, hardiesse et nouveauté des points de
vue, franchise éclatante de l'allure. L'auteur s'affirme hautement deiste, il admire le gouvernement de la Providence; il
combat généreusement le matérialisme. Sa bonne foi et sa conviction ardente se reflètent à chaque page. S'il se trompe, c'est
certainement sans s'en douter. Il semble qu'il accomplisse une
mission, qu'il ait eu sa vision dans le prodigieux travail auquel il s'est livré dans la nuit du passé, et qu'il en revienne,
nouveau prophète, pour dissiper les ombres qui couvraient avant
lui la vérité. Que dire de son retentissant ouvrage *Le Catholicisme et la Religion de l'avenir* (xvie et xviie vol. des *Etudes*)? Avec
quelle puissance de bon sens et de raisonnement il s'attaque aux
vieilles traditions! avec quelle énergie il revendique les droits
de la raison comme il signale les fautes de l'orthodoxie! Jamais
vieux professeur de droit n'a gardé une aussi intrépide jeunesse.
On dirait que Laurent, né catholique, a longtemps souffert des
bandelettes sacrées qui comprimaient ses membres; il ne peut
maintenant les arracher avec assez de violence ni les jeter assez
loin de lui. Sa liberté reconquise devient presque son unique
passion, et il frappe en tous sens, pour se convaincre qu'il la
possède sans entrave.

a) Etonnante fécondité : Laurent a écrit en outre 35 volumes sur le droit
civil !

Mais, hélas! comme tous les démolisseurs, puissant à ruiner,
il est faible à reconstruire. Il avait lui-même prévu l'éternel
reproche : « Nous n'avons rien fait, » s'écrie-t-il, « tant que
nous n'aurons pas reconstruit. » Et il se met courageusement à
l'œuvre (XVII, p. 647). Mais que nous donne-t-il à la place des
solutions chrétiennes qu'il repousse? Comment comble-t-il le
vide immense? Son Dieu « personnel et immanent » ne satisfera
point les peuples Cette formule, qui essaie de trouver un terme
moyen entre le panthéisme et le vieux Dieu chrétien extérieur
aux choses, s'efforce en vain d'être claire. La personnalité de
Dieu se sauve avec peine de l'immanence qui l'engloutit, et
l'auteur n'arrive à rien qui soit un progrès sur les formules connues. Qu'est-ce d'ailleurs que cette vie « progressive indéfinie, »
qu'avec *Leroux* et *Reynaud* il nous promet après la mort dans je
ne sais quelle planète et sous je ne sais quelle forme? Conceptions de l'imagination qui ne pourront jamais constituer une foi.
Les formules de la vie future peuvent être imposées au nom
d'une révélation divine. Adressées à la simple raison, elles ne
peuvent rien préciser sans faire naître des sourires sceptiques,
et si elles ne précisent rien, peuvent-elles être une religion?
M. Bluntschli a du moins compris la vanité de ces systèmes ;
il n'a garde de s'y engager, et il montre sans doute la supériorité de sa raison pratique, quand il nous dit (p. 158 et 159)
« que l'État a le devoir inexcusable de veiller à la conservation
de la religion chrétienne, qui lui assure tant d'avantages, *aussi
longtemps* que nulle science et nulle autre religion n'auront
acquis sur les grandes classes populaires une autorité aussi générale et aussi persistante »

IX

Ces temps sont encore loin de nous, s'ils arrivent jamais. Et
cependant, que de changements depuis deux siècles! Il y a deux
siècles, les théologiens protestants de Tubingen condamnaient,

au nom de la Bible, Képler et ses découvertes, et la mère de ce
grand homme, poursuivie comme sorcière, échappait à grand'-
peine au bûcher. Descartes s'en allait penser en Hollande. Rome
brûlait Giordano Bruno et persécutait Galilée. Aujourd'hui,
c'est un gouvernement libre-penseur, enrichi des dépouilles de
Saint-Pierre, qui siége a Rome, les théologiens de Tubingen,
F.-C. Baur à leur tete, sont les chefs de l'école rationaliste de la
critique historique des Livres Saints; et M. Renan, professeur
de l'État français, breveté par la « Fille aînée de l'Eglise » comme
le plus apte a parler des antiquités hébraïques, nous enseigne
semi-officiellement que Jésus-Christ est un homme, que ses miracles sont des hallucinations ou des légendes!

X

· Les idées religieuses de M. Blunstschli ont-elles toujours été
les mêmes?

En 1838, la république de *Zurich* était le siége d'un événement trop peu remarqué dans l'histoire des idées. *Strauss* venait
de publier sa *Vie de Jésus.* Le gouvernement zurichois l'appela à
la chaire de théologie de son université. Aucun État sans doute ne
s'était encore montré aussi hardi. Aussi cette nomination engen-
dra-t-elle un orage. Malgré un remarquable discours de M. Bluntschli, les partisans de Strauss l'emportèrent dans le *grand conseil.*
Mais le peuple, plus chrétien que ses autorités, s'émut de leur
décision. Une révolution eut lieu, dont M. Bluntschli était l'un
des chefs. Les campagnards armés entrèrent dans la ville en
chantant des psaumes; le gouvernement radical fut renversé, et
Strauss écarté avec une pension d'indemnité (a).

M. Bluntschli pouvait être rangé à cette époque parmi les
protestants orthodoxes. Il ne peut plus l'être aujourd'hui. Une

a) Baumgartner, *die Schweiz von 1830 bis*, 1850, II, p. 315 et suiv.

évolution semblable à celle qui s'est opérée dans le cours des siècles à Rome et à Tubingen, s'est lentement produite dans l'esprit du penseur.

XI

Nous constatons le fait, sans lui en faire de reproche. Cette incrédulité n'est-elle pas le trait caractéristique de l'école contemporaine, le souffle de l'esprit des temps? Tous tant que nous sommes, qui cherchons le vrai par l'étude, nous en ressentons les atteintes, quelle qu'ait été la force de notre éducation chrétienne, de nos convictions de jeunesse, des mille liens qui nous enchaînent, de famille, de traditions, d'habitudes, de doux souvenirs.

Le vieux cadre du christianisme dogmatique semble partout se briser. En vain s'efforce-t-on d'adapter la Bible aux membres gigantesques du cosmos moderne. Le vêtement étroit craque de toutes parts, et laisse à découvert l'infinité des temps préhistoriques et l'infinité des distances et des mondes.

Il semble qu'il y ait divorce entre la foi traditionnelle et la science. Nous ne pouvons ici exposer les systèmes. Citons les hommes; n'est-ce pas recourir au principe d'autorité? L'Université française, dans son ensemble, paraît acquise à la libre pensée. Sans doute, elle met des ménagements dans l'expression officielle de ses opinions. Ses chaires de théologie sont occupées par des ecclésiastiques, qui ne peuvent aller contre le dogme reçu. Du jour où elles seraient confiées à des laïcs, l'Écriture sainte nous serait probablement expliquée à la manière de l'école de Tubingen. Les autres chaires n'ont à s'occuper de critique religieuse qu'incidemment. Mais les œuvres des maîtres parlent assez haut. On dirait qu'ils se dédommagent dans leurs écrits de la retenue qui leur est imposée dans leurs cours. Malgré des réticences prudentes et calculées, le remarquable *Dictionnaire des sciences philosophiques* de M. A. *Franck*, qui parle de toutes les philosophies, excepté de la philosophie chrétienne (a), et qui peut être considéré comme l'œuvre collective de l'Université, est certainement un produit du rationalisme; il essaie d'être déiste a la façon de Cousin. La jeune école italienne, la majeure partie de l'école belge avec Laurent, sont dans le même esprit. Que dirai-je de la science allemande? Allez a la Bibliothèque nationale, ouvrez au mot *Gottmensch* (Homme-Dieu) la grande encyclopédie d'*Ersch et Gruber* dédiée au roi de Saxe Frederic-Auguste, et qui se trouve a la disposition du public comme un ouvrage classique. L'article se termine ainsi « A la fin du xviiie et au commencement du xixe siècle, la divinité de Jesus-Christ ne comptait plus parmi les théologiens allemands de défenseur qui mérite d'être nommé » (b)! Or, la science est la plus haute expression de la raison logique

Il semble qu'il y ait divorce entre la foi traditionnelle et les gouvernements. Peut-être est il moins éclatant dans les pays protestants, qui peuvent plus facilement faire montre d'orthodoxie. Mais en France, en Autriche, en Italie, en Suisse, c'est la libre pensée qui est au pouvoir. Or, qu'est-ce que le gouvernement dans nos grandes institutions représentatives, si ce n'est l'expression de l'opinion dominante et la plus haute manifestation de la raison pratique?

Il semble qu'il y ait divorce entre la foi traditionnelle et la poésie. Je ne cite que les grands noms. Musset, Lamartine, Hugo, en France; Gœthe et Schiller, en Allemagne, Byron, en Angleterre. Tous ont rompu les chaînes du traditionalisme pour s'élancer vers leurs idéals; et s'ils ont aussi chanté les anciennes croyances, c'est comme les chantaient les poetes du siecle d'Auguste, Virgile dans l'Énéide, Ovide dans les Fastes et les Métamorphoses. Parlerai-je du théâtre et du roman modernes? Or, la poésie et les lettres sont la plus haute expression du sentiment.

Bien plus, malgré la puissante influence que le christianisme garde encore sur nos mœurs, il y a souvent divorce entre la foi traditionnelle et les masses. Les temples chrétiens sont désertés par

---

a) On y trouve le mot *bouddhisme*, mais le mot christianisme n'y figure pas
b) *Ohne jede namhafte Vertretung* — C'est là une exagération certaine

les hommes, les sacrements sont délaissés. Si la foule vient encore a certains offices, à certaines cérémonies du culte, c'est affaire de convenance ou d'habitude, ou pour satisfaire un indestructible besoin de prier et de croire. On va à la messe faute de mieux. Ce n'est pas la foi traditionnelle qui y pousse. Or, les masses sont l'expression suprême de l'instinct.

Nous n'avons pas changé le tableau. Nos prédicateurs et nos évêques nous le peignent sous des couleurs aussi sombres. Comment donc pourrions-nous faire un reproche à M. Bluntschli de son évolution dès longtemps consommée? Il a respiré l'air de son siecle; il a subi les influences de cet esprit du temps, qui, suivant sa brillante comparaison, est le souffle puissant par lequel Dieu conduit de loin la grande marche de l'histoire universelle et pousse incessamment le genre humain en avant.

M. Bluntschli aurait cependant pu rendre plus de justice au catholicisme. Qu'il déteste les Jésuites et le marque à toute occasion, nous nous y attendions, et c'est une tendance trop commune pour que nous la relevions. Mais, étrange contradiction! Lui qui poursuit comme un but sublime l'ordre et l'unité politique du monde dans l'État universel, comment peut-il placer son idéal religieux dans une diversité sans lien commun, sans ordre, sans unité (p. 31) (a)? Il faut donc que nous ayons autant d'Églises qu'il y a d'opinions, de rêveries ou de sentiments, et chacune avec son christianisme, qu'elle prétendra le seul bon? Cette diversité ne sera-t-elle pas bientôt divergence, puis désordre, hostilité, lutte armée peut-être? La conscience moderne ne demande-t-elle pas avec bien plus d'énergie l'harmonie des croyances religieuses que l'organisation politique du monde? L'Église a-t-elle moins de droit que l'État à embrasser le genre humain? Sachons le reconnaître. Même, au point de vue purement naturel, et malgré bien des scories, le catholicisme, avec son caractère universel,

a) Avec cette diversité, l'Église peut-elle demeurer une communauté universelle, comme le demande la *Théorie générale?* (P. 23 et 26) Et si c'est la science qui doit remplacer la Révelation, comme on peut presumer que le veut l'auteur par un chapitre de son *Droit public général* (I VI, ch. XII, l'*Academie*), pour qu'il y ait communauté universelle, ne faudra-t-il pas substituer le dogme scientifique au dogme révélé?

porte encore sur son front la plus belle des devises religieuses,
et l'Église romaine, avec ses larges et puissantes assises et les
lignes magistrales de son architecture, est encore le plus majes-
tueux des édifices religieux qu'il soit donné à l'homme de con-
templer. Essayez donc de lui en comparer aucun autre!

Cette digression se rattache-t-elle à notre sujet? Nous le
pensons. La question religieuse est aujourd'hui la question brû-
lante de la politique elle-même. « Sommes-nous encore chrétiens? » se demande le célèbre Strauss dans sa *Confession* dernière. Non, répond-il avec son esprit ardent de négation. Il se
trompe, sans doute. Les principes du christianisme gardent sur
notre vie entière une influence dont M. Bluntschli lui-même
reconnaît la puissance et les bienfaits. Mais resterons-nous les
chrétiens de la foi traditionnelle? Le symbole de Nicée est-il le
suprême et dernier concept de l'humanité? Une réforme fondamentale ne s'impose-t-elle pas avec urgence? Se fera-t-elle par
l'Église elle-même, ou l'État sera-t-il obligé d'intervenir? Notre
époque n'a pas de plus grave question à résoudre. Ce sera son
honneur de l'avoir posée hardiment, et, au milieu de contro-
verses ardentes, d'avoir aussi su l'examiner avec calme et
science.

Quant à nous cependant, si, en rompant bien des liens aimés,
nous avons eu quelque désir de poursuivre le vrai, c'est avec
sérénité que nous voulons envisager ce grand mouvement des
esprits, ces fouilles, ces travaux, ces efforts palpitants, qui certes
ont leurs racines premières bien loin dans le passé, — les contes-
tations sont aussi anciennes que les affirmations, — mais qui semblent avoir atteint leur apogée de nos jours. Nous ne sommes
point de ceux qui crient au péril social, à la ruine de la religion, à
l'abomination des temps présents. Malgré ses fautes, notre époque
est plus intelligente, plus heureuse, meilleure même qu'aucune
autre antérieure. Jamais le bien-être, la sécurité, la liberté individuelle n'ont été plus grands. Nous saluons avec respect ce grand
siècle des découvertes scientifiques, du commerce des hommes,
de la critique profonde, de la pensée hardie du travail obstiné,
de la liberté constitutionnelle, de la raison virile. Les efforts de
l'humanité moderne sont nobles, généreux, sincères, et ne

peuvent tourner qu'au triomphe de la vérité. Nous ne regrettons ni le moyen âge gothique, ni les siècles vantés de la foi primitive. L'âge d'or, s'il existe, n'est pas derrière nous, mais devant nous.

A. DE RIEDMATTEN.

Paris, 20 février 1879

OBSERVATION. — Les notes indiquées par une lettre alphabétique sont du traducteur, celles indiquées par un chiffre sont de l'auteur. Les passages entre [ ] sont également des adjonctions ou des éclaircissements du traducteur.

PRÉFACE DE L'AUTEUR.

———

Ce n'est pas sans quelque appréhension que je publie ce livre, fruit le plus mûri d'une longue vie consacrée à la science et à la pratique de la politique. Quelques-uns de ses chapitres ont déjà paru dans le *Dictionnaire allemand de droit public* (*Deutsches Statswörterbuch*) et ailleurs. Mais ils se présentent eux-mêmes ici sous un nouveau jour par leur liaison avec l'ensemble.

Cette étude m'appartient davantage et révèle mieux ma pensée intime que les deux premières parties, depuis long-temps connues, de la *Science de l'État moderne*. Sans doute, et malgré mes efforts pour être clair, elle ne sera pas à l'abri des malentendus, des interprétations fausses ; je m'attends même à rencontrer les contradictions de plusieurs de mes amis. Et cependant j'ose espérer qu'elle paraîtra l'expression d'un caractère viril et d'accord avec lui-même, d'un esprit qui aime à confesser le vrai ; et je me plais à penser qu'elle ne sera pas inutile à la culture politique, spécialement du peuple allemand.

Le monde scientifique a bien voulu accueillir avec une

faveur croissante mes précédents ouvrages sur l'État. Des
traductions en plusieurs langues, voire dans une langue
de l'Asie orientale, les ont répandus à l'étranger. Mais
n'est-ce pas leurs plus jeunes enfants, leurs petits-fils, que
les parents vieillissant ou les grands-pères aiment avec le
plus de tendresse? Que l'on ne m'en veuille donc pas si je
recommande au bon accueil du public ce dernier-né de mon
activité d'écrivain.

BLUNTSCHLI.

Heidelberg, 3 août 1876

LIVRE PREMIER.-

NATURE ET CARACTÈRE DE LA POLITIQUE

CHAPITRE PREMIER

La politique art, et la politique science.

La politique, c'est la vie consciente de l'État, la conduite des affaires publiques, l'*art pratique du gouvernement*. Les *hommes politiques* sont ceux qui, par fonction ou vocation, exercent une action éminente sur la vie publique, comme les ministres, certains hauts fonctionnaires, les députés, les journalistes. Nous réservons le beau nom d'*hommes d'État* aux rares personnages qui se distinguent entre les politiques.

Mais la politique est de plus la *science* du gouvernement, et elle a ici pour représentants les *sages* ou les *théoriciens* de l'État.

La politique pratique et la politique théorique influent naturellement l'une sur l'autre. Dans l'enfance des États, la première règne presque seule, et la seconde suit d'un pas lent et timide. Mais celle-ci grandit en importance à mesure que l'esprit public devient plus conscient, et bientôt elle ira côte à côte avec l'autre; parfois même on la verra dépasser sa compagne, ouvrir des voies inexplorées, précéder avec son flambeau.

1

Aristote ne parut qu'après les beaux jours des républiques grecques, mais il fut le maître du grand Alexandre. Les ouvrages politiques de *Cicéron* sont de la fin de la République, mais ils précédèrent César et Auguste.

Machiavel avait devant les yeux les princes italiens de la Renaissance; postérieur à Louis XI, il instruisit Louis XIV et Napoléon III.

Rousseau est le prophète de la Révolution française; *Frédéric le Grand* et *Hamilton* fondent en même temps une théorie et une pratique nouvelles. *Montesquieu* vient après la Révolution anglaise et la première monarchie constitutionnelle; il recommande cette forme à l'Europe continentale, et enseigne les Américains du Nord et la Restauration française.

Ainsi, la politique a deux sens bien distincts:

1) Comme art, elle poursuit, suivant les besoins du moment, *certains buts externes*, une création nouvelle, l'amélioration des institutions publiques, une victoire sur l'ennemi. L'art de gouverner se manifeste dans les actes, s'estime par l'effet produit. La fécondité des résultats fait la gloire de l'homme d'État; l'insuccès continu, presque sa honte.

Comme science, au contraire, la politique reste presque indifférente au résultat externe. Elle n'a qu'un but: *connaître le vrai*. Sa gloire, c'est de détruire l'erreur, de découvrir une loi, de montrer une règle permanente de conduite.

2) Les *moyens* diffèrent également. L'homme d'État ne se contente pas de penser juste; il veut réaliser sa pensée, et la *puissance* lui est indispensable. Pour vaincre l'obstacle, il s'appuiera de l'autorité de l'État, il fera appel à l'opinion; il demandera des troupes, de l'argent.

La science peut se passer de ces moyens matériels. Elle n'invoque pas la force, mais la logique. L'observation exacte et la pensée juste sont les garants de ses progrès. Tous les trésors ou toutes les armées ne peuvent transformer l'erreur en vérité.

3) La politique pratique ne marche qu'en *luttant extérieurement*. L'homme d'État pèse les sympathies et les passions ennemies; il est forcé d'être d'un parti; il ne peut guère échapper aux excitations de la lutte; il lui faut le courage et le sang-froid

dans le danger, la volonté dans l'action, un mâle caractère.

Le théoricien, au contraire, scrute paisiblement son sujet, l'envisage aux divers points de vue, sans parti pris, loin du bruit des combattants. La paix de la réflexion scientifique lui dicte d'impartiales conclusions.

4) La *manière de raisonner* est elle-même différente. Le besoin du moment tourmente l'homme d'État. S'il invoque des principes, c'est pour en faire une application immédiate ; il faut qu'il transige pour atteindre son but : le résultat domine sa pensée.

Le théoricien ne cherche que la formule la plus pure du principe, et rien ne l'empêche d'aller jusqu'au bout de ses conclusions logiques.

Psychologiquement, il faut au politique une intelligence prompte et sûre des hommes et des choses ; au savant, une connaissance approfondie des lois générales de la nature humaine.

Les grandes qualités de l'homme d'État et du théoricien sont rarement réunies. Aristote et Platon n'avaient que peu de goût pour la politique pratique, nombre de diplomates, de capitaines ou de ministres célèbres n'ont rien fait pour la science. Cependant les plus grands politiques ont été également des penseurs de premier ordre : ainsi Périclès, Alexandre, Jules César, Charlemagne, Frédéric II, Washington, Hamilton, Napoléon Ier.

Mais un homme d'État ne pourrait plus, de nos jours, se dispenser d'une étude théorique réfléchie des idées et des principes qui éclairent et agitent les nations. Et de même, la science qui aspire à se rendre utile, doit s'efforcer de comprendre les conditions de la vie réelle des États.

Sans doute, certaines aptitudes pratiques se développent par l'exercice, sans le secours de la science, et la guerre a formé maints généraux. Mais une éducation théorique donne de si grands avantages à l'homme d'État, qu'on peut affirmer qu'elle est devenue indispensable. La science *purifie* et *ennoblit* l'action politique [1] ; la pratique aiguise le regard du savant, et lui fait éviter les jeux d'une spéculation puérile.

Chaque science a sa méthode d'investigation, et s'empare plus

---

[1] Comp. de Parieu, *Principes de la science pol.*, Paris, 1870, p. IX

spécialement de l'une ou de l'autre de nos facultés. Les *sciences naturelles* observent les phénomènes sensibles, et vont de l'effet à la cause, procédant par voie d'induction et d'analogie. La *philosophie spéculative* part de la conscience humaine, s'élance à l'idée de l'infini ou de l'absolu, et redescend de ces hauteurs par la voie des déductions logiques. Le *jurisconsulte* se demande le plus souvent quelle est la règle générale qu'il appliquera à tel fait particulier; il place l'espèce sous le principe applicable (*subsumptio*), puis en tire logiquement la conséquence, peine ou restitution.

Le *théoricien politique* étudie surtout les différences organiques, estime les forces, calcule les moyens, observe psychologiquement, agit sur les esprits, et montre les progrès naturels des relations humaines.

CHAPITRE II.

La politique et la morale.

Machiavel est le premier qui ait séparé la politique de la morale pour l'en déclarer complétement indépendante, et faire du succès la règle unique de l'homme d'État. Peu lui importe que le moyen soit immoral, s'il est efficace; la grandeur d'ame est coupable lorsqu'elle nuit; souvent l'apparence de la vertu est plus utile au prince que la vertu, et dès lors préférable. Aussi Machiavel a-t-il donné son nom à cette politique prudente et utilitaire qui ne connait aucun frein moral.

Frédéric le Grand était encore prince héritier quand il combattit ce système dans son *Anti-Machiavell*. Devenu roi, il sut aussi distinguer la politique de la morale, et fit du bien public la règle suprême de ses actes. Mais il demeura toujours convaincu qu'elles ont d'intimes liaisons, et qu'il est dangereux de les séparer complétement.

La distinction de la politique et de la morale constitue un réel progrès, et permet seule à la politique de devenir elle-même une science l'une part de l'État, l'autre de l'ordre moral, du principe, « du bien et du mal. »

Mais Machiavel va plus loin. Il les sépare sans scrupule et absolument, ébranlant ainsi les droits du bien, ouvrant la voie à l'ambition sans bornes du prince, corrompant la politique pratique. La politique n'a qu'une indépendance relative : elle ne peut ni ne doit se mettre en contradiction avec la loi morale.

Au reste, nous ne parlons pas ici de la morale révélée, qui ne commande qu'au fidèle, mais de la morale *naturelle*, reconnue par la *raison* comme l'ordre véritable de toute vie humaine.

Dès lors, comment la politique serait-elle absolument indépendante des règles générales qui s'imposent à tout homme de bien ?

Comment tracerait-elle avec quelque assurance les devoirs de la nation ou de la société, si elle faisait abstraction des devoirs et des fins de l'homme, qui sont essentiellement du domaine de la morale? On comprendrait plus facilement que l'économie politique oubliât les lois physiques.

Les considérations morales jouent leur rôle soit dans la détermination des buts, soit dans le choix des moyens de la politique :

I. *Buts*. — Les buts politiques *peuvent être moralement indifférents; ils ne doivent pas être immoraux*.

Les réformes politiques peuvent s'inspirer de raisons purement juridiques, économiques, militaires. C'est le goût de l'art et du beau qui crée parfois de grandes institutions. Un nouveau code de procédure, une nouvelle organisation de l'armée, une transformation du système douanier, n'empruntent guère à la morale pratique.

Mais l'homme d'État ne peut pas s'affranchir des devoirs généraux qui s'imposent à tous. A-t-il donc cessé d'être homme, qu'il puisse poursuivre un but immoral ?

L'antiquité elle-même reconnaissait cette vérité. Indiens, Juifs et Chinois la proclament et la sanctionnent de l'autorité du ciel. Mais la pratique répondait mal au précepte. Rarement les principes moraux venaient-ils mettre un frein aux désirs insatiables de domination ou de richesse.

La politique des siècles plus récents mérite elle-même les plus graves reproches. Qui donc avait permis à l'homme de traiter son semblable comme un objet d'exploitation, de jouissance ou de plaisir ?

Mais l'opinion publique devient peu à peu le miroir de la *conscience publique*, et exprime enfin plus clairement son blâme et ses éloges. L'affranchissement d'un peuple gémissant sous le joug, le respect de la paix, les progrès de la civilisation, l'éducation virile des citoyens, sont autant de devoirs politiques et moraux que les nations modernes savent justement mettre en honneur.

Gardons-nous cependant des sophismes. L'égoïsme et la passion se revêtent souvent encore du manteau de la morale, pour nommer la tyrannie ordre, l'invasion civilisation, la révolte liberté.

II. *Moyens* — Il est plus difficile de concilier les moyens de la politique avec les exigences de la morale.

Le moraliste aime à leur appliquer les mêmes règles qu'aux buts. Il permet les moyens moralement indifférents, mais repousse tout moyen *impur*; et le sentiment et la raison semblent à la fois l'approuver.

Mais l'histoire, et la vie présente elle-même, nous montrent à chaque pas les difficultés de ce principe, l'impossibilité même de le respecter. Le salut apporté par l'énergique ambitieux ne vaut-il pas mieux que les hésitations périlleuses d'un prince trop scrupuleux? et l'orgueil qui agit et crée, n'est-il pas souvent préférable à la paresseuse humilité?

Donc « la fin justifie les moyens, » se sont écriés à leur tour maints politiques: « réprouvable dans la morale privée, ce précepte est indispensable dans la politique. »

Mais les dangers de cette maxime jésuitique se pressent également de toutes parts. Si l'État ne craint pas l'immoralité du moyen, pourquoi donc le particulier la craindrait-il? Faut-il permettre à chacun d'excuser ses crimes en vantant son but? N'est-ce pas déchaîner toutes les passions, énerver la loi morale, en détruire l'harmonie?

Le problème est en effet difficile. Il semble impossible de se conformer aux exigences du moraliste, et désastreux de suivre l'opinion du sophiste.

Essayons d'approcher de la solution en scrutant mieux la nature de l'État, et le mal dans ses rapports avec l'ordre général du monde.

1) L'État se compose d'hommes, il participe de leur nature:

donc il est aussi un *être moral*, et il ne peut répudier ses devoirs moraux envers l'humanité, les peuples, les sujets, les alliés.

Ces devoirs s'imposent aux détenteurs du pouvoir, comme aux gouvernés et aux partis. La vie publique a aussi ses vertus : l'amour de la patrie, la fidélité, la justice, le courage, l'accomplissement des fonctions. La civilisation en développe le sentiment, en augmente chaque jour les exigences.

Donc, la loi morale ne s'arrête pas aux buts politiques. Elle s'impose *à la vie entière, à tous les actes de l'État.*

2) Mais l'État est l'organisation de *la vie* commune *externe.* Par suite, les règles morales qui s'imposent à la politique diffèrent, par la mesure et par l'objet, de celles que la religion trace à l'individu. Celles-ci s'occupent de la vie intime de l'âme ; celles-là de la conduite externe de la communauté publique. Il se peut que le saint arrive à la perfection *en souffrant*; mais l'homme d'État a pour devoir d'*agir*. L'un peut se retirer du monde, s'isoler, se replier sur lui-même ; l'autre demeure au centre de la vie sociale, agissant sur les hommes et par les hommes. L'Église peut exiger une perfection idéale, élever ses espérances jusqu'au ciel. L'État doit proportionner ses ordres aux aptitudes du grand nombre, et ne peut user de contrainte qu'autant que le comporte la nature moyenne des majorités. Le prêtre dit au fidèle *ce qu'il doit être*; l'homme d'État envisage les hommes *tels qu'ils sont.*

Aussi les exigences de la morale n'ont-elles, dans l'appréciation des actes politiques, qu'une valeur *relative*, proportionnée au degré de la culture moyenne d'un peuple ou d'une société. C'est en se reportant au temps et au lieu que l'on juge le *bon citoyen* ou le *fonctionnaire fidèle*, et nos scrupules peuvent diminuer quand nous considérons que les exigences de la morale vont en augmentant d'époque en époque, et que la mesure morale des actions politiques elles-mêmes devient toujours plus délicate.

Grecs et Romains se croyaient tout permis contre l'ennemi déclaré. Ils tuaient le vaincu désarmé, vendaient les captifs comme esclaves, pillaient les villes, brûlaient les villages. Un chef d'armée qui se conduirait aujourd'hui comme le firent les

meilleurs d'entre les grands généraux de l'antiquité, serait traité
de bandit ou de furieux.

Au moyen âge, l'hérésie ou l'incrédulité semblaient légitimer
toutes les violences. Le pape romain, révéré comme la plus haute
autorité morale de la chrétienté, osait répéter cette détestable
maxime, qu'il n'y a ni promesse ni traité qui oblige envers l'in-
fidèle ; la sainteté du serment s'en allait en fumée[1]. Le monde
moderne n'a qu'une voix pour flétrir ces erreurs.

Notre juste fierté s'indigne quand nous lisons que les ambassadeurs des puissances chrétiennes se jetaient dans la poussière
en se présentant devant le sultan ; et nous condamnons également l'adulation qui entoura Louis XIV, et dont les plus célèbres
écrivains d'alors ne sont pas exempts.

Au siècle dernier, la corruption était encore si habituelle et si
répandue dans le parlement anglais, qu'un ministre ne pouvait
guider la majorité qu'en gagnant un certain nombre de membres
par de l'argent ou des faveurs. Pitt lui même acheta par la
corruption la dissolution du parlement particulier et l'union
de l'Irlande. Un ministre qui agirait ainsi de nos jours, se perdrait dans l'opinion publique.

Les ambiguïtés et les équivoques trompeuses étaient autrefois
tellement en usage dans les relations diplomatiques, que l'honnête homme était lui-même forcé de prendre le masque, comme un
marchand ayant affaire à des coquins. Aujourd'hui du moins, la
sincérité et la bonne foi peuvent tenter de se montrer ouvertement.

3) On ne peut reprocher à l'homme politique de mesurer ses

[1] Voyez des exemples dans Laurent, Études sur l'histoire de l'humanité, IX,
142, X, 338. [Laurent, IX, 142, parle de Pie V, qui condamna la paix d'Orléans
et la paix de Saint-Germain, conclues entre le roi et les huguenots : « Avant que
celle ci se fit, il écrivit lettres sur lettres à la reine mère, au roi, pour l'empe-
cher, disant : « Comme il ne peut y avoir de communion entre Satan et les fils de
la lumière, l'on doit se tenir pour assuré qu'il ne peut y avoir aucune composition
entre les catholiques et les hérétiques, sinon pleine de fraude et de feintise »
Après qu'elle fut conclue . sans en tenir compte, il excita les cardinaux de
Bourbon et de Lorraine à faire une guerre implacable aux hérétiques, une guerre
qui ne devait finir que par leur extermination » X, 338 il s'agit de Léon X, qui
fit saisir et décapiter Joghom, tyran de Pérouse, venu à Rome sur la foi d'un sauf-
conduit — Ces deux exemples suffisent ils à justifier la proposition générale du
texte?]

actes à l'intelligence et aux aptitudes moyennes de son peuple; mais au moins faut-il qu'il ne reste pas en arrière de celles-ci. Son rôle est de *conduire en précédant.* Il est le chef; le peuple le regarde; on peut lui demander davantage.

L'humanité a le devoir de marcher vers ses fins. En développant harmonieusement ses facultés, elle progresse moralement. Les nations et les princes sont responsables de la mission qui leur revient dans ce grand mouvement.

4) Il peut être permis à l'homme d'État de profiter du *fait coupable d'autrui,* quand il le rencontre simplement comme un accident. Mais s'il l'encourage, il en devient le *complice.* Philippe II d'Espagne, suscitant des assassins à la reine Élisabeth d'Angleterre, commettait un crime que ni le bien public de l'Espagne, ni l'approbation du pape Pie V ne pouvait excuser [1]. Les incertitudes du sentiment moral de cette époque se montrent jusque dans les louanges données au chevalier Bayard, pour avoir repoussé sans hésiter la proposition du duc de Ferrare, d'assassiner le pape, qui avait conspiré contre leur vie [2].

Une tolérance équivoque de la part de l'autorité qui a mission d'empêcher et de punir, est également coupable moralement. Il suffit souvent d'un vœu de l'homme puissant pour qu'on le débarrasse d'un adversaire dangereux.

Mais un général peut licitement écouter un traître qui lui révèle la situation de l'ennemi, et l'on ne saurait blâmer le prince qui profite d'un crime auquel il est absolument étranger, de l'assassinat d'un concurrent, par exemple.

5) La morale privée et la morale de l'État ont toutes deux la même base générale; ce sont deux branches d'une même souche. Et cependant l'instinct des peuples a su dès longtemps les distinguer. Un même acte parait bien différent suivant qu'il est l'œuvre du patriotisme ou d'une basse cupidité. Machiavel outre une pensée vraie en disant que « le bien public excuse tous les

[1] Laurent, o c IX, 190 et X, 171 [Laurent, X, 170 : « Des documents authentiques constatent que le Saint-Père et le roi Catholique prêtèrent la main a un projet d'assassinat. » Ces documents ne sont guère précisés par l'auteur en ce qui concerne le pape — Comp. *infrà,* I V, ch III]

[2] Laurent, X, 390. [Laurent laisse entendre plutôt qu'il ne dit que le pape « avait conspiré contre leur vie »].

crimes de l'homme d'État[1]. » La *raison d'État* n'est point un vain mot, et le jugement de l'histoire approuve souvent son influence sur la moralité des actes. Pourquoi cette différence?

Il faut ici bien déterminer ce qu'est le mal dans l'ordre moral du monde.

Le mal se montre sous un jour très-différent, suivant qu'on le considère au regard de l'individu qui le commet, ou par rapport à la vie générale de l'humanité. Ce qui est mal relativement au *coupable*, se présente toujours comme une *condition nécessaire du bien*, et ainsi comme bien dans sa liaison avec le tout. Méphisto exprime une idée profondément vraie quand il se définit : « Une partie de cette force qui veut toujours le mal et fait toujours le bien » (a). N'est-ce pas la lutte contre les passions mauvaises qui mène à la suprême vertu? Tout *progrès dans le bien* n'est-il pas une *victoire remportée sur le mal?* De même que l'erreur possible permet la recherche du vrai, de même le mal dans le monde est la condition première de tout perfectionnement moral.

Le mal n'a pas d'ailleurs d'existence assurée. Toujours combattu, il finit toujours par succomber ; et, vaincu, il cesse d'être le mal, pour n'être plus que la condition du bien. Donc ce qui importe à l'ensemble, c'est que le mal serve au bien, qu'il soit vaincu et devienne la folie du bien; et l'on peut ainsi distinguer entre le but approuvable et le moyen blâmable, pourvu que le mal n'occupe dans le rapport qu'une place *subordonnée*, qu'il soit dominé par le bien, transformé en bien.

Ce que nous disons de l'ordre moral général, est également applicable à l'État. L'État est un tout, un monde à soi. Ici aussi, ce qui paraît mal isolément peut devenir bien dans ses rapports avec l'ensemble, quand le mal a été vaincu et rendu favorable au tout.

---

[1] « Les princes, » disait le président français Jeannin, cité par Laurent, X, 344, « font bien quelquefois des choses honteuses, qu'on ne peut blâmer quand elles sont utiles à leurs États, car, la honte étant couverte par le profit, on la nomme sagesse. »

a) « Ein Theil von jener Kraft, Die stets das Böse will, und stets das Gute schafft » (*Faust*, I)

Les passions humaines sont aussi indispensables aux progrès de l'État qu'au gouvernement divin du monde. En arrachant de nos cœurs tout égoïsme, toute vanité, toute ambition, tout esprit de contradiction, on détruirait du même coup des forces impulsives énormes, et le bien diminuerait. La vertu virile du patriotisme se mêle toujours à quelqu'une de ces passions, et ce mélange est aussi nécessaire dans la politique pratique que l'alliage pour la monnaie.

On ne peut exiger de l'homme d'État qu'il repousse ces appuis relativement impurs. Faut-il blâmer le prince qui, pressé par les circonstances, prend un ministre peu estimable peut-être, mais capable de rendre les plus grands services à l'État? ou le ministre qui exploite la faiblesse du prince ou l'aveuglement d'un parti pour fonder le bien?

Mais le mal ne doit jamais *dominer* dans le rapport, il ne peut *que servir*; il faut bien prendre garde qu'il ne vienne à l'emporter. Il n'est l'aiguillon du bien que quand sa place est sûrement subordonnée et même ainsi limité, ce principe n'est pas sans danger et prête au sophisme.

Un moyen *disproportionné* ou qui fait plus de mal que de bien, est toujours condamnable. Ainsi la conscience publique blâme sévèrement toute violation ouverte de la foi jurée: par exemple, un vainqueur qui viole les conditions d'une capitulation. C'est que le respect de la parole donnée est la clef de voûte de l'ordre général. Le bien spécial que l'État peut tirer d'une violation serait largement dépassé par le mal général d'un aussi désastreux exemple. Par contre, l'opinion regarde avec assez d'indifférence l'inexécution d'un traité préjudiciable à l'État. Elle distingue très-nettement entre la violation de la foi promise et une exécution insuffisante ou pénible. Peut-être même est-elle trop portée à permettre de surprendre ou de donner le change. Elle ne blâme sévèrement que lorsqu'il y a mensonge ou tromperie ouverte.

Frédéric le Grand disait qu'il tiendrait toujours sa parole comme homme privé, mais qu'il sacrifierait au besoin, comme prince, son honneur personnel au salut de l'État.

Nul crime n'est plus odieux que l'assassinat. La conscience publique refuse de l'absoudre, même quand il se couvre du bien de l'Ltat. C'est en vain que l'on invoque l'autorité de Grégoire XIV ordonnant un jubilé général en l'honneur des noces sanglantes de la Saint-Barthélemy, ou que l'on tente de justifier les massacres de Septembre (1793) au nom des dangers de la patrie et de la liberté républicaines. L'assassinat paraît si dangereux et si mauvais qu'il ne peut jamais servir de moyen [1].

Mais ce principe est-il sans exception possible? L'histoire nous montre certains assassinats politiques que la conscience des penseurs n'ose elle-même condamner, que parfois elle approuve. Il est des hommes graves qui pensent comme Brutus du meurtre de César, et qui excusent comme une nécessité politique celui de Paul Ier de Russie Judith tuant Holopherne et Charlotte Corday frappant Marat ne s'attirent guère que des louanges. Les Athéniens glorifient dans leurs chants le meurtre d'Hipparque; et le noble Schiller a célébré Guillaume Tell dans un drame qui fait l'admiration du monde entier. Et cependant, tous blâment sans hésiter le meurtre d'Henri IV et celui du président Lincoln.

Le jugement de l'histoire fait donc une distinction. Sans admettre en principe que la fin justifie les moyens, elle reconnaît une exception possible. Elle absout quand le meurtre affranchit un pays d'une tyrannie contre laquelle il n'était pas d'autre remède, et dont la continuation est un mal plus grand que le meurtre lui-même du tyran; quand l'on peut dire avec Spinoza : « C'est un chien enragé; tuez le ! »

Sans doute cette exception, faite en raison de la subordination évidente de l'action mauvaise au bien général, n'est pas sans danger. Un fanatique pourra se croire un sauveur alors que la conscience publique l'appelle un odieux assassin. Le meurtre même de César a plus ébranlé le monde romain qu'il n'a sauvé la République.

Mais c'est que la bonne foi du meurtrier, la conviction profonde qu'il agit pour le bien de tous, son désintéressement incontestable, ne suffisent pas pour le justifier. Il faut de plus que l'acte ait été *objectivement* nécessaire, qu'il ait évidemment servi au progrès du bien.

[1] Laurent, II, 249 : « Si les révolutions sont un droit et parfois un devoir, l'assassinat est toujours un crime. »

L'énergique *sentiment* et la *conscience éclairée du devoir* qui remplissent aujourd'hui la nation, et enseignent à chacun de mettre sa vie au service de l'ensemble, sont en harmonie avec notre civilisation avancée. Les *Allemands* surtout aiment à considérer les droits publics comme des *devoirs publics*, à ennoblir la politique par le respect des droits de l'humanité, des peuples, des individus Le prince aussi sert l'État, et doit être prêt a lui sacrifier son sang. L'esprit du devoir va plus loin que les prescriptions legales ou le pouvoir de contrainte. Il tend les forces, trempe les caractères, élève les cœurs, et féconde toute chose.

CHAPITRE III.

La politique et la legalité.

L'ordre juridique est l'ensemble des règles sanctionnées par une contrainte physique. Il détermine les organes qui expriment la volonté de l'Etat, et les formes dans lesquelles la vie commune se meut. La *constitution* et la *loi* en sont l'expression la plus haute, la plus générale, la plus permanente.

Par suite, *la politique doit être constitutionnelle et legale; elle ne doit jamais être illégale ou inconstitutionnelle.*

La violation de cette règle mettrait l'*Etat en contradiction avec lui-même.* Une politique contraire à la constitution s'attaquerait aux fondements de l'État; une politique illégale ébranlerait le droit et la confiance dans l'autorité. Toutes deux anéantiraient cette civilisation progressive qui s'efforce de dompter par un frein salutaire la force brutale et les ardentes passions.

Au contraire, lorsque la politique s'avance sur le ferme terrain du droit, elle se revêt de la sainte autorité de celui-ci, s'assure ainsi contre les attaques, s'attire l'assentiment, et arrive plus facilement à ses fins. Aussi la conscience moderne repousse-t-elle décidément la maxime *utilitaire* de Machiavel.

Cependant ces principes n'ont qu'une valeur *relative.* Les inévitables lacunes, les défauts nécessaires de l'ordre juridique humain, s'opposent à leur application absolue :

1) *Œuvres de l'histoire*, la loi et la constitution subissent toujours son *action*. Le droit, pour être fixe, n'est point *immortel*. Il peut devenir inutile ou nuisible par le changement des circonstances. Les immunités du clergé et l'exemption d'impôt des chevaliers n'auraient aujourd'hui aucun sens.

Il serait donc peu raisonnable d'exiger que la politique eût autant de respect pour le droit vieilli que pour le droit en harmonie avec les temps nouveaux, car la politique conduit la vie *progressive* de la nation

2) La constitution écrite n'est jamais qu'une expression *incomplète* de l'État et de la nation, dont les forces *latentes* se développent sans cesse en face de l'immobilité des textes. Aussi le droit non écrit se forme-t-il perpétuellement à côté d'elle; et la politique doit s'efforcer de protéger le droit qui *se crée*, qui est encore *latent*. Elle ne peut donc pas se laisser toujours enchaîner par la lettre de la loi.

L'histoire des anciens ordres, et la comparaison des actes du parlement anglais avec la politique pratique du prince et des ministres, nous offrent maintes preuves en ce sens

3) Le droit a nécessairement une forme sensible; de là, danger que la *forme* (jus) ne réponde pas complétement a l'*esprit* (æquitas), et conflit possible.

La politique doit s'efforcer de rétablir l'harmonie, s'en tenir exclusivement au droit formel, serait parfois la ruine de l'État. Dans le doute, elle suivra plutôt l'esprit que la lettre. On ne saurait même toujours la blâmer quand elle a tourné la lettre pour sauver l'esprit. Les circonstances peuvent même autoriser une évidente violation.

La constitution allemande de 1815 donnait, dans la forme, la prépondérance aux nombreux petits États; au fond, elle plaçait toute l'Allemagne sous la conduite de l'Autriche et de la Prusse. Aussi les États secondaires essayèrent-ils en vain de devenir les chefs de la majorité; et le premier conflit qui surgit entre les deux grandes puissances, amena la rupture et la dissolution.

La monarchie constitutionnelle elle-même ne pourrait subsister, si le prince voulait user de tout son droit sur l'armée, la chambre de tout son droit sur le budget. Ici encore, il faut que la politique vienne arrondir les angles, et sache compromettre et transiger.

4) Enfin, tout le droit public a sa base et sa fin dans l'État; il n'est que *pour* et *par l'État*. Une institution préjudiciable, une loi qui s'oppose au bien public, est une contradiction. Peut-on demander à l'homme d'État de la traiter avec le même respect, la même déférence que les meilleures des lois? Ne doit-il pas au contraire la restreindre autant que possible, peut-être même la combattre ou la suspendre?

Ces conflits entre le droit vieilli et les germes d'une formation nouvelle, la loi écrite et le droit latent, la lettre et l'esprit, le droit utile et le droit nuisible, sont un *défaut* naturel de l'ordre légal lui-même. Il faut un *remède*, et c'est à la politique de l'apporter.

Ce qu'il faut alors généralement, c'est un développement, un changement ou une transformation du droit formel, qui donne jour et lumière aux forces cachées, et rétablisse l'harmonie entre l'équité et la loi.

La tâche du politique est grandement facilitée lorsque la constitution elle-même prévoit ces modifications possibles et les moyens de les réaliser. La réforme peut alors intervenir légalement même dans la forme, et c'est un avantage considérable, si lente et chargée d'obstacles qu'elle soit. Les Romains et les Anglais l'ont bien compris. Si le travail réformateur s'accomplissait lentement chez eux, il prenait profondément ses racines dans le sentiment public.

Mais il peut arriver aussi que cette voie tranquille de réforme soit fermée. Tantôt la loi constitutionnelle n'aura pas *prévu de révision possible*, tantôt elle aura *artificiellement entravé*, ou même *explicitement défendu* tout changement à venir. Au premier cas, il faut d'abord trouver une voie de révision. Aux deux autres, tout pas en avant est impossible sans une illégalité; exemples : la mésintelligence invincible survenue depuis Jacques II entre les Stuarts et la nation anglaise; les formations et les idées politiques nouvelles des colonies de l'Amérique du Nord en face de la constitution anglaise; la Confédération germanique de 1815, qui exigeait l'unanimité des États là où elle était impossible, c'est-à-dire pour une transformation de la constitution.

Le sage politique accepte une innovation même en violant le droit formel, dès qu'elle est *indispensable* à l'existence ou à la marche progressive de l'État. Il y est *contraint*, car la force agissante des choses est plus forte que l'autorité d'un article constitutionnel quelconque. Il le *doit*, car son devoir de protéger la vie de la nation, l'emporte sur le devoir de respecter une formule légale. Supporter le mal, souffrir sans murmurer, se sacrifier enfin, peut être dans la religion la suprême perfection. Mais la politique a les yeux tournés vers l'action, le résultat, le progrès. Un doctrinaire qui l'oublie par des scrupules de légalité, est aussi coupable que le révolutionnaire novateur qui se met arbitrairement au-dessus des lois.

Le véritable homme d'État reconnaît donc la valeur de l'exception qui complète la règle, et qu'on peut formuler ainsi : *L'autorité du droit formel perd de sa force en proportion des dangers de plus en plus marqués qu'il présente, soit pour l'existence de l'État, soit même pour son développement et ses progrès naturels.*

On ne saurait d'ailleurs recommander ici trop de prudence. C'est seulement quand l'application de la règle serait désastreuse qu'on doit invoquer l'exception.

La mesure illégale qui émane du pouvoir est, suivant les cas, célébrée comme un *acte sauveur* ou flétrie du nom équivoque de *coup d'État* ; celle qui vient du peuple prend le nom de *révolution* quand elle triomphe, de *rébellion* ou d'*émeute* quand elle échoue. Le prince invoque le salut du gouvernement ; le peuple, le salut des gouvernés ; tous deux, les droits de la nature et de la raison, supérieurs au droit légal. L'histoire universelle décide ensuite, en consacrant l'acte nécessaire, en frappant de stérilité l'acte inutile.

La lutte grandit surtout quand le trône ou le pouvoir suprême est en jeu. Ce sont alors des puissances qui se combattent, qui invoquent leur souveraineté, qui méprisent chacune la loi faite par l'autre. C'est ici que l'on voit surtout les inconvénients d'un *légitimisme* étroit, contre-pied de la *politique révolutionnaire* Le légitimisme, proclamé après 1815 comme principe exclusif [1], s'est montré partout impraticable ou désastreux. Il est en conflit permanent avec les besoins nouveaux, le progrès, le développement national. Il use ses forces à poursuivre un but qui s'évanouit quand il croit l'avoir atteint [2].

On put le voir depuis 1830. Les Bourbons aînés tombèrent en France, et la réinstallation artificielle de l'absolutisme en Espagne et en Italie n'assura point les trônes restaurés. La commotion de 1848, les guerres d'affranchissement de l'Italie et la formation nationale de l'Allemagne, achevèrent de ruiner cette politique. Les puissances legitimistes furent partout et toujours battues Si l'histoire est le jugement de Dieu, le légitimisme est aujourd'hui jugé. Les formes vieilles sont tombées en poussière. Les Etats du mouvement national sont partout vainqueurs Les politiques qui ont su se débarrasser des rêves romantiques, ont seuls obtenu des succès importants et durables; les modernes Don Quichotte n'ont trouvé que des défaites.

---

[1] Circulaire du prince *Metternich* du 12 mai 1821 : « *Conservez ce qui est legalement établi,* tel a du être le principe invariable de leur politique (des souverains illus), le point de depart et l'objet final de toutes leurs résolutions »

[2] Comp vol II (*Droit public général*), l. I, ch viii

CHAPITRE IV.

La politique realiste et la politique idéaliste.

La politique doit être réaliste ; *la politique doit être idéaliste* : deux principes vrais lorsqu'il se complètent l'un l'autre, faux séparés.

La politique réaliste part des besoins existants, apprécie justement les forces et les moyens, les appuis et les obstacles, ne poursuit que des buts réalisables ; elle donne seule le succès. En ce sens, les grands hommes d'Etat sont des politiques *réalistes*.

La *politique idéaliste* se conduit d'après des principes, s'efforce de perfectionner et d'améliorer, de réaliser les conceptions ideales en rapport avec les temps et les lieux. En ce sens, les grands hommes d'État sont des politiques *idéalistes*.

Mais, séparés, les deux principes ne valent rien.

La politique *purement réaliste* est brutale. La force grossière ou l'argent corrupteur en sont les moyens favoris. L'idée élevée lui manque ; elle est sans âme. N'estimant que les intérets matériels, elle ne s'inspire que de son égoisme. Elle est basse, immorale, inhumaine. Telle est souvent la politique dite machiavélique. Cependant Machiavell lui-même avait un but idéal, l'affranchissement de l'Italie.

L'ancienne politique coloniale des métropoles européennes ne mérite que trop d'être appelée réaliste. Ne songeant qu'à exploiter, elle perdit justement ses conquêtes.

Le réalisme peut produire des résultats, assurer le pouvoir, accumuler des trésors, faire jouir les gouvernants, donner quelquefois aux gouvernés eux-mêmes une vie oisive et tranquille; mais il étouffe la noblesse des sentiments, les progrès de l'esprit, la liberté. Il s'adresse au côte animal de l'homme, il oublie son ame.

La *politique des intérêts* ne se confond avec la politique réaliste qu'autant qu'elle subordonne tout aux intérêts matériels, à un étroit égoïsme.

Mais la *politique purement idéaliste* est plus fausse encore, car elle n'aboutit à rien. Ignorante du terrain qui la porte et des forces en lutte, elle butte et tombe à chaque pas, et se fait battre partout. Elle poursuit les yeux en l'air des rêves inaccessibles, et se jette dans un puits.

Telle est la politique d'*imagination*, qui se nourrit d'idées enthousiastes d'avenir. Telle est encore la politique *romantique*, qui ne songe qu'à ressusciter le moyen âge, les ordres, le clergé, les chevaliers, les châteaux forts et les couvents. L'Allemagne a connu plus d'une sorte de romantisme. Elle a eu ses rois romantiques, qui s'enthousiasmaient pour l'empire théocratique et féodal, et ses étudiants romantiques, qui rêvaient joyeusement noir, rouge et or. Quelques hommes d'État donnèrent eux-mêmes dans des travers de ce genre. L'imagination eut sans doute une forte part dans l'expédition de Napoléon Ier en Égypte, et surtout dans les escapades de son prudent neveu à Boulogne et à Strasbourg.

Sans doute l'homme d'État peut aussi agir sur les imaginations. Il animera les forces nationales en faisant briller aux yeux des images de grandeur, de puissance, de liberté. Mais qu'il s'en défende lui-même, sous peine de se briser soudain contre les récits!

Telle est enfin la politique *de sentiment*. Il faut à l'homme d'État raison, sagesse, esprit viril. L'amour ou la haine, la vengeance ou la terreur, tout sentiment passionné l'égare facilement.

La politique qui enfanta les Croisades était-elle plus d'imagination que de sentiment? Dans tous les cas, elle était malheureusement idéaliste. Mais les guerres de religion sont l'œuvre irrécusable de la politique de sentiment, et c'est encore elle qui produit ces absurdes et honteuses haines de race, même entre des peuples semblables.

Une saine politique unira donc le réel et l'idéal. L'un est la base, l'autre le flambeau; le premier indique le moyen, le second montre le but.

Pour être artiste, il faut rester dans la nature et s'inspirer de l'idée du beau. *Raphaël* et *Michel-Ange* étaient à la fois réalistes et idéalistes; et si Shakespeare est le plus grand des poètes, n'est-ce pas par la parfaite et indissoluble harmonie de son imagination et de la vérité? La parfaite union des deux politiques ne se rencontre également que chez les grands hommes d'État, chez *Périclès* et *Alexandre*, *César* et *Charlemagne*, *Henri Ier* d'Allemagne et *Frédéric le Grand*, *Washington*, lord *Chatham* et *Pitt*, *Napoléon Ier*, le baron *Stein* et *Cavour*.

La politique *anglaise* aime à relever le côté réaliste, à s'inspirer des intérêts. Mais elle est loin d'être sans génie. La puissante influence que les idées anglaises de droit public et de liberté politique ont exercée sur le monde, suffirait à le démontrer. La politique *française* s'enthousiasme volontiers pour une idée, qu'elle proclame le but lumineux de sa poursuite : « Le Français seul se bat pour une idée, » disait Napoléon III. Mais elle a aussi son côté réaliste marqué. Les Français ne dédaignent point de tirer des avantages très-réels de leur génie enthousiaste; et l'Europe l'a éprouvé de tous leurs gouvernements, rois légitimes, dictateurs révolutionnaires, présidents de république, ou Napoléons.

L'harmonie et l'équilibre manquèrent davantage à la politique du peuple *allemand*. Elle passait tour à tour de l'absolutisme réaliste aux rêves d'un vague idéalisme. La politique *prussienne* est enfin venue réunir les forces nationales, élever les cœurs, et montrer des devoirs plus hauts. C'est au prince *Bismark* surtout que nous devons l'unité de l'Allemagne et l'Empire allemand. On aime à l'appeler un politique réaliste par excellence, et il est vrai qu'il a su mieux que personne apprécier et supputer les forces en jeu! Mais le génie du Chancelier est également riche en hautes conceptions, et il s'est, en général, conformé aux idées de liberté politique et nationale qui répondent au caractère et à la mission des Allemands

LIVRE DEUXIÈME.

IDÉES POLITIQUES MODERNES.

CHAPITRE PREMIER.

Liberté.

C'est à ceux qui ont combattu pour la liberté que l'histoire réserve ses plus belles couronnes. Aucune idée n'est plus puissante sur les hommes, et surtout sur les grands peuples politiques. Être libre, n'est-ce pas la plus noble des jouissances, le but suprême?

D'où vient, se demande Tocqueville, cet amour, cet enthousiasme des nations pour la liberté[1]? « Je vois bien, » répond-il, « que les peuples mal conduits conçoivent volontiers le désir de se gouverner eux-mêmes; mais cette sorte d'amour de l'indépendance, qui ne prend naissance que dans certains maux particuliers et passagers que le despotisme amène, n'est jamais durable : il passe avec l'accident qui l'avait fait naître; on semblait aimer la liberté, il se trouve qu'on ne faisait que haïr le maître. Ce que haïssent les peuples faits pour être libres, c'est le mal même de la dépendance. — Je ne crois pas non plus que le

_____
[1] *Ancien régime*, p. 247

véritable amour de la liberté soit jamais né de la seule vue des biens matériels qu'elle procure; car cette vue vient souvent à s'obscurcir. Il est bien vrai qu'à la longue, la liberté amène toujours, à ceux qui savent la retenir, l'aisance, le bien-être, et souvent la richesse, mais il y a des temps où elle trouble momentanément l'usage de pareils biens ; il y en a d'autres où le despotisme seul peut en donner la jouissance passagère. Les hommes qui ne prisent que ces biens-là en elle, ne l'ont jamais conservée longtemps. — Ce qui, dans tous les temps, lui a attaché si longtemps le cœur de certains hommes, ce sont ses attraits mêmes, son charme propre, indépendants de ses bienfaits; c'est le plaisir de pouvoir parler, agir, respirer sans contrainte, sous le seul gouvernement de Dieu et des lois Qui cherche dans la liberté autre chose qu'elle-même, est fait pour servir. »

Mais n'y aurait-il pas une cause profonde? N'est-ce pas par la liberté surtout que l'homme se sent fait *à l'image de Dieu?* La liberté, c'est la *vie consciente et autonome,* la vie par excellence. C'est par elle que l'homme montre son activité féconde, qu'il se révèle dans la parole, l'œuvre, l'action Dieu a montré sa liberté infinie en créant l'univers; l'homme remplit sa fin en perfectionnant librement ses aptitudes, et en se manifestant ainsi au monde extérieur.

C'est en vain que nombre de théologiens se sont efforcés de refuser à l'homme cette noble faculté, ou d'en condamner l'usage comme un péché. C'est en vain également que plusieurs philosophes spéculatifs et plusieurs naturalistes n'ont voulu voir dans les actes humains qu'une force fatale.

La vive conscience de la liberté coule toujours avec abondance des sources profondes du cœur humain, qui ont en Dieu même leur dernière origine. Que des peuples féminins l'oublient, et se soumettent stupidement à la domination des despotes ou des des prêtres, c'est possible. Mais les peuples virils en gardent mémoire, et le front haut, l'âme fière, l'œil étincelant, ils défendent leur liberté contre tout agresseur.

La *nécessité* et la *liberté* ne sont pas plus identiques que le repos et le mouvement, l'aptitude et l'action, la cause et l'effet, la substance et la qualité. Ce n'est pas à dire qu'elles se combattent toujours l'une l'autre. Au contra... c'... s'unissent en nous comme les *deux côtés d'un même être*. Notre nature même, voilà la nécessité; nos actes, voilà l'expression de notre liberté. Raphaël pouvait à sa volonté choisir telle ou telle couleur, donner à ses personnages telle ou telle attitude; mais son œuvre était nécessairement raphaélesque, ou conforme à sa nature. César passa le Rubicon, puis refusa la couronne volontairement. Mais ses grandes actions portent l'empreinte de sa grande nature, et ainsi de la nécessité qui était en lui. La nécessité est la condition de la liberté, l'aptitude que la volonté va développer librement. L'une est la concentration, la force dans sa totalité; l'autre l'extension, la manifestation de la force dans les espèces.

La plus haute liberté concevable, c'est celle de Dieu, parce qu'elle a pour fondement nécessaire la toute puissance, et que son développement est infini. La plus haute liberté humaine, c'est celle de l'homme d'État, qui dispose des forces d'une nation puissante et virile pour organiser le monde.

Mais c'est à tort aussi que l'école radicale de la révolution et l'école de droit naturel sont venues proclamer une liberté humaine illimitée, confondant ainsi la liberté de l'homme avec celle de Dieu. Comment la liberté serait-elle sans bornes, quand la puissance est étroite et restreinte? Notre liberté est essentiellement *relative* et *limitée*, puisque notre nature est finie et dérivée.

Les Romains tombaient dans l'excès contraire en déniant à l'esclave toute personnalité, et ainsi toute liberté. L'esclavage de l'homme ne peut pas être absolu plus que sa liberté. L'intelligence et la volonté personnelles y répugnent; et Dieu les a mises si profondément en nous, qu'aussi longtemps que battent nos artères, la tyrannie peut entraver et corrompre, non détruire.

Il est des *degrés* et des *différences* dans la liberté comme dans les forces.

Les *plantes* elles-mêmes laissent entrevoir comme un premier germe de liberté active. Leurs racines cherchent dans le sol ses plus favorables éléments; les rameaux s'enlacent autour des appuis; les bourgeons se tournent vers le soleil. Mais ici, encore aucune conscience, aucune locomotion.

Le règne *animal* s'élève d'un degré. La bête se meut, change de place, cherche sa nourriture au loin, avec une liberté relative. Son intelligence se développe. Elle emploie, comme un chasseur, ruse et patience, audace et dextérité, pour saisir sa proie. La différence des sexes réveille des forces latentes. Les femelles appellent et attirent les mâles, habiles à les suivre; les oiseaux font leurs nids; les parents nourrissent et défendent leurs petits. Comment expliquer tout cela sans une liberté relative? Comment nier qu'il y ait aussi quelque choix dans l'instinct des animaux?

Mais la liberté pleine, créatrice, quasi-divine, n'appartient qu'a l'homme, à l'être éminemment *conscient* et *intelligent*. L'homme sait sa *responsabilité* devant *Dieu* et devant l'*humanité*; il *se rend compte* de ses actes; il montre sa *vertu créatrice* dans la pensée et les œuvres. La liberté humaine suppose la *personnalité*, et elle en est la manifestation et la preuve.

Cependant il y a entre les hommes eux-mêmes, peuples ou individus, des degrés divers d'aptitude ou d'éducation, et leur liberté se proportionne en conséquence. Les nations viriles la conquièrent et la gardent avec fierté; les peuples mous et timorés la perdent. Que peuvent valoir de solennelles déclarations de principes? Une haute liberté politique ne sera jamais assurée que là où elle est défendue par de *mâles* caractères. L'*éducation* joue ici un rôle considérable. Il faut donc qu'une nation libre élève ses enfants *pour la liberté*, et qu'elle protége sa jeunesse contre l'asservissement de l'esprit et du caractère, conséquence trop fréquente d'une éducation jésuitique.

La liberté, comme *idée politique moderne*, est plus haute et plus compréhensive que la *notion juridique* de la liberté [1], qu'elle éclaire de son flambeau, et dans laquelle elle a pris enfin une existence assurée. Elle s'étend à toute activité qui se manifeste dans l'État et mérite l'attention de l'État, et embrasse ainsi des forces latentes que le droit ne réalise ou ne protége point encore dans ses institutions.

La *liberté politique* et la *liberté privée* forment ici une opposition

[1] Comp. vol II, l IX, c. I.

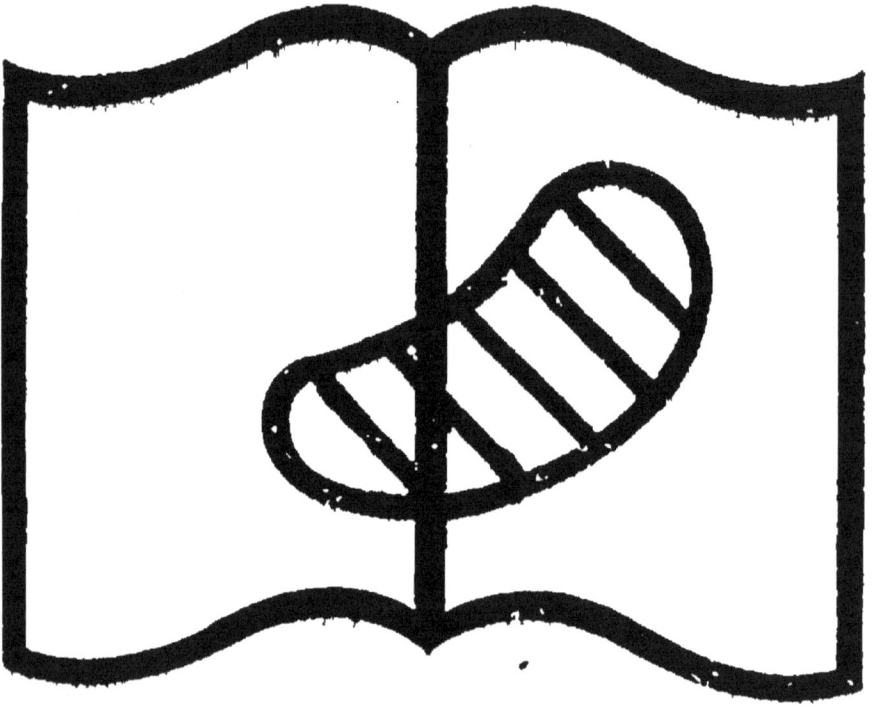

Illisibilité partielle

analogue à celle que nous avons trouvée dans le droit public général :

I. La première n'existe que dans un État indépendant de tout maître étranger, où la nation formule sa volonté dans sa législation, contrôle et restreint le gouvernement, exprime librement son opinion et ses vœux.

La *domination de l'étranger* l'exclut. Les États allemands de la Confédération du Rhin (1806) n'étaient pas libres politiquement, car leur politique étrangère dépendait de la volonté de leur puissant Protecteur. L'Italie l'est seulement depuis que l'Autriche et la France ne sont plus tour à tour ses maîtres.

Mais l'*origine étrangère* d'une dynastie laisse subsister la liberté politique, quand c'est la nation elle-même qui l'a appelée librement, comme firent les Anglais pour Guillaume d'Orange, les Belges pour le prince de Cobourg, les Grecs successivement pour un prince bavarois et un prince danois, les Espagnols pour un Italien, les Roumains pour un Hohenzollern, etc. ; — ou encore quand la dynastie nouvelle, s'étant *assimilée à la nation* et *acclimatée au pays*, cesse ainsi d'être étrangère.

La lutte contre la domination de l'étranger a donc toujours le caractère d'une guerre d'affranchissement.

Ce *côté negatif* de la liberté politique se montre également dans la lutte contre la domination d'une autorité *non politique* (*unstatlich*). L'idéal du moyen âge, des Jésuites modernes et de Pie IX, menace la liberté de tous les États, en plaçant les nations et les rois sous la suprématie universelle du pape romain, représentant de Dieu et maître du monde *a*). Une nation virile repoussera toujours avec mépris cette hiérarchie cléricale, qui a ses racines en dehors de l'État.

La participation des citoyens à la législation et aux affaires, la libre expression de l'opinion, le blâme possible de tout abus de pouvoir, l'exercice des droits garantis par la constitution, et l'accomplissement patriotique des devoirs publics, forment ce qu'on peut appeler le côté *positif* de la liberté politique. En ce sens, celle-ci n'est possible que par les vertus publiques, l'édu-

a) Comp., I. V, ch. x, note.

cation générale, le patriotisme, le travail. Elle n'est pas simple
jouissance de facultés abstraites, mais activité et détermination
propres de la nation.

Les Français aiment à considérer la liberté politique comme
un *droit de l'homme*, et à placer au frontispice de leurs constitutions des *déclarations expresses et générales des droits publics
fondamentaux*. Les Anglais la regardent surtout comme le résultat de l'histoire, et la vénèrent comme un *patrimoine héréditaire*
que chaque génération doit garder et grandir. Les Allemands
comprennent mieux ses étroites relations avec le degré des *aptitude et de l'éducation* [1].

L'éducation politique est en effet la base indispensable de la
liberté vraie. Une nation grossière est incapable de se constituer et de se gouverner consciemment elle-même; on l'égare
facilement; elle devient bientôt la proie des fausses autorités.
Sans doute, la culture ne met point à l'abri de toute fa..
elle n'était qu'intellectuelle, elle serait même insuffisan..
plus important encore de former les caractères, et d'insp..
sentiment des devoirs publics. Mais en général, plus l'éducation
sera bonne, plus la nation sera puissante et libre.

On la donnera surtout :

a) Par de bonnes écoles populaires et l'instruction obligatoire ;

b) Par l'*instruction scientifique* libre et élevée des fonctions
professionnelles, et même, quoique dans une moindre mesure,
des fonctions d'honneur ;

c) Par l'éducation guerrière de l'armée, et le service militaire
imposé à tous,

d) Par l'*habitude des devoirs civiques* : participation aux élections, aux assemblées communales, au jury, etc.,

e) En développant l'*intelligence* des intérêts publics ;

f) Par la *publicité* des débats législatifs et judiciaires ; toujours
et partout, par la guerre déclarée à l'égoisme, le dévouement
patriotique inspiré à tous.

[1] Tocqueville, *Œuvres*, vol VIII, 339 : « En Angleterre, la liberté n'est pas un
droit de l'homme, mais un privilège particulier de l'Anglais. L'Allemand, lui dit
que la liberté est un fruit de l'éducation »

II. L'État doit également favoriser la *liberté privée*, et supprimer les entraves qui en gênent l'exercice. Cette tâche incombe surtout à la politique, de même que la protection de la liberté privée contre toute violation, appartient plus spécialement au droit.

La liberté privée comprend :

1) La libre disposition pour chacun de sa personne : ainsi, le choix libre des vêtements de la nourriture, de la demeure, des mouvements.

Stuart Mill observe assez justement, que notre goût exagéré d'égalité mène souvent à l'oppression de l'individu par la tyrannie des modes et des usages, et par suite à une monotone et uniforme *médiocrité*, à l'absence de figures originales [1]. Nos mœurs sont en effet, sous ce rapport, moins libres que nos lois; et il n'est point hors de propos de rappeler au sentiment et au respect de cette liberté.

Sans doute, chaque peuple tend avec quelque raison à uniser dans son sein les costumes et les mœurs. Toute société a besoin d'harmonie, et écarte naturellement ce qui est disparate. L'originalité peut devenir mauvais goût, inconvenance, caricature. Mais il y a une grande marge entre les extrêmes; et il est assez curieux de voir que les femmes ont su garder dans leurs toilettes une variété originale très-habile et très-libre, pendant que les hommes se soumettaient tous à une sorte d'uniforme de rigueur, comme des fonctionnaires ou des soldats.

2) La liberté *du travail et de l'industrie.*

Les temps modernes ont affranchi le travail et l'industrie de ses anciennes entraves et de la tutelle inquiète de l'État. Mais ils ont donné du même coup libre carrière aux passions égoïstes, à la concurrence effrénée. L'équilibre entre le salaire et la prestation, le capital et le travail, est encore plus menacé. S'il n'y a pas lieu de revenir sur le principe de liberté, qui est une base de progrès, il pourrait être bon de le mieux préciser dans ses rapports avec la société, et de le développer avec plus d'harmonie.

3) La liberté *de la pensée scientifique et religieuse*, grande et

[1] Mill, la *Liberté*, ch. III.

féconde liberté entre toutes, source inépuisable de toutes les autres,

La liberté religieuse, en détruisant une unité de croyance fausse et contre nature, multiplie les confessions, et les rend plus sincères, plus vraies, plus agréables à Dieu, que la pratique hypocrite ou inconsciente, et souvent paresseuse, d'un culte uniforme. Elle ne fut cependant reconnue que lentement et péniblement dans notre Europe chrétienne. La réforme allemande du xvie siècle montra les droits de la conscience individuelle, et délivra l'Europe du despotisme de Rome. Le xviiie siècle renversa nombre de préjugés dans les pays catholiques et protestants. et fit douter des dogmes de l'Église. Le peuple lui-même se convainquit que la magie et l'astrologie sont de vieilles légendes, et que la sorcellerie n'est point un délit punissable. Enfin, la Révolution française, et avec plus d'effet encore l'Union américaine, sont venues proclamer la pleine liberté des cultes et des confessions.

L'Église avait également mis la science sous sa tutelle, et son autorité en avait trop souvent gêné l'essor. La science est la recherche et la découverte de la vérité par les voies de la droite raison. Elle ne peut donc subir que les lois de celle-ci. La vérité de la foi est elle-même soumise à son examen ; donc la science ne peut se laisser dominer par la foi. Dans un examen scientifique, la vraie foi elle-même serait une autorité incompétente, et par conséquent fausse.

Ce furent les Italiens de la Renaissance qui surent les premiers comprendre cette liberté et en user. Mais la réaction cléricale de la seconde moitié du xvie siècle, conduite par les Jésuites et le protestantisme orthodoxe, vint bientôt éteindre ce flambeau naissant. C'est au peuple allemand qu'appartient la gloire de l'avoir rallumé, de l'avoir depuis opiniâtrément et victorieusement défendu, de s'en être servi comme aucun autre. Les Anglais et les Américains sont eux-mêmes sous ce rapport en arrière des Allemands. La foi religieuse traditionnelle vient encore mettre chez eux de graves obstacles à la recherche scientifique et à l'expression libre de la vérité reconnue. La loi y protège le naturaliste dont les systèmes contredisent la Genèse de Moïse ; elle tolère la critique historique de la Bible ; elle ne punit pas le philosophe qui discute et combat les dogmes. Mais l'autorité ecclésiastique y garde une grande puissance sur les travaux de la science ; l'opinion publique s'y montre ouvertement hostile à tout système peu conforme aux traditions de la foi reçue; et la société y traite le libre penseur d'impie ou même d'athée, et l'évite comme un proscrit.

C'est donc en Allemagne seulement, et dans l'Allemagne protestante surtout, que la liberté de la science a atteint son entière expression ; et les savants allemands la considèrent justement comme le trésor le plus précieux, et le plus sûr garant des progrès de l'humanité.

En vain objecte-t-on que la vérité (objective) a seule le droit d'être répandue, et que l'erreur est sans droit. Est-ce que l'expérience de tous les siècles ne nous apprend pas que le faux est le plus souvent l'inévitable précurseur du vrai? Si le penseur ne peut errer, comment trouvera-t-il? N'est-ce pas par la lutte que la vérité triomphe? L'erreur possible contrôle le vrai, le purifie et le corrobore.

L'ame croyante peut vénérer dans le prêtre ou dans l'Église l'infaillible porteur des vérités religieuses. Le penseur ne saurait accorder a personne le droit de trancher d'autorité ses doutes. La raison qui cherche veut une démonstration scientifique ; elle se réserve d'en contrôler l'exactitude. C'est en vain que le pape romain se prétend une autorité infaillible pour la science elle-même en matière de foi et de mœurs. L'autorité scientifique appartient encore moins à l'Église qu'à l'État. En présence d'un problème de science, chacun se sent libre à l'égard de tous, et personne n'est à l'abri de l'erreur.

La carrière librement ouverte a la vérité et à l'erreur, ne peut aboutir qu'au triomphe final de la vérité. Cette conviction a sa base dans le sentiment profond de notre origine divine, dans la conscience que Dieu a marqué nos fins.

Ce n'est point à dire que la liberté de penser assurera en tout temps le triomphe du vrai, même contre un préjugé enraciné, parfois appuyé par l'État [1]. L'erreur peut malheureusement

---

[1] Mill, liberté, ch. II.

demeurer triomphante pendant des siècles. Est-ce sans des sacrifices pénibles que la science s'est débarrassée de tant de vieux
errements ? Aujourd'hui même, elle lutte encore pour son existence et sa liberté.

L'État ne peut donc pas se contenter de protéger par ses lois
la liberté de penser. Il doit en favoriser l'essor, en honorer les
représentants. La politique contribuera ainsi puissamment à
l'heureux développement de l'esprit du peuple et de l'humanité.

CHAPITRE II.

Égalité.

L'idée politique de l'*egalité* a, dans notre monde moderne, une puissance qu'ignorait le moyen âge, si ami des différences ordonnées. C'est la littérature française (*Rousseau*) surtout qui lui donna son grand élan. On la célébra comme l'idéal de l'avenir ; on flétrit toute distinction comme une héréditaire iniquité ; la révolution de 1789 en fit la loi fondamentale de l'humanité. Les Français s'enthousiasmaient encore plus pour l'égalité que pour la liberté.

Ce que l'on entendait alors par égalité, c'était surtout l'abolition des privilèges et l'élévation des nombreuses classes bourgeoises au même rang que la noblesse et le clergé. L'égalité devait régner partout, dans la société comme dans le droit civil. On la revendiquait au nom de la justice ; on l'identifiait avec elle. On voulait faire abstraction de toute différence de naissance, de race, de profession, d'éducation.

L'égalité bien comprise est un grand principe humain, une idée politique féconde. La seule égalité devant la loi n'en est même qu'une expression incomplète. Elle doit avoir aussi son influence dans les mœurs et le commerce des hommes.

Mais l'égalité fausse et exclusive renverse tout ordre, réduit

en poussière le riche organisme de l'État, et devient une éclatante injustice [1].

La véritable égalité repose sur l'identité ou la similitude des
situations. On en sent la violation comme une injustice, même
là où tout recours judiciaire est impossible. Mais l'oubli des différences réelles a beau se prévaloir d'une formule égalitaire : il
demeure un défaut de convenance ou de justice.

Les hommes sont égaux par l'espèce, la structure corporelle,
les organes de l'âme, le développement graduel, les conditions
et les limites de la vie ; en un mot, comme *hommes*, et surtout
comme *personnes*.

Les *rationaux* sont égaux par le lien commun qui les unit, par
la protection qu'ils reçoivent de l'État, par les devoirs publics
généraux, par l'intérêt qu'ils ont tous au bien de l'État.

Mais la politique fausserait le principe, si elle traitait également des situations manifestement *différentes*.

 Ainsi :

1) L'esclavage fut aboli au nom de l'*egalité* et de la liberté
véritables. Faut-il en conséquence nier toute différence entre
l'*autorité* et le *sujet*, les *gouvernants* et les *gouvernés*, les *juges* et
les *parties* ?

2) Si l'État, au nom d'une sage égalité, protége et ordonne
également les *propriétés*, et n'admet plus ni fiefs privilégiés ni
biens roturiers, faut-il lui demander aussi le partage égal des
biens? L'inégalité des fortunes n'a-t-elle pas son fondement nécessaire dans les différences individuelles, naturelles ou acquises? La fausse égalité conduirait finalement à la misère égale de
tous.

3) L'État moderne impose le *service militaire* à tous. Mais
peut-il oublier les différences d'age, de qualités physiques ou
morales?

4) L'État moderne a établi l'*égalité devant l'impôt*. Faut-il en
conclure que l'impôt principal doit être une *capitation egale pour
tous* ?

5) N'est-ce pas également par une fausse application du prin-

[1] Comp. vol. II, *Droit p. g*, l. IX, ch. vi.

cipe que l'on veut donner à tous un *droit égal de vote*, et fonder
sur le nombre seulement le concours de la nation aux affaires
publiques? L'égalité véritable peut-elle ne tenir aucun compte du
sexe, de l'age, de l'éducation, des forces et des intérêts, qui ont
pour l'État une importance majeure?

6) Ouvrir à chacun l'accès des charges publiques est également un progrès. Mais il serait absurde de nommer par le sort
aux fonctions qui exigent, même à un degré très-inférieur, des
connaissances ou une éducation spéciales.

7) Notre époque montre souvent une aversion passionnée pour
toute *distinction héréditaire d'ordre*, et condamne au nom de
l'égalité toute l'institution de la noblesse féodale. L'Union américaine va même plus loin depuis la guerre civile (1861-1865) :
elle repousse toute inégalité juridique entre les blancs et les
hommes de couleur.

On pourrait approuver ces tendances égalitaires, si elles se
bornaient à demander pour chacun le même droit de développer
librement ses aptitudes, ses talents naturels. La voie du progrès
ne doit être fermée à personne, pas même au nègre. Tous doivent
pouvoir lutter, avec les plus nobles et les plus intelligents,
d'amour et d'efforts pour le bien public et pour l'humanité.

Mais il faut se garder de dépasser le but. Les politiques aveu-
glés par la fausse égalité ont beau les oublier : les différences
réelles gardent leur haute importance. L'homme d'État ne peut
méconnaître le fait psychologique de la transmission héréditaire
de certaines qualités, bonnes ou mauvaises, et ainsi, l'influence
de la race sur les aptitudes.

L'hérédité du trône n'est-elle pas un privilége légitime de la
famille régnante? Faut-il toujours blâmer la cour et la diplomatie, quand elles voient dans une haute naissance des garanties de
sentiments plus nobles et de mœurs plus fines? L'égalité légitime n'est violée que si le fils du petit bourgeois se trouve systématiquement exclu, malgré la distinction de ses talents.

Le régime représentatif exige à son sommet éducation, loisirs, fortune. Ces qualités ne se rencontrent que dans une faible
minorité, naturellement issue des meilleures familles du pays.
Les grandes classes populaires et leurs descendants seront tou-

jours, dans leur immense majorité, placés un degré plus bas, gagnant leur vie par la force des bras, et n'ayant ni le désir ni la force de s'élever aux sphères supérieures. La véritable égalité donnera à tous le droit de monter; elle ne fermera la porte à personne. Mais c'est une fausse égalité qui met la puissance aux mains de la foule incapable et ignorante.

Des hommes de couleur peuvent devenir des juges capables et instruits. Certains noirs se sont même conduits en généraux habiles, en grands politiques. L'Union américaine fit un progrès véritable en permettant aux nègres eux-mêmes de monter au Capitole. Mais l'on tombe aussi dans une désastreuse erreur, en s'imaginant qu'une république libre et représentative peut se fonder aussi bien sur une majorité de noirs que sur la race virile des Anglo-Saxons. Une politique prévoyante devra prendre garde que le centre de gravité ne se déplace, et ne passe des blancs aux noirs. Ce serait la perte de la république.

' Le meilleur remède contre la fausse égalité et le plus sûr moyen de conserver la véritable, c'est, comme *Gneist* l'indique, l'union du *droit* et du *devoir* publics, leur *juste équivalence*. Quiconque a droit ou puissance dans l'État, a en même temps devoir; et la grandeur du devoir augmente avec celle du droit. De même, quiconque remplit un devoir envers l'État doit avoir un droit correspondant, et perd justement ses droits publics, quand il néglige ses devoirs publics.

Le grand tort, c'est toujours de n'envisager qu'un côté des choses. Les démocrates menacent la liberté en ne voyant que l'égalité[1], et poursuivent de leur haine toute distinction. Les aristocrates méprisent l'égalité légitime elle-même, et veulent faire de l'inégalité ou du privilège de la qualité le principe unique de l'État.

En réalité, les deux principes s'unissent étroitement. Ils se complètent, réagissent l'un sur l'autre, et deviennent ainsi la base de l'État juste et libre. Ils sont entre eux comme la nécessité et la liberté, la substance et la qualité. L'égalité est la base, la diversité est le développement.

[1] Comp Richter, *Stats u Gesellschaftsrecht der französischen Revol*, Berlin, 1865, I, 196 Proudhon, *Justice*, traduit par Pfau

CHAPITRE III.

Civilisation.

L'idée de civilisation, comme celles de liberté, d'égalité et de culture, appartient à l'humanité. L'expression naquit en Italie, dans le royaume des Goths de Théodoric, en présence de l'antique civilisation romaine [1].

La civilisation à trois caractères distinctifs :

1) Elle ennoblit en la cultivant la *nature* encore grossière ;
2) et elle fait dominer l'*esprit* sur la *matière*,
3) non-seulement dans les *individus* isolés, mais dans la *société* et dans l'*État* lui-même.

Aussi la civilisation n'est-elle jamais conquise que par l'effort et le travail. La nature donne le goût et l'aptitude ; à l'homme de faire le reste.

Une nation est *civilisée* ou *inculte*, suivant qu'elle présente, dans son ensemble, travail, développement, progrès, ou des forces latentes seulement.

On dit aussi d'une nation qu'elle est *barbare* ou *civilisée, sauvage*

---

[1] Les anciens Romains opposaient le mot *civilitas* à *crudelitas*, et nommaient plutôt *humanitas* ce que nous appelons civilisation. *Civilisation* se réfère naturellement à l'État : civis, civitas; civilis, civilitas. Comp. Dahn, *Könige der Germanen*, vol. II, p. 137.

ou *cultivée*. Mais ces oppositions ne doivent pas être confondues avec la première. Tous les peuples sont *incultes* à l'origine ; tous ne sont point pour cela des barbares ou des sauvages. Les tribus vraiment sauvages ne sont jamais arrivées par elles-mêmes à la civilisation. Elles la reçoivent ; elles ne se la donnent pas. Abandonnées à elles-mêmes, elles restent dans leur grossier état de nature, et même y retombent après en être sorties, grâce au secours d'autrui. Rome et la Grèce, en traitant tous les autres peuples de barbares, méconnaissaient orgueilleusement leurs voisins. Ce nom n'appartient qu'aux peuples chez lesquels les éléments *brutaux* sont prépondérants ; il ne saurait être appliqué là où l'*esprit* domine, fût-ce inconsciemment. Incultes au temps de Tacite, les Germains ne méritaient point cette épithète ; et le grand historien qui peignit leurs mœurs et leurs vertus, montrait aux Romains les germes d'une haute civilisation à venir. C'est donc à tort que les auteurs, romains surtout, nous parlent souvent des Francs ou des Germains encore *barbares*, les assimilant en quelque sorte à des sauvages a). Leur religion, leur langue, leur droit, leurs mœurs, révèlent l'étroite parenté qui les unit aux autres peuples ariens, aux Romains et aux Grecs eux-mêmes.

Au reste, ces distinctions sont un peu vagues. La civilisation remplace la grossièreté primitive, et multiplie ses forces en luttant contre elle. Mais les mauvais instincts peuvent toujours se réveiller chez l'individu, et il en est de même chez les nations. Presque toutes les histoires nous présentent certains retours, généralement passagers, de brutale passion ou d'abominable cruauté.

La civilisation est le triomphe de l'esprit sur la matière. L'État fixe le droit, crée des organes d'instruction et d'éducation, perfectionne les relations de la vie ; chacun de ses pas en avant est un progrès pour la civilisation.

a) En français, *barbare* n'est point synonyme de *sauvage* « Les modernes donnent le nom de *sauvages*, par comparaison aux animaux, à des populations qui vivent dans les forêts, en une condition *inférieure* à celle des barbares. *Barbarie* : manque de civilisation ; *Barbares* étrangers, par rapport aux Grecs et aux Romains. » (Littré, *Dictionnaire*.) Mais M. Bluntschli précise mieux la différence des deux idées.

La *religion* et la *civilisation* se proposent le même but, la perfection de l'homme; mais leurs voies et leurs moyens diffèrent. La religion unit l'homme à Dieu ; la civilisation unit les hommes entre eux. L'une s'adresse à l'âme croyante, purifie et sanctifie le cœur. L'autre parle surtout à la raison, et se manifeste extérieurement dans les œuvres. La première est enseignée par l'Église ; la seconde est surtout protégée et encouragée par l'État.

La religion et la civilisation suivent normalement deux voies parallèles, en s'appuyant l'une l'autre. Parfois cependant on les voit se séparer, même se combattre. Le christianisme, qui nous fait tous enfants de Dieu, est dans une étroite liaison avec la plus haute civilisation, qui n'est elle-même que la manifestation la plus parfaite de l'humanité. Rome donna aux Germains la religion chrétienne et la civilisation gréco-romaine, et les rois francs répandirent ces deux sources fécondes. Les progrès des missions chrétiennes accompagnent et affermissent les conquête pacifiques des nations modernes sur les barbares des autres parties du monde.

Toutefois une nation peut être à la fois peu religieuse et très-civilisée : telle était Athènes au temps d'Alexandre, ou Rome elle-même au temps d'Auguste. De même, un peuple très-religieux n'est pas toujours très-civilisé : ainsi les mahométans des premiers siècles et les Germains du moyen âge. Les saints, les moines et les missionnaires de l'Église ont été parfois jusqu'à haïr la civilisation. Les maîtres et les héros de la civilisation se sont souvent tenus éloignés de l'Église, ou se sont bien plus préoccupés des intérêts de la science que des dogmes. Le christianisme se répandit d'abord en combattant l'antique culture romaine. Les moines qui luttaient à Alexandrie contre les écoles philosophiques, étaient presque des barbares.

Les diverses civilisations portent toutes plus ou moins un cachet *national*, et c'est leur influence bienfaisante sur l'*humanité* qui détermine principalement leur rang et leur importance. *Dante* dit admirablement dans sa *Monarchia :* « La tâche essentiellement propre du genre humain, considéré comme être collectif, c'est d'exprimer toutes les forces de l'esprit, par la pensée d'abord, puis dans les faits. Telle est la fin dernière de la civilisation (*finis utilis civilitatis humani generis*). »

Toute civilisation a une double face : perfection de la vie *publique*, et perfection générale de la vie *privée*. *Guizot*, dans son *Histoire de la civilisation en Europe*, s'arrête trop aux individualités. Ce nom n'appartient pas à la culture, fût-ce la plus achevée, d'un ou de plusieurs personnages· toute civilisation est un bien *commun*. Une découverte ou une invention n'a d'action civilisatrice que du jour où elle contribue au progrès général.

L'*éducation* et la *civilisation* ne doivent pas être non plus confondues. La civilisation chinoise repose plus qu'aucune autre sur l'éducation traditionnelle, soignée, méticuleuse ; et cependant elle reste médiocre. Ne trouve-t-on pas des mœurs barbares chez maint savant ?

La civilisation moderne, que l'Europe et sa fille l'Amérique répandent aujourd'hui sur le monde, a puisé à une triple source :

1) Dans l'*antique civilisation gréco-romaine*. L'influence des Grecs se montre surtout dans la philosophie, la poésie, l'architecture, la sculpture ; celle des Romains, dans le droit privé, la politique, l'histoire, et aussi l'architecture.

2) Dans le *christianisme*, qui vivifia l'amour du prochain, prit pitié de tous ceux qui souffrent, et fonda d'innombrables institutions de charité. La constitution de l'Église et l'extension de son autorité eurent aussi une influence indirecte. Cependant, si nous sommes moins croyants et moins soumis au dogme que les peuples du moyen âge, la charité chrétienne et la bienfaisance sont devenues plus générales et plus fécondes que jamais.

3) Les *Germains* développèrent et transformèrent les deux sources précédentes, spécialement par leur amour de la liberté, leurs bonnes mœurs et leur respect de la dignité humaine.

Mais, si riches qu'elles soient, ces trois sources sont loin d'être les seules. Les nations modernes ont elles-mêmes apporté à la civilisation leur contingent de travail et de progrès. Ainsi, entre autres :

1) Les *Italiens*, héritiers plus directs de la civilisation ancienne, créèrent les premiers une langue et une littérature nationale et moderne, embellirent magnifiquement leurs villes, étendirent

leur commerce, formulèrent le premier droit commercial. La renaissance des arts orna l'Italie d'œuvres immortelles d'architecture, de peinture et de sculpture, et vainquit le sombre moyen âge.

2) La civilisation doit beaucoup moins aux *Espagnols* et aux *Portugais*. S'ils ont rejeté les mahométans hors d'Europe, ce fut avec l'emportement du fanatisme, et en écrasant la civilisation florissante des Mores. Leur principal mérite est dans leurs découvertes d'outre-mer, et dans les progrès qu'ils firent faire à la navigation. Leur littérature à également une grande période. Mais l'absolutisme du prince et du clergé étouffèrent bientôt ce brillant essor, remarquable encore à la fin du xvi° siècle. Dès lors leur sol fut envahi par cet ordre fatal des Jésuites, qui tourne contre la civilisation elle-même les forces qu'elle lui prête.

3) Entre les peuples romans, c'est aux *Français* que la civilisation doit le plus. Ce grand peuple se sent appelé plus qu'aucun autre à agir au dehors dans un esprit civilisateur. Son bon sens, son jugement prime-sautier, son amour des idées nouvelles, son habileté à les exprimer clairement pour tous, son bon goût, son tact délicat, sa langue facile et cultivée, tout contribua à le placer pendant des siècles à la tête de la société européenne. L'unité d'un puissant État national et une capitale brillante entre toutes, venaient encore augmenter son influence. La société française donna le ton à toute la société cultivée ; et la littérature du siècle classique de Louis XIV et du xviii° siècle, les idées de la Révolution et le génie de Napoléon, assurèrent pendant longtemps à la France une sorte d'hégémonie de l'Europe. On peut reprocher aux Français plusieurs défauts sérieux : l'esprit superficiel, la vanité, un tempérament porté aux extrèmes, la manie des innovations et du changement, et ces défauts finirent même par compromettre leur haute situation. Mais ce qu'ils ont produit mérite la reconnaissance du monde.

4) Le peuple *anglais*, heureux mélange d'éléments germains et romans, comme le peuple français, mais dans un rapport inverse, et sa jeune sœur d'Amérique, se sont surtout signalés dans le domaine *politique* proprement dit. Ils ont les premiers

réalisé la forme haute et consciente de l'État représentatif, ils en ont développé le principe dans la monarchie constitutionnelle, les parlements, la république. Sans doute, c'était à leurs libertés nationales, à leurs intérêts publics, qu'ils songeaient surtout. Mais ils demeurent les premiers modèles du monde politique moderne. C'est à eux que la liberté doit ses armes légales et ses garanties juridiques.

L'Amérique a fait beaucoup pour la liberté de conscience et la distinction de l'Église et de l'État. Les Anglais sont bien supérieurs aux Français par le sens et le respect de la tradition ; ils ont construit leur édifice politique sur des fondements historiques assurés, pendant que les Français ne songeaient guère qu'à tout renverser pour tout reconstruire à neuf. C'est à l'Angleterre et à l'Amérique également que les arts techniques, la fabrication, la navigation et le commerce du monde doivent le plus. Nul peuple n'a autant de raison pratique ; cette qualité dégénère parfois en égoïsme froidement calculateur. La science leur doit nombre de ses progrès ; et, quoiqu'ils soient moins bien doués pour les beaux-arts, c'est à l'Angleterre qu'appartient le plus grand poète du monde.

b) Le peuple *allemand* se distingue surtout par les services qu'il a rendus à la liberté politique, religieuse, intellectuelle. Il brise d'abord l'empire despotique de Rome, et donne aux nationalités espace et soleil pour se former. Il empêche ensuite, au moyen âge, le triomphe de la domination universelle des papes. Au XVIᵉ siècle, il proclame la liberté de conscience, et éclaire les esprits par ses Églises et sa culture nouvelles. Enfin, ses perpétuels efforts à la recherche du vrai, son zèle infatigable dans les sciences, sa raison indépendante et virile, les tendances morales de son âme, son enthousiasme du beau et du bien, ont produit un nombre considérable d'œuvres scientifiques, littéraires, artistiques et techniques, qui appartiennent à l'humanité.

On put même croire un instant qu'absorbé par ces travaux, le peuple allemand oubliait de prendre sa place dans le mouvement politique nouveau. L'empire romain d'Allemagne tombait en ruine. Les divisions de race, de dynastie et de confession semblaient rendre toute unité impossible, et devoir perpétuer la prépondérance de l'étranger. L'Allemagne ne se montrait l'égale de ses voisins que dans le champ des idées, de la pensée ; son gouvernement politique était très-inférieur. La nature peu sociable, volontaire et opiniâtre de l'Allemand, et la fidélité ardente de plusieurs tribus envers leurs princes, s'opposaient à toute concentration forte.

Mais la *Prusse* sut enfin comprendre les aptitudes politiques et guerrières de notre peuple ; et l'*Empire allemand* s'est redressé plein de vigueur et d'énergie au milieu des puissances de l'Europe. Il tourne aujourd'hui tous ses regards vers la civilisation. Il ne songe point à conquérir et dominer. Ce qu'il veut, c'est la liberté des nations par le respect de chacune pour le droit des autres, et l'affranchissement des esprits de l'éducation abêtissante des Jésuites et de l'idolâtrie du pape infaillible.

6) Les peuples *slaves* ont été jusqu'à ce jour plutôt passifs qu'actifs, moins créateurs que propagateurs de la civilisation. La *Russie* s'efforce d'arracher à la barbarie l'Orient et le Nord de l'Europe, et de les féconder par notre civilisation chrétienne. L'idée plus particulièrement slave de la *fraternité* est peut-être appelée à marquer un jour une nouvelle étape de progrès.

Le monde est encore éloigné de son but élevé. Notre culture si avancée recèle encore beaucoup de barbarie. Le triomphe de la civilisation est bien incomplet, alors que le droit et la paix peuvent être à chaque instant violés par l'usurpation brutale ou la révolution sanglante ; alors que les nations les plus avancées tranchent leurs différends par la force des armes ; et que des classes entières ne peuvent avoir qu'une existence dégradante, ou sont, en fait, exclues de toutes les jouissances de l'homme civilisé.

Mieux vaut pour une nation, disent plusieurs, demeurer à demi barbare que d'arriver à l'apogée de sa civilisation, car dès lors elle descend fatalement. Mais n'est-il pas plus honorable de mourir après avoir rempli ses fins, que de vivre sans les atteindre? Une nation civilisée laisse un riche héritage à l'humanité reconnaissante ; une nation barbare périt tout entière.

CHAPITRE IV.

Nationalité et humanité (Internationalité).

Le principe des nationalités n'a jamais été aussi puissant que de nos jours [1]. Toute la politique moderne a un caractère *national* marqué.

Presque tous les États de notre Europe sont *nationaux*. Un *peuple* homogène y forme la fraction principale de la *nation*, et remplit l'État de son esprit, de son caractère, de ses sentiments. Nulle part la nationalité n'est unique, sans doute. La *France*, l'État le plus national de l'Europe après l'Italie, renferme elle-même des éléments hétérogènes, les Bretons et les Basques. L'*Empire allemand* a des Polonais, des Vendes, des Danois et des Français. La Grande-Bretagne et la Russie sont encore plus mêlées. Mais, même ici, c'est dans l'une la race anglo-saxonne relevée par l'élément normand qui donne à l'État son empreinte, et qui s'est subordonné les éléments moins vigoureux, anciens Bretons, Écossais et Irlandais; et dans l'autre, la nationalité *grande-russe*, formée du mélange des Slaves et des Finnois, qui l'emporte de beaucoup sur les éléments finnois purs, allemands, petits russes, polonais et tartares.

[1] Comp. vol. I, l. II, ch. IV.

Ainsi, *aucun peuple considerable* n'est compris tout entier dans un même État. On compte des Français en Suisse et en Belgique depuis des siècles. L'Allemagne laisse hors de son sein un nombre plus considérable encore d'Allemands. La nationalité anglaise a même fondé un double empire. Les Russes enfin ont dans les Ruthènes autrichiens de proches parents qui ne font point partie de leur vaste État.

L'Italie, l'Espagne, le Portugal, les Pays-Bas, le Danemark, la Suède, ont également un caractère national décidé, malgré des mélanges secondaires. En Suisse et en Belgique, par contre, les proportions sont telles qu'on ne saurait dire qu'une nationalité y domine. La Belgique a presque autant de Flamands que de Français. La Suisse comprend trois groupes, des Allemands, des Français et des Italiens, et elle a su les unir dans une sorte de pacifique *inter nationalite*.

L'*Autriche-Hongrie* et les États européens du *Grand-Turc* sont dans une situation plus difficile. Les nationalités s'y mêlent beaucoup plus que dans le reste de l'Europe; mais elles sont en lutte sourde et constante.

Où sont les temps où saint Étienne de *Hongrie* disait à son fils : « Unius linguæ, uniusque moris regnum imbecille et fragile est? » Cet axiome pouvait être vrai avant le réveil de l'esprit national, et alors que le latin, seule langue publique de l'État, atténuait les oppositions multiples des éléments si mêlés du royaume hongrois. Aujourd'hui les choses ont bien changé. L'aristocratie des *Magyars* contient difficilement son ambition, et se montre peu juste pour les autres nationalités de la Hongrie. Celles-ci repoussent énergiquement une langue et une culture plutôt inférieures à la leur. La Hongrie ne peut guère adopter qu'une sorte de politique internationale analogue à celle de la Suisse, avec plus d'unité cependant, en raison du rôle plus actif qui appartient au grand empire austro-hongrois.

Mêmes difficultés dans les pays *cisleithaniens*. Ici, du moins politiquement, ce sont les Allemands qui dominent; mais ils sont également trop peu forts, soit pour s'assimiler, soit pour conduire et satisfaire les nombreuses nationalités slaves. Cette *polynationalité* fait qu'il est très-difficile d'être équitable envers chaque race sans rompre l'unité de l'empire. Une solution heureuse et harmonique donnerait sans doute de féconds résultats, en raison même de la riche variété des éléments rassemblés. Mais on s'en est tenu pendant si longtemps à un déplorable système de compression par le pouvoir absolu, le fonctionnarisme et l'armée, que la difficulté est aujourd'hui presque insurmontable, et que les hommes d'État les mieux intentionnés n'inspirent plus qu'une confiance médiocre à des populations trop souvent trompées.

L'existence de l'empire *turc* est encore plus menacée depuis le réveil des nationalités. La *Grèce* s'est séparée, et elle attire à elle les autres provinces grecques de l'empire. La *Roumanie* est devenue une principauté quasi-indépendante, reconnaissant la suzeraineté du sultan, mais placée sous la protection des puissances européennes, ayant sa constitution, son gouvernement, sa législation, ses tribunaux. La Serbie et le Montenegro sont presque des États souverains. Le mouvement séparatiste et national gagne la Bosnie, l'Herzégovine et la Roumélie. Il semble que le peuple turc soit incapable de transformer sa violente conquête en une civilisation pacifique, qui calme les souffrances et triomphe des antipathies nationales.

Ces peuples divers sont sans doute trop faibles pour pouvoir constituer autant d'États distincts, au milieu de nos grandes formations modernes. Leur éducation est encore incomplète; ils n'ont pas suffisamment fait leurs preuves. Il faudrait qu'ils s'appuyassent l'un l'autre, et s'unissent entre eux pour le développement et la protection de leurs nationalités. Le problème est difficile; et la forme d'une *confédération internationale* sous la protection bienveillante et influente de l'Europe, peut sembler la meilleure solution a).

(a) On sait le système de transaction que le traité européen de Berlin (13 juillet 1878) vient de faire accepter à la Russie victorieuse, et à la Turquie vaincue ensuite d'une lutte qui n'a pas été sans gloire : la *Bulgarie* du nord, du Danube aux Balkans, constituée en principauté *autonome et tributaire*, sous la suzeraineté (nominale) du sultan, avec un *gouvernement chrétien*, un prince (à vie probablement, art. 3) élu *par la population*, et confirmé par la Porte, sous l'assentiment des puissances, un régime sans doute représentatif (art. 4), et une milice nationale; la Bulgarie du sud, constituée sous le nom de *Roumélie* orientale, placée sous l'auto-

La politique nationale ne tend pas seulement à former de nouveaux États; elle a également sa mission dans les affaires intérieures de l'État, et dans ses rapports avec l'étranger. A l'intérieur, elle maintiendra l'unité nationale contre les tentatives particularistes; à l'extérieur, elle évitera le *cosmopolitisme sentimental* et romanesque, pour affirmer son caractère national et protéger ses intérêts nationaux.

Cette politique trouve toujours un appui considérable dans le peuple. On le comprend, quand on résume les causes qui ont donné tant de force au principe des nationalités, savoir:

1) Le sentiment d'une même *appartenance*, de la *communauté* du caractère et de l'esprit;

2) Le développement et l'influence grandissante de la *littérature* et des *arts* nationaux, et l'action quotidienne de la *presse*;

3) Le *vote politique* accordé à toute la population mâle, et l'action publique et prépondérante de la *représentation nationale*;

4) Une certaine *complaisance* de chaque peuple *pour lui-même*, qui lui fait comparer ses qualités avec les défauts des autres, et augmente l'émulation. La roideur distinguée des Anglais, la vanité des Français, l'orgueil des Allemands, l'astuce des Italiens et la bigoterie des Espagnols luttent de zèle à se glorifier.

Mais, malgré la juste importance que l'on donne aujourd'hui à une politique nationale, il faut se mettre en garde contre ses faiblesses et ses exagérations.

Une politique exclusivement nationale serait facilement injuste, et menacerait la paix générale. Chaque État s'isolerait et s'en-

rité *politique* et *militaire directe* du sultan, mais avec un *gouverneur général chrétien*, nommé pour cinq ans par le sultan, sous l'assentiment des puissances (art. 1, 3, 13, 17); le *Monténégro*, la *Serbie* et la *Roumanie* proclamés indépendants (art. 26, 34, 43); l'égalité de toutes les confessions religieuses devant la loi et la liberté des cultes assurées dans toutes ces provinces ou États, et même dans tout l'empire ottoman (art. 5, 20, 27, 35, 44, 62); le règlement organique semi-autonome de Crète de 1868 *adapté et appliqué suivant les besoins locaux*, sauf en ce qui concerne les exemptions d'impôts, aux autres provinces de la *Turquie d'Europe* (art. 23) On sait aussi que l'Angleterre vient d'assumer la tutelle et le protectorat de la Turquie en se faisant céder l'île de Chypre (traité anglo turc du 30 mai 1878), et se charge ainsi, devant l'Europe, de faire marcher cet empire disloqué dans les voies de la civilisation.

fermerait chez lui. L'unité et la communauté du genre humain seraient méconnues.

Une politique nationale n'est donc parfaite que si elle est en même temps *internationale* ou, mieux, *humaine*. Les deux termes ne sont nullement contradictoires, car la *même nature humaine* unit tous les peuples dans cette grande *humanité* dont ils sont les couleurs brillantes et variées.

La politique *internationale* peut être considérée comme un premier degré qui mène à la politique *humaine*. L'une regarde surtout les peuples, et s'efforce de les unir par un commerce pacifique et des institutions communes; l'autre s'inspire avant tout de la communauté universelle des hommes, et veut conduire l'humanité à ses fins. Quoique plus complète que la politique nationale, la première n'est point encore assez consciente de l'unité du genre humain.

Elle a cependant produit de nos jours d'admirables résultats. La diffusion du droit des gens sur les continents d'Europe et d'Amérique et jusque dans l'Asie orientale, les unions internationales des postes et des télégraphes, l'unification des poids et mesures et des monnaies, la navigation toujours plus étendue et plus multipliée, les nombreux chemins de fer internationaux, enfin les progrès immenses du commerce du monde, démontrent que les peuples, loin de vouloir s'isoler, comprennent toujours mieux la communauté de leurs intérêts.

Nous n'avons point, il est vrai, de langue internationale, comme le latin l'était au moyen âge. Nous n'avons que des langues nationales, dont quelques-unes, comme le français et l'anglais surtout, en tiennent lieu dans une certaine mesure. Mais tous les peuples civilisés aiment l'humanité et l'expriment dans leurs multiples langages. L'*organisation générale du monde*, sous la forme d'une *confédération*, ou d'un *empire universel*, n'apparaît encore qu'à de rares esprits comme l'idéal de l'avenir. La plupart l'appellent un rêve. Et cependant le droit des gens actuel peut être déjà considéré comme une forme et une assise visibles, quoique imparfaites, d'un ordonnancement général.

Les plus grandes guerres de l'histoire, celles qui combattirent une despotie universellement menaçante, qui affranchirent l'Océan, qui ouvrirent les mers et les ports aux vaisseaux de tous les peuples, qui protégèrent les étrangers et assurèrent la liberté de conscience, sont essentiellement *humaines.*

L'*humanité,* haute expression de l'âme, de la raison, de la charité humaines, est le but élevé des nations les plus vaillantes et des plus grands hommes d'État.

CHAPITRE V.

Selfgouvernement et selfadministration.

1. Les Anglais et les Américains du Nord sont fiers de leur « selfgovernment. » Les Anglais se vantent de l'avoir les premiers compris et appliqué ; les Américains de l'avoir développé rationnellement. Le *selfgovernment* des premiers a un caractère aristocratique : la *gentry* y joue le rôle principal. Celui des seconds est plutôt démocratique ; il est exercé par les citoyens en général.

Le mot et la notion nous viennent directement des peuples anglo-saxons. La langue allemande n'a point d'expression exactement correspondante a): « *Selbstregierung* » et « *Selbsterwaltung* » sont plus étroits et moins précis, et nos publicistes s'en servent dans des sens très-divers.

Pour les Anglais et les Américains, le *selfgovernment,* loin de s'opposer nécessairement au *gouvernement par l'Etat,* signifie le plus souvent un mode ou un genre déterminé de gouvernement et d'administration *de l'Etat* ; la constitution elle-même peut mériter cette qualification, quand elle admet l'aristocratie ou les citoyens à concourir au gouvernement. Ainsi, le parlement

---

a) La langue française encore moins. Il nous a paru indispensable de nous servir des expressions *selfgouvernement* et *selfadministration,* qui correspondent littéralement à *Selbstregierung* et *Selbsterwaltung.* Comp. p. 52 et 56.

anglais et le congrès américain sont tous deux des institutions de *selfgovernment*, les ministres anglais, émanation de la majorité du parlement, et le président élu de l'Union, en sont également des organes; il en est de même du *jury* et de l'administration de la police par les *juges de paix*. L'expression s'applique également aux *associations*, aux *sociétés*, aux *corporations* de tous genres, lorsque leurs membres les réglementent et les administrent librement.

Ce qu'ils opposent au *selfgovernment*, c'est une organisation et une administration imposées d'en haut, du dehors; un système dans lequel l'*autorité magistrale des fonctionnaires de profession* décide seule, et sans le concours de fonctions civiles d'honneur ou d'une représentation. Ainsi l'armée de l'Angleterre, et de l'Amérique elle-même, ne sont point organisées dans la forme du *selfgovernment*, ce serait dangereux pour l'unité du pouvoir militaire et la discipline. L'Église a bien son *selfgovernment* là où ses membres l'ordonnent et l'administrent eux-mêmes. Mais l'Église catholique romaine n'est pas dans ce cas, puisque l'autorité du pape y est absolue, et que prêtres et laïques ne peuvent qu'obéir; il en est de même des couvents ou des ordres religieux. Au contraire, les communes, les associations d'utilité publique, les établissements de charité, ou même les sociétés de chemin de fer ou de finance et les associations civiles, peuvent fort bien avoir leur *selfgovernment*.

Mais toute activité quelconque des citoyens n'est pas un *selfgovernment*. Les journaux, les livres, les prédications, l'opinion publique elle-même, n'en sont nullement des organes, malgré leur action sur la société, leur indépendance et leur liberté. Le *selfgovernment* suppose une organisation, une communauté ordonnée de membres. Or, nous ne trouvons ici, directement, que l'expression de sentiments et de volontés individuelles.

Ainsi comprise, cette formule renferme certainement une tendance *à s'aider soi-même, républicaine* dans le sens antique du mot. Les citoyens ne veulent point se laisser traiter comme des choses. Ils veulent concourir à la gestion des affaires, prendre leur part au travail et à la responsabilité, dans les droits et dans les devoirs.

Au fond, l'idée est la même en Angleterre et aux États-Unis. La réalisation seule diffère : le concours est exercé, là, par les classes distinguées, ici, par les grandes classes populaires.

Les institutions anglaises ou américaines ne peuvent guère être transportées telles quelles sur le continent. Nous n'avons ni une aristocratie comparable à la gentry anglaise, ni l'initiative hardie des Américains. Mais l'idée essentielle du *selfgovernment* y est certainement applicable aussi, car ce qui la constitue, c'est *dans l'État,* d'ailleurs harmoniquement *organisé, la participation et le concours actif des citoyens* à toutes les affaires communes, publiques ou corporatives, par opposition *à la tutelle autoritaire et bureaucratique des fonctions et des magistrats.*

Les remarquables progrès du système représentatif ont rempli nos États européens de cet esprit. L'*État public libre* est en réalité un *selfgovernment,* par les attributions qu'il donne aux représentants de la nation.

2. L'expression *allemande « Selbstverwaltung »* est habituellement prise dans un sens plus étroit. Elle s'oppose a « *Selbstregierung,* » qui comprend la législation, le gouvernement, la justice; et ne se réfère qu'à l'*administration proprement dite* des divisions de l'État, communes, cercles, districts, *associations organiques* de l'État.

Mais ici encore les publicistes allemands s'accordent peu :

a) Rudolff Gneist, qui a étudié le régime administratif anglais mieux que personne, définit le *selfgovernment : l'union organique de l'État et de la société* [1]. Il le confine dans un étroit domaine, entre le gouvernement général et l'administration privée ou les institutions toutes locales, communes et associations. En d'autres termes, les *unions de comtés* et les *fonctions des juges de paix* sont pour lui l'expression la plus claire du *selfgovernment* anglais. Toutefois, l'auteur finit par ranger sous le même nom la selfadministration des communes, en tant qu'elle est réglée par le droit public et par la loi. Comtés, cercles, villes et villages, deviennent ainsi les centres, grands et petits, du *selfgovernment.*

Gneist fait ressortir très-vivement que cette selfadministration

[1] *Selfgovernment in England.* Berlin, 1871, § 7 et 147.

anglaise, et en général toute selfadministration bien organisée,
doit son origine et son caractère à l'*État*, et non aux volontés
arbitraires de la *société* En un mot, le *selfgovernment* est suivant
lui « l'administration du pays dans les cercles et dans les communes *(die innere Landesverwaltung der Kreise und Ortsge-
meinden)*, conformément aux *lois*, et par des *fonctions personnelles
d'honneur*, *l'impôt communal* foncier faisant face aux dépenses.
Le *selfgovernment* est toujours une création de la *loi positive*, non
du droit coutumier. » L'auteur va même d'abord jusqu'à trouver
un signe caractéristique de *selfgovernment* dans la nomination
des *juges de paix* par le roi [1]. Au reste, il reconnaît que cette
selfadministration se rattache intimement à la constitution *parlementaire* du royaume; il soutient avec force qu'elle en est le
fondement le plus sûr, et qu'une selfadministration de ce genre
peut seule rendre la nation capable de concourir au gouvernement
par ses chambres.

Gneist distingue très-nettement cette selfadministration publique de celle qui peut appartenir aux associations *privées* de
toutes sortes. Enfin, il déplore que l'habitude de ces dernières,
de faire gérer et contrôler leurs intérêts par des administrateurs
élus, ait fini par exercer une funeste influence sur l'État lui-
même, qui aurait à leur exemple institué nombre de commis-
saires et d'administrateurs électifs, affaiblissant ainsi l'ancien
édifice du selfgovernment, et mettant l'incertitude et le trouble
jusque dans l'administration de la police.

Sans doute, il est très-utile de distinguer, comme le fait Gneist,
la *selfadministration proprement dite* du *selfgouvernement* d'une
part, et de la pure *administration privée* de l'autre, pourvu
d'ailleurs que l'on se garde d'oublier les liens intimes qui ratta-

---

[1] R Gneist, *die heutige englische Communalverfassung und Communalverwal-
tung, oder das System des Selfgovernment*. Berlin, 1860, § 129 : « Le principe de
la nomination royale s'est conservé sans interruption depuis le moyen âge, pour les
schériffs, les juges de paix, les officiers de la milice, ainsi que pour tous les officiers
ayant un caractère judiciaire, pour les autorités civiles et militaires Il domine dans
tout l'ancien *selfgovernment* Le jury lui-même repose au fond sur la nomination
faite par un fonctionnaire royal. Les chartes des villes sont bien diverses, et cepen
dant aucune d'elles ne confie la nomination du jury aux électeurs de la commune,
ni même à un fonctionnaire communal electif. »

chent ce *domaine intermédiaire* a ses deux voisins. En disant
que la selfadministration repose sur *l'union et les relations cons-
tantes de l'État et de la société*, Gneist exprime une idée très-féconde. C'est à elle, en effet, qu'il appartient d'organiser les intérets communs de manière à assurer à la fois le règne de la
justice, de l'ordre, des responsabilités, des devoirs *publics*, et le
libre développement de l'intelligence, du patriotisme, des vertus
des citoyens. On ne considère souvent ici que l'élément privé,
l'association : Gneist attire justement l'attention sur l'élément
public.

Mais, entraîné par son système, le célèbre auteur laisse dans
l'ombre ce qui est principal : l'activité des citoyens. Comment
peut-il fonder en principe le *selfgovernment* sur la nomination
par le roi ? Les *juges de paix* américains, nommés par le peuple,
lui appartiendraient donc moins que les *juges de paix* anglais ?
Mais, en Angleterre même, la nomination royale n'est ici qu'une
forme d'autorisation honorable et distinguée. Au fond, ce sont
les riches possesseurs de fiefs de l'aristocratique gentry qui se
désignent *eux-mêmes*, en se consacrant aux affaires publiques, en
les gérant à leurs frais, par goût personnel et suivant les traditions de leur rang. L'investiture royale qu'ils reçoivent est un
débris de l'ancienne féodalité, bien plus qu'une application du
selfgovernment ; seulement l'aristocratie anglaise est assez prudente pour se faire consacrer par elle.

D'ailleurs, le juge de paix anglais a un pouvoir étendu de police, et le pouvoir de police appartient essentiellement à l'État.
La part faite à l'élection ou à la nomination d'en haut dépend
donc des constitutions, des attributions, des mœurs, de l'éducation politique et sociale. La selfadministration ne sera pas
entièrement la même sous la république et sous la monarchie.

b) Suivant *Lorenz von Stein* [1], la selfadministration n'est point
un principe, mais un organisme, « l'organisme permanent du
pouvoir exécutif ; » d'autre part, son caractère est surtout *local :*
« la *participation des citoyens à l'administration locale*, organisme
indépendant, ayant son objet, sa fonction, son droit propres, »

[1] *Verwaltungslehre*, vol I, p 360 et suiv

voila ce qui la constitue. C'est la restreindre et la livrer à l'État encore plus que Gneist.

Sans doute, Stein a raison de relever le *concours actif* des citoyens libres de la *commune locale*, comme la double base de la selfadministration. En *Allemagne* et en *Suisse* du moins, c'est surtout dans la commune qu'elle s'est traditionnellement conservée, qu'elle a été constamment pratiquée, tandis que la centaine, le bailliage et les divisions un peu étendues avaient pris de plus en plus un caractère d'administration autoritaire ou de juridiction.

Mais Stein est lui-même forcé d'abandonner ce caractère *local*, évidemment trop étroit; et il ouvre une porte dangereuse en livrant, comme il le fait, la selfadministration au pouvoir exécutif. L'autorité publique acquiert ainsi sur les relations sociales une puissance qui ne lui appartient pas, et qui menace l'indépendance de l'initiative et des mouvements individuels.

c) *Herrmann Rosler* [1] passe à l'extrême contraire. Il fonde la selfadministration sur la *société humaine*, et la soustrait autant que possible à la police de l'État. Il veut bien qu'elle ait *universalité* et *unité*, ou qu'elle s'étende harmoniquement sur tous les cercles sociaux, et soit contrôlée par les organes centraux de l'État. Il ne veut pas d'une administration complètement séparée de l'État: ce serait rompre l'ensemble, aller à l'anarchie. Mais il revendique ainsi l'*indépendance* de l'*administration sociale*: « Celle-ci, dans sa sphère, doit se donner elle-même la loi, sans subir aucune action étrangère; spécialement, elle ne doit point être subordonnée aux volontés arbitraires et supérieures des détenteurs du pouvoir public. » Suivant Rosler, la *responsabilité* de l'administration, soit devant les supérieurs hiérarchiques, soit devant les juridictions centrales (conseil d'État, cour des comptes, cour administrative suprême), et un *système ordonné* d'attributions et de compétence, sont les qualités essentielles de toute administration. Mais la selfadministration « est l'exercice légitime (*die rechtmässige Durchfuhrung*) de la liberté *sociale* dans tous les rapports de la vie de culture; elle donne aux individus

[1] *Das sociale Verwaltungsrecht*, 1 vol., Erlangen, 1872, § 16 et ss.

une certaine sphère d'activité, indépendante à l'encontre des organes de l'administration (?), et spécialement à l'encontre de l'État, et une influence déterminante sur la composition et l'action des organes administratifs eux-mêmes. »

On le voit : Rosler met en relief les forces virtuelles de la société. Mais aussi il oppose plutôt qu'il ne rattache la selfadministration à l'Etat. Gneist et Stein la subordonnent à l'excès; Rosler lui donne une indépendance menaçante.

Nous dirions volontiers pour conclure :

1) La *selfadministration* peut sans doute être distinguée du *selfgouvernement*, dans le sens de la distinction plus générale de l'administration et du gouvernement. Mais elle est en intime connexion avec un régime public libre, elle n'est possible que dans un État libre ; et réciproquement, c'est en s'administrant elle-même qu'une nation se rend capable de se gouverner elle-même.

2) La selfadministration ne se confond point avec la *simple administration prince* laissée à l'arbitraire individuel. Elle est ordonnée *par l'Etat*, réglée uniformément par le *droit adminis-tratif*. En Angleterre, la *loi* elle-même entre dans les plus grands *détails*. Mais ce n'est point là un caractère nécessaire. En Allemagne, les détails sont plutôt fixés par des *ordonnances* royales et par des statuts *autonomes*. Ce qui est indispensable, c'est l'organisation générale par l'*Etat* et le *contrôle de l'Etat*.

3) L'essence de la selfadministration, c'est l'*activité spontanee (Selbstthatigkeit)* et le *concours ordonnés des citoyens* dans le *système ordonné de l'Etat* Elle est donc l'*union de la société* et de l'*Etat*, de la *liberté civique et du devoir public*.

4) Sans doute, c'est dans les subdivisions *locales* qu'elle est surtout active. C'est aux intérêts de sa commune que le citoyen peut le mieux prendre part, puis à ceux de son canton ou de son cercle. Quand le cadre s'élargit, qu'il s'agit d'un comté, d'un département, voire d'une *province*, la chose devient plus difficile. Cependant elle demeure possible même pour un *pays entier*, là où des intérêts communs appellent le concours actif des hommes les plus compétents, et les rassemblent de toutes les provinces.

3. La selfadministration se présente dans trois formes d'organisation *publique* et d'exercice *légal*

a) La dation ou l'abandon de certains pouvoirs *publics* à des *fonctions civiles d'honneur*, au lieu de la nomination d'*autorité* de *fonctionnaires professionnels rémunérés*. Exemples : les fonctions de justice et de police des *juges de paix* anglais ou américains; celles des *Landrathe* prussiens, dans leur principe du moins ; la juridiction conciliatrice des juges de paix français ou suisses.

b) L'*union de fonctions professionnelles d'autorité et de fonctions d'honneur représentatives*, en un mot l'*administration représentative* : Ainsi, en France, le conseil de préfecture qui entoure le préfet *o*); en Prusse, la commission de cercle (*Kreisausschuss*) avec le *Landrath*; à Bade, le conseil de district (*Bezirksrath*) avec le chef du district (*Bezirksamtmann*), dans les grandes villes d'Allemagne, les conseils avec leurs bourgmestres ; ainsi encore, les commissions de recrutement composées de simples citoyens et d'officiers, etc.

c) L'*élection libre exclusivement faite par les citoyens intéressés*, sans intervention de l'autorité, sans mélange de fonctionnaires

---

a) Cet exemple est il bien choisi? On peut en douter En France, les conseillers de préfecture ne sont point des fonctionnaires représentatifs et d'honneur. Ils sont nommés par l'État, reçoivent un traitement fixe, et leurs attributions sont surtout contentieuses : « Nul ne peut être nommé conseiller de préfecture s'il n'est âgé de vingt-cinq ans accomplis et licencié en droit, ou s'il n'a exercé pendant dix ans des fonctions administratives ou judiciaires » « Un conseiller de préfecture ne peut exercer aucune autre profession » (L de juin 1865). Mieux eût valu indiquer les *commissions départementales* (loi de 1871). Le *Kreisausschuss* prussien ne ressemble guère à notre conseil de préfecture, c'est une commission de six membres nommés par la diète du cercle (*Kreistag*), qui est elle même élective Ses attributions sont très-diverses · 1° Il prépare et exécute les décisions de celle-ci, 2° il administre les affaires du cercle, · 3° il nomme les employés du cercle;... 4° il donne son avis sur toutes les affaires qui lui sont renvoyées par les autorités de l'État, etc. (art 134, l 13, déc 1872). Il a, de plus, de nombreuses attributions contentieuses de police (art. 31, l. 26 juillet 1878) Dans la pensée du législateur, la loi précitée de 1872 doit former la base organique d'un remaniement complet et général du régime administratif prussien, dans un sens décentralisateur, avec adjonction de fonctions d'honneur Quant au *Landrath*, il représente à la fois les intérêts de l'État et les intérêts communs et permanents du cercle, dont il est le premier fonctionnaire. Nommé autrefois par les chevaliers dans leur propre sein, il est aujourd'hui nommé par le roi sur la présentation de la diète du cercle. (V l. pruss. de 1872 et 1876, dans l'*Annuaire de lég étrang.*, années 1873 et 1876; comp. Holtzendorff, *Encyclop*, p 861) nommés par elle. Telles sont, dans leur grande majorité, les fonctions *communales*.

Ces trois formes s'opposent justement à l'*administration* purement *autoritaire par des fonctions de profession*.

Mais la selfadministration n'est pas bonne en toutes choses. C'était même l'une des fautes du moyen âge que de l'avoir admise sans mesure. On peut difficilement, même aujourd'hui, féliciter les Anglais et les Américains de lui abandonner toute la police et la plus grande partie de la basse justice; les systèmes de la France et de l'Allemagne, qui les confient surtout à des magistrats de profession d'une éducation achevée, sont préférables en bien des points.

Au moins faut-il dans toute selfadministration :

a) Que les citoyens qui administrent soient *personnellement capables*; qu'ils aient par conséquent une *éducation* qui réponde à leur mission;

b) Qu'ils soient *moralement capables*, par un vrai *sentiment de leurs devoirs*, le dévouement à la chose publique, les *vertus du citoyen*;

c) Que leur position privée leur laisse des *loisirs*.

Or, ces qualités ne sont dans aucun pays le partage du grand nombre; elles n'appartiennent partout qu'aux minorités. Aussi la selfadministration est-elle bien moins une institution démocratique qu'une institution *aristocratique*. Les affaires très-simples, qui n'exigent ni éducation, ni loisir, ni vertu civique marquée, peuvent seules être confiées aux classes nombreuses.

Enfin, la selfadministration devient insuffisante elle-même pour les affaires qui demandent une éducation professionnelle scientifique ou technique, et qui absorbent *constamment* les forces d'un homme. Il faut ici des fonctions de profession.

La selfadministration n'a donc, en résumé, qu'une valeur relative et une sphère restreinte. Elle peut être plus ou moins étendue, suivant la culture, les mœurs, le caractère, la répartition des fortunes et les conditions économiques. Mais elle est hautement recommandable, dans les limites indiquées, chez une nation qui compte de nombreux citoyens capables, riches et dévoués.

LIVRE TROISIÈME.

LA NATURE HUMAINE COMME BASE
DE LA POLITIQUE

CHAPITRE PREMIER.

La race et l'individu [1].

L'État a son fondement dernier dans les aptitudes et les besoins de notre nature ; il existe pour les hommes, qui en sont les éléments. La science politique doit donc étudier avant tout la nature humaine.

« *L'homme est composé d'un corps et d'une âme,* »

Ou, ce qui est synonyme pour la plupart,

« *L'homme est esprit et matière.* »

Cette grande distinction a toujours été presque universellement reconnue. Mais, pour les uns, c'est l'âme, élément principal, qui a puisé dans la matière des organes d'action ; pour les autres, c'est la matière qui est la source des attributs de l'esprit, qui a produit l'âme, qui est la condition de son existence. Les premiers expliquent l'ouïe et la vue par la force de perception qui

[1] Ce chapitre s'allonge démesurément Mais l'importance trop peu remarquée de la distinction psychologique qui va suivre, et la nouveauté du sujet, qui s'inspire d'ailleurs de la psychologie de *l'r Rohmer*, nous excuseront peut-être. [Comp infrà, l VII, ch V]

est dans l'âme humaine, même dans celle du sourd et de l'aveugle ; les seconds répondent que la pensée est une sorte de phosphorescence du cerveau, un jeu et un mouvement des nerfs.

La *physiologie* recherche les phénomènes corporels et visibles, et arrive à conclure expérimentalement à l'existence de l'esprit. La *psychologie* étudie surtout la conscience humaine, et s'efforce de scruter ainsi le secret de la vie.

Les deux voies conduisent à des vérités précieuses. Elles se contrôlent l'une l'autre, et nombre d'erreurs sont ainsi prévenues.

Mais la science politique s'adresse de préférence à la seconde, car c'est le caractère et l'esprit des nations et de leurs grands hommes qui déterminent surtout l'État. Les méditations politiques sont avant tout psychologiques

Or, une psychologie plus profonde nous conduit à une seconde distinction, qui nous montre la nature humaine sous des couleurs plus riches et plus variées que la traditionnelle et naïve distinction de l'âme et du corps.

En étudiant mieux les hommes, nous trouvons en eux des forces et des attributs déterminés, tantôt *communs* à une famille, une tribu, un peuple, une race, ou même à tous, tantôt purement *individuels*. Cette importante observation peut se résumer ainsi : il y a dans tout homme la *race* et l'*individu*. Chacun de nous présente ainsi une double nature, où la distinction de l'âme et du corps se reproduit doublement. Quelques grands apôtres, Paul par exemple, et quelques anciens philosophes, spécialement des brahmanes de l'Inde, ont eu le pressentiment plus ou moins net de cette vérité. Mais ce sont les modernes seulement qui l'ont approfondie et analysée scientifiquement.

L'individu et la race sont loin d'être toujours en parfaite harmonie. Certains hommes ont de beaux attributs de race, et sont individuellement communs ou nuls ; leurs dehors révèlent une haute origine, et couvrent leur misère. D'autres, vulgaires par la race, sont individuellement d'une intelligence lumineuse, d'une sensibilité exquise, d'un grand caractère. Souvent un plébéien intelligent s'embarrasse devant l'assurance distinguée d'un gentilhomme borné, souvent un simple domestique prend un ascendant marqué sur ses nobles maîtres, et conduit la maison a sa guise. La race et l'individu l'emportent ainsi tour à tour.

Quiconque s'observe peut trouver en soi-même une série d'oppositions profondes entre sa race et son individualité. Qui n'a pas senti des combats s'élever dans son sein entre les tendances de nationalité, de famille, de milieu, et les vœux de l'individu? Tantôt c'est l'esprit commun qui prescrit le devoir, et l'égoïsme individuel qui résiste, tantôt c'est la conscience personnelle qui veut s'élancer vers un but idéal, et l'infériorité de la race qui lui coupe les ailes. Notre double nature explique seule ces conflits.

Étudions-la donc de plus près, soit dans son caractère propre, soit dans ses rapports avec la vie de l'État.

1º *La race est visible, dès l'origine, dans la conformation physique.*

L'individu est d'abord caché dans le corps.

Nous apercevons, dès le premier regard, les traits communs qui rattachent un être à l'espèce humaine; la structure du corps, les membres et les organes ne laissent aucun doute. La différence des grandes races humaines est également très-apparente : un coup d'œil suffit pour distinguer le nègre de l'Indien, l'Européen du Chinois. Parmi les blancs, nous reconnaissons facilement l'Aryen et le Sémite, le Latin et le Germain, le Slave et le Turc; avec un peu d'exercice, nous distinguons l'Anglais de l'Allemand, le Français de l'Italien. La communauté nationale se marque en outre dans l'extérieur, la tenue, les manières, le costume. Un observateur délicat sait même retrouver dans mille détails la race de famille. — Tout cela forme la *race physique visible.*

Il est plus difficile de découvrir l'esprit individuel. Les différences extérieures, la figure et la taille, distinguent très-nettement les personnes ; mais elles cachent plutôt qu'elles ne révèlent l'individualité morale. On avait conclu de la noblesse de la race à la noblesse de l'homme, et l'enveloppe dorée ne contenait que pourriture. On croyait s'adresser à un homme grossier, et l'on trouve un esprit délicat et un cœur sensible. La race lascive des Faunes peut cacher un Socrate, la race de fer des Claudiens un debauché comme Néron. L'individualité se manifeste donc bien plutôt par *les actes* que par les formes physiques.

2. Mais notre distinction ne se confond point avec celle de l'esprit et du corps, de l'âme et de la matière. *La race n'est pas seulement dans le corps*, comme l'homme lui-même, *elle a son âme et son corps.*

L'esprit et le caractère *humains* se montrent, en effet, également dès le début chez tous. Ils se réalisent dans un corps semblable, ils ont reçu exactement les mêmes organes. Le *sentiment*, la conscience, la *raison humaine*, ne sont pas individuels, mais communs.

De même, les peuples et les nations, les souches et les ordres, les tribus et les familles, ont chacun leurs aptitudes morales spéciales. L'esprit du Français, la sentimentalité de l'Allemand, la foi ardente de l'Espagnol, sont des attributs moraux de la race *nationale*. On voit dans les familles elles-mêmes des qualités, des passions, des faiblesses qui se transmettent héréditairement. De même que l'ancienne aristocratie romaine, l'aristocratie anglaise a ses principes politiques qui passent du père au fils de génération en génération. Cette transmission *dynastique* se maintient parfois pendant des siècles. Personne n'ignore la ténacité avec laquelle certaines races pures de paysans gardent leurs croyances ou leurs superstitions. Le péché originel dont parle l'Église, n'est sans doute qu'une allusion aux défauts de la race. On peut dire dans le même sens qu'il est des vertus *originelles*. Il y a donc aussi l'*esprit de la race.*

De même, l'*esprit individuel a la faculté* de se *manifester par les paroles et par les actes, et de se rendre visible dans le corps.*

Certains peintres médiocres ne parviennent jamais à faire une figure originale; ils ne peuvent rendre que la race, les traits de famille, ce qui saute aux yeux. L'artiste sait découvrir des lignes plus fines, des ombres et des lumières plus délicates, la vivante individualité.

L'esprit individuel donne, en effet, son empreinte au corps lui-même, dans une certaine mesure. S'il se cache ordinairement sous la race physique pendant le sommeil, il en est autrement quand l'homme veille, et surtout quand il s'anime. On peut dire que l'individualité se démasque en proportion de l'agitation qui le tourmente. Soudain elle éclate sur le visage, dans le geste, dans la parole; elle jaillit des yeux. Un corps chétif et malingre a fait croire à une âme inquiète et timorée, et voilà qu'un héros se révèle; son énergie enflamme, sa voix tonne; il commande, et entraîne tout à sa suite. Une figure nous a paru laide, et nous la voyons s'animer, s'embellir, briller à tous les regards; une autre était belle: une mauvaise passion la traverse, et elle devient repoussante.

Mais ce n'est pas seulement au passage que l'individualité se dévoile. Par ses sentiments intimes, ses agitations intérieures, ses travaux, sa vie entière, elle agit sur le corps d'une manière permanente, et s'y marque enfin en caractères ineffaçables. Mille petites rides, des dépressions et des relèvements, des traits imperceptibles, des lignes étranges, viennent lentement transformer l'expression première du visage. Aussi l'individualité de l'homme mûr est-elle plus facile à reconnaître au seul aspect que celle de l'adolescent.

Si les sens transmettent leurs impressions à l'esprit, l'esprit à son tour agit donc sur eux. L'œil perçoit, et l'esprit en a conscience; il y a ainsi entre l'organe et l'âme un lien incontestable. De même, l'âme se manifeste dans les yeux et dans l'expression. Quand la pensée éclaire le visage comme un flambeau, quand la volonté se déclare et, comme un choc électrique, fait tressaillir tout le système nerveux, ne peut-on pas dire que l'âme elle-même révèle une *force matérielle?*

Enfin, si l'individu se fait surtout reconnaître par ses actes et par ses œuvres, n'y a-t-il pas, encore ici, intime union du corps et de l'esprit, du visible et de l'invisible?

Le dualisme de l'âme et du corps, l'action et la réaction de l'interne et de l'externe, de l'esprit et de la matière, se rencontrent donc et dans la race et dans l'individu.

3. *La race s'hérite des parents, l'individualité, non.*

Le corps de l'enfant émane du corps des parents, et reçoit ainsi leurs qualités de race, dans des proportions d'ailleurs variées. Tantôt il tiendra davantage de la mère, tantôt du père, ou même de quelque aïeul. Mais ses qualités de race marquent toujours sa *filiation*; l'enfant continue corporellement la race des ascendants.

C'est cette transmission naturelle de la race qui est le fondement de la *succession légitime* du *droit privé*, de l'*hérédité* des liens de commune, de nationalité et de citoyenneté dans le *droit public*, de la *succession dynastique au trône lui même*. L'hérédité de la race est la condition indispensable de l'existence du *peuple*. Cette vérité est mieux comprise encore depuis que Darwin a démontré scientifiquement l'hérédité naturelle des races.

Mais à côté de la race il y a l'individu, et les choses sont ici bien différentes. Il est des qualités individuelles dont on ne trouve aucune trace chez les ascendants. Tel poete ou tel artiste doit le jour aux parents les plus grossiers. Un croyant sévère enfante un libre penseur; un pere lache, un héros; une mere criminelle, un saint.

Ainsi, par la race, l'homme est étroitement lié, *subordonne a* ses parents; par l'individualité, il s'en *dégage* et se révèle *indépendant, même supérieur*. Aucun Européen n'est choqué de voir le fils ayant autorité sur le pere comme prêtre ou magistrat. A n'envisager que la race, ce serait un renversement des choses. Quand Jésus dit à Marie « Femme, qu'y a-t-il de commun entre vous et moi? » ce n'est pas le fils qui parle à sa mère, mais une individualité qui se sent a une autre individualité.

Mais si l'individu ne vient pas des parents, il ne peut avoir son origine que dans l'esprit infini qui est la source de toute vie spirituelle. Sous ce rapport, il se présente en quelque sorte comme le *verbe vivant de Dieu*, et c'est avec raison qu'on salue en lui, dans un sens tout spécial, la créature, *l'enfant de Dieu*.

4 *La race est essentiellement terrestre, sa vie est attachee a la terre. L'esprit individuel, au contraire, ne craint pas de s'elancer au surnaturel et a l'infini. a)*

L'homme ne peut respirer sans air; il ne marche que sur la terre ferme, ne supporte qu'une chaleur tempérée, se meut

---

a) Ceci serait aussi vrai de l'esprit de race ou de l'esprit *humain* en général Comp p 68 L'auteur n'oppose t-il pas, parfois, le *corps* de la race a l'âme de l'individu?

5

dans un cercle étroit : c'est là l'héritage nécessaire de la race.
Le corps est matière ; on l'emprunte un instant, on le rend à la
terre. De même, le peuple et l'État sont invinciblement attachés
à la terre dans le temps et l'espace.

Mais l'esprit individuel s'élève hardiment plus haut. La
terre n'est ni sa prison ni sa mère ; elle n'est pour lui qu'un
objet d'étude. Il en compte les lignes, il en sonde la profondeur ; puis il prend son vol vers les astres, les mesure et
les pèse. Son imagination s'élance sans effort au delà de notre
monde terrestre et dans les espaces infinis. Le sentiment de
l'éternel l'émeut ; son cœur s'enflamme de l'amour de Dieu ; sa
pensée dissout les corps pour en pénétrer les premiers éléments,
et pour se plonger dans l'abîme du non-être (du Nirvâna). Il est
capable de penser l'infini et de voir Dieu.

Aussi l'esprit individuel de l'homme d'État, malgré les liens
qui rattachent les États au sol par groupements de race, est-il
capable de comprendre les rapports de l'État particulier avec
l'ensemble de l'ordre universel, avec Dieu, la vie des esprits, les
fins suprêmes de l'homme. Cette intelligence doit être pour lui
une force et une consolation, qui élève son cœur au-dessus des
misères et des imperfections de toute existence terrestre.

3. *La race est soumise à la loi organique de la série des âges, elle
avance suivant des périodes fixes, croissant d'abord, puis déclinant
et mourant. L'esprit individuel se développe par l'effort, et peut
grandir indéfiniment, jusque dans la vieillesse.*

La vie de race parcourt les différents âges avec une régularité
presque mécanique, comme une roue qui amène successivement
ses rayons au jour. Les forces de l'âme semblent placées dans le
corps dans un ordre fixe, et montent ainsi tour à tour. Nos sentiments, nos penchants, nos aptitudes, changent à l'instar du corps.
La vie de race atteint son apogée au milieu de nos ans. Une
même nécessité naturelle la fait croître, puis décliner. C'est une
marche irrésistible, qui commence à la naissance et finit à la
mort.

La vie individuelle de l'esprit n'est point soumise à ces lois.
Sans doute, elle se ressent de l'âge de la race : la bonté de l'ins-
trument ne saurait être indifférente à l'artiste. C'est dans le corps

que l'individu habite, qu'il perçoit, qu'il agit, et le corps de l'enfant n'est pas celui du vieillard.

Mais l'esprit individuel n'en garde pas moins ses qualités propres, soustraites aux lois de l'âge. La neige des cheveux blancs cache souvent un esprit resté jeune ; des boucles blondes, une prudence de vieillard. On ne peut l'expliquer qu'en opposant l'individu à la race.

Un âge vient où celle-ci est impuissante à progresser. Mais la vieillesse elle-même n'empêche pas l'individu de grandir son intelligence et son cœur. Le physique est devenu stérile, et l'esprit est resté fécond ; l'un tombe en dissolution, et l'autre produit ses plus beaux fruits.

Les deux lignes sont donc loin d'être nécessairement parallèles. Pendant que l'une se meut dans un ordre constant sur lequel la volonté ne peut rien, l'autre est presque tout entière soumise à notre action. Sans doute, l'individu ne peut se créer un talent qu'il n'a pas même en germe. Les aptitudes sont imposées, et nul n'en est responsable. Mais c'est le devoir et le pouvoir de chacun de les développer, de les perfectionner, de les mouvoir en harmonie avec l'ordre général. De là ce goût inné de la liberté, qui seule nous permet de réveiller et de manifester nos aptitudes. L'effort vers la perfection, les connaissances acquises, les bonnes œuvres accomplies, le sacrifice héroïque, appartiennent à l'individu, et l'enrichissent magnifiquement. La paresse, les folies, les vices, les crimes, lui sont donc justement reprochés, et le rendent misérable. L'individu est ainsi le maître de sa vie et son propre juge.

6. Par suite, *la vie de race est surtout commandée par la nature ; la vie de l'individu est surtout déterminée par la liberté.*

La liberté de penser est la plus haute liberté de l'homme. C'est dans ce qu'il croit, et plus encore dans ce qu'il sait, que l'homme a conscience de sa liberté. Il peut ici ne subir la contrainte de personne ; il sent que son esprit se décide et se détermine lui-même.

L'esprit individuel n'est point un vase vide où l'école peut verser tout ce qu'il lui plaît. Il raisonne, il choisit, il repousse. S'il accepte, c'est en modifiant, en transformant, en étendant. La nature ou l'aptitude préalable peut seule permettre les recherches du savant, les travaux de l'homme d'État, les hauts faits du héros. Mais chacun d'eux conserve en même temps sa liberté dans sa féconde action. Quand j'agis, je sais que je me suis décidé librement, que j'exécute ma volonté, que j'en suis responsable. Sans doute, des impulsions involontaires se mêlent à ma liberté ; celle-ci n'est point absolue ; elle est relative et restreinte comme ma conscience. Mais on ne saurait nier qu'elle existe, et qu'elle grandit même, ainsi que ma responsabilité, en raison du sentiment plus élevé et plus éclairé que j'en ai.

7. *La race se perpétue indéfiniment par la reproduction ; les manifestations individuelles sont courtes comme notre propre vie. L'individu dure peu comme homme, mais il ne meurt pas nécessairement avec le corps.*

L'immortalité relative de la race n'est que la succession des vies individuelles ; la race *humaine* dure autant que l'humanité ; la race nationale périt avec le peuple ; la race de famille dure moins encore.

Mais, l'esprit individuel n'appartenant point à la terre, rien n'oblige à croire qu'il meure avec le corps. Émanation de l'esprit infini, pourquoi ne pourrait il pas retourner à Dieu, et se conquérir une vie nouvelle ? L'esprit individuel, qui aspire à l'infini, peut devenir participant de la vie éternelle.

8. La *race* fonde l'*égalité*, l'*individu* les *différences.* La race *unit* et rapproche ses nombreux enfants, l'individualité *distingue* chacun de chacun.

Il y a dans tout cercle de race une certaine égalité d'aptitude. Les enfants d'une même famille, d'un même ordre, d'un même peuple, ont le sentiment de leur *parenté*, et se regardent comme des frères relativement aux étrangers. Achille et Ajax, Ulysse et Thersitas, Platon et Aristote sont égaux comme Hellènes, si différents qu'ils soient comme individus. Les progrès de la civilisation multiplient les différences individuelles. L'égalité de la race domine chez un peuple inculte, où des occupations uniformes ne donnent pas aux aptitudes l'occasion de se manifester.

La race prouve sa puissance en maintenant l'égalité et la com-

munauté entre tous ses membres, malgré les différences individuelles qui les jettent dans mille voies diverses.

L'individualité, au contraire, spécialise. Mais elle est aussi
une cause de rapprochement. L'individu peut, suivant ses goûts,
s'isoler ou rechercher le commerce de ses semblables. Toutes
les associations humaines ne reposent pas sur l'égalité de race,
elles sont très-souvent le résultat du *choix*; il en est un grand
nombre qui sont pleinement *volontaires et libres*, et qui remplacent
ainsi la communauté naturelle. N'est-ce pas le plus souvent l'individu qui inspire l'amitié ou l'amour? Faut-il citer les mariages
d'inclination? Et dans les relations économiques, les différences
individuelles n'engendrent-elles pas à la fois la division du travail et l'association dans un but commun?

La communauté de race et l'association volontaire peuvent
se rencontrer et s'unir, ou prendre des routes divergentes.
La commune et l'État ont leurs racines dans la première.
Mais, dans les degrés élevés de la civilisation, ils peuvent devenir des associations volontaires, par l'entière liberté de l'immigration et de l'émigration. Les autres sociétés en général sont
plutôt volontaires.

9. *La race assure la perfection relative et uniforme de la nature
humaine. L'individu montre, à côté des perfections ou des talents
de quelques-uns, les défauts et les imperfections du grand nombre.*

La nature humaine révèle la richesse des forces physiques et
morales de notre race, leur ordre harmonieux, un, splendide
L'unisexualité semble être le seul défaut manifeste de race
dans chacun. Mais ce défaut disparaît au regard de l'espèce,
et devient une cause de progrès et d'action qui fonde le mariage
et la famille, expressions complètes de la perfection de notre
nature

C'est par sa race, par les admirables qualités qui la décorent,
que l'homme a été « créé à l'image de Dieu, » image microcos-
mique, visible même dans l'homme le plus intime, fondement
de la *dignité* et des *droits de l'homme*

Les esprits sont moins complets individuellement. La race
renferme notre nature tout entière, l'individu n'en montre ordinairement que plusieurs attributs La race forme, comme la

langue, un organisme entier d'expressions intelligentes, et les individus ressemblent aux mots isolés. Par la race, chacun a de l'imagination, de l'intelligence, de la raison; mais il faut les posséder à un degré tout spécial pour être poète ou homme d'État. La plénitude ordonnée des forces de l'esprit et du cœur ne se rencontre que chez les individualités de premier rang. La plupart présentent des lacunes et des défauts d'harmonie.

10. La *vie de race* et la *vie individuelle agissent l'une sur l'autre*. Par suite, il y a une *race naturelle* et une *race cultivée*.

On ne peut sans doute ajouter aucun élément nouveau à la perfection naturelle de la race. Mais l'on peut grandir et développer les forces latentes qui la constituent. Les aptitudes naturelles des premiers Hellènes n'étaient pas supérieures à celles des autres peuples aryens qu'ils flétrissaient du nom de barbare, mais la culture rendit la race athénienne supérieure aux autres Hellènes eux-mêmes. La race du gentleman anglais est certainement préférable à celle de l'ouvrier irlandais ou même anglais. Notre perfectibilité se montre donc même dans la race.

Mais chaque perfectionnement apporté est surtout l'*œuvre de l'individu*. Son travail, ses efforts, sa vertu, développent les forces. Le corps lui-même en profite, et une part des avantages acquis se transmet ensuite avec le sang. En plaçant l'époque naturelle de la génération au sommet de la vie, à la période des forces, la nature elle-même favorise le perfectionnement de la race par le progrès des individus.

Le génie et les actions des grands hommes, les religions qu'ils fondent, les vérités qu'ils découvrent, les lois qu'ils établissent, exercent d'une manière analogue une influence énorme sur la vie commune des masses, et contribuent ainsi au développement général.

Tous ces éléments produisent une modification de la race naturelle, une *race cultivée*.

Cette modification est même assez souvent le résultat de la discipline, des mœurs, de l'éducation, sans que l'hérédité y joue son rôle. Les moines bouddhistes, le clergé romain, les officiers des armées permanentes, les étudiants des universités, en sont des exemples remarquables. Mais lorsque l'éducation et la culture se transmettent héréditairement, comme dans les castes indiennes ou dans les ordres du moyen âge, elles pénètrent en quelque sorte la race naturelle elle-même, pour la renforcer ou la corrompre.

11. La *culture de la race* et le *développement de l'individu* sont également dans les fins du genre humain. L'homme et l'humanité se répondent, et sont appelés *a se perfectionner l'un l'autre.*

Chacun de nous appartient à l'humanité par la race, et participe ainsi de sa vie générale ; chacun est en même temps un être distinct, appelé à se perfectionner lui-même : de là devoirs envers l'ensemble et devoirs envers soi-même.

Toute vérité, tout avantage d'un milieu civilisé sur un milieu barbare, profite à l'individu qui y vit. L'enfant de la vie moderne est enrichi par un héritage de race que le barbare ne connaît pas. L'aisance, la culture de l'esprit, les mœurs polies, s'étendent de plus en plus à toutes les classes.

Tel homme est réfléchi ; il se replie et se travaille lui-même. Tel autre est expansif ; il est toujours en action. Ces deux qualités se complètent dans le tout. L'une peut mener à la vertu parfaite et créer un modèle pour l'humanité, l'autre rendre des services pratiques. Mais l'exclusivisme ou l'exagération de chacune d'elles engendre des individualités anomales, des hommes frivoles ou des ermites et des moines.

12. La *conscience générale* de l'humanité et la *volonté générale* de la *nation* ont leur fondement dans *l'esprit commun de race; la conscience et la volonté individuelles émanent de l'esprit individuel.*

L'*unité* de la volonté de l'État, ce grand problème du droit public, est incompréhensible pour quiconque ne voit dans l'État qu'une somme de volontés individuelles. Le caprice des individus varie à l'infini, il est impossible de réunir toutes ces volontés en une seule, et l'unanimité se rencontrât-elle par extraordinaire, elle ne nous donnerait encore, au lieu d'une volonté générale, qu'une somme de volontés particulières toujours prêtes à se disperser en tous sens. Cette unanimité elle-même ne serait qu'une volonté contractuelle d'*association*, non la volonté *une* de l'*État.*

Rousseau sentait bien que la « *volonté générale,* » dont il ne
peut se passer pour la législation, est autre chose que la *volonté
de tous.* Mais, au lieu de résoudre le problème, il le tourne par
une fiction. Ne pouvant exiger une unanimité impossible, il fait
de la *volonté des majorités* celle de tous. C'est se mettre sous la
gouttière pour éviter la pluie. Vous voulez que la volonté générale soit l'autorité, c'est-à-dire la justice. Mais qui vous dit que
la volonté de la minorité ne sera pas la plus juste? Les grandes
découvertes et les grandes révélations ne sont-elles pas le plus
souvent des œuvres individuelles? La plupart des bienfai-
teurs des hommes n'ont-ils pas dû lutter péniblement contre
les préjugés traditionnels des foules? Les majorités ne deviennent guère raisonnables qu'à la suite des minorités. Ériger la
volonté mobile du nombre en volonté irrécusable qui commande partout l'obéissance, c'est établir en principe que la grossièreté commande à l'éducation, l'ignorance à la sagesse.

Cette manière assure moins encore l'*unité* de la volonté de
l'État que sa justice. Des millions de grains de sable jetés en tas
ne feront jamais un tout ; des millions de volontés individuelles
ne créeront point une volonté générale. Cent mille francs en or ou
en billets peuvent être une forte somme, mais ils ne sont point
un patrimoine, une *universitas.* Pourquoi le vase qu'engendre
la fusion du sable, pourquoi l'hérédité ou la fondation de cent
mille francs sont-elles un tout? N'est-ce pas parce que l'idée
unificatrice s'est emparée de la somme des éléments épars pour
former un être nouveau? Or cette unification peut bien venir du
dehors, être l'œuvre de l'esprit créateur de l'homme quant aux
choses inanimées. Mais pour que la nation ou l'État soit un tout,
une personne, une volonté, c'est *en lui-même* que nous devons
trouver cette unité.

Hegel a très-bien compris la contradiction et la divergence de
toutes ces volontés individuelles, et l'impossibilité de fonder sur
elles l'unité du droit et de l'État. Aussi la volonté qui crée le
droit et l'État, ce n'est plus pour lui, comme pour Kant et
Rousseau, l'arbitraire individuel contractant une société, c'est
« la volonté générale devenue consciente d'elle-même et vraiment libre et raisonnable. » Mais si cette formule nous indique

ce que la volonté de tous *doit être* pour valoir comme volonté générale, elle ne nous dit pas pourquoi la volonté de tous serait réellement *juste* et *raisonnable*.

C'est que l'on oublie presque universellement que la volonté générale et la volonté particulière se trouvent *dans chacun de nous*. Nous sentons, en effet, dans notre for intérieur, une lutte persistante entre nos tendances égoïstes et personnelles et nos devoirs envers la communauté, lutte qu'explique la distinction de la race et de l'individu.

J'ai conscience de ma volonté individuelle comme de mes pensées elles-mêmes. La contradiction entre ma volonté et celle d'autrui se révèle également à moi, lorsque *je veux exclusivement pour moi* ce que les autres ne veulent ou ne permettent pas que je veuille. César veut régner dans Rome, et Brutus veut le tuer. Il se peut que ces deux volontés ne soient qu'individuelles. Mais si l'une est la volonté générale de Rome, c'est-à-dire de la nation romaine, il est impossible que l'autre le soit également.

Nous reconnaissons la volonté générale par cette contradiction même qui est en nous, toutes les fois que *nous voulons égoïstement une chose qui viole la nature commune à tous*. Le fils qui lève la main sur son père, le voleur qui soustrait le bien d'autrui, n'entendent-ils pas une voix intérieure qui gronde contre leur volonté individuelle? La paresse et la nonchalance ne réveillent-elles pas une protestation intérieure qui pousse à agir? Cette voix, les uns l'appellent la *conscience* par qui Dieu parle à l'homme, les autres la *nature humaine* qui manifeste sa moralité. Au fond l'idée est la même : les premiers reconnaissent aussi que la voix de Dieu se fait entendre dans nos sentiments, nos idées, nos paroles humaines, et les seconds avouent que l'harmonie interne de notre nature existe, au moins en germe, dès l'origine, et que, ne fut-elle pas une création de Dieu, elle serait encore nécessaire, comme résultant de la nature des choses.

Les volontés individuelles peuvent être injustes et déraisonnables, la volonté de la conscience humaine ne l'est jamais. Les premières se contredisent, la seconde est toujours une et harmonique. Elle nous est commune avec la nation et l'humanité : c'est la volonté de l'*espèce* et de la *race*

Il y a dans la race communauté, harmonie, unité, de même qu'il y a entre les individus divergence et contradiction. Sans doute, l'État n'est pas simplement une émanation de la race ; il a aussi sa part de libre ordonnancement. Mais l'État ne pourrait ni se fonder ni durer, s'il ne trouvait en elle une base permanente. La volonté une de l'État est la forme mâle de la volonté éminente de la race. L'État, comme personne historique, est le miroir et le développement de la communauté de race de la nation.

13. *L'ordre public et juridique est l'expression de la conscience et de la volonté générales de la nation ; la vie individuelle est le développement de la liberté personnelle de l'individu*

L'école de droit naturel tombait dans une grave erreur, en fondant le droit sur la volonté individuelle. C'est la volonté de race qui est le fondement de celle de l'État.

La race est visible, et l'ordre juridique ne réglemente que des rapports externes.

La race unit en un tout des éléments corporels et des éléments moraux ; de même, l'État et le droit se composent d'éléments intellectuels-moraux et corporels-formels

La race est terrestre-humaine ; l'État l'est également.

La race se transmet de génération en génération, et c'est par elle que l'État et le droit durent et se maintiennent. Elle croît organiquement et subit des transformations régulières ; l'histoire nous montre qu'il en est de même du droit et de l'État.

La nature des choses domine dans la vie de race · le droit est au fond l'ensemble des rapports humains nécessaires, l'État l'ensemble des rapports publics nécessaires.

Il y a dans la race égalité, communauté, unité ; ces mêmes qualités se rencontrent dans le droit et dans l'État.

La race est la perfection relative des aptitudes ; le droit est la perfection relative de l'ordre ; l'État est la personnification puissante, une, et relativement parfaite, des aptitudes de la nation.

La race soutient et limite la vie humaine. Le droit soutient et limite la liberté.

Mais la sphère invisible et si diversement agitée de l'esprit individuel, est soustraite au pouvoir de l'État et du droit. Le législateur ne peut la régler, le gouvernement ne peut la contraindre, les tribunaux ne peuvent la juger.

Le droit et l'État ne se réfèrent donc qu'*indirectement* à la vie individuelle. Ils la protègent contre les violations externes, ils ne la dominent pas. L'État reconnaît *des droits individuels* dans la mesure de cette protection ; mais les relations les plus délicates, les plus intellectuelles, échappent à ses yeux et à son action.

14. *Le développement de la race et l'action individuelle coagissent dans la politique comme dans la vie humaine.*

La politique, vie de la communauté ou de l'État, suit d'abord forcément les progrès de la race. L'étude de la race doit donc être le premier soin du prince qui veut apprendre à mesurer ses actes aux forces dont il dispose. Charles-Quint ignorait les Allemands lorsqu'il crut pouvoir les traiter comme les Espagnols ; Napoléon commit une lourde faute en voulant donner aux Espagnols un régime français.

Mais plus la civilisation avance, plus la nécessité naturelle perd de son empire ; plus elle fait place, dans la politique aussi, à l'esprit conscient, à l'action libre et individuelle.

La *politique instinctive* de race l'emportait généralement au moyen âge, même dans l'Église. L'action des hommes politiques a plus d'influence dans l'État moderne. Chez l'animal, ce n'est guère *que la race* ; chez l'homme, c'est *aussi l'individu qui vaut*.

Une *politique de race* exclusive et passionnée conduit à une frivole exaltation contre l'étranger, aux guerres de race, au mépris de l'unité du genre humain, à l'écrasement des individus.

Une *politique individualiste* sans frein excite l'ambition dominatrice des forts, pousse aux entreprises téméraires, excuse le crime politique, aboutit aux horreurs de la Commune, et finalement à l'anarchie.

Conserver l'unité et la puissance de l'ensemble, tout en permettant le plus riche développement des individus, protéger et ennoblir à la fois les deux faces de notre vie · voilà le grand art de l'homme d'État.

CHAPITRE II.

Conservation, melange, transformation de la race.

Les qualités et les aptitudes du peuple et de la nation sont en quelque sorte la matière première de l'action de l'homme d'État. Qu'il les étudie donc, pour les travailler et les perfectionner.

Son pouvoir est ici limité sans doute. La famille, qui engendre et élève, a sur la race une influence bien plus grande que l'État. Les mœurs elles-mêmes sont souvent plus fortes que le droit. La religion et l'opinion, si puissantes sur les masses, sont l'une dominée par l'Église, l'autre par les œuvres privées de la presse, des lettres, de la science et des arts.

Gobineau (De l'inegal. des races hum.) s'efforce de prouver historiquement que la *conservation de la pureté de la race* est une condition essentielle de la vigueur et des progrès des peuples et des États; que le mélange des races altère et corrompt l'espèce, et produit a la longue *l'abatardissement* et la mort.

Gobineau a le rare mérite d'avoir le premier rappelé l'importance depuis longtemps oubliée de la race. Mais sa conclusion est certainement inexacte.

1) La pureté du sang, anxieusement conservée, n'a pas toujours préservé l'État de la décadence et de la ruine.

Nul peuple n'a été plus loin dans cette voie que les *Indiens*

l'idée de la conservation des races remplit toute leur constitution. Les castes élevées ne se mariaient qu'entre elles, et les
mésalliances étaient frappées des plus dures réprobations. On
peut encore reconnaître aujourd'hui le physique plus fin de la
race brahmane. Et cependant les Ariens de l'Inde sont devenus
la proie de l'étranger.

Les Égyptiens, qui avaient organisé leurs castes dans le même
esprit, sont également tombés.

La noblesse germanique du moyen age évitait de s'unir aux
autres ordres ; la loi et les mœurs entravaient les unions
inégales et les mésalliances. Cette sollicitude l'a-t-elle sauvée?

La pureté de la race ne garantit donc pas le maintien de ses
vertus ni son immortalité. La race nationale est naturellement
mortelle et limitée ; elle peut décliner et périr tout en demeurant
pure de tout mélange.

2) Dans certaines conditions, le mélange des races rajeunit,
enrichit, améliore et renforce. La rapide croissance et la grandeur
de Rome commencent après que le *connubium* a été permis
entre patriciens et plébéiens , et les Romains introduisent sans
cesse dans leur aristocratie les hommes et les familles les plus
distingués de l'Italie, puis du monde. Rome doit sa grandeur
aux riches éléments qu'elle puise partout.

Bien mieux : toutes les nations modernes sont le produit de
mélanges étendus. En Italie, ce sont les Ostrogoths, les Lom-
bards et les Allemands, qui se greffent sur le vieux tronc romain ;
en France, les Gallo-Romains se fondent avec les Francs et les
Burgondes ; en Angleterre, les Bretons romanisés après s'être
unis aux Anglo-Saxons , se mêlent, surtout dans la noblesse,
avec les Normands vainqueurs, élevés dans la culture ro-
mane ; la Prusse marie l'indépendance opiniâtre du Germain
avec la docilité souple du Slave indigène, les Américains du
Nord sont loin d'être affaiblis par les nombreux mélanges qu'ils
subissent

Ainsi, loin d'aboutir à la conclusion de Gobineau, nous
voyons la fusion des races améliorer les types, et être spécialement
favorable a l'État moderne.

3) Les mélanges que nous venons d'énumérer se sont tous

accomplis entre des tribus *blanches* et *ariennes*. Le sang sémitique lui-même n'y a joué qu'un rôle secondaire.

Les mélanges des *blancs* avec les *hommes de couleur* ne donnent pas des résultats aussi favorables. Il semblerait que les différences naturelles soient trop vives pour les rendre convenables ou utiles. On peut voir un avertissement dans la situation précaire des États de l'Amérique du Centre et du Sud, où ils se sont produits énergiquement. Des parents aussi dissemblables transmettent, dirait-on, leurs défauts plutôt que leurs qualités, et la fécondité diminue au lieu d'augmenter.

4) Une faible dose d'éléments étrangers mais semblables, qui n'entame point le caractère naturel du peuple, est presque toujours utile. Mais un mélange considérable et brusque ébranle le peuple et menace sa vie.

L'homme d'État doit ennoblir son peuple par l'éducation, les institutions publiques, tous les moyens qui agissent favorablement sur les masses. La race, produit de la nature par son origine, peut devenir ainsi un produit de la culture.

Les anciens l'avaient bien compris. Sparte formait sa race et en assurait la conservation par son énergique éducation et ses mœurs si durement réglées. Les Romains latinisèrent la plupart des nations qu'ils soumirent. Le caractère anglais et le caractère américain témoignent irrécusablement de l'influence profonde des institutions publiques et des mœurs. C'est l'éducation militaire qui a rendu la Prusse aussi guerrière.

CHAPITRE III.

L'esprit du temps.

D'où lui vient cette puissance que tout le monde ressent, qui trouve soumission chez la plupart, et que personne ne peut expliquer? L'esprit du temps est une idée ancienne. Les brahmanes déjà l'avaient signalée [1]; les Romains l'appelaient le *siècle* (*sæculum*; *Tac. Germ.* 19). Mais notre époque l'a étudiée de plus près, et la question s'impose à nous plus que jamais.

I. Et d'abord, comment l'esprit du temps se révèle-t-il, et quelles sont les qualités que nous lui attribuons?

1) C'est dans le *caractère* et les *tendances déterminées* des diverses *époques* qu'il se montre surtout. Les grands âges de l'histoire sont les grandes lignes de son mouvement. L'esprit du moyen âge a repoussé l'esprit du monde antique, et il a dû céder la place à l'esprit moderne. Chacun de ces âges a ses siècles, et même ses demi-siècles, où son esprit général se modifie à son tour diversement. Nous ne parlons pas ici, bien entendu, de périodes centenaires méthodiquement calculées depuis l'ère

---

[1] Code de Jajnavalkya, I, 349. « Quelques-uns attendent le succès du sort, ou de leur propre nature, ou du temps, ou de l'action, d'autres, plus sages, l'attendent de ces trois causes réunies. » 350 : « Car, de même qu'un char ne peut marcher avec une seule roue, de même le sort est impuissant sans l'action de l'homme. »

chrétienne, l'esprit de chaque siècle chronologique commence souvent dans le siècle précédent. le Christ lui-même n'est pas né au commencement du sien

Les idées nouvelles montent et descendent sur l'horizon de l'humanité comme les astres dans le ciel. Une idée est toute-puissante dans un siècle, le monde s'enthousiasme pour elle. Les temps changent, et elle ne trouve plus qu'indifférence et froideur. Toute l'Europe s'agite et s'ébranle pour arracher le tombeau du Christ aux infidèles (1089 à 1200), des millions d'hommes, pénétrés d'une foi ardente, se précipitent bravant les dangers et la mort, puis l'enthousiasme diminue et s'éteint. Un siècle apporte avec lui la brillante Renaissance et la Réforme religieuse (1450 à 1540), vainement tentées jusqu'alors par quelques rares esprits, et bientôt après, l'esprit de réaction vient immobiliser l'Europe. L'absolutisme des princes célèbre au XVII° siècle son triomphe; et depuis 1740 on appelle les lumières, on revendique la liberté civile avec emportement. Notre siècle enfin se caractérise par le développement de la constitution représentative et par les tendances nationales de la politique.

Les mouvements de l'esprit du temps se remarquent jusque dans un même siècle. Ils s'écartent et reviennent, montent et descendent. Les grands rayons de la roue de l'histoire sont eux-mêmes composés d'innombrables palettes. Tel homme a défendu les libertés populaires au nom de l'esprit du temps, et vingt ans plus tard il demande au même nom un pouvoir absolu. Napoléon Ier n'établit son empire césarien qu'après avoir sondé prudemment l'opinion; il retarda ses projets à plusieurs reprises pour laisser mûrir les temps; son absolutisme eût été également impossible à l'époque de la Restauration (1815) et pendant la période exaltée de la Révolution.

Cette mobilité même de l'esprit du temps, semble protéger l'humanité contre le despotisme permanent d'une *force unique* ou d'une *tendance exclusive*. Le temps emporte ce qu'il avait élevé, et réveille des forces inconnues. La fortune change avec le vent, et de nouvelles espérances surgissent.

2) Une autre qualité remarquable de l'esprit du temps, c'est sa *large extension*. S'il s'arrêtait aux bornes de l'État, il ne serait

que l'esprit local du peuple et du pays. Loin de là, il va répandant ses larges ondes, presque sans égard aux frontières, sur un continent entier. Ses courants se portent, aussi capricieusement que le vent, au nord, au sud, à l'est, à l'ouest. La vive foi religieuse et les tendances féodales, qui forment les traits caractéristiques du moyen âge dans toute l'Europe chrétienne, pouvaient se remarquer jusque dans l'Orient mahométan.

C'est en vain que l'on essaie d'expliquer les changements de l'esprit du temps par les *événements survenus dans l'Etat*, par les *mesures adoptées par lui*, etc. Pourquoi donc alors se modifierait-il simultanément dans les Etats qui n'ont pas subi ces influences? La *raison dernière* du changement n'est point dans tel ou tel événement particulier, simple *accident* qui le favorise ou l'entrave. Le meilleur gouvernement libéral ne peut pas empêcher le retour d'un gouvernement conservateur. Un régime absolutiste peut ne commettre aucune faute grossière; mais soudain le vent tourne, et semble vouloir d'un bond jeter l'Etat dans le radicalisme.

Cependant l'esprit du temps est loin de se répandre *tout à fait uniformément* sur les peuples. C'est tantôt l'un, tantôt l'autre qui en est l'organe autorisé, qui en ressent surtout l'influence, qui s'élève par lui. Dans l'Europe antique, il eut son siége principal en Grèce, puis à Rome. Au moyen âge, il est surtout représenté, inconsciemment, par les Germains. Pendant la Réforme, c'est l'Allemagne qu'il tourmente, et de là il s'élance au nord et à l'occident. Lors de la Révolution, de Paris il inonde l'Europe. C'est au *siége* de son mouvement qu'on en sent toute la force; ses vagues y atteignent leur sommet, puis elles vont en décroissant jusque dans les plus lointaines régions.

3) La *puissance* de l'esprit du temps se montre *surtout* dans les masses. Il les pénètre à leur insu; elles s'abandonnent à son action, et s'élancent dans les voies qu'il ouvre. Les saisons réveillent et fleurissent les plantes, puis les endorment et les flétrissent: l'esprit du temps agit semblablement sur les peuples et les nations. Il excite au travail, il anime, il agite, il enfante de riches moissons; puis il calme, il endort, il éteint. Sa marche est pleine de mystères. Il entre en nous avec l'air que

nous respirons, il se communique d'homme a homme, comme
la chaleur dans les corps , parfois il ressemble a une épidémie
qui vient soudain tromper toutes les esperances.

Il est bien évident d'ailleurs que l'esprit du temps ne se confond point avec les forces *cosmiques*, l'influence des saisons, le
cours des vents, etc. On croirait a peine qu'on ait voulu l'expliquer par elles. Les *astrologues* ont cherché dans le ciel la
fortune des hommes, leurs succès et leurs malheurs futurs.
Incroyable absurdité ! L'esprit du temps ne s'adresse *qu'à
l'homme*; il fait partie de notre *nature*, et ne peut guère s'expliquer que par elle.

Le *commerce des hommes augmente sa puissance*; l'*isolement
l'entrave* et *l'affaiblit*. Nulle part elle n'éclate comme dans les
grandes villes et dans les populations denses. Le courant est
bien moins fort à la campagne, dans les villages, dans les ha-
bitations isolées Un couvent cloîtré ne le ressent que faiblement, mais il ne peut meme y échapper complétement.

4) Sa force n'est point *absolue*. Les caractères énergiques, les
esprits fortement trempés résistent assez bien à ses influences,
et luttent parfois avec succès contre lui; que ce soit indépendance ou haine, il en ressort du moins que l'histoire du monde
n'est pas soumise a ses seules lois, et que la *liberté individuelle*
y joue aussi un rôle important. L'esprit du temps remue surtout
l'esprit des masses; il ne se confond pas avec l'esprit de l'homme
en général.

5) Mais ses mouvements ne sont nullement de purs caprices,
comme les figures changeantes d'un caléidoscope. Il y a plutôt
un *lien intime* entre l'image qui précède et celle qui suit; un
développement organique marchant avec la série des âges,
comme la vie humaine; des *règles* et des *lois*. L'esprit du temps
commence avec l'enfance de l'humanité. On le voit ensuite,
dans son adolescence, s'élancer plein d'une jeune et consciente
beauté. Puis il redescend de ces hauteurs, se travaille lui-même,
compulse, recherche avec soin et prudence, entasse les matériaux, pour prendre soudain un nouvel essor.

Plusieurs philosophes modernes se sont efforcés de découvrir la loi de ses mouvements. *Hegel* la trouve dans la marche

dialectique de la pensée ou de l'esprit. Mais cette réponse est-elle suffisante ? N'oublie t-elle pas la variété des forces humaines ? Est-ce toujours l'esprit réfléchi du penseur qui meut ainsi les masses ? *Fourier*, par une sorte de pressentiment, et *Krauss*, par le raisonnement, se rapprochent davantage de la vérité, en comparant ses mouvements aux âges de la vie. Mais c'est certainement *Fr. Rohmer* qui, par sa méthode *psychologique*, les a le mieux approfondis. Sa nature nerveuse et sensible le poussait incessamment à les observer, à en marquer tous les accidents : il parvint ainsi à les calculer avec une rare exactitude.

6) Ces lois distinguent également l'esprit du temps de la variable *mode*. La mode, sans doute, subit son influence. Comment en serait-il autrement, alors que l'esprit du temps se manifeste si volontiers dans le *style* d'une époque, dans l'architecture, la musique, la littérature, toutes choses dont la mode subit si largement l'action ? Les formes *rococo*, les tresses et les cadenettes, à la mode au XVIIe et au XVIIIe siècle, étaient en harmonie avec l'esprit d'alors. On peut en dire autant des costumes de la Rome et de la Grèce républicaines, ressuscités par la révolution française, et des formes sévères et distinguées du premier empire, renouvelées de l'empire des Césars. Mais la mode reçoit plus encore, peut-être, des goûts, des conventions, des caprices des centres de société qui donnent le ton. Ce n'est guère l'esprit du jour qui fait la mode des lions et des lionnes de Paris et de Londres; on sait pourquoi la crinoline fut inventée; et le maintien du frac noir et du chapeau à cylindre depuis des générations, prouve moins les mouvements de l'esprit moderne que la tyrannie des usages français.

II. Mais comment définir l'esprit du jour ? Est-il simplement la *somme des esprits individuels d'une époque?* Goethe raille agréablement lorsqu'il dit : « C'est votre esprit, auteurs et maîtres, que vous nommez l'esprit du temps » a). Les maîtres donnent en effet trop souvent leur opinion pour

---

a) Was ihr den Geist der Zeiten nennt, Das ist der Herren eigner Geist.

(Faust, I.)

celle de tous, soit qu'ils se trompent ou veuillent tromper.
Mais le véritable esprit du temps n'est point la simple somme
d'opinions particulières. Sinon, pourquoi les mêmes hommes
s'abandonneraient-ils à ses courants contraires, parfois sans
même changer personnellement d'opinion ? Pourquoi lui
obéiraient-ils tout en le blâmant ? Comment expliquer l'étrange
rapidité avec laquelle il se répand, ce point de départ et
d'appui qu'il prend tantôt dans un peuple, tantôt dans l'autre ?
Comprendrait-on davantage la liaison intime de ses mouvements, leur série logique, leur durée pendant des périodes
entières qui dépassent vingt fois la vie des individus ? Enfin,
d'où viendrait alors la lutte entre l'esprit individuel et l'esprit
du temps, qui tourmente si souvent le sein d'un même homme ?

L'esprit du temps doit donc être considéré comme *un* dans
son être et son développement; et dès lors, il ne peut avoir sa
source que dans une autre unité, dans l'humanité. Si l'humanité
est un tout ayant ses aptitudes morales, son but, son développement propres, l'esprit du temps peut se définir le *développe-*
ment ordonné de l'âme du genre humain.

L'histoire universelle, qui nous montre les progrès de l'humanité se poursuivant organiquement avec ses âges, et l'esprit du
temps, sont des phénomènes intimement liés. Ce dernier accompagne l'histoire dans sa marche, et agit continuellement sur ses
formations. C'est lui surtout qui donne aux institutions des différents âges leur caractère général. L'histoire, c'est le *développe-*
ment accompli, la série dans le passé ; l'esprit du temps, c'est le
développement en action. Il ne détermine pas seul l'histoire, sans
doute. S'il dominait comme une force nécessaire, la vie de l'histoire serait semblable à celle des plantes ; la liberté individuelle
serait détruite; il n'y aurait plus d'initiative personnelle ; tout
serait le produit commun de l'esprit général. L'esprit du temps
n'est donc que l'une des forces. Il luttera par exemple contre
l'esprit de tradition et d'autorité ; il combattra pour ou contre
l'esprit d'un peuple, d'une dynastie, d'une famille, d'un grand
homme. C'est le concours de toutes les forces humaines qui fait
l'histoire universelle.

Mais l'esprit du temps en est l'une des plus importantes. La loi *psychologique du progrès ordonne* du genre humain le développe progressivement, le parfait, et le conduit au but. C'est par cet esprit, qu'il a mis dans l'âme de l'humanité, *que Dieu conduit de loin la grande marche de l'histoire universelle, et pousse incessamment le genre humain en avant*

L'esprit du temps est donc quelque chose de grand, d'élevé, de *quasi-divin*. C'est folie que d'en mépriser les mouvements au nom de certains principes prétendûment immuables. Sa mobilité même produit les riches *variations* de la vie commune, et anime la *liberté du progrès humain*.

III. Quels seront donc ici les devoirs de l'homme d'État ?

1) Qu'il étudie le *caractère et l'esprit de son temps*. Il est toujours bon de savoir l'heure qu'il est, il faut saisir le moment ; entreprendre trop tôt ou trop tard, c'est se préparer des échecs.

Le monde actuel devrait également se demander dans quelle période générale nous vivons, et quel en est le caractère fondamental. La solution de cette importante question est encore obscure. Cependant l'on peut, il nous semble, affirmer le caractère de jeunesse de l'*âge moderne*. La grande roue de l'histoire universelle a pris un nouvel élan : l'humanité n'est donc point encore arrivée au sommet de sa vie. Mais les admirables progrès des sciences et tout le mouvement politique contemporain témoignent de la *virilité* de sa jeunesse. L'humanité moderne *a conscience d'elle-même*, elle veut *se développer librement elle-même*. Aucune période ancienne n'a été plus riche en résultats, plus raisonnée, plus libre. Les *tendances libérales* semblent être le trait principal de son esprit, qui nous rappelle le génie plus jeune de l'antiquité classique, le brillant éclat de la Grèce et de Rome, et qui se sépare en même temps de l'esprit moins ouvert, moins hardi, plus sombre, du moyen âge.

Les débuts de notre grand âge moderne commencent vers le milieu du dix-huitième siècle *a*), et nous présentent, d'abord, des efforts naïvement enfantins, puis, une agitation puérilement tumultueuse. L'époque des lumières (1740 à 1789) inaugure une philosophie philanthropique et cosmopolite. Les esprits cultivés

_____

a) Comp. vol I, liv I, ch v.

se détournent avec horreur du moyen âge, et méconnaissent les grandes traditions du passé. On s'enthousiasme pour des idéals nouveaux ; on en attend la transformation du monde. La Révolution essaie de réaliser ces rêves ; mais elle réussit mieux à détruire qu'à édifier. Élevés dans la spéculation philosophique, ses chefs manquent de raison pratique. Le monde avance, mais en faisant des chutes, ce qui lui enlève bientôt sa foi naïve dans la panacée de la liberté et de l'égalité, et le ramène à l'intelligence de l'histoire, au respect des traditions. Enfin, depuis 1840, il s'éprend du principe des nationalités, moins large que les principes de la Révolution, mais mieux assis sur l'histoire et plus sérieusement créateur. Nous ne sommes point encore au sommet de notre grand âge libéral ; nos petits-fils eux-mêmes n'y atteindront pas. La société contemporaine est tourmentée par les courants et les envahissements violents du radicalisme, et se rejette parfois dans l'extrême opposé de la réaction. Mais on peut au moins constater avec joie les progrès accomplis depuis un siècle, et ceux que l'humanité continue à faire d'une main virile.

2) L'homme d'État ne doit jamais oublier la *valeur* de l'esprit du temps; même quand il *traverse ses vues*, ou qu'il s'adresse aux *tendances mauvaises* ; c'est une puissance avec laquelle il faut compter, et dont les mouvements sont nécessaires au progrès général. Sans doute l'honnête homme peut aller droit son chemin, sans s'inquiéter des vents qui font tourner la foule. Mais le politique n'est point un ermite ou un moine. Il vit au milieu du mouvement des hommes ; c'est par eux et sur eux qu'il agit ; il faut qu'il connaisse son champ de manœuvre. un pilote prudent étudie les vents et les vagues. Pour lutter contre l'esprit du temps, il faut agir sans trêve ni repos ; ses flots se précipitent par la moindre ouverture, et envahissent aussitôt le navire entier.

3) La *faveur* de l'esprit du temps soutient puissamment l'homme d'État, et légitime ses audaces. Les vents et les flots poussent à la fois son navire. Les obstacles s'aplanissent ; le mouvement du jour les renverse, et bientôt ils sont dépassés. *Louis Napoléon* avait compris, avant d'être empereur déjà, les succès promis à qui marcherait avec le siècle, les défaites de quiconque irait à l'encontre.

4) Les *idées* et les *formations* sont en étroite relation avec l'esprit du temps.

Les idées sont toujours trouvées et formulées par l'individu, mais, pour devenir les idées du temps, il faut qu'elles pénètrent dans les masses. Un prophète, un poète, un philosophe, un sage, annoncent parfois les idées de l'avenir. L'homme d'État ne peut songer à réaliser que les idées compatibles avec le milieu où il agit. C'est pour elles seulement qu'il trouve intelligence et appui. Qu'il se garde donc de combattre pour de *vieilles idées*, à la manière des romantiques : il n'obtiendra que des succès trompeurs ; les flots hostiles des temps nouveaux l'inonderont de toutes parts, et feront une risée de son don-quichottisme. Mais il est encore plus dangereux pour lui, quoique plus glorieux peut-être, de se faire le promoteur des idées *de l'avenir*, *avant* que les temps soient mûrs. Son navire ira se briser contre l'écueil des réalités, et l'on se moquera du pilote idéologue.

, Son vrai devoir, c'est de réaliser les *saines idées de son temps*. C'est ainsi qu'il se rendra vraiment populaire. L'impopularité naît le plus souvent de la lutte contre les idées du jour, grande note tonique de la voix de la nation. Si les jésuites sont aussi impopulaires depuis un siècle, ce n'est pas seulement à cause de leurs intrigues ; c'est parce qu'ils ont déclaré une guerre mortelle à l'esprit, à la conscience, aux aspirations modernes.

5) Toute époque à ses préférences pour certaines *formes* ; l'homme d'État doit s'en souvenir. Il y a un siècle, l'absolutisme intelligent pouvait être supportable, et il engendra de grandes choses sans grands combats. Mais il rencontrerait aujourd'hui de graves résistances, alors même qu'il voudrait s'inspirer des idées modernes. *Cavour* eut plus vite que *Bismark* l'appui et le dévouement de son peuple, parce qu'il sut dès l'abord mettre la forme moderne au service des idées modernes, tandis que ce dernier parut d'abord mépriser la forme, et vouloir réaliser l'esprit moderne par les voies de l'ancien régime. L'œuvre de Bismark fut ainsi plus pénible et plus lente ; et ce ne fut qu'en se montrant enfin plus favorable aux formes représentatives qu'il gagna les cœurs du grand nombre.

6) Cependant, la réalisation des idées modernes ne doit pas

être le but exclusif de l'homme d'État. Les puissances historiques de l'autorité et de l'usage traditionnels ont également
leur importance. Que le savant déduise dans ses livres les conséquences rigoureuses de l'esprit du temps, c'est sa mission. Mais
la vie réelle ne se compose pas de simples lignes droites comme
la doctrine, il faut qu'elle ploie et tourmente les principes pour
se les appliquer. La politique pratique est un art compliqué, où de
nombreuses forces se rencontrent, se combinent, se combattent ;
les ménagements, les transactions, les compromis sont ici indispensables. Refuser toute concession par un zèle aveugle pour
l'esprit moderne est le fait d'un doctrinaire, non d'un homme
d'État.

CHAPITRE IV.

Chiffre, croissance, decroissance de la population.

L'État est une communauté d'hommes. Les hommes, bien plus que le pays, font donc sa véritable force.

Chaque homme représente une certaine quantité de forces Ainsi, l'importance et la puissance de l'État grandissent naturellement avec le nombre de ses nationaux. Mais cette règle n'est point absolue. Les qualités, la culture, l'éducation des citoyens, jouent encore un plus grand rôle Les 36 millions de Français comptent davantage politiquement que les 400 millions de Chinois, les 30 millions d'Anglais que les 180 millions d'Indiens. La Suisse n'a que 2 millions et demi d'habitants, le 1 °/₀ de la population de l'Europe, personne, cependant, ne lui donnera une importance proportionnellement aussi faible.

Forme masculine de la vie commune, l'État brille surtout par les vertus *viriles*. Les nations à l'esprit et au caractère mâle, ont donc naturellement plus d'importance que les masses passives et serviles.

Aussi, l'augmentation de la population n'est-elle pas toujours un progrès, ni sa diminution une perte. Il faut voir si les forces viriles ont elles-mêmes augmenté ou diminué en proportion. Un État peut souffrir d'un *excès d'habitants*.

Mais, ces réserves faites, le chiffre de la population est assez généralement un signe sérieux de progrès ou de décroissance, et la politique doit en observer de près les *mouvements*.

Au XVIII° siècle, l'on considérait généralement tout accroissement comme un bien. Depuis Malthus, on pense plus volontiers que la nature nous porte elle-même à multiplier à l'excès, et qu'il faut la réprimer plutôt que l'encourager. On sait que, suivant le célèbre Anglais, la population croît naturellement dans une progression géométrique, et les subsistances dans une progression arithmétique seulement. Il y aurait ainsi disproportion toujours croissante entre les subsistances et la population, et nous marcherions à une misère générale. Il faudrait donc mettre des entraves à la fécondité naturelle, et les guerres et les épidémies seraient des remèdes nécessaires qui nous sauveraient d'une désastreuse famine.

Mais cette loi ne serait-elle pas un vice énorme dans la création? Les hommes seraient donc condamnés à vivre sur une terre qui doit devenir impuissante à les nourrir? La tutelle des faibles, la protection de tous par l'État, les sciences, la médecine, une vie raisonnée, le commerce, les guerres plus rares et moins cruelles, en un mot, la civilisation tout entière tend à allonger la vie humaine, à diminuer la mortalité. Mais le genre humain se tromperait étrangement en se glorifiant de ces progrès, qui ne font que hâter le moment fatal et terrible. Il y a contradiction entre les fins de l'humanité et la perpetuation de l'espèce! Mieux nous remplissons nos devoirs moraux, plus nous avançons notre ruine!

M. *H.-C. Carey*, Américain du Nord, a justement réfuté ce système. L'on peut dire en effet :

1) L'harmonie se montre partout dans la nature; les forces y sont toujours admirablement proportionnées. La contradiction qu'indique Malthus serait si insolite, qu'elle devrait être rigoureusement prouvée.

2) Mais la loi de Malthus est tirée de faits isolés qui sont contredits par d'autres. La France, par exemple, avait, en 1780, 21 millions d'habitants, en 1834, 34 millions; or, en 1760, elle produisait 94 millions et demi d'hectolitres de blé; en 1840,

182 millions et demi. Le rendement du blé s'y est donc accru plus rapidement que la population. Avec la loi de Malthus, la plupart des États de l'Asie et de l'Europe auraient péri depuis longtemps par l'excès de leurs habitants

3) La fécondité de l'homme est moins grande que celle des animaux, et les organismes sont d'autant plus féconds qu'ils sont plus inférieurs. Les insectes le sont plus que les oiseaux, les poissons que les bêtes de somme. Les graines des plantes se comptent souvent par milliers Et cependant, tout est disposé de telle sorte que les plantes et les animaux vivent côte à côte, sans qu'une espèce soit jamais absorbée complétement par l'autre. Pourquoi donc l'homme, le moins fécond des êtres, devrait-il tout absorber?

4) Sans doute, l'homme se nourrit des plantes et des animaux, et s'attaque ainsi continuellement à leur existence ; mais, d'autre part, ses soins et son industrie augmentent le nombre et les produits de toutes les espèces utiles.

5) C'est plutôt par notre faute qu'en vertu d'une loi fatale que des terres jadis fertiles se sont transformées en plaines ingrates, par exemple les rives du Tigre et de l'Euphrate, qui jadis nourrissaient des villes énormes. On ne fait rien pour restituer au sol les éléments de sa fécondité, et il s'épuise; on défriche les forêts, et l'on prépare les inondations ou les sécheresses. Les grandes villes peuvent à leur gré détruire ou augmenter la fertilité de leurs environs. La Campagne de Rome, autrefois splendide, est devenue un désert par la faute des hommes, tandis que les environs de Naples et de Florence s'ornaient de magnifiques jardins.

6) Plus un être a de raison naturelle ou cultivée, plus il est capable de se diriger lui-même. Or, l'homme est bien plus libre qu'aucun animal, même quant à la génération ; il dépend moins des désirs sensuels, son action est bien plus volontaire. Appelé à se développer harmoniquement lui-même, il ne peut pas oublier la limite des subsistances. Rien ne le force à engendrer ; il doit même s'abstenir pour éviter une disproportion. Malthus, qui outre généralement les choses, a raison d'appuyer sur ce devoir moral.

7) La fécondité des hommes varie avec les circonstances, les degrés de civilisation, le genre de nourriture et de travail. Les étamines des fleurs cultivées se changent volontiers en pétales aux riches couleurs; de même, fait observer Carey, la culture de l'esprit absorbe une partie des tendances génératrices, et diminue la fécondité.

8) On peut indiquer une dernière cause plus profonde. L'*histoire* développe les forces et les dévore. Les familles historiques grandissent, s'élèvent, brillent pendant un temps, puis elles déclinent et tombent. Ce n'est que dans les ombres, où les rayons de l'histoire ne pénètrent pas, que les souches semblent se perpétuer pendant des milliers d'années, indéfiniment. Tout ce qui vient au grand jour n'a plus dès lors qu'une existence relativement courte. Regardez les familles connues de l'Europe : après une couple de générations, on les voit la plupart s'étioler et mourir. Les familles historiques qui remontent sûrement à cinq cents ans en arrière sont vite comptées. Il semble que l'on voie décroître leur fécondité. Les peuples présentent quelque chose d'analogue ; ils atteignent leur plein développement, puis leur fécondité et leur génie créateur déclinent en même temps. On peut affirmer que l'ancienneté du type pur de l'Hellène ou du Romain fut une cause principale de sa disparition successive.

La même loi s'applique sans doute à l'humanité tout entière. Il est probable que sa fécondité ira lentement en diminuant, quand elle aura rempli ses principaux devoirs, et réalisé les plus grandes idées qu'elle poursuit ; quand, après des milliers d'années, ce tout vivant entrera dans sa vieillesse; quand il aura vécu la belle part de sa vie.

On peut donc repousser les craintes que fait naître Malthus. La nature prévoyante, loin de nous refuser le nécessaire, nous donne souvent le superflu, pour secourir notre imprudence.

Un fait très-remarquable du monde moderne d'Europe et d'Amérique, c'est l'accroissement relativement plus rapide que prennent les populations germaniques. Du moins cela est-il très-vrai pour l'Angleterre et l'Allemagne, comparées à l'Italie et à la France. Voici en effet quelques chiffres :

France.		Italie.		Angleterre et pays de Galles	
1762 .	21,769,163 h.	1812..	19,800,000 h.	1801..	9,156,171 h.
1801 .	27,349,902	1858..	25,880,000	1811..	10,454,529
1821..	30,471,875	1871..	25,801,154	1821..	12,172,664
1831..	32,569,223			1831..	14,031,986
1841..	34,230,178			1841..	16,035,198
1851..	35,783,170			1851..	18,054,170
1861..	36,713,166			1861..	20,006,234
1872..	36,102,021 (sans l'Alsace-Lorraine).			1871..	26,216,022

Prusse.		Allemagne (sans l'Autriche).		États-Unis.	
1817..	10,536,571 h.	1786..	18,000,000 h.	1790..	3,929,872 h.
1849..	16,331,187	1815..	20,475,361	1800..	5,305,925
1861..	18,491,220	1860..	32,212,307	1810..	7,239,814
1871..	24,693,487	1871..	41,060,695	1820..	9,638,131
(après l'annexion.)				1830..	12,886,020
				1840 .	17,069,453
				1850..	23.191,876
				1860..	31,243,322
				1870..	39,925,598

Les différences sont d'autant plus frappantes que les populations romanes émigrent moins volontiers que les races germaniques. Le nombre des émigrants est proportionnellement bien plus fort en Allemagne et en Angleterre qu'en France et en Italie. L'accroissement le plus rapide de beaucoup se présente naturellement aux États-Unis.

L'espèce humaine se perpétue par le *mariage*. La population grandit par une voie morale, là où il est sagement ordonné. La filiation légitime donne à l'enfant un foyer, une demeure, l'éducation, une famille ; il est donc évident qu'elle fait des citoyens plus capables et meilleurs. Aussi les lois qui entravent les mariages sont-elles doublement mauvaises elles augmentent les naissances illégitimes, et diminuent les autres.

Les lois qui prescrivent ou favorisent le *célibat* aboutissent au même résultat. Elles portent atteinte à la liberté individuelle, et troublent l'harmonie de la création. Le célibat imposé au clergé catholique, les couvents des bouddhistes et des chrétiens, privent de descendance un certain nombre d'hommes plus ou moins cultivés. Les grandes armées permanentes, les traitements mesquins de certains emplois publics, amènent des conséquences semblables. Toutes ces institutions oppriment la nature, et sont nuisibles économiquement et politiquement.

La *répartition* de la population a également sa haute importance, moins quand on considère simplement la *densité* moyenne que lorsque l'on étudie les groupements, et le rapport de la population *urbaine* à la population *rurale*. Sous le rapport de la densité, nous avons les chiffres suivants :

	Milles carrés géographiques a).	Population,	Par mille carré.
Europe.	178,870	300,530,000	1,680
Asie	813,555	798,220,000	981
Afrique..	543,523	203,300,000	374
Amérique.... .	751,281	84,542,000	112
Océanie.....	161,090	4,438,000	27

On voit combien la proportion est favorable à l'Europe, et combien le Nouveau-Monde a de marge devant lui. Mais comparons également entre eux les divers États de l'Europe, en adoptant les trois classes de *Behm* (*die Bevolkerung der Erde*, 1874).

I. DENSITÉS FORTES (*au-dessus de 5,000 hab. par mille carré*).

La Belgique............ ..	a	9,511 hab. par mille carré.	
Les Pays-Bas.......	»	6,161 hab.	»
Les îles Britanniques	»	5,530 hab.	»

II. DENSITÉS MOYENNES (2,000 à 5,000 *hab.*).

L'Italie...............	a	4,915 hab. par mille carré.	
L'empire d'Allemagne.	»	4,182 hab.	»
La France..........	»	3,761 hab.	»
La Suisse.	»	3,548 hab.	»
L'Autriche-Hongrie.	»	3,468 hab.	»
Le Danemark.	»	2,572 hab.	»
Le Portugal...............	»	2,460 hab.	»

a) Le mille geog. vaut 7,420 mètres ; d'ou le mille carré = 55 kil. Il faut donc diviser les chiffres ci haut par 55 pour avoir la densité de la population par kil. carré.

III. Densités faibles (*au-dessous de 2,000 hab.*).

L'Espagne.....................	à	1,828 hab. par mille carré.
La Grèce......................	»	1,602 hab. »
La Turquie....................	»	1,456 hab. »
La Russie d'Europe........ .. .	»	766 hab. »
La Suède......................	»	526 hab. »
La Norvége................. ...	»	303 hab. »

Le rapport entre la population urbaine ou industrielle et la population rurale, ne peut pas être donné aussi exactement; les limites sont plus vagues; les grandes villes s'étendent dans la campagne, et les villages deviennent des centres d'industrie. Il est clair cependant que la population rurale forme le fond primitif de la nation, et qu'elle en garde mieux la marque originelle. La population urbaine représente plutôt la *culture* et la *civilisation* de l'ensemble, la direction politique et intelligente.

Il n'est point à désirer que la population urbaine soit relativement très-faible, du 10e seulement, comme en Russie. Mais il n'est guère mieux de lui voir absorber la population agricole, comme cela a lieu jusqu'à un certain point en Angleterre, où les villes comptent autant d'habitants que la campagne; et en France, où l'augmentation de la population urbaine (elle a monté de 24.72 p. 100 à 27.31 p. 100 de 1848 à 1856) se produit aux dépens de la population rurale. Là, l'État sera grossier ou peu cultivé; ici, le capital naturel, les forces premières, menacent de manquer, et l'État peut tomber dans une situation artificielle, d'autant plus dangereuse qu'il ne trouve plus à puiser dans la source vive et féconde des campagnes.

Les conditions les meilleures pour l'État européen moderne semblent être dans une proportion de 25 à 34 p. 100 de population urbaine. Les forces naturelles de la nation conservent ainsi leur vigueur, et sont assez riches pour remplacer celles que dévore l'activité nerveuse des villes. En même temps, la culture urbaine peut prendre un vigoureux élan, et satisfaire et féconder l'esprit public.

Les *grandes capitales* sont devenues aujourd'hui de la plus haute importance dans la vie des États. Tous les efforts de l'industrie, du commerce, des sciences et des arts, coulent à flots pressés vers leur sein. La civilisation la plus élevée dont un peuple soit capable y étale ses magnifiques richesses, et reporte la vie jusqu'aux extrémités. La puissance de l'État s'y concentre avec une énergie suprême.

Mais ces grands centres ont aussi leurs périls. Des classes hautement cultivées, toujours en minorité, s'y pressent à côté de masses ignorantes, facilement agitées. Leurs habitants aiment à critiquer et à railler; ils ont peu le respect de l'autorité; ils rient volontiers de tout, leur bonne opinion d'eux-mêmes ne connaît pas de bornes. Les passions grandissent, et s'arment de tant de ressources accumulées. La populace peut y devenir une puissance.

Aussi l'expérience nous apprend-elle que l'intelligence politique des grandes cités est parfois médiocre, et que les représentants qu'elles nomment sont trop souvent, ou parfaitement insignifiants, ou signalés par leurs opinions extrêmes seulement. Elles deviennent ainsi plus dangereuses qu'utiles dans l'État moderne, qui cependant ne peut s'en passer. La grande ville doit être le cerveau de la vie commune, le miroir de la pensée et des sentiments de la nation. En grandissant démesurément, elle prend au corps sa vitalité, et l'État est menacé de mort à la première faiblesse de son cerveau, au premier triomphe des masses aveuglées de sa capitale.

Les grandes villes provinciales servent de complément et de contre-poids à la métropole, et sont également très-utiles à l'État.

L'*Empire allemand* compte 32 villes ayant plus de 50,000 habitants, mais 10 seulement d'entre elles dépassent le chiffre de 100,000 ; Berlin est la seule qui en ait plus de 500,000 (826,351 en 1871, aujourd'hui un million sans doute).

L'*Autriche-Hongrie* n'a que 10 villes avec plus de 50,000 habitants, que 3 villes avec plus de 100,000 ; Vienne en avait 901,380 en 1872.

L'*Angleterre* a par contre 40 villes de plus de 50,000 habitants, 18 villes de plus de 100,000, et Londres en a plus de 3 millions (3,254,260 en 1871).

La *France* compte 23 villes dépassant les 50,000, 9 dépassant les 100,000 habitants; Paris en compte près de 2 millions (1,851,792 en 1872).

En *Italie*, sur les 24 villes qui ont plus de 50,000 habitants et les 10 d'entre elles qui en ont plus de 100,000, aucune qui atteigne le chiffre de 500,000.

La *Russie* d'Europe ne compte que 12 villes du premier genre, 6 du second, et 2 villes dépassant 500,000 âmes (Saint-Pétersbourg, en 1869, 667,963; Moscou, en 1871, 611,970).

En *Belgique,* 4 villes de plus de 100,000 âmes, dont Bruxelles, 314,077 habitants en 1869; dans les *Pays Bas,* 4 villes de plus de 50,000, et 2 de plus de 100,000 habitants; en *Espagne,* 9 villes du premier genre, 3 du second; en *Portugal* et en *Suisse,* de même, 2 villes seulement de plus de 50,000 habitants; en *Danemark,* une seule, mais elle en compte 181,291. La *Turquie* a 6 villes de plus de 50,000 âmes, dont une de 600,000 (Constantinople). Les *États-Unis* comptent 23 villes de plus de 50,000 habitants et 13 villes de plus de 100,000; *New-York* a près de 1,500,000 habitants *a*).

a) Voici, pour compléter ce chapitre, quelques chiffres plus récents tirés de l'*Annuaire des longit.*, 1878 :

	Population probable en 1878, indiquée en millions	Densité probable en 1878, par kil. car.	Sur 1000 femmes adultes (15 à 49 ans), combien de naissances	Mariages sur 1000 habitants	Accroissement de la population	
					Total depuis 1830 à 1878, en millions	Annuel sur 1000 hommes de 1865 à 1877
Grande Bretagne	34 0	101	156	3 4	40 1	+ 11
Irlande			123	4 7		— 6 3
Belgique	5 4	181	118	7 6	1 7	+ 8 9
France	37 0	62	116	8 8	4 5	+ 3 5
Empire allemand	43 5	79	177	9 6	177	+ 7 0
Suisse	2 8	64	131	7 5	0 8	+ 6 3
Autriche	38 2	57	161	9 0	8 2	+ 9 5
Hongrie			178	15 6		
Espagne	16 7	33	141	7 7	3 5	+ 8 4
Italie	27 9	91	161	7 5	6 9	+ 6 7
Russie	85 0	13	204	9 9	35 0	+ 11 9
Europe	325 7	32 7	Rapport à la popul. totale du globe		=	22
Afrique	207 4	6 9	—		=	14
Asie	784 4	18 8	—		=	55
Océanie	36 5	3 4	—		=	3
Amérique du Nord	58 6	2,4	—		=	4
— du Sud	26 8	4 4	—		=	2
	1,139 4	12 5				100

7

Population actuelle de quelques grandes villes capitales, en milliers d'habitants :
Londres 3,489 ; Paris 2,000, Berlin, avec les communes suburbaines, 1,045 ; Vienne
1,001, Saint-Pétersbourg 667 ; Constantinople 600, Bruxelles 358 ; Madrid 367 ;
Budapest 309, Rome 264 ; Copenhague 233 ; Lisbonne 224 ; Bucarest 221, Dresde
197, Munich 193 ; Stokholm 152 ; Stuttgard 107 ; La Haye 100 ; Kristiana 75 ;
Berne 36

Immigration annuelle, d'après le *Correspondant* du 25 juillet 1878 : France
20,000 âmes ; Angleterre 169,000, Allemagne 150,000 Ces chiffres ne sont
pas rigoureux Le nombre des Français residant a l'étranger, en 1861, n'est
évalué qu'a 316,000.

CHAPITRE V.

La famille des nations européennes.

L'Europe moderne diffère considérablement de l'Europe antique ou féodale.

L'Europe antique avait produit la civilisation *gréco-romaine* et l'*empire universel* de Rome. Ce dernier s'étendait sur toute l'Europe méridionale et sur la plus grande partie de l'Europe centrale. On distinguait bien alors l'Orient grec de l'Occident latin; Rome et Constantinople étaient devenues toutes deux villes capitales; deux langues se partageaient l'État, et des peuples divers se pressaient dans son sein. Mais, au fond, l'empire romano-grec demeurait une puissance politique unique, ayant une même civilisation. Il n'y avait qu'une religion, le christianisme; qu'un droit, le droit romain.

Dans l'Europe féodale, l'*Occident latin* se sépare plus nettement de l'*Orient grec*. L'ancienne unité, définitivement rompue, n'est continuée que nominalement par le titre d'empereur romain que prennent les rois allemands. Des royaumes nouveaux, des principautés, des républiques puissantes, se forment dans l'Occident; l'élément germain y domine, cependant l'Église est demeurée latine, et vénère encore dans le pape son chef spirituel. L'Orient, par contre, tombe en ruine. La Russie passe

pour des siècles sous la main des Mongols; la Grèce et l'Espagne deviennent la proie des mahométans, L'éducation politique est faible; les tendances religieuses sont prépondérantes.

L'Europe moderne a des faces plus variées. On peut y distinguer par la race trois grandes familles de peuples : les *Romans*,
les *Germains*, et les *Slaves*. Toutes trois ont une origine commune,
et appartiennent à la grande branche des *Ariens*, si bien douée
pour l'État; mais toutes trois sont plus ou moins mêlées, dans
l'Orient surtout, d'éléments non ariens.

Les peuples romans ont tous reçu un fort appoint de sang
germain; des éléments slaves et des éléments celtiques nombreux ont passé dans la race germanique; le sang mongol et le
sang finnois jouent un grand rôle en Russie.

Les principaux peuples *non ariens* de l'Europe sont :

1) Les *Magyars*, qui dominent en Hongrie, mais qui sont
étroitement unis à des populations allemandes et slaves, et que
la culture allemande a civilisés.

2) Les *Turcs*, qui, malgré un fort mélange de sang grec,
restent étrangers au reste de l'Europe par l'Islam et par leur
civilisation asiatique.

3) Les *Juifs* sémites, répandus et dispersés partout, sans État
national, assimilés pour la plupart aux divers peuples. Ce n'est
guère que dans l'Europe orientale, en Russie et dans l'Autriche,
qu'on les rencontre en groupes importants. Mais leur activité se
fait sentir même là où ils sont peu nombreux et dispersés. La
banque, le commerce, et même la presse, sont en grande partie
dans leurs mains.

4) Les *Finnois* et les *Lapons* de la Suède,

5) Les *Lettes* de la Prusse et de la Russie,

6) Les *Arnautes* et les *Albanais* de la Turquie,

7) Et les *Bohêmes* errants, spécialement de l'Autriche-Hongrie,
n'ont qu'une importance secondaire dans la politique européenne.

I. Les nations *romanes* dominent au sud-ouest, dans quatre
grands États, qui ont chacun leur civilisation : 1° La *France*,
avec plus de 36 millions d'habitants, le plus puissant État du
continent dans les siècles derniers et avant la création du

nouvel Empire allemand; 2° l'Italie (près de 27 millions d'habitants), unifiée et grande puissance depuis peu; 3° l'*Espagne*, avec 16 millions 1/2 d'habitants, et 4° le Portugal, avec 4 millions d'habitants : en tout, 83 millions d'habitants. On peut y ajouter, dans une certaine mesure, la *Belgique*, où les Français se mêlent aux Flamands germains, et les *Cantons français* de la Suisse, enfin, les *Roumains* des bords du Danube.

La civilisation de tous ces États se rattache étroitement à l'antique civilisation de l'empire romain. Les éléments germains qui y dominaient au moyen âge ont été petit à petit absorbés et romanisés; la bourgeoisie a remplacé la noblesse germanique; les langues romanes, filles de la langue latine, y règnent à peu près universellement. Paris exerce depuis des siècles une influence considérable dans le domaine général des sciences et des lettres, et sur les mœurs de la société européenne. L'art italien a marché dans une voie nationale et glorieuse, et la science italienne s'est en partie dégagée de la tutelle française.

Les peuples romans sont tous *catholiques*. Leur religion traditionnelle les rattache à Rome et à la papauté. Mais l'unité religieuse n'y règne guère que dans la forme. La révolution et la critique ont ébranlé la foi. Les classes instruites se montrent indifférentes, parfois hostiles à l'autorité du prêtre. Les masses sortent de la superstition pour tomber dans l'incrédulité.

Ces peuples se distinguent depuis longtemps par leur esprit public et politique. Mais leurs passions, facilement excitées, les jettent souvent de la soumission servile dans la licence. Ils ont un sentiment très-délicat des formes, qui donne aux Italiens des triomphes artistiques, et qui assure aux Français le sceptre du bon goût et de la mode. Leurs manières sont aimables et souples, même dans les relations publiques. Ils ont d'habiles techniciens et de brillants orateurs. Leur imagination est fertile, leur dialectique subtile, leur langage clair et expressif.

Ils possèdent les plus beaux pays de l'Europe, aiment leur patrie, émigrent peu, et sont plus sédentaires que les Germains. Mais peut-être ont-ils vécu les plus belles années de leur puissance et de leur gloire. Ce sont des peuples âgés, dont les forces sont en partie consumées. Napoléon Ier a vainement tenté de les

réunir en une seule famille politique, sous la direction et le haut
protectorat de l'Empire français.

II. Les *peuples germaniques*, qui occupent l'Europe occidentale au nord des Alpes et des peuples romans, forment un plus
grand nombre d'États, et sont moins compactes que ces derniers.
Ils comptent environ 77 millions d'âmes; mais leur puissance
politique s'étend sur 120 millions.

Leurs princes et leur noblesse gouvernaient au moyen âge
les pays romans eux-mêmes. Les Germains d'aujourd'hui reconnaissent et respectent la pleine indépendance des autres
peuples.

Leurs langues sont ariennes par l'origine, et parentes aussi
des deux grandes langes classiques. Mais elles ont une construction et un caractère à elles, et ne dérivent point de ces dernières.
Cependant les Germains subirent largement, au cours du moyen
âge, l'influence de la culture romaine, dans la religion et l'Église,
le droit et l'État. Leur civilisation est ainsi germaine et romaine
à la fois.

La Réforme religieuse est une œuvre germanique, et surtout
allemande. Le moyen âge avait vu nos empereurs disputer aux
papes l'empire du monde, et sauver l'Europe d'une théocratie
universellement menaçante. La sincérité, l'amour du vrai, l'indépendance d'esprit du Germain, devaient rompre également
le pouvoir autoritaire de Rome dans le domaine religieux. Presque
toutes les Églises protestantes ont été fondées ou défendues par
les peuples germaniques, presque tous devenus protestants. Ces
hommes du nord aiment mieux la vie intérieure et réfléchie de
l'âme que les formes extérieures du culte.

Les Germains sont moins politiques, moins amis de l'État que
les Romans. La personnalité individuelle, la famille, les liens
d'association, les touchent davantage que l'ordre public. Quand
leur intelligence s'ouvre et grandit, ils s'enflamment pour l'humanité plutôt que pour l'État particulier. Il fallut les élever pour
l'État. Ils n'acquièrent que lentement le sentiment du devoir
envers lui. Mais ils ont rempli la vie publique de leur esprit
d'indépendance; ils ont lutté contre tous les despotismes, politiques ou religieux. La forme libre et représentative moderne a

ses premiers germes dans les forêts de la Germanie, comme l'a dit Montesquieu. C'est surtout aux idées et au caractère germaniques que nous la devons.

Moins excitables et moins passionnés que les Romains, ils se modèrent plus facilement. Leur colère est terrible, mais lente à s'enflammer. Leur caractère est surtout viril. Ils ignorent la crainte; ils osent combattre et les dieux et les saints. Ils aiment les armes et sont dociles dans la guerre; mais, dans la paix, leur volonté se montre volontiers opiniâtre et rebelle.

C'est dans les pays où ils se mêlèrent à des peuples plus cultivés ou moins rudes qu'ils se civilisèrent d'abord : ainsi en France (Francs et Gallo-Romains), en Angleterre (Anglo-Saxons et Normands), en Prusse (Allemands du nord et Slaves).

Le Germain est entreprenant, ami des aventures. Il voyage au loin; il parcourt les mers en tous sens; il fonde partout des établissements ou des colonies; il a répandu la race arienne dans le monde entier.

Mais les divers États germaniques vivent chacun de leur côté, sans lien qui les unisse. L'idée d'une union politique commune leur est étrangère, et leur paraît à peine raisonnable.

On peut distinguer :

1) L'*Empire allemand*, connu d'abord sous le nom de Confédération du Nord, puis agrandi par l'union des États du Sud, et définitivement érigé en 1871. Il comprend vingt-cinq pays divers, avec une population totale de plus de 41 millions d'âmes. L'Allemagne est ainsi redevenue une puissance de premier rang, groupée autour de la Prusse, aujourd'hui la première des puissances allemandes. Ce qu'elle ambitionne, ce n'est pas de dominer le monde, mais d'être un État moderne dans le sens complet du mot; d'assurer les libertés publiques, et spécialement la liberté individuelle de penser, tout en conservant une organisation militaire et une loyauté fortes. Une tâche difficile s'impose au nouvel empire : il faut qu'il concilie et fonde les nombreuses oppositions de protestants et catholiques, d'Allemands du Nord et Allemands du Sud, de nationalité et particularisme, de peuples et dynasties. Au reste, il ne renferme que d'assez faibles éléments étrangers (slaves, danois, français).

2) L'*Autriche-Hongrie* appartient au groupe germanique par
sa dynastie, son administration, sa civilisation en général, la
langue de l'un de ses deux Reichstage, et la prépondérance
marquée des Allemands dans le groupe cisleithanien. Elle compte
en tout près de 36 millions d'habitants, dont 20 appartiennent à
ce dernier groupe, et 15 environ, dont 36 pour 100 de Magyars, à
la couronne de Hongrie. Les Allemands forment ici le 11 pour 100
de la population ; là, le 36 pour 100. En somme, la majorité
dans l'empire est de race slave (Slaves du Nord et du Sud). Les
nationalités y sont donc très-mêlées · d'où les difficultés que l'on
sait.

3) La *Suisse* contient trois nationalités, mais la nationalité
allemande domine historiquement et par le nombre. Les Suisses
allemands forment près des trois quarts de ses 2,669,000 habitants.

4) L'*Angleterre* est également très-mêlée ; cependant, les éléments celtiques et irlandais y jouent un rôle moins important
que les éléments anglo-saxons. Ses 31 millions d'habitants règnent
dans les quatre parties du monde sur des colonies immenses.
Si l'Allemagne actuelle est peut-être la plus forte puissance militaire du continent, l'Angleterre est incontestablement la plus
grande puissance maritime du globe.

5) Le royaume des *Pays-Bas*, avec ses 2,700,000 habitants environ, est entièrement germanique par la race ; mais sa civilisation a subi largement l'influence française.

Les trois royaumes *scandinaves* :

6) Le Danemark, avec 1,800,000 habitants ;

7) La Suède, avec 4,250,000 habitants ;

8) Et la Norwége, avec 1,750,000 habitants, sont entièrement
protestants et germaniques; mais leur langue, leur histoire et
leur constitution politique les séparent de l'Allemagne.

III. Les peuples *slaves* occupent l'orient de l'Europe, et
forment une transition entre elle et l'Asie.

Il n'y a actuellement qu'un seul État slave proprement dit,
mais c'est un État énorme, une puissance du monde. L'*Empire
russe* compte plus de 71 millions d'habitants en Europe, et plus
de 11 millions en Asie. Les Mongols y règnent en maîtres

pendant des siècles, et le sang finnois-tartare s'est ainsi fortement mêlé au sang arien-slave. L'élément germain y a politiquement quelque importance, à cause des alliances de la maison de Russie avec les dynasties d'Allemagne, et en raison du nombre des généraux et des hommes d'État que les provinces allemandes de la Russie ont donnés à l'empire. La haute société y subit l'influence de la civilisation et des lettres françaises ainsi que des mœurs de Paris.

La religion est plus puissante en Russie que dans notre Occident, mais la science l'est moins. Les Romans sont catholiques romains, les Germains sont surtout protestants, les Russes sont catholiques grecs. L'Église russe est fortement attachée aux usages, aux rites, aux cérémonies traditionnelles. Mais, loin de se poser en rivale de l'État comme l'Église romaine, elle s'incline devant la puissance du czar. La dignité de patriarche n'a plus été repourvue depuis Pierre le Grand. L'Église, dont l'empereur est le protecteur et le chef externe, est gouvernée par un saint-synode nommé par lui *a*).

Ce vaste empire, assis à la fois sur les masses et sur l'autorité absolue du czar, est le grand représentant du panslavisme. On attribue à celui-ci des idées de fraternité et de paternelle autorité. Aussi le pouvoir a-t-il en Russie quelque chose de patriarcal et de théocratique, sorte de transition entre l'Europe et l'Asie.

Le Slave subit facilement les impressions du dehors, reçoit plus qu'il ne crée, est plus disposé à obéir qu'à s'aider lui même. Il est habituellement calme, bienveillant, pacifique, mais la passion le rend violent et sauvage. Les masses slaves de l'Europe orientale sont encore très-incultes.

a) « Les membres du synode (tous évêques aujourd'hui) prêtent serment en ces termes : Je confesse et j'affirme que le *souverain juge de ce synode est le monarque de toute la Russie, lui même, notre seigneur très clément* L'Église russe n'est pas asservie à l'État mais *absorbée* par lui Elle n'a pas de vie qui lui soit propre : en toutes choses, elle reçoit l'impulsion du dehors Le clergé porte des mitres et des chapes; c'est la seule chose qui le distingue des autres fonctionnaires de l'État Aucune identité entre elle et l'ancienne Église russe Pierre Ier a fait une révolution religieuse qui n'a de comparable que celle accomplie en Angleterre par Henri VIII et l'Isabeth » (*le clergé russe*, par le père Gagarin, Bruxelles, 1871)

On distingue en Russie les Grands-Russes et les Petits-Russes, et plus spécialement les Polonais et les Russes. On sait l'histoire tour à tour glorieuse et triste de la Pologne, longtemps rivale de la Russie, puis partagée entre les trois grandes puissances. Les 5,500,000 Polonais de la Russie se rapprochent davantage des peuples occidentaux par leur religion catholique et par leur civilisation, qui a subi l'influence française; mais les jésuites ont exercé sur eux une action funeste, et leurs divisions et leur in- docilité les ont perdus.

Les groupes nord-slaves des *Tschèques*, des *Moraves*, des *Slo- vaques*, en Bohême et dans l'Autriche allemande, et des *Ruthènes* dans la Galicie et la Hongrie, et les tribus sud-slaves des *Slovènes* et des *Croates*, se sont plus ou moins assimilés aux Allemands dans l'Autriche-Hongrie. La moitié environ des habitants de celle-ci sont des Slaves; mais son caractère principal est plutôt allemand.

Enfin, nous trouvons encore des Slaves sous la domination turque, dans la *Serbie* et dans la *Bulgarie*, où cependant l'on peut voir aujourd'hui les germes de nouvelles formations nationales.

CHAPITRE VI.

Les dynasties de l'Europe.

L'étude des dynasties facilite l'intelligence de la politique et des luttes constitutionnelles, car, à côté de la politique nationale, qui puise surtout ses forces dans l'esprit public et dans la nation, il y a la politique dynastique, qui s'inspire surtout de l'esprit de la maison régnante.

La plupart des dynasties actuelles remontent au moyen âge; c'est alors notamment que les nombreux princes de l'Allemagne ont conquis leur haute situation héréditaire. Mais aujourd'hui, plusieurs d'entre elles sont sur leur déclin; d'autres sont définitivement tombées, et se confondent avec la haute noblesse sujette. Les dynasties qui doivent aux temps modernes leur naissance ou leur essor sont plus rares.

Il n'est donc pas étonnant que les souvenirs de puissance et de grandeur féodale soient encore si vivaces dans les cours, d'autant plus que la noblesse a des traditions et des souvenirs semblables, et qu'elle forme l'entourage habituel des souverains.

Mais ces réminiscences ont le double inconvénient d'entraver le progrès et d'affaiblir l'autorité royale, en la mettant en lutte avec l'esprit du temps et les besoins actuels.

Les *Hapsbourg-Lorraine* et les *Bourbons* étaient, aux siècles précédents, les deux maisons rivales les plus puissantes de l'Europe. La première régnait héréditairement sur nombre de pays sud-allemands, sur l'Autriche, la Bohême, la Hongrie, la Belgique, sur certaines principautés italiennes, pendant un temps même sur l'Espagne. La double couronne de roi allemand et d'empereur romain lui donnait en Europe le titre et le rang le plus élevé. Mais, depuis la guerre de Trente ans, sa grande rivale avait pris un rapide essor; elle était parvenue à la remplacer en Espagne et même en Italie Louis XIV était plus puissant que l'Empereur.

L'amour de l'absolutisme traditionnel et la résistance aux flots de la vie moderne, dont elles auraient dû être les guides, leur ont fait perdre le gouvernement du monde. L'une vit successivement lui échapper l'Espagne, la Belgique, l'Italie, enfin l'Allemagne elle-même; elle est aujourd'hui réduite à son royaume austro-hongrois. L'autre, plus malheureuse encore, a perdu la France, Naples, Parme, l'Espagne elle-même un instant, et n'a plus guère nulle part, pas même en Espagne, une base assurée de puissance.

Au contraire, les dynasties qui ont su prêter l'oreille aux revendications modernes et marcher avec le temps, ont vu les plus brillants succès couronner leurs efforts. Ainsi des *Hohenzollern* en Prusse et en Roumanie, des *Holstein-Gottorp* en Russie, des *Cobourg-Gotha* en Angleterre, en Belgique et en Portugal, des *Holstein-Sonderburg-Glucksburg* en Danemarck et en Grèce, des *Carignans* en Italie.

L'Allemagne est la grande pépinière des dynasties européennes; la plupart d'entre elles sont d'origine allemande; les *Bourbons*, les *Carignans*, les *Bernadottes* et les *Napoléons* sont à peu près les seules exceptions. Mais les familles allemandes montées sur des trônes étrangers, ont su prendre la nationalité de leurs sujets, et sont devenues anglaise, russe, hollandaise, portugaise, etc.

Les dynasties ont entre elles de nombreuses alliances. La fécondité de l'Allemagne en familles princières a encore aujourd'hui son importance sous ce rapport Ces alliances engendrent une sorte de large parenté, qui, sans détruire toutes les vieilles rivalités, réveille chez les peuples le sentiment de leur communauté,

Une politique *spécifiquement dynastique* ne peut plus être pratiquée aujourd'hui ; elle serait en contradiction avec l'État moderne ; elle subordonnerait l'intérêt public a l'intérêt de famille, la conduite politique aux haines et aux sympathies des princes.

Mais une dynastie qui s'appuie sur la nation, l'esprit public et le sentiment national, peut invoquer aussi les sentiments de famille et de parente, et les employer admirablement pour le bien de l'Ltat et de l'humanité. La parenté des dynasties a empêché plus d'une guerre, haté plus d'une paix.

LIVRE QUATRIÈME

LES MOYENS DE L'ÉTAT.

CHAPITRE PREMIER.

Puissance, puissance du gouvernement, puissance de la nation.

Tous les moyens qu'emploie l'État peuvent se résumer en un mot : la *puissance*. L'État est puissance ; et il lui faut la puissance. C'est par elle seulement qu'il peut remplir ses fins. Un État constamment impuissant n'a qu'une vie apparente ; il n'a pas le droit de subsister.

La religion, qui s'adresse à l'âme, peut se passer d'une puissance externe. Le droit ne le peut pas, car il faut au besoin qu'il s'affirme par la force.

La mort de Jésus sur la croix est la plus haute expression religieuse de l'amour de l'humanité et de la soumission à la volonté de Dieu. Mais c'est en luttant contre les obstacles et en faisant triompher sa politique que l'homme d'État montre son génie.

La *puissance* est pour nous la force générale (*Gesammtkraft*) s'exerçant au dehors, et trouvant ou contraignant l'obéissance ;

et nous opposons ici la puissance *du gouvernement* à la puissance *de la nation (stricto sensu)* ou l'ensemble des gouvernés.

La puissance de la *sociéte* rentre en partie dans celle-ci, sans se confondre avec elle Ainsi, les armées de milice sont un élément de la puissance de la nation, et non de la société ; réciproquement, la puissance des mœurs et des usages de la société appartient, pour la plus grande part, à la vie privée seulement.

On se trompe en s'imaginant que la puissance du gouvernement et celle de la nation sont en lutte constante, et qu'elles augmentent aux dépens l'une de l'autre. Cette erreur conduit à deux fautes politiques contraires :

1) L'exagération du pouvoir au détriment des forces de la nation. C'est la faute commune des despotes orientales. Elles craignent que leurs sujets ne s'enrichissent, et font affluer toutes les ressources du pays vers le gouffre de leur *trésor*, gorgé d'or en face de la misère générale. Redoutant encore plus la valeur guerrière des masses, elles les désarment, et s'entourent de gardes et de troupes permanentes dévouées à leurs volontés arbitraires.

L'histoire a cent fois montré la faiblesse de cette politique. La puissance du maître ou du sultan était réputée incommensurable et divine ; mais, au premier choc violent du dehors, elle se brisait de toutes parts, et la nation tombait impuissante aux pieds du vainqueur.

2) L'antipathie, l'hostilité même contre tout pouvoir fort, et la confiance illimitée dans les forces tumultueuses des individus C'est là ce qui poussait les ordres aristocratiques du moyen âge à résister à toute organisation centrale énergique; c'est là ce qui égare encore nos démocrates et nos socialistes modernes d'Europe et d'Amérique.

La puissance du gouvernement n'est, au fond, que la puissance concentrée de la nation en vue du bien public, le mode qui lui donne toute sa portée. Loin de les considérer comme rivales, une saine politique s'efforcera de les *unir harmoniquement* et de les *développer concurremment*.

Un gouvernement intelligent veillera donc à la conservation et au progrès des forces des gouvernés.

La puissance financière d'un Etat repose moins sur l'accumulation stérile d'un trésor public énorme que sur le sage ordonnancement de l'économie générale et sur l'aisance de tous Cette extension de la surface imposable permet au pouvoir de puiser largement dès que le besoin s'en fait sentir. C'est là ce qui a permis à l'Angleterre de résister opiniâtrément à Napoléon Iᵉʳ.

La valeur et l'éducation guerrières des gouvernés donnent à l'État une réserve nombreuse, qui lui permet de réparer les plus graves échecs. Les guerres de la Prusse contre Napoléon Iᵉʳ et les campagnes de 1866 et de 1870 ont prouvé la bonté du système. L'État qui s'appuie sur une armée permanente seulement est mis hors de combat par la défaite de celle-ci, et le soulèvement de ses populations, désaccoutumées des armes, ne peut arrêter les corps disciplinés de l'ennemi.

Mais une simple armée de milices ne donnerait point assez de développement à la puissance militaire d'un État appelé à une politique active. Une armée permanente exercée semble un complément nécessaire. Les Américains l'ont éprouvé dans la guerre civile de 1861 à 1865: un noyau plus fort de troupes disciplinées leur eût épargné bien des désastres.

CHAPITRE II.

I. — Puissance du gouvernement.

A. — MOYENS MORAUX — AUTORITÉ ET CULTURE.

Le gouvernement dispose à la fois de moyens *moraux* et de moyens *matériels*. Les premiers sont à leur tour de deux sortes : d'*autorité* et de *culture*.

I Toute *autorité* implique supériorité morale qui commande et obtient. Mais ce qui distingue principalement l'*autorité de l'État* des autorités qui s'imposent dans la religion, la science, les arts ou les méthodes, c'est la contrainte externe dont elle se prétend armée.

Les autres autorités permettent un libre examen, et ne demandent qu'un assentiment volontaire. La religion parle à la conscience et à la loi ; la science s'adresse à l'intelligence, et s'appuie de l'autorité des sages et des savants ; les élèves se groupent autour de l'artiste.

L'autorité de l'État va plus loin, elle force l'obéissance. Elle permet bien qu'on la discute théoriquement ; mais elle ne souffre, en fait, ni résistance ni insoumission.

Cette autorité armée parle :

a) Par la *loi*, expression générale de l'autorité constitutionnelle et ordonnée du corps législatif (le roi et les chambres) ;

b) Par l'*ordonnance* et l'*ordre* du gouvernement, qui, dans les

8

limites légales, commandent pour chaque cas particulier le bien
et l'utile ;

c) Par le *jugement*, civil, criminel, ou administratif.

Dans la plupart des cas, la loi, l'ordonnance, l'ordre et le jugement n'ont *qu'à s'exprimer* pour trouver obéissance. Mais la
contrainte imminente est toujours sous-entendue, et donne à
l'autorité de l'État une force qu'aucune autre autorité ne possède également.

Fr Jul Stahl prétend que le principe d'autorité n'a de valeur
que dans la monarchie, et que les républiques s'inclinent devant
le seul principe des majorités. C'est une erreur évidente et un
renversement de la question. Aucun État ne peut ni ne veut se
passer d'autorité. Les lois, les ordonnances, les arrets judiciaires
sont revêtus de l'autorité contraignante de l'État dans les républiques comme dans les monarchies ; et l'autorité a partout en
face d'elle des majorités qui obéissent. Représentée peut-être
par un seul individu, le prince ou le juge par exemple, elle
demeure toujours le pôle actif de la *superiorite qualitative*, et les
majorités des sujets ou des obéissants sont le pôle passif de la
subordination.

Aucune différence, sous ce rapport, entre les deux formes.
Bien mieux : dans la monarchie moderne, la majorité des électeurs nomme aussi ses députés, et le concours de la représentation nationale est également indispensable.

Ce qui distingue réellement la république de la monarchie,
c'est que l'une fonde l'autorité publique sur la *supériorité des
majorités*, et élève ainsi la quantité au rang de la qualité; tandis
que l'autre, considérant surtout l'incapacité des foules, attribue
aux *qualités plus elevées* des détenteurs ordonnés du *pouvoir*
(prince et fonctionnaires) la supériorité morale qui fait l'autorité,
tout en reconnaissant, dans l'État, la cause qui revêt celle-ci
de la force.

L'autorité de l'État n'est jamais que *relative*. Elle est exercée
par des hommes, et un pouvoir absolu n'appartient qu'à Dieu.
C'est une erreur traditionnelle de l'avoir comprise autrement, en
donnant une autorité divine à qui n'a ni force ni intelligence
divines. Dieu a créé l'homme libre et actif, lui-même ne se con-

duit point en despote à notre égard. Comment attribuer un pouvoir absolu à des hommes !

On se trompe également en croyant que l'autorité n'est jamais plus haute et plus puissante que lorsqu'elle trouve une obéissance *aveugle* et *servile*. C'est l'obéissance *volontaire* qui grandit l'autorité.

Les gouvernés ne sont point des instruments sans vie dans la main des gouvernants. Ils ont même nature ; ils savent ce qu'on leur commande, ils jugent de la conduite des affaires publiques. Le citoyen libre est plus riche que l'esclave, au physique et au moral, et son travail est ainsi meilleur. La liberté développe les forces, la crainte les enchaîne

La loi est bien plus facilement exécutée quand la nation l'a librement consentie que lorsqu'elle est imposée par un maître. Les lois d'une monarchie absolue sont souvent lettre morte ; celles d'un pays libre sont généralement obéies.

L'autorité ne repousse l'examen et la critique que lorsqu'elle met en mouvement une force en quelque sorte physique, en vue d'un résultat qui ne saurait être atteint autrement, par exemple dans les ordres que la police donne au gendarme, le capitaine au soldat. Et cependant, ici encore se montre la différence de l'obéissance machinale et de l'obéissance humaine. Le sentiment de l'honneur forme dans l'armée prussienne une puissance morale que sa discipline de fer doit elle-même respecter, et qui grandit le soldat L'amour de la gloire enthousiasme l'armée française. L'Autriche mit à nu les défauts de son système mécanique quand, dans ses guerres contre l'Italie, elle voulut faire commander ses régiments italiens par des généraux allemands. Une armée qui ne pense pas peut aller à la mort sans murmurer ; mais elle devient inepte dans les crises qui exigent des forces morales. L'esclave ne fait rien que par la crainte ; l'homme libre donne volontiers tout ce qu'il peut donner.

Au reste, la contrainte n'appartient à l'État que sur son territoire. Le principe de l'autorité n'a de valeur, dans les rapports internationaux, que pour les principes incontestables du droit des gens.

II. Nous comprenons sous le nom de *moyens de culture* toutes

les institutions que l'État crée et entretient pour les progrès intel-
lectuels et moraux du peuple et de la société : les écoles publiques de tous genres, les collections et les musées, les acadé-
mies, l'éducation politique, militaire ou technique. Une nation
cultivée est certes plus exigeante et plus difficile à gouverner
qu'une nation grossière. Mais son gouvernement peut aussi
faire mieux et plus, et il trouve toujours en elle d'abondantes
ressources.

CHAPITRE III.

B. — MOYENS PHYSIQUES. — FORTUNE ET FORCE.

Le gouvernement dispose de deux sortes de moyens physiques : l'*économie politique* et la *force*.

1. La première recherche les moyens *économiques de l'État*, et s'efforce de les développer. L'État dépense les revenus de son domaine, lève des impôts, emprunte dans la mesure des besoins publics : ce sont les moyens *financiers*. L'État favorise les transactions et le commerce privés par des travaux ou des institutions utiles à tous, comme les routes, les chemins de fer, les télégraphes, les postes, les bourses, etc. : ce sont les moyens *d'utilité générale*.

Indiquons quelques maximes :

a) La puissance financière de l'État ne repose plus, comme au moyen âge, sur de vastes *domaines fonciers* ou sur des *redevances réelles* grevant les possesseurs d'immeubles ; ni même, comme on l'a cru au siècle passé et comme le veulent encore les socialistes, sur le *monopole du commerce* ou la fabrication par l'État (les ateliers nationaux), mais principalement sur la *force imposable* et les prestations de la population.

b) L'État se gardera d'user en temps de paix de toute la force imposable des particuliers ; sinon, que fera-t-il en temps de guerre? Les impôts doivent être distribués de manière à encourager l'aisance privée. La faiblesse ou la nullité des impôts n'est pas toujours un bon signe; elle indique souvent une civilisation retardée, un gouvernement médiocre. Mais il est encore plus mauvais que leur élévation force la population à renoncer à des jouissances aimées et habituelles, et amène de nombreuses et pénibles exécutions. La sage modération de l'impôt est dans l'intérêt de tous.

c) On doit couvrir les dépenses ordinaires par les recettes régulières, et non par l'emprunt. Mais il peut être dangereux aussi de demander à une brusque'élévation des taxes les ressources extraordinaires qu'exige la guerre ou quelque grand travail exceptionnel, les chemins de fer par exemple. Il ne faut pas grever injustement les contemporains au profit des générations futures; mieux vaut recourir à l'emprunt et à l'amortissement.

d) Le crédit de l'État repose surtout: 1) sur la force imposable connue; 2) sur un budget clair, bien ordonné et balancé; 3) sur la confiance qu'inspire le gouvernement.

e) Certaines ressources économiques appartiennent parfois concurremment à l'État et aux *associations privées*: il y aura, par exemple, des postes, des chemins de fer, des télégraphes privés, à côté de ceux de l'État. Cependant, l'intérêt public et même international est tellement engagé dans ces matières, que le système de leur exploitation par l'État triomphe généralement.

Le pouvoir financier de l'État se montre enfin dans la *poursuite* juridique des impôts, la *saisie* et les *exécutions* qui en sont la suite.

2. Quand les moyens plus doux sont insuffisants, l'État peut contraindre par la *force directe, physique*. Celle-ci s'exerce principalement par : a) les peines; b) la police; c) l'armée.

La police et les peines se réfèrent surtout aux rapports intérieurs; l'armée, aux rapports extérieurs. Le droit pénal règle l'exercice de la force au criminel; le droit policier, la force par la police; le droit international, la force par l'armée. L'État fait respecter son autorité par sa gendarmerie, ses gardes, ses agents, ses établissements pénitenciers; il montre sa force suprême par l'armée.

Mais, quelle que soit la forme, il est indispensable

1) Que tout emploi de la force soit réglé et déterminé par le droit,

2) Que les agents de la force publique ne soient jamais qu'au *service de l'autorité publique*

Ceci est vrai même pour l'armée. L'armée est au service de la *politique* de l'État, et non la politique au service de l'armée. Le régime des prétoriens et des janissaires est incompatible avec l'État moderne. La mission de l'armée, c'est de manifester dans toute son énergie la force de l'État, et, comme toute exécution, cette mission est *secondaire* par sa nature. C'est au gouvernement politique qu'il appartient de dire le but à poursuivre, les moyens pacifiques ou violents à employer pour l'atteindre ; c'est le cerveau réfléchi qui doit faire mouvoir le bras pesant qui frappe.

— Les différents moyens d'action de l'État sont ordinairement confiés à des organes publics, et spécialement au gouvernement.

CHAPITRE IV.

II. — Puissance de la nation.

A. — L'OPINION PUBLIQUE

Certains chefs ou certains hommes d'État jouissent parfois, *en dehors de toute fonction publique,* d'une autorité politique considérable, qui balance jusqu'à un certain point celle de l'État. On peut citer le ministre prussien baron *Stein,* proscrit par Napoléon Ier, *O'Connel,* en Irlande, *Garibaldi,* dans le mouvement national italien.

Mais la plus grande puissance hors fonction, c'est l'*opinion publique.* Elle a grandi depuis un siècle dans des proportions énormes. Ses contempteurs eux-mêmes ne peuvent plus la nier; et tout homme d'État est aujourd'hui forcé de compter avec cette « nouvelle puissance, » autorité pour la foule, étude pour le sage.

C'est surtout dans les matières *politiques* ou *sociales* que l'on parle de l'opinion publique. Qu'une nouvelle religion surgisse, qu'une grande réforme religieuse se prépare, et que les masses se lancent avec ardeur dans la voie nouvelle, nous disons : C'est le zèle ou le sentiment religieux qui les entraîne, nous n'invoquons guère l'opinion publique. Mais qu'une tendance politique devienne générale, fût-elle même entachée de passion, nous crions aussitôt : C'est l'opinion ! C'est que l'opinion suppose toujours une certaine *liberté de juger*, possible dans les questions sociales, plus difficile pour les masses dans les questions religieuses. Il ne peut y avoir une opinion publique que là où il y a pensée et raisonnement; elle est une expression et un caractère d'une civilisation libérale et avancée.

Les anciens n'avaient garde de l'ignorer : « Vox populi, vox Dei. » Mais, dans le morcellement du moyen âge, l'opinion ne pouvait guère se faire entendre que dans les cercles restreints d'un ordre ou d'une association. Les barbares ne la connaissent pas, la despotie lui refuse l'air, et l'étouffe.

L'opinion publique n'est ni l'opinion du *pouvoir*, auquel elle résiste souvent; ni celle des *sages*, qui suivent souvent des voies isolées, inconnues des masses ou inaccessibles à leurs pas. Elle est surtout l'opinion des *classes moyennes*, jugeant avec indépendance et ouvertement. Elle naît dans la *société*, du commerce des hommes, et de là elle se répand par mille voies dans les familles et dans les foules, portée surtout par la presse, qui de son coté contribue à la former

Ce serait étrangement exagérer que de l'appeler *infaillible* et *souveraine*. L'opinion passe d'un extrême à l'autre, brûle ce qu'elle vient d'adorer, prononce superficiellement et sur des apparences, se laisse égarer par des passions, par des artifices. Le sage juge souvent bien mieux qu'elle

Mais elle demeure, jusque dans ses écarts, une puissance *intelligente* et *morale*. Lorsqu'elle appuie le pouvoir, elle dispose les esprits à obéir, elle enfle d'un souffle puissant les voiles du navire. Qu'elle le combatte, elle lui crée mille embarras ; et sa résistance, sourde et élastique comme celle de la ouate, arrête aux confins de la vie sociale l'impulsion même vigoureuse donnée par lui.

L'homme d'Etat doit donc compter avec elle, même lorsqu'il la désapprouve, si ce n'est pour sa vérité, au moins pour sa puissance. Il faut qu'il s'efforce de l'éclairer, de la corriger, de se faire un allié d'un adversaire aussi redoutable.

Au reste, elle n'est point une puissance active : elle n'enfante
pas la pensée créatrice, mais la reçoit, s'en empare et la répand ;
elle critique, elle contrôle, plutôt qu'elle ne gouverne. Elle ne
quitte ce rôle passif qu'extraordinairement, quand le gouvernement s'est heurté contre l'opposition ardente des masses, et
que la lutte a enflammé leurs passions. Elle peut alors se transformer en résistance ouverte, et appuyer une politique révolutionnaire et emportée.

Toute forme élevée d'État et de droit repose en dernière analyse sur la conscience générale de la nation. Dieu nous a donné
à tous la *même conscience* et la *même raison* fondamentales. C'est
là ce qui permet à la nation d'avoir *une* opinion du juste et de
l'injuste, de l'utile et du nuisible. Expression de la conscience
générale, l'opinion publique est donc aussi respectable qu'importante.

« L'opinion publique, » dit Niebuhr, « c'est l'opinion qui,
malgré la différence des individus et des situations, naît dans
toutes les âmes non prévenues par les influences qui peuvent
égarer les détenteurs du pouvoir ; quand elle devient unanime,
elle n'est plus le simple écho d'un oui-dire. elle peut être considérée comme l'expression du sens commun et de la vérité,
comme la voix de Dieu. » On peut la comparer alors au verdict
d'un jury ; ou bien encore au chœur de la tragédie antique,
qui contemple les actes et les souffrances des personnages du
drame, et exprime à haute voix les sentiments de la conscience
humaine.

L'opinion naît d'un nombre infini d'impressions diverses,
d'observations dispersées, de conversations dans les cercles les
plus variés. Elle prend les formes les plus multiples, dans la
famille, le salon, le club ou l'auberge, les réunions de toutes
sortes, les manifestations publiques, le théâtre, les livres, et
surtout dans la presse et les débats des chambres, qui en sont
en quelque sorte les interprètes officiels Elle marche parfois à
l'aventure, mais elle se laisse volontiers éclairer par les hommes
sincères et instruits. Plus l'éducation générale et les écoles publiques sont bonnes, plus la vie politique est nationale et libre,
plus elle devient raisonnable et sûre.

L'opinion est d'ailleurs dans une dépendance assez étroite de l'esprit du temps. Rien ne peut lui résister quand elle est au fort de son élan et qu'elle pousse vers un but d'intérêt général. Sans être un pouvoir de l'État, elle devient alors une puissance publique.

CHAPITRE V.

B. — LA PRESSE.

La presse, c'est l'œuvre littéraire, l'écrit, la gravure, l'image, mis à la portée de tous par l'impression; et c'est en ce sens que nous devons parler ici de la *presse politique.*

Celle-ci prend elle-même des formes multiples : *livres, mémoires et protocoles, brochures, pamphlets, revues périodiques, journaux.*

La plupart de ces formes n'agissent que sur un cercle restreint de lecteurs. Les livres et les revues ne sont guère lus que par les esprits cultivés; les mémoires et protocoles, par les fonctionnaires respectifs ou les gens du métier. Les brochures trouvent aussi des lecteurs dans les classes moyennes. Mais les pamphlets et les journaux s'adressent à tous; et c'est par eux que la presse est une puissance. En la proclamant libre, l'État exprime sa confiance dans la force de la vérité; il compte voir de vaillants champions entrer dans la lice pour la défendre et en assurer le triomphe, et il a raison dans une certaine mesure.

Mais, pour être dans la loi, la liberté de la presse n'est pas toujours dans les mœurs. L'Église catholique la rejette en principe, et la mine ou l'entrave en défendant à la foule croyante et soumise de lire les journaux libéraux. Fût-elle même dans

les mœurs, elle est loin de mettre le lecteur à l'abri de toute
surprise. La presse contribue aussi à répandre et à enraciner
des préjugés, à exciter des passions, à égarer les masses. Sa
liberté n'existe plus qu'en apparence dans les temps de crise
violente. L'idée dominante règne alors par la terreur, et toute
critique, toute opposition est étouffée, même contre la loi, bru-
talement.

L'opinion du gouvernement peut s'exprimer par la presse
dans trois formes différentes :

a) Par un journal spécial, une feuille *officielle*, comme l'ancien
Moniteur français, le *Statsanzeiger* prussien.

Cette feuille n'appartient point à la presse politique, quand
elle se borne à publier les lois, les ordonnances, les nominations, les jugements, les assignations, etc. Elle n'est alors que
la publication des actes de l'*autorité* et du *pouvoir*. Pour devenir
un journal politique, il faut qu'elle prenne part à la discussion
des affaires, qu'elle dise et motive l'opinion du gouvernement.

Mais ce mélange a des inconvénients nombreux. En entrant
dans l'arène de la discussion, l'autorité se compromet facilement, elle donne à des opinions le cachet d'actes publics, elle
trouble l'impartialité de l'examen. La polémique de son journal
devient un manifeste ou une note officielle.

Pour que la discussion soit libre, il faut une certaine égalité
entre ceux qui discutent, et la feuille du pouvoir, avec son ton
magistral, l'entame ou la détruit. Elle semble vouloir dominer
ses lecteurs, et les contradictions qu'elle soulève sont d'autant
plus vives.

b) Par un journal *semi-officiel*. Ce système est plus mauvais
encore. Le caractère douteux de la feuille nuit à son crédit. Elle
trouve difficilement de bons rédacteurs : un journaliste de talent
ne veut pas être placé entre les susceptibilités du gouvernement,
qui le désavouera peut-être, et la méfiance du public. Elle est
facilement terne, incertaine et inquiète.

c) Mieux vaut distinguer nettement, comme l'a fait l'Angleterre, entre la *feuille purement officielle*, qui ne publie que des
actes publics, et la presse *libre*, dans laquelle les ministres eux-
mêmes peuvent écrire ou faire écrire, mais comme particuliers

seulement. La liberté et l'égalité, qui sont la loi des discussions, sont ainsi respectées, et les hommes dirigeants sont écoutés avec d'autant plus de bienveillance Un ministre pourra même très-bien se choisir ou se créer un organe spécial, qui attirera l'attention du public sans compromettre le pouvoir et le forcer à des désaveux. L'État conserve de la sorte une indépendance parfaite à l'égard de tous les journaux ; et le ministre peut, au besoin, écrire incognito dans la feuille qu'il a choisie, et regarder passer l'orage que son article a soulevé : il n'a exprimé qu'une opinion privée.

Ministres et gouvernants doivent se tenir au courant des discussions de la presse. Mais ils n'ont pas le temps de lire tous les journaux ; il leur faut donc des aides qui fassent pour eux le triage de l'utile. Ceci n'est pas sans danger. Le crayon rouge d'un secrétaire intrigant a souvent trompé son chef, en mettant en évidence, en dissimulant certains passages. On ne saurait trop recommander aux hommes dirigeants de lire par eux-mêmes une couple de feuilles principales.

Les *rédacteurs* d'un grand journal sont des politiques de profession, qui servent librement l'opinion publique et influent sur la vie de l'État. Une vocation aussi importante demande des qualités remarquables, une éducation libérale, des connaissances étendues. Il faut au journaliste un œil toujours ouvert qui perçoive tous les courants du jour, une intelligence pénétrante qui découvre les plans, les motifs, les intentions. Chaque lecteur demande à son journal de fournir immédiatement une opinion, sur des questions qui intéressent ¸ fois le monde entier. Il lui pardonne plus volontiers l'erreur que l'hésitation ou l'incertitude du jugement. L'activité du journaliste ne connaît point de trêve ; son attention doit être toujours en éveil, son avis toujours prêt. On veut qu'il expose avec talent et dans un bon style, qu'il soit clair, convaincant, jamais ennuyeux. Et cependant ses meilleurs articles ne vivent qu'un jour, et les flots toujours nouveaux du lendemain ensevelissent à chaque instant les efforts de la veille.

Cette carrière attire volontiers les natures politiques qui ne peuvent arriver au pouvoir. Mais elle n'est guère très-honorable que dans les pays libres.

Les grands centres, les capitales où se réunissent le gouvernement, les chambres, les chefs de parti, où les nouvelles abondent de toutes parts, où les abonnements se multiplient, sont sans doute le siége naturel des grands journaux. Cependant l'expérience montre qu'ils peuvent réussir aussi, et avec plus d'indépendance peut-être, dans des villes moins importantes.

Une civilisation très-avancée amène parfois un phénomène dangereux : c'est le journalisme habile et professionnel, qui, sans vrai talent, sans amour du pays et très-indifférent a tout, ne songe qu'à exploiter les impressions et les passions du public.

Les partis doivent avoir leurs organes ; mais le public se méfie volontiers de la *presse de parti*. Il doute de la sincérité ou de la justesse de ses jugements, de la pureté de ses intentions. Les journaux qui ne se donnent que la mission d'exprimer l'opinion publique, acquièrent plus facilement un cercle étendu de lecteurs. Ils perdent peut-être en énergie et en esprit de suite; mais le sentiment général est heureux de se retrouver en eux comme dans un miroir.

CHAPITRE VI.

C. — ASSOCIATIONS, RÉUNIONS PUBLIQUES, AGITATION.

Les *associations* sont également l'un des pouvoirs de la nation, l'œuvre libre de la société ou des particuliers. Chacun doit pouvoir y entrer et en sortir librement : quand cette faculté n'existe pas, comme dans les ordres religieux, l'association cesse d'être simplement de droit privé. L'association privée n'invoque pas l'État ni n'agit en son nom, elle n'use d'aucune contrainte extérieure autre que celle mise à la disposition de tous par le droit commun.

Les *associations politiques* conservent ce caractère malgré le but public qu'elles poursuivent, car les personnes et les moyens qu'elles emploient sont privés Surtout n'allez pas, avec *Stein*, les ranger parmi les membres organiques de l'administration, et les placer sous le pouvoir absolu du gouvernement

Rien de plus varié que le but des associations il peut être artistique, littéraire, de bienfaisance, de morale, de religion, d'économie, de plaisir même. Ces groupements multiples enrichissent la vie sociale, et ont une influence indirecte sur l'État, dont ils préparent ou préviennent l'action.

L'*association politique* se propose *immédiatement* un but public, comme l'enseignement ou l'éducation politique, une action sur les affaires du pays, une tendance de parti (libérale, conservatrice, nationale, etc.), même un acte ou une loi spéciale, par exemple l'abolition d'un impôt. Mais, dans un sens plus large, on donne encore ce nom aux associations qui, sans agir directement sur l'État, ont cependant une influence directe sur des rapports de *droit public* (par exemple l'*Église* et les *communes*), et à celles qui se réfèrent étroitement, quoique *indirectement*, à la vie de l'État (par exemple les associations catholiques, qui agissent aussi sur les élections, etc.).

Le moyen âge aimait la liberté d'association ; mais il la pratiquait plus volontiers dans les formes des associations religieuses que dans celles des associations politiques ; il préférait la corporation à la simple société.

L'absolutisme des derniers siècles l'étouffa : toute association politique fut réputée péril social.

C'est encore en Angleterre et dans l'Amérique du Nord qu'elle reparut d'abord, mais cette fois dans les formes de l'esprit moderne. Elle est devenue de droit général aujourd'hui, depuis 1848 surtout. (Vol. II, liv. IX, ch. VIII.)

Les associations politiques trouvent assez peu d'adhérents dans les temps calmes ; on les voit alors s'engourdir et dormir. Mais, aussitôt que la lutte s'anime, elles se multiplient, grandissent, deviennent de véritables puissances. Comme elles demandent à leurs membres une certaine indépendance et une certaine initiative, c'est dans les villes surtout qu'elles surgissent. Aussi leurs constitutions reposent-elles, le plus souvent, sur les principes du contrat de société et de la démocratie : tous les associés ont des droits et des devoirs égaux ; ils se rassemblent pour délibérer à la majorité des voix ; ils nomment des administrateurs, des directeurs, des commissions représentatives.

Leur puissance devient surtout dangereuse quand, loin de servir le bien public, elles s'attaquent à l'organisation même de l'État, refusent l'obéissance et tendent à s'emparer du pouvoir. Comparez l'histoire des associations en France et en Angleterre. Sous la Révolution française, les associations politiques n'ont pas d'autre but que le pouvoir ; girondins, jacobins, septembriseurs, s'en emparent tour à tour, et sont engloutis par les flots montants de la tourmente. Les associations anglaises, plus sensées et plus calmes, visèrent moins haut ; mais un succès durable couronna leurs efforts. Les unes ébranlèrent l'État ; les autres développèrent sa vie.

Au reste, l'État moderne n'accorde une entière liberté aux associations politiques qu'autant qu'elles se meuvent dans les limites de l'ordre juridique. Il n'est point tenu de tolérer celles qui s'attaquent à sa personne même, qui rivalisent de pouvoir avec lui, qui forment un État dans l'État. Subordonnées à l'État, les associations le vivifient ; dominantes, elles le corrompent.

Les associations ont une activité continue et permanente. Les *réunions publiques* ne sont que des phénomènes passagers ; mais leur action concentrée est souvent plus puissante. C'est aussi dans les crises qu'elles se multiplient, s'accroissent et s'agitent, pour appuyer une opinion par leur masse. Un parti ou même une association politique en est ordinairement le noyau, et l'entourage éloigné se compose volontiers de curieux. Mais une direction habile et le talent des orateurs parviennent à s'emparer de tous les assistants, à engendrer une puissante décision. Les hésitants, les indifférents eux-mêmes s'en imprègnent, et chacun va répandre au loin ses ardentes convictions.

Une réunion publique n'a cependant jamais qu'une influence secondaire dans un grand État ; le nombre de ceux qui y prennent part demeure faible par rapport au chiffre des absents ; la puissance publique est si grande, qu'elle peut entendre sa voix sans danger, examiner ses griefs. Mais, dans un petit État, l'esprit de l'assemblée peut facilement se présenter comme la volonté de la nation entière, et acquérir une force dangereuse ; il faut ici plus de prudence.

Enfin, l'on donne le nom d'*agitation* aux efforts d'un parti ou de certains hommes politiques pour faire converger les moyens de puissance des gouvernés, presse, associations, réunions, vers un but déterminé. Un pays libre la permet dans les limites des lois. Elle est même parfois un besoin légitime, et la constitution représentative ne lui enlève pas toute utilité ; bien mieux, c'est sous ce régime qu'elle se produit le plus souvent. Mais l'on ne saurait oublier que tous ces courants, ces manifestations, ces orages, sont des mouvements inorganiques de l'opinion, et que leur situation reste *subordonnée*, en présence de l'expression organique de la volonté nationale.

CHAPITRE VII.

D. — FORCE ILLÉGALE, RÉVOLUTION.

La force ne peut être employée par l'homme contre l'homme qu'autant qu'elle est sanctifiée par le droit. Mais la violence injuste peut triompher, et produire d'importants effets.

La violence injuste de l'individu est punie par le juge criminel ; celle de l'autorité rencontre la barrière du droit public, la responsabilité des ministres et, suivant les cas, la justice criminelle elle-même ; celle de l'ennemi est réprimée, ou du moins tempérée, par le droit des gens.

Mais ces barrières sont parfois impuissantes ; les organes protecteurs du droit sont les plus faibles, et la violence triomphe. Elle prend alors, généralement, le nom de *révolution*, quand elle vient d'en bas et qu'elle tend à transformer l'ordre établi.

Dans un sens large, le mot révolution indique simplement une *transformation essentielle*, qu'elle vienne du pouvoir ou des foules, de la force ou du droit. Dans un sens plus précis, il s'oppose à la *réforme*.

La réforme suppose : 1° un changement émané de l'*autorité compétente* (spécialement du pouvoir législatif) suivant les *formes légales* ; 2° un changement conforme en lui-même aux principes permanents du droit.

Quand l'*une* de ces conditions *manque*, il y a révolution. Celle-ci se caractérise donc par la *violence illégale de la forme*, ou l'*injustice du fond*.

La réforme est le *développement normal du droit*. La révolution peut engendrer des droits, mais c'est une *formation anomale*, un mouvement des passions, par opposition au jeu ordonné des organes publics. La première est toujours un bien : c'est la *vie saine et réglée de l'État*. La seconde est toujours entourée de souffrances pénibles, même lorsqu'elle est nécessaire et féconde : c'est une *crise dangereuse*. Quand la réforme devient paresseuse ou nulle, la maladie gagne, et la révolution se prépare. Quand le développement normal est devenu impossible, la vie, longtemps contenue, brise soudain les entraves qui l'étouffent, et fait une violente irruption.

Certaines natures radicales applaudissent à toutes les révolutions : la chute d'une autorité leur fait toujours plaisir. Certaines natures absolutistes les condamnent toutes, ou n'excusent que les révolutions d'en haut. La folie des uns équivaut aux étroits préjugés des autres.

La révolution n'est point un *principe*, mais un *événement*. Les jacobins soutiennent en vain le contraire ; leur système rend tout droit public instable, toute paix intérieure impossible. Mais Stahl est aussi coupable, aussi absurde, quand il identifie avec la révolution notre État moderne *humainement* ordonné et le régime républicain. Les grandes révolutions de l'histoire, sanglantes ou pacifiques, ont toujours tenté de fonder un ordre politique nouveau ; mais les nations n'ont jamais considéré la révolution comme un but. Les républiques sont aussi peu à l'abri de celle-ci que les monarchies. La chute des décemvirs, les guerres de Marius et de Sylla, l'élévation de César et d'Auguste, furent aussi bien des révolutions que l'expulsion des Tarquins. C'est une révolution qui renversa Charles Ier ; une révolution qui ramena Charles II, ou qui fonda la monarchie constitutionnelle de Guillaume III. Les buts différaient essentiellement, le moyen était le même.

Tout ce que l'on peut affirmer, c'est que les révolutions modernes sont plus *conscientes et de principe* et plus exclusivement *politiques* que celles du moyen âge. La fondation du pouvoir universel des papes par Grégoire VII et la réforme protestante étaient encore des révolutions principalement religieuses ; elles n'étaient politiques qu'indirectement. La remarquable révolution anglaise de 1688, qui est la plus conservatrice de l'histoire, était elle-même une lutte pour les libertés traditionnelles contre l'absolutisme du roi ; c'est par contre-coup qu'elle engendra la forme nouvelle de la monarchie constitutionnelle. Mais les révolutions nord-américaine (1774), française (1789), italienne (1859 1861), et allemande (1866), poursuivaient *consciemment* des formations politiques nouvelles. Malgré nombre d'erreurs, c'est là un progrès, et non un crime, comme le prétend l'obscurantisme.

La révolution se produit naturellement : 1° lorsqu'il y a *contradiction* entre les tendances et les vœux du peuple et les formes de l'État ; 2° et qu'il n'existe aucun *moyen légal* de donner *satisfaction* aux souffrances : en un mot, quand il y a nécessité d'user de violence pour sortir d'une situation devenue insupportable.

L'unique moyen de l'éviter toujours, c'est de réformer à temps et convenablement. La révolution est le droit naturel de l'être qui ne peut pas se sauver autrement, de la nation vigoureuse qui a perdu tout espoir d'une réforme indispensable. Elle est presque toujours une violation du droit formel ; mais elle est loin d'être nécessairement un crime. Parfois, au contraire, c'est par elle que le droit suprême d'exister et de se développer se fait énergiquement jour, en brisant les entraves artificielles du droit historique. Bien qu'accomplies par force ou par violence et au mépris de la légalité, elles étaient légitimes ces révolutions des Pays-Bas contre la tyrannie espagnole pour la liberté de leurs croyances, des Anglais contre les Stuarts pour leurs libertés parlementaires, des Allemands contre Napoléon Ier, des Grecs contre les Turcs, des Italiens contre l'Autriche, des colonies nord-américaines contre une tutelle abusive, des Français renversant un absolutisme vieilli et devenu incapable, de la Prusse aidant le peuple allemand à briser les liens compressifs de l'Autriche-Hongrie. L'histoire du monde a démontré leur légitimité par la grandeur et la stabilité des résultats.

Une révolution légitime se produit ordinairement comme une *puissante commotion naturelle*, l'éruption d'un volcan, une tempête irrésistible. « Que sont les révolutions ? » se demande Laurent[1] . « un progrès dans la vie de l'humanité, qui se fait d'une manière violente, parce que les passions humaines s'opposent à la transformation régulière des institutions et des croyances. » Les révolutions artificielles sont plus rares qu'on ne croit ; presque toujours elles échouent, ou ne fondent rien de durable. Telles furent les révolutions que les Français suscitèrent chez nombre de leurs voisins (1790 à 1800) ; celle que Napoléon Ier tenta en Espagne, celle que des émissaires autrichiens provoquèrent en 1814 dans la Lombardie, puis à Berne ; celle des courtisans prussiens qui troublèrent Neuchâtel en 1857. Ces révolutions montrent leur impuissance dès leurs débuts. Il est donc absurde de dire avec les écrivains cléricaux, suivant en cela Louis de Haller, que l'ordre des francs-maçons a été le père et le chef de toutes les révolutions de l'Europe.

Sans doute, la révolution ne naît pas toute armée du cerveau du peuple avec le premier réveil d'une pensée de transformation. Elle se prépare lentement ; sa croissance est d'abord embryonnaire. L'idée nouvelle s'empare de quelques-uns, puis d'une classe ; les luttes des partis la propagent ; les passions s'animent ; le désir du changement devient général ; l'amertume se transforme en colère, en fureur. C'est alors seulement que les masses sont éminemment prêtes à s'enflammer, et qu'une étincelle peut tout embraser. Peut-être le grand nombre était-il d'abord opposé à la révolution ; mais la vie nouvelle qui surgit console bientôt de l'ancienne ; tous se jettent dans le mouvement, qui devient irrésistible.

Les légitimistes blâment souvent des révolutions qu'ils ont eux-mêmes excitées, et *Frédéric le Grand* disait avec raison que les révolutions naissent de la nature des choses[2]. Mais

---

[1] *Étud. sur l'hum.*, VIII, 111

[2] *OEuvres*, I, p 233, *Du gouvernement de Brandebourg*, 1751 : « La fragilité et l'instabilité sont inséparables des ouvrages des hommes ; les révolutions que les monarchies et les républiques éprouvent, ont leurs causes dans les lois immuables

toutes aussi apportent avec elles de douloureuses souffrances, de pénibles déchirements. L'homme d'État a donc pour *premier* devoir de les *prévenir* par la *reforme*, ensuite de les *diriger* et d'y *mettre fin* le plus tôt possible, quand elles sont devenues inévitables.

En effet :

1) La révolution *déchaîne* les *forces naturelles* qu'une situation politique normale ordonne et maintient dans de justes rapports : dès lors les *passions* sauvages n'ont plus de frein. Sans doute, l'on rencontre dans certaines révolutions un ardent amour de la patrie, un courage héroïque, l'enthousiasme des libertés publiques, une noble et généreuse philanthropie. On a même remarqué une diminution des crimes de droit commun, une sorte d'apaisement des haines ou des inimitiés dans les jours qui ont précédé certaines commotions violentes. Mais un État en révolution n'offre aucune garantie, aucune sécurité. La passion peut d'instant en instant changer de courant. L'histoire est remplie des pillages, des cruautés, des brigandages et des meurtres qui forment leur cortége habituel. Lorsqu'elle n'est pas conduite par le pouvoir lui-même et militairement, la révolution est une anarchie relative, qui met en péril les meilleures institutions et les meilleurs citoyens.

2) Les révolutions récentes ont été très-heureusement peu sanglantes. Et cependant la révolution d'en-bas, même relativement tempérée, ébranle pour longtemps l'*autorité du droit* et les *pouvoirs constitutionnels*.

3) Le *nouvel* ordre des choses qu'elle fonde n'est pas d'abord bien établi. Elle bâtit sur un sol mouvant qui reste longtemps peu sûr. Pour que le droit soit puissant et respecté, il faut qu'il ait passé dans les mœurs.

4) Aussi presque toujours la révolution *trouble-t-elle le crédit* public. L'instabilité des choses réveille toutes les craintes; la confiance s'en va; le commerce languit; l'industrie s'arrête; les ouvriers sont sans travail; tous les intérêts sont menacés.

de la nature; il faut que les passions humaines entrent de ressort, pour amener et mouvoir sans cesse de nouvelles décorations sur ce grand théâtre. »

5) L'État se voit entraîné dans des dépenses extraordinaires. Les révolutions coûtent cher aux *finances publiques*, même lorsque

6) la *guerre civile* ou des *complications extérieures* ne viennent pas mettre le comble aux souffrances.

La révolution conduite militairement et par le pouvoir lui-même, est naturellement celle qui produit le moins les premiers d'entre ces maux.

Il est plus difficile de diriger une révolution devenue inévitable, que de prévenir par la réforme une révolution qui se prépare. Il faut pour cela un calme, une énergie, une audace peu communes. Un homme d'État même capable peut s'effrayer d'une illégalité devenue nécessaire, craindre une responsabilité que les circonstances commandent d'assumer. Si ce n'est pas toujours faire preuve de bonté et de vertu, c'est toujours faire preuve de capacité et de talent, que de se rendre maître de la révolution pour la ramener dans l'ordre. Trop sensible, le politique se tient à l'écart de la révolution ; faible, il est renversé par elle ; passionné, il la mène aux excès ; puissant, il la maîtrise ; sage et prudent, il la conduit.

LIVRE CINQUIÈME.

L'ÉTAT MODERNE ET LA VIE DE L'ESPRIT :
RELIGION, SCIENCE, ART.

CHAPITRE PREMIER.

Religion et politique. — Caractère interconfessionnel de l'État moderne.

La religion unit l'âme à Dieu; l'État unit les hommes entre eux pour les intérêts communs de la vie. Par suite, la religion est indépendante de la politique; la politique, des autorités religieuses.

Il est toujours mauvais de les mêler. La religion qui domine l'État se détourne de son véritable but, l'amour de Dieu, la sanctification de l'âme, et se jette dans les luttes et les passions des intérêts terrestres. La corruption de l'Église romaine qui rendit la réforme nécessaire, et l'action actuelle de sa hiérarchie dominée par les jésuites, le prouvent. Cette religion des prêtres se fait haïr ou mépriser par les classes cultivées, en même temps qu'elle rend les masses superstitieuses et fanatiques, les trompe, les abêtit, les exploite par de vaines apparences.

Mais une politique essentiellement religieuse ou confessionnelle n'est pas moins dangereuse. Tel était cependant le ca-

ractère de la politique du moyen âge dans le monde chrétien
et dans le monde musulman. Cette attache s'est conservée même
après la réforme, jusqu'au milieu du XVIII° siècle, voire jusque
dans le nôtre. Mais l'État moderne est essentiellement *interconfessionnel*

Les chrétiens du moyen âge connaissaient sans doute la distinction de l'Église et de l'État, qu'ignoraient les musulmans.
Néanmoins l'union demeurait si intime, que la foi religieuse
était partout la condition des droits publics. Les croyants
étaient seuls réputés membres de l'État; seuls ils pouvaient
faire partie du tribunal populaire ou de l'assemblée communale.
L'autorité n'avait pas de plus haut devoir que la protection de
la foi contre toute atteinte, le fer et le feu poursuivaient les
mécréants.

Des motifs spéciaux faisaient seuls supporter certains hétérodoxes, comme les juifs dans les États chrétiens, les chrétiens
en Turquie, toujours d'ailleurs avec entière exclusion des droits
publics.

L'empereur lui-même, dit le *Sachsenspiegel* gibelin (I, III),
tombe sous le coup de l'excommunication papale, « s'il doute en
matière de foi. » Dès lors, suivant l'opinion des prêtres et de la
grande majorité des laïcs, les princes et les sujets chrétiens lui
refusent avec raison l'obéissance. L'hérétique a toujours tort.

Ces idées donnaient à l'autorité religieuse une exorbitante
puissance : l'Église décide de la vraie foi; l'État s'incline devant sa décision, et lui prête l'appui du bras séculier.

On comprend que les jésuites travaillent à rétablir ce système. Si le pape infaillible peut décider en dernier ressort que
le roi, les chefs de la nation, les citoyens et les sujets ne sont
pas dans la vraie foi, et si les droits publics de tous dépendent
de cette suprême sentence, le pape et les jésuites, ses guides,
deviennent les maîtres et les juges de tous les princes et de
tous les peuples.

La réforme allemande relâcha les attaches confessionnelles
sans les supprimer. On s'était affranchi de Rome; mais les
princes protestants s'efforcèrent à leur tour d'imposer à leurs
sujets leur foi personnelle : « Cujus est regio ejus est religio. »

Ils ne craignirent même pas d'employer la force. Les parents
furent contraints de faire baptiser, élever et confirmer leurs
enfants dans la foi protestante; chacun dut observer les pratiques religieuses ; on expulsait les hétérodoxes ; on excluait
les incrédules des fonctions publiques. Deux confessions partageaient l'Empire et ses ordres ; mais chacun des États particuliers restait exclusivement confessionnel, catholique ou
protestant. L'Allemagne se divisa en deux camps, le *corpus ca-
tholicorum* et le *corpus evangelicorum*; la moitié du peuple allemand s'élevait hostilement contre l'autre.

Cet exclusivisme ne fit place au principe de la *parité* que
dans de rares pays, entre autres dans la *Confédération suisse*.
Chacun des cantons suisses demeurait aussi exclusivement
catholique ou protestant. Mais le lien fédéral réunissait leurs
députés dans les diètes générales; il y avait des intérêts communs à sauvegarder; il fallait bien supporter des sujets catholiques et des sujets protestants dans les *bailliages communs*. De
là un *dualisme confessionnel* qui s'imposait, et que l'on nomma
la *parité*.

L'Allemagne ne devait pas tarder non plus à entrer dans
cette voie. Les deux grands partis qui la divisaient s'efforcèrent
en vain de restaurer l'unité de la foi par trente ans de guerres
civiles et désastreuses. Aucun d'eux ne fut assez fort pour l'emporter ; et le traité de Westphalie vint reconnaître l'*égalité civile*
des catholiques et des protestants allemands, malgré les pro-
testations des jésuites et du pape. C'était le seul moyen de
rétablir la paix.

Sans être un entier triomphe, la *parité* des deux ou même
des *trois confessions* chrétiennes (*catholiques, luthériens, réformés*)
formait un progrès considérable. Mais la science d'alors regardait elle-même ce nouveau principe comme un mal nécessaire,
et chaque État s'efforçait encore de retourner à l'ancienne règle,
en s'affirmant essentiellement catholique ou protestant, en re-
fusant l'égalité des droits politiques aux dissidents.

Le reste de l'Europe gardait cependant son principe exclusif.
Le nord *scandinave* et le sud *roman* agissaient semblablement,
l'un en faveur de Luther, l'autre en faveur de Rome. Les rois de

France tolérèrent un moment les réformés, puis ils révoquèrent cette sage mesure, pour mieux assurer l'unité nationale, et expulsèrent les protestants, non sans préjudice pour l'industrie et la civilisation françaises. L'*Angleterre* poursuivait également l'unité des croyances, et le parlement la sanctionna par ses lois ; l'Église épiscopale de l'État demeurait hautement privilégiée.

Cette situation générale ne se modifia que lentement. Les formations politiques de l'Allemagne progressèrent, et la Prusse se mit bientôt à la tête du mouvement. Le prince Électeur Jean Sigismond (1608-1619) essaya le premier de rétablir la paix entre ses sujets luthériens et ses sujets réformés, moins nombreux, mais dont sa maison partageait les croyances. Le Grand Électeur (1640-1688) contraignit ensuite les pasteurs luthériens à modérer les excès de leur zèle, à respecter le principe politique de la parité. Enfin, *Frédéric le Grand* se dégagea nettement de tous ces liens. Il est le premier prince qui ait proclamé le grand principe moderne. On connaît sa formule populaire: « Dans mon royaume, chacun se sauve à sa façon. » Il sut la mettre en pratique même dans les provinces catholiques qu'il conquit, en protégeant leur foi avec la même autorité que celle des luthériens et des réformés.

Les événements qui suivirent rompirent l'unité confessionnelle dans presque tous les États allemands. La Bavière, entièrement catholique, s'augmenta d'un tiers de protestants. Le Wurtemberg, protestant, acquit plusieurs principautés catholiques. La dynastie badoise réunit de nombreuses populations catholiques à son étroit territoire protestant. Les sécularisations, les médiatisations, les annexions, opérèrent des mélanges de toutes sortes. Enfin, l'acte de la Confédération du Rhin, puis l'acte fédéral de 1815, vinrent garantir l'égalité politique des trois confessions chrétiennes.

Mais ce n'est que depuis 1848 que le pas décisif s'est accompli, et que le *droit public* a été déclaré *indépendant de la foi religieuse* dans toute l'Allemagne. Juifs, chrétiens et incrédules ont les mêmes devoirs envers l'État; pourquoi n'auraient-ils pas les mêmes droits?

L'article 12 de la constitution prussienne (de 1851) formule nettement le nouveau principe . « La liberté de la foi religieuse, des associations religieuses, et de l'exercice public ou privé du culte, est garantie La jouissance des droits civils et politiques est indépendante de la confession religieuse. On ne peut se dispenser des devoirs civils ou publics, sous prétexte d'exercer sa liberté religieuse. »

Le droit public de l'Allemagne moderne ne permet plus de parler d'États catholiques et d'États protestants. Les Prussiens catholiques se plaindraient justement si l'État prussien se déclarait protestant ; de même les protestants bavarois, si l'État bavarois se déclarait catholique. La différence dogmatique des cultes a aussi peu d'influence sur le droit public que la différence de leurs rites et de leurs constitutions. Les États modernes ne sont pas les membres d'une Église ; *ils sont en dehors de toute Église.*

Sans doute, nous avons en Allemagne des princes et des sujets catholiques et protestants, et même, au grand désespoir des jésuites, un empereur protestant. Mais les dignités impériale, royale, princière, ne sont ni des fonctions protestantes ni des fonctions catholiques.

Tous les États modernes, suivant l'exemple inauguré par les États nord-américains, sont aujourd'hui des communautés *interconfessionnelles,* c'est-à-dire qu'ils gardent à l'endroit des cultes une attitude *neutre,* et qu'ils unissent leurs divers adhérents dans un ordre juridique commun.

Mais les oppositions confessionnelles sont loin d'avoir perdu toute influence dans la *politique.* Le système du droit n'est pas la politique tout entière. Celle-ci se ressent également des tendances et des qualités du peuple ; elle ne peut se soustraire arbitrairement au pouvoir des traditions ; elle doit compter avec les moyens dont elle dispose et les obstacles que lui suscitent les sentiments, les opinions, l'éducation, les mœurs, les préjugés et les passions. Il n'est point indifférent pour l'État que la majorité de ses sujets catholiques soit portée à obéir au pape et aux évêques plutôt qu'à la loi et au prince, tandis que les protestants opposent à la hiérarchie leur jugement personnel et leur conscience indépendante. L'État a réellement un caractère, des devoirs, des moyens différents, suivant que sa population est catholique, protestante ou mixte. Politiquement, les confessions jouent donc encore leur rôle, et l'on peut certainement parler, en ce sens, d'États protestants, catholiques ou mixtes.

Mais l'État moderne a le devoir de se dégager de plus en plus de ces influences, même dans sa politique ; de prendre pour boussole le principe interconfessionnel, et de former les générations nouvelles à son intelligence et à sa pratique.

CHAPITRE II.

Qu'est-ce que l'État chrétien ?

« L'État chrétien » est devenu de nos jours une sorte d'aphorisme conservateur. C'est ainsi que le professeur *Stahl*, cet ancien chef du parti conservateur dans le Landtag prussien, reprochait à toute occasion aux libéraux de vouloir « détruire l'État chrétien, déchristianiser l'État. »

Invoquer le principe chrétien, c'est ramener la pensée au *fondateur*, à la plus haute expression du christianisme. Or il n'y avait guère au temps de Jésus qu'un seul État d'importance ; Jésus, ses apôtres, les premiers chrétiens, étaient tous les sujets de l'*empire universel de Rome*. Quand on parle de l'État ou de l'autorité publique dans la primitive Église, c'est toujours de Rome et de l'empereur qu'il s'agit.

Sans doute, une grande partie des Juifs ne supportaient qu'à regret le joug romain. Le souvenir de leur vénérable patrie consacrée à Jéhovah, était encore vivant. Ils attendaient avec ardeur ce rejeton de David qui devait délivrer Israël et rétablir triomphalement le nouveau royaume de Dieu. Cette idée remplissait l'esprit des disciples eux-mêmes de Jésus. Ils espéraient que leur maître fonderait une théocratie nouvelle ; qu'il deviendrait le roi et le juge effectif de l'univers ; qu'il les appellerait autour de son trône, comme les grands dignitaires de son royaume des saints. Serait-ce là l'idéal de l'État chrétien?

Mais si Jésus appliqua à sa personne l'ancienne croyance du Messie, ce fut en la transformant, et en purifiant les idées de ses disciples de toute ambition de pouvoir et de grandeur terrestres. Le « royaume du ciel » auquel Jésus convie les hommes, n'est point un système politique ni une monarchie ; il ne se manifeste pas par des « gestes extérieurs ; » il n'a ni soldats ni magistrats. C'est dans les âmes qu'il vit ; c'est le sacrifice de l'âme à Dieu, l'union de l'âme avec Dieu, la béatification de l'âme par Dieu, qui le constituent.

Tous les autres fondateurs de religion ont essayé de régler à la fois la vie publique et la vie religieuse. Moïse et Mahomet, Manou et Confucius ont cette même tendance dominatrice. Jésus, au contraire, s'abstient scrupuleusement de toute action sur l'État et la politique. Il ne veut qu'*une chose : purifier* et *sanctifier* la vie *morale et religieuse*. Nous ignorons absolument quel était son idéal de gouvernement. Il ne formule aucune règle de droit ; il évite de se prononcer sur les questions politiques ; il repousse toutes les suggestions de ce genre ; il élude comme une tentation la demande captieuse des Pharisiens, en disant : « Rendez à César (c'est-à-dire à l'empereur païen) ce qui appartient à César, et à Dieu ce qui est à Dieu. » Jésus n'encouragea jamais la révolte des Juifs contre Rome, et lorsqu'on l'accusa d'être « l'ennemi de César, » le gouverneur romain « ne trouva aucune faute en lui. » Et cependant l'empire n'était point une théocratie ; c'était du peuple, et non de Dieu, que César faisait dériver sa puissance. Cette forme d'État faisait horreur au vieux Juif fanatique. Jésus, au contraire, l'appelle « l'ordre du monde, » le pouvoir armé du glaive, qui a le droit de forcer l'obéissance, bien qu'essentiellement différent du royaume idéal de Dieu.

De même, ce n'est ni à ce dernier ni à la théocratie juive, mais à l'État païen et à l'empereur, que se réfère cette parole fameuse et si souvent citée de Paul (*Rom.*, XVIII, 1) : « Que toute personne soit soumise aux puissances, car il n'y a pas de puissance qui ne vienne de Dieu, et c'est lui qui a établi toutes celles qui sont sur la terre. » Dans cette épître qu'il adresse aux Juifs chrétiens de

Rome, le grand apôtre combat plutôt qu'il n'appuie les préjugés théocratiques de ses coreligionnaires. Ceux-ci étaient disposés à ne voir dans l'empereur qu'un usurpateur, à se tenir à l'écart d'un gouvernement exercé par des païens. Paul leur dit de lui obéir et de le servir, car l'État païen lui-même a sa base profonde dans l'ordre divin du monde et les vues de la Providence. L'apôtre repousse ainsi l'étroite conception d'un État juif confessionnel et théocratique. Il exprime une idée plus haute : c'est que l'*État en général*, et l'*État humain* de Rome aussi, est *voulu de Dieu, et sacré pour la conscience religieuse.*

La théologie chrétienne a pris ces paroles à rebours en fondant sur elles une théocratie orthodoxe que Paul avait précisément pour but de repousser.

Ainsi le Christ et ses apôtres, bien loin de condamner tout État qui ne serait pas spécifiquement chrétien, rejetaient cette idée exclusive, comme dangereuse pour la religion et l'ordre politique établi.

L'idée de l'État chrétien n'a surgi que plus tard, quand Rome convertie eut interdit le paganisme pour faire de la religion de Jésus la seule religion de l'État. Constantin, en proclamant la liberté religieuse, essaya même d'abord de maintenir l'État sur un terrain *neutre*. L'empereur devait régner sur les païens et les chrétiens ; il restait le *pontifex maximus* des païens, et se prétendait aussi l'*évêque suprême* des chrétiens. Mais les oppositions étaient ici inconciliables. Le jeune christianisme triompha du paganisme mourant ; tout l'État fit bientôt profession de foi chrétienne ; et, quoique les fonctions de l'Église demeurassent distinctes de celles de l'État, l'union de la religion, du droit et de la politique devint si étroite, que, pendant tout le moyen âge, l'humanité ne put ni s'en dégager ni la rompre. La foi orthodoxe fut dès lors considérée comme une condition essentielle et le devoir le plus élevé de l'État.

L'Église était cependant parvenue à se rendre indépendante de l'État dans l'Occident romano-germanique. Les deux grands organismes eurent chacun leur chef. L'évêque de Rome devint le pape universel, le chef du monde chrétien, et disputa le rang suprême à l'empereur.

L'Église se regardait comme la plus haute expression du royaume et de la cité de Dieu ; elle ne voyait dans l'État terrestre qu'un système inférieur et plus grossier ; elle prétendait à la direction intellectuelle du monde, et affirmait que tout le droit public devait être chrétien. L'État reconnaissait sans hésiter cette prétention. Les droits publics devenaient ainsi l'apanage exclusif des chrétiens orthodoxes ; eux seuls demeuraient capables d'occuper les fonctions publiques, de siéger dans les diètes de l'empire ou des provinces. Un réseau théologique obscurcissait l'antique vérité, qui fait de l'État un système *humain* naturellement fondé sur la nation. Le monde moderne a eu l'honneur de la remettre enfin pleinement en lumière.

Comprendre l'*État chrétien* comme une *théocratie*, c'est donc se mettre en contradiction tant avec la religion de Jésus et les paroles de Paul qu'avec le droit public moderne.

En vain la Sainte-Alliance voulut-elle essayer, dans un moment propice aux restaurations, de rétablir sous une forme nouvelle la conception théocratique du moyen âge, en disant que « Jésus-Christ est le seul vrai maître de la souveraineté, » et que les princes sont ses représentants délégués. Jésus n'avait point fondé d'État, il n'en avait point gouverné de son vivant, ni voulu en gouverner après sa mort. La Sainte-Alliance oubliait qu'elle allait donner raison aux Juifs, qui accusaient Jésus devant Pilate d'aspirer à la royauté, et qu'elle allait condamner celui qui répondait à l'accusation : « Mon royaume n'est pas de ce monde. » Le pape romain, en protestant au nom de l'Église catholique et de ses pontifes, « seuls vrais représentants du Christ, » acheva de montrer toute la faiblesse des prétentions des souverains. L'Angleterre refusa son adhésion au nom des libertés publiques et des principes modernes ; la civilisation occidentale s'émut tout entière contre un système qui semblait ne pouvoir convenir qu'à l'inculte Russie ; et la dure réalité des choses vint bientôt rompre une alliance qui reposait sur une fiction. Le dogme chrétien de la souveraineté du Christ n'a rien à faire avec nos constitutions politiques modernes.

Stahl ne fut pas plus heureux quand il essaya, quelques années plus tard, à Berlin, de grouper encore une fois ses amis poli-

tiques autour de la bannière de l'*Etat chrétien* pour les mener
au combat contre les idées et les lois modernes, ou « la révolution. » Suivant le célèbre professeur, l'État moderne doit être
chrétien, c'est-à-dire qu'on doit trouver en lui « protection publique et estime publique accordées a l'Église chrétienne seulement, droit matrimonial chrétien, éducation chrétienne du
peuple, école chrétienne dirigée par l'Eglise chrétienne, foi
chrétienne exigée pour l'admission aux fonctions publiques. »
(*Parteien in Stat und Kirche*, p. 314.)

Cette formule est elle même en contradiction avec le droit
public moderne. L'État accorde aujourd'hui sa protection à toute
association religieuse qui respecte ses lois. Pourquoi donc ferait-
il autrement? S'il évite de gouverner en matière de foi, n'est-ce
pas parce qu'il a conscience des bornes de son pouvoir ? Il laisse
les croyances libres; il n'a pas la prétention d'être pour elles
une autorité. C'est pour cela même qu'il peut honorer l Eglise
chrétienne a laquelle son peuple appartient, et qu'il ne peut lui
accorder des privilèges exclusifs, qui seraient une oppression
des dissidents. Le droit matrimonial a sans doute encore aujourd'hui, dans plusieurs contrées. un certain caractère confessionnel; mais c'est plutôt la un mal qu'un bien, et les tendances
modernes s'efforcent de l'en dégager. La notion juridique du
mariage est indépendante de la confession, ses effets civils sont
pour tous les mêmes; pourquoi donc le droit matrimonial serait-
il confessionnel? Quant a l'école, il est impossible que l'Etat
l'abandonne à la direction de l'Eglise. L'expérience démontre
que, depuis plusieurs générations, les plus grands progrès sont
dus aux bons soins de l'Etat, et que l'instruction publique est
inférieure là où elle est dominée par le clergé catholique. L'État
peut-il oublier que la forte éducation de ses enfants est une des
conditions de sa puissance? Ce sont surtout les sciences profanes
que l'on apprend aujourd'hui dans les écoles ; la tutelle de l Etat
y remplace donc avantageusement celle de l'Eglise. Enfin, toutes
les constitutions modernes repoussent la nécessité d'un credo
religieux pour l'exercice des fonctions publiques et la députation.
Un juif ou un libre penseur peut en remplir tous les devoirs,
savoir le droit, juger avec impartialité, administrer sagement,

gouverner habilement. Pourquoi l'État refuserait-il ses services?
Le plus grand des rois allemands, Frédéric II, n'était-il pas un
libre penseur? Et si l'on a regardé pendant longtemps, en Prusse
et dans plusieurs pays d'Allemagne, la fréquentation publique
des églises et une piété ostensible comme une recommandation
pour les fonctions publiques, n'était-ce pas la se priver des forces
utiles des esprits indépendants et encourager l'hypocrisie?

L'État moderne ne peut donc être appelé chrétien, ni dans le
sens théocratique du moyen âge, ni par la situation privilégiée
qu'il aurait à accorder aux sectes chrétiennes au détriment et
par l'oppression des non-chrétiens.

C'est dans un autre sens seulement qu'il peut aspirer à ce titre.
L'État moderne est chrétien, parce qu'il se garde de méconnaître
la portée *universelle* du christianisme, qu'il voit en lui l'une des
sources et l'une des *bases principales* de notre civilisation; que le
christianisme est la *religion de la grande majorité de la nation*;
que l'État libre a le devoir de protéger et d'honorer la *morale* et
les *mœurs chrétiennes*.

C'est en ce sens que les Américains eux-mêmes disent encore
que la religion chrétienne est un des « *elements de leur droit commun* » (*common law*), et rangent leur État non confessionnel
parmi les États chrétiens. La constitution prussienne s'exprime
dans le même esprit (art. 14) : « La religion chrétienne *sert de
base aux institutions* [*wird zum Grunde gelegt bei den Einrichtungen*, etc.] qui se rattachent à l'exercice des cultes, sans préjudice de la liberté religieuse garantie par l'article 12. »

Au fond, en devenant plus *humain* que l'État à demi barbare
du moyen âge, l'État moderne est également devenu plus
chrétien.

CHAPITRE III.

La religion chrétienne et l'État moderne

Le Belge *Frédéric Laurent*, qui, dans ses *Études sur l'histoire de l'humanité*, a étudié profondément, au point de vue libre et élevé de la philosophie de l'histoire, les rapports de la religion chrétienne avec la civilisation et l'État, aboutit à cette maxime : que le *christianisme traditionnel*, celui de l'Église romaine, tel qu'il est enseigné par les jésuites, comme celui de l'orthodoxie protestante, est *inconciliable* avec l'esprit et la vie publique modernes.

Il est loin d'en conclure, avec Pie IX à Rome et Stahl à Berlin, que nous devions retourner au moyen âge. Il ne croit pas non plus, avec plusieurs matérialistes et certains idéalistes modernes, que la religion chrétienne, vieillie et dépassée, a vécu. Mais, suivant lui, le christianisme ne peut demeurer la religion de l'avenir qu'en se montrant *capable de progrès*, en repoussant des erreurs anciennes, en se *corrigeant*, en se *complétant*, en se *purifiant par l'esprit scientifique*.

Laurent a été baptisé et élevé dans la religion catholique, et si l'étude en a fait un « libre penseur, » ce n'est pas dans le sens des frivoles contempteurs de toute religion ou d'un matérialisme brutal. Pour lui, l'homme est *religieux* par sa nature et par sa fin, comme il est sociable et pensant.

Sa vive croyance en Dieu lui fait admirer la main consciente de la Providence dans le grand mouvement de l'histoire universelle. Il est convaincu de la marche progressive de l'humanité et de la réalité de l'ordre moral. Mais il aime par-dessus tout l'indépendance de l'esprit ; il en use pleinement, et avec une force peu commune. Un historien allemand trouvera peut-être qu'il manque parfois de critique assurée dans l'emploi des sources ; certains de nos philosophes lui reprocheront de ne pas suivre la méthode dialectique de leur école. Néanmoins, Laurent est supérieur à la plupart des savants contemporains par l'étendue des connaissances historiques, et par la netteté, l'idéalité, la profondeur des vues. Il fait toujours réfléchir, il afraichit l'esprit, il est plein d'enseignements. Son style, noble et facile, est parfois éloquent et élevé. Le passage dans lequel il adjure les catholiques libéraux d'arracher enfin leurs enfants à une éducation jésuitique est saisissant. Il s'efforce également de dissiper les préjugés de la race latine contre la race germanique, et spécialement contre le protestantisme allemand. Il attend enfin, d'une alliance des catholiques libéraux et des libres penseurs avec les protestants indépendants la guérison des maux actuels dans l'Église et la vie religieuse.

On ne saurait le nier : le christianisme a montré, dès l'origine, certains traits caractéristiques qui justifiaient la défiance de l'État ancien, et qui ne peuvent pas toujours se concilier avec l'esprit de l'État en général. A n'envisager que ces traits, l'on comprend que les anciens Romains aient reproché aux chrétiens d'être de mauvais citoyens. Tels étaient surtout :

1) La vive foi des premiers chrétiens à la *fin prochaine du monde*, et par conséquent de l'empire romain, et au retour visible du Christ, qui, entouré des célestes phalanges, frapperait les païens avec le glaive, et fonderait son divin royaume et sa Jérusalem céleste. Ils espéraient voir de leurs yeux ces choses s'accomplir. L'Apocalypse peint en images fantastiques cette croyance à la lutte universelle et prochaine entre l'empereur, Néron revenu sur la terre, et le Christ, le roi des rois.

La chrétienté s'est depuis dégagée de ces imaginations. Mais, tant qu'elles régnèrent dans les âmes, les croyants ne pouvaient

être que d'assez médiocres citoyens. Quand l'on attend aussi pro-
chainement la fin du monde, à quoi bon travailler au progrès
temporel?

L'empire romain vieillissant eut longtemps à lutter contre ces
erreurs, que les apôtres eux-mêmes partageaient Mais ce danger est aujourd'hui passé.

2) L'idée *spiritualiste* plus persistante, et telle que la comprenait l'ancienne Église, du *mépris de la chair, des biens terrestres* et
de la vie présente, pour *tout consacrer à la vie future.*

Le moyen âge encouragea systématiquement cette tendance, et
la développa par des institutions permanentes, étrangères et souvent hostiles à l'État. La vie contemplative passée dans la prière
et les pieux exercices, fut estimée plus haut que l'activité vivante
de la pensée et des œuvres, la mortification des sens, que la sage
jouissance de la vie; l'ermite fainéant, que le brave citoyen; le
pieux pèlerin, que l'artisan travailleur. Les vœux perpétuels de
pauvreté et de chasteté des moines et des nonnes, formaient un
haut degré de sainteté. Le célibat des prêtres était plus pur que
le mariage des laïques. On comblait les couvents de privilèges et
d'immunités, et l'on soustrayait le clergé tout entier à la souveraineté de l'État.

Peut-être faut-il douter que ce spiritualisme exagéré puisse
être reproché au christianisme primitif déjà. Mais il s'était petit
à petit répandu dans toute l'Église chrétienne; et il est incontestable qu'il a été fatal aux intérêts économiques de la société, aux
progrès de la science, à la puissance de l'État.

La réforme du XVI° siècle réagit contre ce mal. Les vœux des
moines et des nonnes furent annulés, les couvents supprimés, les
ecclésiastiques assimilés aux laïques et soumis comme eux à
l'État. Les pays catholiques eux-mêmes marchèrent à leur tour
dans ces voies. Le droit commun, l'affranchissement de l'État
moderne de la tutelle de l'Église, l'instruction plus répandue,
l'autorité croissante de la science, devaient naturellement changer les choses.

Et cependant l'erreur n'est pas complétement vaincue. On la
trouve encore dans maints catéchismes; les écoles des jésuites
l'enseignent avec ardeur; le syllabus de Pie IX en fait un dogme.

Toutefois, elle est aujourd'hui à peu près impuissante. Les nations modernes s'en sont dépouillées comme d'un vêtement usé. Le christianisme contemporain a marché sur ses débris. Elle n'est plus gardée que dans les cercles cléricaux.

3) Les nombreuses *superstitions* qui ont accompagné le christianisme dès son origine, ou qui s'y sont incrustées plus tard comme une rouille, quoique moins fatales à l'État, sont loin d'être exemptes de reproches. Exemples : l'idée du *diable* corporel, prince des ténèbres, luttant perpétuellement contre le dieu du jour pour lui disputer l'empire des hommes ; l'image des *démons* rôdant autour de nous pour surprendre nos âmes ; la croyance aux *revenants*, aux *spectres*, aux *sorciers*, aux *magiciens*, qui s'allient aux puissances ténébreuses pour tourmenter, épouvanter, égarer les hommes ; et surtout cette attente et ce désir du *miracle*, d'une intervention directe de Dieu suspendant à chaque instant les lois de la nature.

Ces superstitions enlèvent à l'homme la vue nette et vraie des choses, l'intelligence sûre des rapports de cause à effet. Il cesse de distinguer ce qui est naturellement nécessaire et ce qui est simplement possible. Il laisse au ciel le soin de le tirer d'embarras. Il s'effraie de dangers imaginaires ; il se nourrit d'espérances chimériques. L'ennemi réel le trouve faible, et l'imagination lui ôte la raison.

Et cependant l'Église chrétienne elle-même, tant l'Église protestante que l'Église catholique, ne craint pas d'entretenir encore aujourd'hui avec une tendre sollicitude, et comme si elle était indispensable à la religion, cette antique et traditionnelle superstition du miracle, où l'on retrouve, souvent défigurées et grimaçantes, les antiques visions des Perses, des Romains, des Celtes et des Germains. Le miracle est encore « l'enfant chéri de la foi (a). »

La science moderne, en répandant la lumière sur les lois éternelles de la nature et sur les rapports nécessaires de la cause à l'effet, a porté un coup mortel à ces erreurs. Habile à observer les phénomènes, elle sait combien des sens mal exercés trompent facilement, et combien l'imagination aime à prendre ses rêves

_____

a) « Das Wunder ist des Glaubens liebstes Kind » (*Faust*, I) pour des réalités. Elle repousse sans réserve l'idée d'un miracle suspendant les lois de la nature, et l'humanité cultivée accepte aujourd'hui sa décision.

Les modernes ont en outre un sentiment plus énergique de *l'unité de Dieu*. Les siècles précédents le divisaient en trois personnes, plaçaient assez bizarrement à ses côtés une femme déifiée, sa mère ou son épouse, et lui opposaient le diable comme une sorte de dieu rival.

Pour le moderne, Dieu n'est point un esprit qui, *extérieur aux choses*, « meut tout en cercle par son doigt b), » le monde n'est pas davantage une *créature déchue en dehors de Dieu*. Le sage pressent et reconnait l'esprit divin dans le corps visible de la nature universelle.

Nous aussi nous croyons que le christianisme est appelé *à demeurer la religion de l'humanité virile*. Mais c'est pour cela même que nous lui demandons, avec Laurent, de se purifier d'erreurs anciennes qui froissent trop justement les modernes. Ces artificielles superstitions éloignent de la religion les meilleurs esprits, excitent les railleries d'un grand nombre, et, abstraction faite de maints hypocrites, ne rallient plus que les imbéciles et les ignorants.

Plusieurs théoriciens politiques vont plus loin. Le désintéressement des choses de la terre que prêche le christianisme, leur a fait croire qu'il est plus nuisible qu'utile à l'État. Suivant *Machiavell*, l'État tirait certainement plus d'avantage des religions antiques, qui sanctifiaient l'amour de la patrie par le culte des dieux nationaux. *Rousseau* pensait même « que la religion catholique romaine est politiquement si évidemment mauvaise, que c'est perdre le temps de s'amuser à le démontrer. » Car, dit-il, « en donnant aux hommes deux législations, deux chefs, deux patries, elle les soumet à des devoirs contradictoires, et les empêche de pouvoir être à la fois dévots et citoyens... Tout ce qui rompt l'unité sociale ne vaut rien ; toutes les institutions qui mettent l'homme en contradiction avec lui-même ne valent rien. » Mais le christianisme évangélique lui-même, affranchi de Rome et soumis à l'État, ne lui parait pas sans danger : Sans doute, dit-il,

b) « Im Kreis des All am Finger laufen lasset. »

dans un État de vrais chrétiens, « chacun remplirait son devoir ;
le peuple serait soumis aux lois ; les chefs seraient justes et modérés ; les magistrats intègres, incorruptibles ; les soldats mépri-
seraient la mort. » Mais l'État demeurerait faible, « car la patrie
du chrétien n'est pas de ce monde ; il fait son devoir, mais c'est
avec une profonde indifférence sur le bon ou mauvais succès de
ses soins » Se trouve t-il dans cette société « un seul ambitieux,
un seul hypocrite, un Catilina, par exemple, un Cromwell, celui-
là, très-certainement, aura bon marché de ses pieux compatriotes. » L'usurpateur a t-il triomphé, « on se ferait conscience
de le chasser ; il faudrait troubler le repos public ; user de violence, verser du sang . tout cela s'accorde mal avec la douceur
du chrétien, et, après tout, qu'importe qu'on soit libre ou serf
dans cette vallée de misères ? L'essentiel est d'aller en paradis, et
la résignation n'est qu'un moyen de plus pour cela. » « Survient-
il quelque guerre étrangère, les citoyens marchent sans peine au
combat ; nul d'entre eux ne songe à fuir... Mais, qu'ils soient
vainqueurs ou vaincus, qu'importe ? La Providence ne sait-elle
pas mieux qu'eux ce qu'il leur faut ? Qu'on imagine quel parti
un ennemi fier, impétueux, passionné, peut tirer de leur stoï-
cisme ! Mettez vis-à-vis d'eux ces peuples généreux que dé-
vorait l'ardent amour de la gloire et de la patrie... les pieux
chrétiens seront battus, écrasés, détruits, avant d'avoir eu le
temps de se reconnaître [1]. »

Si tous ces reproches étaient fondés, c'est trop justement que
l'État moderne soustrairait l'éducation de la jeunesse et la vie sociale aux influences chrétiennes. Et ce fut, en effet, en s'inspirant
des idées de Rousseau que le peuple français, dans la période
violente de sa révolution, s'efforça d'extirper la religion chrétienne, chassa ses prêtres, proscrivit son enseignement, ferma
ses églises.

Mais le monde civilisé a sévèrement blâmé ces égarements, et
les Français eux-mêmes en furent bientôt revenus. Leurs excès
ne firent qu'aplanir les voies à la réaction religieuse. Ce fut en
pénitents contrits qu'ils se courbèrent de nouveau devant le gou-

[1] Contr. soc , l. IV, c VIII, De la religion civile

vernement du pape et des évêques ; et leurs hommes politiques,
même d'entre les plus libéraux et les plus voltairiens, crurent
devoir renouveler l'alliance avec le Vatican, et regarder la protection du pape, même « infaillible, » comme la mission de la
France devant l'histoire. Que cette expérience serve de leçon aux
autres peuples !

Sans doute, l'État moderne n'a aucun intérêt à encourager
un système religieux exclusif, qui, s'inquiétant peu du bien
public, méprise la terre pour ne songer qu'au ciel. C'est même
précisément par l'estime qu'il fait des relations humaines, de
leur progrès, de la vie présente et agissante, que le monde
moderne se distingue heureusement du monde monastique,
contemplatif et ascétique du moyen âge. Si donc la religion
chrétienne détournait les hommes de leurs devoirs sociaux,
l'État moderne devrait certainement la considérer comme un
mal.

Mais, en réalité, ce ne sont pas les principes chrétiens, c'est
l'exagération qu'on en fait qui seule peut être un danger. C'est
elle seulement que l'État doit combattre. Qu'il se garde bien
d'arracher le bon grain avec l'ivraie !

Ainsi, par exemple, il est évident que les nombreuses fêtes du
moyen âge, conservées à Rome jusqu'à la chute du pouvoir temporel, encourageaient le plus souvent la paresse et l'oisiveté.
Mais l'État méconnaîtrait certainement les besoins de notre nature et les vrais intérêts de tous, s'il abolissait les dimanches, sous
prétexte de ne faire chômer personne. Une vie saine n'a pas
seulement besoin du repos quotidien de la nuit, il lui faut,
de temps à autre, un jour de fête et de joie intime qui rompe
le mouvement agité du travail journalier. L'âme a faim aussi
d'une nourriture idéale, que ne donne pas le pain corporel. Un
peuple qui passerait son temps à prier périrait misérablement ;
un peuple sans souci de Dieu et des biens éternels de l'esprit, ne
songera qu'à accroître ses richesses, et se consumera dans une
lutte sauvage sans jamais trouver satisfaction. Le sabbat juif et
le dimanche chrétien sont donc des institutions très sages, que
nous devons directement à la religion, et que l'État protège avec
pleine raison.

De plus, le christianisme n'est-il pas essentiellement fidèle à sa mission, quand il s'empare de notre âme pour la porter tout entière vers Dieu et l'arracher momentanément aux intérêts de la matière?

Que fait-elle de contraire à l'Etat, cette religion qui console les souffrances, fortifie les faibles, purifie les cœurs, et nous montre de la main une fin sublime, idéale, immortelle? Donc, son caractère fondamental n'est nullement *antisocial*. C'est l'exagération seule que l'État peut avoir à combattre.

C'est ainsi que le système politico-religieux poursuivi par l'Église du moyen âge, et formulé dans le droit canon, ne peut plus convenir au monde moderne, qui distingue nettement le droit et la religion, et pour qui les mots « politique religieuse » impliquent contradiction.

C'est ainsi surtout que les querelles dogmatiques ne regardent en rien l'Etat. Impuissant à nous dire comment l'esprit humain doit comprendre Dieu, pourquoi serait-il tenu d'accorder des privilèges à une doctrine prétendument orthodoxe? On peut être grand prince et libre-penseur; homme d'Etat sans croire à la Trinité; fonctionnaire excellent sans penser que c'est la foi qui sauve et que les œuvres sont inutiles; brave soldat sans respecter beaucoup les saints du calendrier; et grand général sans croire aux miracles. De même, un croyant sans reproche peut être un médiocre citoyen, un pauvre fonctionnaire. Considérer la protection de la vraie foi comme le premier et le plus saint des devoirs de l'Etat, c'est méconnaître à la fois sa nature politique et la nature non politique de l'Église.

Mais *Rousseau* lui-même avait compris que l'État, être intelligent et moral, ne peut pas se passer de certains principes religieux primordiaux : « Les dogmes de la *religion civile*, » dit-il, « doivent être simples, en petit nombre, énoncés avec précision, sans explication ni commentaire. L'existence de la Divinité, puissante, intelligente, bienfaisante, prévoyante et pourvoyante; la vie à venir, le bonheur des justes, le châtiment des coupables, la sainteté du contrat social et des lois : voilà les dogmes positifs. »

Samuel Puffendorff avait antérieurement formulé une exigence semblable, dans ce qu'il appelle « la religion naturelle » indispensable à l'Etat.

Tous deux cherchent ainsi à donner satisfaction à la nature religieuse de l'homme, ou plutôt aux *besoins religieux de l'Etat*, moins étendus que ceux de l'individu.

Or le christianisme actuel renferme certainement tous les éléments de cette religion naturelle : providence suprême, immortalité de l'âme, le mal condamné, l'ordre sanctifié. Son influence et ses institutions font pénétrer ces vérités dans le cœur des masses. Aucune autre religion, aucune philosophie ne pourrait espérer une aussi haute autorité. En combattant ou en niant la foi chrétienne, on ébranlerait, on anéantirait peut-être ces fondements religieux de l'ordre politique. C'est là une puissante raison pour que l'Etat la soutienne dans ses principes essentiels.

La *croyance en Dieu* est le grand principe dont dépendent tous les autres. Or le Dieu des chrétiens n'est point une divinité étroitement nationale comme les dieux païens et le Jéhovah des Juifs. Sa puissance et son amour s'étendent sur toutes ses créatures. On ne peut lui rendre hommage qu'en respectant la dignité humaine. Il a marqué les fins de l'humanité en leur subordonnant celles des Etats et des individus. Le Dieu du christianisme n'est point impérieux non plus comme celui de l'islam. Les hommes l'appellent leur père; il aime ses enfants; il leur a donné la liberté. Il n'est pas davantage l'inflexible nécessité des choses, mais un esprit conscient, source de l'âme humaine, la vivifiant, communiquant librement avec elle. Il a ordonné aux enfants des hommes de devenir parfaits comme leur Père céleste. Comment douter que cette foi n'ennoblisse et ne féconde l'Etat?

La *morale chrétienne* est également un héritage précieux pour l'humanité. Qu'elle fasse trop peu de cas des vertus politiques et qu'elle ait besoin d'être complétée sous ce rapport, c'est possible. Mais elle n'empêche pas de combler cette lacune. Elle fournit même d'excellents points d'appui pour cela. Enfin, elle exerce sur les masses la plus salutaire influence, en exhortant

sans cesse a la pratique du bien, au devoir, à la justice, à la
chasteté, à la miséricorde, à la charité.

La sainte flamme de *l'amour du prochain*, que le christianisme
allume et entretient perpétuellement dans nos cœurs, produit
d'inappréciables fruits. Qui peut compter les bonnes œuvres, les
dévouements, les institutions de bienfaisance que nous devons
à la charité chrétienne !

La croyance à *l'immortalité de l'âme* et au *jugement de Dieu*,
la béatitude des élus, l'enfer des méchants, sont également une
puissante exhortation au bien S'il est peu de philosophes qui,
sans croire à l'immortalité de l'âme, pratiquent le bien pour le
bien, combien l'autorité de la morale ne serait-elle pas affaiblie
dans les masses qui n'auraient plus les espérances du ciel et la
crainte de l'enfer ? Or, en ébranlant l'ordre moral, n'ébranle-
t-on pas le fondement de l'ordre juridique ? L'autorité des sages
et des savants, qui opposeraient leur croyance a l'autre vie aux
savants qui la nient, pourrait-elle remplacer efficacement l'autorité du christianisme ?

Enfin, l'heureuse influence de *l'idéalisme* chrétien sur la vie
générale est également inappréciable. Il répand ses doux rayons
jusque sur les plus petits ; il console les pauvres et les malades ;
il promet aux misérables la fin de leurs souffrances, il éclaire d'un
jour céleste les peines quotidiennes des foules. il renouvelle
et illumine les esprits.

Sans doute, tous ces biens spirituels, si importants pour
l'État, ne sont pas exclusivement propres au christianisme On
les trouve en grande partie dans les autres religions de l'histoire. La « religion naturelle » et la philosophie peuvent aussi
leur servir de base. Mais au moins peut-on dire que l'État a le
devoir irrécusable de veiller à la conservation d'une religion
qui lui assure tant d'avantages, aussi longtemps que nulle
science et nulle autre religion n'auront acquis sur les grandes
classes populaires une autorité aussi générale et aussi persistante.

C'est donc légitimement que l'État la respecte et la protége,
qu'il témoigne estime et faveur à sa foi en Dieu et a sa morale,

qu'il y conforme ses actes, le tout dans la mesure compatible avec les principes du droit moderne.

En ce sens, quoique dégagés des entraves dogmatiques et confessionnelles, le droit et l'État moderne gardent un caractère chrétien.

CHAPITRE IV.

La religion des masses.

La distinction et l'indépendance de l'Église et de l'État n'entraînent nullement l'indifférence forcée de l'État à l'égard de la religion.

Les idées religieuses ont une telle influence sur la vie entière, que l'esprit, le caractère, les tendances, les sympathies et les haines des masses, varient le plus souvent avec la religion qu'elles professent. La religion est donc une puissance morale de premier ordre, dont l'État ne peut faire abstraction.

Toute l'histoire démontre l'influence considérable de la religion sur l'État. C'est le brahamisme qui consacra la puissance des castes. En décorant le monachisme et la vie contemplative du nom de sainteté, le bouddhisme rendit les peuples servilement obéissants. L'islam excite aux actions guerrières; mais, mêlant perpétuellement la politique et la religion, il entrave l'essor d'un droit et d'une politique rationnels. Le christianisme distingue sagement l'Église et l'État, le droit et la religion, et se montre hautement favorable aux progrès de la civilisation et aux formations politiques *humaines et conscientes.*

Les diverses confessions chrétiennes produisent elles-mêmes

11

des effets sensiblement différents, *Montesquieu* n'est pas le seul à faire remarquer que la monarchie absolue et la politique absolutiste trouvent plus facilement obéissance dans les pays catholiques que dans les pays protestants. Quelques écrivains récents, et *Laveleye* entre autres, ont même soutenu que la différence des confessions exerce une influence plus puissante que celle des nation dites et des races de peuples [1]. Comparez en effet l'histoire de l'Angleterre avec celle de la France, les Pays-Bas avec l'Espagne, la Suisse allemande avec la Bavière, la Prusse avec l'Autriche, les États-Unis avec les États de l'Amérique centrale ou méridionale, la Suède et la Norvège avec l'Italie, et il sera bien difficile de nier que les pays protestants ont été le siége originaire des libertés politiques. Sans doute, la différence des confessions est en étroite connexion avec celle des races : les peuples germains tendent au protestantisme, et les peuples romans ont conservé le catholicisme. Cependant les Suisses romans des cantons protestants de Genève, Neuchâtel et Vaud, ont une civilisation aussi avancée, et aiment autant la liberté de penser que leurs compatriotes allemands des cantons protestants de Zurich, Berne ou Bâle; les cantons romans ou allemands qui obéissent encore au clergé catholique, sont demeurés sensiblement en arrière des autres.

Des foules habituées dès l'enfance, puis même dans l'age mûr, à s'incliner sans examen ni réserve devant l'autorité traditionnelle du prêtre et à lui soumettre humblement leur intelligence et leur raison, ne peuvent montrer qu'une énergie affaiblie, le jour où elles ont à combattre le despotisme politique. C'est ce qui explique cette étroite alliance du trône et de l'autel, si souvent contractée pour assujettir les hommes. Mais que le prince tremble alors de se brouiller avec son redoutable allié : le prêtre enflammera les masses passives, en s'écriant « qu'il vaut mieux obéir a Dieu qu'aux hommes, » et leur soumission servile se changera aussitôt en mépris du gouvernement, en révolte opiniâtre contre ses lois.

[1] Laveleye, *Protestantisme et catholicisme,* avec une préface de Bluntschli; Nœrdlingen, 1875

La soumission absolue à l'autorité du prêtre, même dans le domaine religieux seulement, entrave donc le développement de l'esprit public, et place les peuples dans une infériorité relative. Un autre danger peut même surgir alors : si, grâce à l'excellence de la nature humaine, quelques individualités marquantes parviennent à se soustraire à ce despotisme spirituel, à prendre un essor indépendant, à se faire des adhérents, une réaction violente amènera facilement à la négation de toute religion et à l'anarchie. L'Europe et l'Amérique en ont fait l'expérience. Il est certain que les révolutions des nations protestantes, dans nos derniers siècles, ont été moins nombreuses, plus modérées et plus fécondes que celles des nations catholiques romaines.

C'est donc bien à tort que l'on accuse la réforme religieuse d'être la mère des révolutions du XVIIIe et du XIXe siècle, puisque c'est précisément sur les pays qui l'ont repoussée que les tourmentes révolutionnaires se sont abattues.

En rejetant l'autorité absolue du prêtre, en comparant les enseignements traditionnels de l'Église avec l'Écriture, en soumettant celle-ci à la critique et au jugement de la raison et de la science, en forçant et en exerçant à réfléchir, le protestantisme développe les facultés intellectuelles du peuple, et favorise la vie scientifique, l'éducation de l'esprit, la liberté de penser. Ces avantages sont même plus marqués dans les pays où le protestantisme est ami du libre examen, ils diminuent et disparaissent où règne une orthodoxie zélée et étroite. Puis orthodoxes protestants et catholiques cléricaux, catholiques libéraux et protestants indépendants, ont entre eux des analogies et des sympathies remarquables.

Sans doute, les nations catholiques ont elles-mêmes conquis un régime libre depuis un siècle. Mais elles n'y sont parvenues qu'en combattant contre la hiérarchie et ses préjugés. La tradition religieuse s'y est partout présentée comme un obstacle.

Aussi l'État moderne ne pourra-t-il heureusement se maintenir qu'en réprimant par le droit *les tendances hostiles ou dangereuses de la religion des masses*, et en répandant une éducation *libérale et éclairée* plus sympathique à l'État.

On pourrait ici recommander à l'homme d'État :

1. Avant tout, de se rendre bien compte des bornes naturelles de son pouvoir et, par suite, d'éviter soigneusement de s'ériger en maître de la religion des masses. Tout empiétement de l'État dans le sanctuaire de la conscience et de la foi blesse les âmes.

Sans doute, la politique parvient quelquefois à imposer une religion par la force. L'islam, et le christianisme lui-même, ne se sont pas répandus uniquement par les armes spirituelles. Philippe II d'Espagne, Ferdinand III d'Autriche, Louis XIV de France, et nombre d'autres princes italiens et allemands, ont étouffé le protestantisme par les persécutions, les confiscations, l'exil, la prison, la mort. Henri VIII d'Angleterre a employé les mêmes violences pour détruire le catholicisme. Les conversions imposées de force par Nicolas de Russie sont loin d'être demeurées sans résultat.

Mais la paix des âmes et la liberté des esprits n'ont été réellement assurées que du jour où l'État, mieux instruit de ses devoirs et de sa nature, a renoncé à la fois à dominer l'Église et à se mettre à son service pour forcer les croyances.

2. L'homme d'État témoignera naturellement aux *différentes religions* du pays le respect extérieur que mérite une foi réputée sainte. Mais on ne saurait exiger de lui qu'il fasse profession de l'une d'elles, ni qu'il prenne part ou assiste aux cérémonies d'un culte qu'il ne partage pas. Ce serait opprimer sa conscience, alors qu'on lui demande de protéger celle des autres. On ne forcera donc point des fonctionnaires catholiques à prendre part à la cène protestante.

3. L'État défendra les actes contraires aux bonnes mœurs, au bien et à la paix publics, sans se laisser arrêter par le prétexte que telle,ou telle religion les ordonne.

Ainsi, l'État chrétien moderne protégera la monogamie tant contre les tendances des mormons que des mahométans, avec plus de ménagement cependant pour ceux-ci. Ainsi encore, il empêchera les femmes indiennes de se brûler sur le bûcher de leurs époux. Il punira au besoin des usages immoraux, comme le dévergondage consacré par la superstition de certaines races indiennes ou de certaines sectes sensuelles. Il défendra les ordres religieux et les couvents qui se soustraient aux devoirs de l'homme envers l'État et la société.

4. Enfin, si une religion devient réellement dangereuse pour l'éducation et le progrès publics, l'homme d'État ne se laissera point égarer par un respect outré de l'inviolabilité du sentiment religieux. Il s'efforcera, au contraire, de combattre le mal par de bonnes écoles, et par des institutions qui assurent l'avancement de la civilisation.

CHAPITRE V.

Prêtres et ecclésiastiques.

Le vieux principe romain qui faisait du prêtre un fonctionnaire public, grandissait sans doute l'autorité et la puissance
civiles. Mais il est devenu inapplicable depuis que l'on a reconnu
le dualisme de l'Église et de l'État. Le soin des âmes et le culte
sont naturellement des *fonctions d'Église.*

L'Église et l'État ne tolèrent également qu'à regret, de nos
jours, l'union dans les personnes des fonctions civiles et ecclésiastiques, telle qu'elle existait au moyen âge. Les évêques souverains ont été sécularisés; le pape lui-même est ramené à sa
mission religieuse; l'empereur ne se fait plus sacrer par le prêtre.

L'État moderne réprouve même les cumuls accidentels de ce
genre. Les siècles passés ont vu des cardinaux et des évêques
devenir les ministres dirigeants de la politique, et les peuples ne
s'en froissaient nullement. On ne le supporterait guère aujourd'hui. L'opinion publique murmure, et se méfie aussitôt
qu'elle voit des théologiens ou des confesseurs de cour exercer
une influence sur les dynasties et leur entourage. Elle regarde
de mauvais œil les évêques et les curés qui se jettent dans l'arène
politique, qui agissent sur les élections, qui briguent la députation. Elle ne les approuve guère que s'ils renoncent en même

temps à leur vocation religieuse, pour servir l'État à l'instar des laïcs.

L'opinion se guide ici par un juste sentiment de la distinction de l'Église et de l'État, de la différence de leur mission et de leur esprit. Le service de l'État et le service de l'Église ne demandent ni les mêmes aptitudes ni la même éducation. Le prêtre, ayant toujours devant les yeux les rapports de l'âme à Dieu, néglige facilement les intérêts présents et terrestres. La fortune, la puissance, la science, la grandeur nationale, sont pour le saint des biens périssables, toutes ses pensées se tournent vers les biens éternels ; il comprend peu l'État, et ne lui rend que des services médiocres. Bien mieux, quand le sacerdoce montre des qualités politiques et dirige ses efforts vers la puissance et la richesse, l'Église se sécularise et se corrompt, et l'État marche vers sa ruine.

Deux autres considérations viennent augmenter les défiances de l'opinion. L'influence du prêtre se soustrait, par son mystère, au contrôle et à la responsabilité constitutionnelle ; et son pouvoir, s'étayant volontiers de la volonté de Dieu, s'évague, et devient sans bornes humainement assignables.

L'État moderne maintiendra donc la séparation, tout en empêchant que le clergé n'abuse contre lui de son *autorité* sur les croyants.

Cette règle est applicable aux prêtres de toutes les confessions, mais avec des nuances ; et celles-ci se font surtout sentir lorsque l'on compare le *clergé catholique romain* avec les *ecclésiastiques protestants* et les *prêtres grecs catholiques*.

D'après les théories ultramontaines des jésuites, le clergé romain est un corps sacro-saint, supérieur au monde laïc ; et ses membres se considèrent ainsi comme les serviteurs et les représentants de l'Église universelle, qui de Rome étend son empire sur le monde. Grâce à la tolérance absurde des gouvernements, leur éducation est devenue de plus en plus fanatique depuis la restauration de la papauté et de l'ordre des jésuites. Les adolescents qui se vouent au sacerdoce sont enfermés dans les séminaires épiscopaux, éloignés de la jeunesse laïque et de toute éducation nationale. Leurs âmes jeunes et tendres y sont nourries des idées du

moyen âge, et ployées au joug de la hiérarchie par l'enseignement, les exercices ascétiques et les cérémonies. Les universités
et les hautes écoles de Rome achèvent l'œuvre, par un isolement
et une méthode analogues.

Depuis Grégoire VII, le célibat avait définitivement séparé le
prêtre de la famille, et par suite de la commune et de la nation,
pour mettre toute sa vie au service de la théocratie romaine.
Depuis les jésuites, la discipline est devenue plus rigoureuse
encore et plus absolue. Leur système militaire et théologique pé-
nétra tout le clergé. Les bons pères, nichés dans tous les centres
politiques ou religieux, au siége de tous les évêchés, dans la
plupart des couvents, dirigèrent avec une opiniâtre énergie cette
politique dominatrice qui devait aboutir à l'asservissement du
clergé séculier, et lui laisser pour toute compensation le sentiment humble et orgueilleux à la fois qu'il réalise ainsi le règne
universel du représentant de Dieu.

L'absolutisme papal a même pris une exagération qu'il ne con-
naissait point au moyen âge, depuis la proclamation de l'institution divine de la primauté de Pierre, de l'épiscopat universel
du pape, et de l'infaillibilité (18 juillet 1870). De par la bulle
« Unam sanctam, » proclamée *ex cathedra*, il faut dès lors regarder
comme un dogme, que les papes ont reçu de Dieu le glaive spirituel et le glaive temporel, et que l'Eglise peut traiter l'Etat comme
son très-humble serviteur (a).

a) Voici les passages le plus souvent cités de cette célèbre bulle de Boniface VIII
(1303) : Unam sanctam Ecclesiam catholicam, et ipsam apostolicam, urgente fide
credere cogimur et tenere   Ictur Ecclesiæ unius et unicæ unum corpus, unum
caput, non duo capita quasi monstrum, Christus videlicet, et Christi vicarius
Petrus, Petrique successor   Sive ergo Græci, sive alii se dicant Petro, ejusque
successoribus non esse commissos fateantur necesse (est) se de ovibus Christi non
esse   *In hac ejusque potestate duos esse gladios, spiritualem videlicet et tempo-*
ralem, evangelicis dictis instruimur   Nam dicentibus apostolis   « Ecce duo gladii
hic, » in Ecclesia scilicet, cum apotoli loquerentur, non respondit Dominus nimis
esse, sed satis *Certe qui in potestate Petri temporalem gladium esse negat, male*
verbum attendit Domini proferentis : « Converte gladium tuum in vaginam »
(Matth., 26, 52) *Uterque ergo in protestate Ecclesiæ, spiritualis scilicet gladius*
et materialis, sed is quidem pro Ecclesia, ille ab Ecclesia exercendus Ille sacerdotis, is manu regum et militum, sed ad nutum et patientiam sacerdotis Nam
cum dicat apostolus « Non est potestas nisi a Deo . quæ autem sunt, a Deo ordinata sunt, » non autem ordinata essent, nisi gladius esset sub gladio, et tan

Est-il besoin de démontrer que l'Etat moderne ne saurait supporter ces folles prétentions? Tant que l'Eglise catholique s'en inspirera, le pouvoir politique fera bien de surveiller ses manœuvres comme celles d'un ennemi, et de se défier de son clergé.

Les ecclésiastiques protestants sont dans une situation très-différente. Ils reconnaissent pleinement la souveraineté de l'Etat. Leurs Églises ne sont point universelles, mais nationales ou com-

---

quam inferior reduceretur per alium in supremum ., Spiritualem autem et dignitate et nobilitate terrenam quamlibet præcellere potestatem, opportet tantò clarius nos fateri, quantò *spiritualia temporalia antecellunt* ., Nam, veritate testante, spiritualis potestas terrenam potestatem *instituere, habet et judicare, si bona non fuerit*. Sic de l'ecclesia et ecclesiastica potestate verificatur vaticinium Hieremiæ (I, 10) «Ecce constitui te hodie super gentes et regna » *Ergo si deviat terrena potestas judicabitur potestate spirituali, sed si deviat spiritualis minor a suo superiori; si vero suprema, a solo Deo, non ab homine poterit judicari,* teste Apostolo (I, Cor. II, 15) : Spiritualis homo judicat omnia, ipse autem a nemine judicatur. Quicumque igitur huic potestati a Deo sic ordinatæ resistit, Dei ordinationi resistit . Porro subesse Romano Pontifici omni creaturæ humanæ declaramus, dicimus, diffinimus, pronunciamus, omnino esse de necessitate salutis (*Corpus Jur. can.* de Richter Extravag. com 1, 8) — On sait avec quelle force la doctrine de cette bulle fut attaquée par Bossuet dans sa *Défense de l'Eglise gallicane*. Suivant l'abbé Bianchi (*Puissance ecclésiastique dans ses rapports avec les souverainetés temporelles,* traduit par l'abbé Peltier, Paris, 1857, 2 vol), qui combat très-vivement Bossuet, « cette bulle n'a pas le sens qu'on lui attribua en France, à savoir que le pape ait un pouvoir temporel en même temps que spirituel sur les royaumes Elle n'est que l'expression de la doctrine traditionnelle des papes et de l'Eglise, particulierement de la décrétale *Novit* d'Innocent III (1202); en d'autres termes, le pape ne peut, en vertu de son autorité, *juger directement* du temporel des rois, ni les *obliger* à quelque acte de leur pouvoir temporel, *ni les empêcher,* à parler strictement, *de s'y porter,* mais il peut faire *tout cela accidentellement, par occasion,* en un mot *indirectement, en raison du péché,* à cause de la connexité que le temporel peut avoir avec le spirituel Boniface VIII ne veut pas dire autre chose, et ce *pouvoir indirect,* les Français l'ont toujours reconnu » (I p 110 et ss). Il faut avouer que les expressions de la bulle vont plus loin Bossuet combat d'ailleurs ce pouvoir indirect lui même, et en démontre clairement les dangers. Mais l'abbé Bianchi fait observer : 1° que le *pouvoir indirect* n'ayant point été *défini ex cathedrâ* ni déclaré solennellement un article de foi, l'on ne peut regarder expressément comme hérétique l'opinion des gallicans modernes (p 219); 2° que la bulle *Unam sanctam* étant *dogmatique,* il faut surtout s'attacher au *dispositif,* la chose que Boniface VIII a *définie* dans cette bulle, « c'est qu'il faut croire comme nécessité de salut que tout homme est soumis au pontife romain » « Elle parle d'un bout à l'autre de la soumission que toute puissance terrestre doit à la puissance spirituelle, mais ne dit *pas un mot*(?) de celle qu'on lui doit dans les choses temporelles » (II, 637 et ss). — Le dernier concile aurait-il changé quelque chose à cette doctrine? Comp *inf*, l XII, ch. 3

munales, et sans chef étranger. C'est tantôt le prince lui-même,
tantôt une autorité nommée par le prince (conseil ecclésiastique
suprême, consistoire), ou un synode nommé à l'élection par les
paroisses, qui est à la tête de leur organisme. Ici, nulle puissance
rivale de l'État. Élevé dans les écoles publiques, l'ecclésiastique
protestant participe à la culture nationale. Il se sent membre
du peuple et de l'État, comme le laïque; il n'en diffère point par
une ordination. Comme lui, il est époux et père, et par suite en
union permanente avec les autres classes professionnelles, avec
la commune et avec l'État. L'État ne trouve en lui qu'un ami.

Les devoirs de la *politique* sont donc ici bien différents. Cependant il faut s'efforcer d'appliquer à tous les clergés, *autant que possible, le même droit,* pour éviter jusqu'à l'apparence d'une législation confessionnelle. On voit ainsi que la vie juridique n'est pas toujours soumise aux mêmes règles que la vie politique; et de là plusieurs difficultés, pour lesquelles voici quelques maximes.

1. L'homme politique n'oubliera pas la légitime fierté de l'État. Il n'admettra point que l'État ne soit que l'empire des corps. Il se fera toujours le gardien et le représentant de son pouvoir et de sa majesté. Le prince ou le ministre qui, dans les choses temporelles, se courbe devant l'Église, est une femme au service d'une femme.

2. L'État veillera à ce que les prêtres eux-mêmes soient élevés comme tous les citoyens en général. Il ne peut admettre dans son sein une caste sans patrie. La civilisation nationale doit étendre ses bienfaits sur tous. L'Allemagne a trop oublié ce devoir; elle commence à le comprendre, depuis qu'elle a éprouvé les fâcheux effets d'une éducation du clergé hostile aux institutions modernes.

Les lois n'ont pas à définir des théories théologiques ou la foi de l'Église, mais elles peuvent ordonner une *éducation libérale* dans toutes les *sciences profanes* : philosophie, histoire, sciences naturelles.

3. L'État moderne doit honorer le sacerdoce en raison directe de la pureté et de l'élévation de son action morale et religieuse. Mais en même temps, il le forcera à se soumettre au droit com-

mun , il ne peut plus être question de lui donner des *immunités*, soit d'impôts, soit de juridiction. Il fera respecter ce principe malgré les contradictions du pape et des jésuites, au besoin en expulsant les prêtres récalcitrants, en les privant des droits politiques.

4. L'État moderne a intérêt à ne laisser aux prêtres aucune influence déterminante sur le gouvernement. L'*incompatibilité* des fonctions *sacerdotales* et *politiques* est une conséquence naturelle de la distinction de l'Église et de l'État. Les prêtres sont même peu propres à former un conseil de conscience pour les affaires publiques. La conscience politique doit s'éclairer de l'intelligence temporelle des choses, et c'est toujours un danger quand les chefs de la nation s'inspirent de motifs exclusivement religieux, ou se placent sous la direction de l'Église.

5. La *fortune* de l'Église est une chose temporelle, à *régler* par les principes du droit et de l'économie politique. On ne saurait en laisser à l'Église la pleine disposition. La gestion doit en être confiée entièrement, ou du moins d'une manière prépondérante, aux laïques.

6. Les droits de l'État dans la nomination aux *fonctions ecclésiastiques* varient avec les pays. Mais au moins faut-il que l'État puisse défendre au prêtre insoumis d'exercer une fonction qui lui donne autorité sur beaucoup. L'État usera rarement de ce droit dans les temps calmes, il veillera, préventivement, à ne pas laisser l'Église se choisir des chefs parmi ses ennemis.

CHAPITRE VI.

La science et ses représentants.

Toute science est l'œuvre et la conquête du *travail individuel* de *l'esprit*, de la *réflexion*. L'esprit se replie sur lui-même, étudie les principes premiers qu'il voit en lui, observe les phénomènes, distingue l'effet et la cause, le principe et la conséquence, l'aptitude et le développement, la nécessité et la liberté, le temps et l'espace, etc., montre les ressemblances et les différences, le genre et l'espèce, et enfin concentre dans l'être un la *substance* et la *qualité*.

Ce travail et ces conquêtes de la pensée sont absolument indépendantes de l'État, qui, avec toute sa puissance, ne peut ni réfuter une erreur ni affaiblir la démonstration d'une vérité. La science appartient naturellement au libre domaine de l'esprit individuel. Nier ou combattre sa liberté, c'est donc méconnaître et outrager l'esprit humain.

Mais le développement de la science est dans une relation étroite avec la valeur des institutions et le degré de la culture du peuple. Un peuple qui a de bonnes écoles, qui initie de bonne heure sa jeunesse à toutes les vérités, qui l'habitue à réfléchir et a penser juste, favorise et encourage les travaux des maîtres et l'amour du savoir. L'éducation intellectuelle d'un peuple développe aussi la force de sa pensée, et mène ainsi tout l'ensemble à de nouveaux progrès.

Par suite, l'importance politique de la science est considérable, quoique *indirecte*. La science touche à l'État de plus près que la religion, car elle s'adresse à la raison et non au cœur. L'une éclaire les rapports des hommes entre eux ; l'autre sanctifie leurs rapports avec Dieu. L'État est le gouvernement conscient de lui-même. Mais il est indispensable, dans une civilisation avancée, que sa conscience soit éclairée, et comment le serait-elle autrement que par la science ? Une nation dans l'enfance se laisse encore guider par des instincts et des appétits ; une nation cultivée se demande compte de ses actes. La politique peut demeurer assez indifférente en face des querelles religieuses ; elle peut être sans danger *non religieuse* ; elle ne saurait être, sans péril pour tous, *non raisonnée*. L'État civilisé peut donc moins encore se passer du concours de la science que de l'appui de la religion.

L'État et la science se rapprochent en ce que l'autorité et la liberté sont comme les deux pôles de leur action. Œuvre de la réflexion libre, la science *affranchit* l'esprit en dissipant les préjugés et les erreurs traditionnelles. Mais, dans son domaine, elle est en même temps *autorité* pour autrui. Le travail ne peut pas toujours être recommencé *ab ovo*. Les penseurs les plus libres et les plus féconds sont souvent forcés de se fier à l'autorité des autres. L'autorité de la science est encore plus grande sur les foules, qui, ne pouvant examiner par elles-mêmes, suivent naturellement les opinions des sages.

Les sciences n'ont pas toutes la même importance pour l'État.

Les sciences *mathématiques* et les sciences *naturelles* influent avant tout sur les moyens *techniques* au service de l'État et de la société. L'art de la guerre et l'armement se sont transformés depuis les découvertes de la physique, de la chimie, de la mécanique. Nous leur devons également les machines à vapeur, les chemins de fer, les télégraphes. L'agriculture et l'industrie leur empruntent des avantages de toutes sortes.

Ces sciences n'ayant qu'une influence éloignée sur la constitution et la politique de l'État, il se peut qu'elles soient cultivées avec grand soin même sous un régime inquiet, tracassier, méfiant de toutes les libertés. La vitesse de la lumière ou du son, le cours des astres, l'analyse chimique de l'air et de l'eau, semblent importer assez peu à la souveraineté du prince.

Et cependant, ces sciences elles-mêmes sont loin d'être politiquement indifférentes. Tout se lie dans la vie de l'esprit. L'étude libre et approfondie des sciences naturelles réveille la pensée ardente, qui ne saurait s'arrêter dans son élan aussitôt qu'elle touche au seuil des sciences morales et philosophiques. Il est même impossible que les sciences naturelles soient réellement libres, alors que celles ci sont menacées ou opprimées.

D'ailleurs, l'étude exclusive des premières conduit facilement au matérialisme, à la tyrannie, aux violentes commotions. Absorbées par les phénomènes sensibles, elles ne donnent point à elles seules l'intelligence des choses de l'esprit. Les lois toujours forcées du monde physique préparent mal à comprendre les limites de l'autorité politique, les droits et la responsabilité de la liberté, les forces de la raison, les devoirs moraux. Les sciences *philosophiques* et les sciences *historiques*, en un mot, les sciences *morales*, agissent bien plus directement sur l'esprit public ; et c'est dans cette classe que l'on range les sciences du droit et de l'État.

L'action la plus puissante appartient, sans conteste, aux idées philosophiques du droit naturel et de l'État. Soufflées par l'esprit du temps, elles s'emparent des âmes de tous et dominent la vie publique : l'idée de la *souveraineté* a transformé, aux XVIe et XVIIe siècles, l'ancien État féodal en monarchie absolue ; l'idée de l'*égalité des droits* renverse depuis cent ans les priviléges de toutes sortes ; l'idée de la *liberté religieuse* en a et ça a bouleversé l'Église et l'État ; l'idée des *nationalités* détermine principalement les formations politiques modernes. L'énorme influence de la philosophie sur l'humanité contemporaine est donc évidente. On peut même remarquer que nos modernes s'enthousiasment bien plus facilement pour des idées politiques que pour des croyances religieuses.

L'histoire n'a point une force créatrice et réformatrice aussi grande. Elle aussi nous montre le progrès et le développement.

Mais son regard, tourné vers le passé, nous fait surtout comprendre l'origine et la raison de l'ordre établi. Aussi ses maximes sont-elles plus conservatrices que libérales. L'histoire appuie plutôt l'autorité traditionnelle que les innovations, quoique sa critique soit souvent fatale aux vieilles erreurs.

C'est pour cela que les gouvernements despotiques la regardent avec moins de méfiance que les sciences de la philosophie spéculative et de la politique idéaliste

L'oppression des sciences morales ne se fera jamais qu'au *détriment de l'esprit du peuple* et des meilleures forces de l'État La santé du corps et celle de l'esprit sont en intime connexion Aussi la supériorité de la nation qui ignore ces entraves, s'affirmera-t-elle bientôt sous tous les rapports L'issue des dernières guerres devrait, ce semble, ouvrir les yeux. Le triomphe final de la Prusse sur l'Autriche est essentiellement dû à la supériorité de sa culture intellectuelle.

Au reste, les effets de la science varient avec le *caractère des peuples*. Ils sont plus puissants là ou dominent l'intelligence et la raison plutot que le sentiment, sur les Hellènes que sur les premiers Romains, sur les Français que sur les Espagnols, sur les Anglais que sur les Irlandais. Chez les Allemands, « ce peuple de penseurs, » comme l'on dit ironiquement et justement tour à tour, une érudition pédante et les vices héréditaires du système politique entravèrent pendant longtemps l'heureuse influence de la science. Aussi leur a-t on souvent reproché d'être capables de penser et incapables d'agir. La guerre de 1866, la transformation de l'Allemagne (1867), les victoires qui suivirent, et la fondation de l'Empire allemand (1871), ont démontré que le reproche n'était juste qu'en apparence. L'Allemagne, conduite puissamment par un grand homme d'État, a prouvé qu'elle savait aussi bien agir que penser.

La science n'est pas l'*affaire de tout le monde*. Le cercle des esprits scientifiquement cultivés est plus étroit que celui d'aucune association religieuse. La religion s'adresse à l'homme, à la femme, à l'enfant, à tous. La science, au contraire, ne peut devenir le bien d'un grand nombre que dans ses éléments et dans ses résultats principaux. Les vrais savants seront toujours le petit nombre. Aussi, partout où la science prospère, voit-on *quelques sages* ou *quelques rares professions scientifiques* s'élever au-dessus des foules, comme les prêtres s'élèvent au-dessus des laïcs dans le domaine de la vie religieuse.

La science forme ainsi une sorte d'*aristocratie de l'intelligence* qui, comme toutes les aristocraties, a ses avantages et ses inconvénients. L'État peut donc se demander la conduite qu'il tiendra à son égard.

L'Asie du sud et de l'orient est ici pleine d'enseignements. La caste brahmane des sages et des penseurs illuminés de l'esprit de Dieu s'élevait hautement au-dessus de toutes les autres, et l'histoire indienne nous montre les dangers d'une aussi orgueilleuse grandeur. En Chine et au Japon, par contre, là carrière de la science a toujours été ouverte à quiconque recevait l'éducation et subissait les examens classiques. Il s'y forma ainsi, au lieu d'une caste héréditaire de prêtres ou de sages, une classe distinguée, influente et respectée de *savants politiques*, volontiers appelés aux fonctions et aux affaires publiques. Mais leur autorité, au lieu de demeurer libre, fut exagérée par les sanctions autoritaires de l'État. Aussi la science y demeura-t-elle stationnaire, et ne fut bientôt plus qu'une discipline et une sorte de catéchisme traditionnels.

La distinction des *lettrés* et des *illettrés* est plus souple et moins tranchée en Europe. La science y est ouverte à tous, et chacun peut librement la développer ; aussi ses progrès ont-ils été plus riches et plus féconds qu'en aucun autre lieu. Les inconvénients d'une aristocratie de savants, ses formules étroites, ses prétentions et son despotisme, y sont d'autant moins à craindre que l'instruction est plus répandue. Ceux qui donnent et ceux qui reçoivent sont en rapports constants, et cette influence réciproque établit entre eux une heureuse union. Les œuvres de la science se répandent ainsi par mille canaux, comme le gaz lumineux qui éclaire nos villes, et l'intelligence de toutes les classes se développe et s'épanouit.

CHAPITRE VII.

La littérature, le théâtre, les beaux-arts.

1. Les *lettres* exercent sur l'esprit des classes cultivées une influence plus grande encore que la science. La beauté de la forme a des charmes qui manquent à la froide doctrine. Les œuvres de Shakespeare et de Walter Scott sont plus connues que celles de Bacon et de Newton. La civilisation française doit davantage à Racine, Molière ou Voltaire, qu'à Buffon, Laplace ou Dupin. Goethe et Schiller ont éclairé et enthousiasmé des cercles bien plus étendus que Kant ou les frères Humboldt. Lessing lui-même a plus agi sur son peuple par son drame de Nathan que par son Laocoon.

Les œuvres de la poésie, comme celles de la science, sont des créations individuelles. Mais l'État peut honorer et récompenser les bons poetes, les protéger contre la contrefaçon, répandre leurs chants. Il punira les œuvres ouvertement immorales et corruptrices, et pourra même exprimer publiquement sa désapprobation pour les livres mauvais qui échappent par des artifices de style aux coups de la loi.

On a vu quelquefois de forts petits princes exercer une influence admirable sur les lettres. *Charles-Auguste* de Saxe-Weimar et sa modeste cour, éclipsèrent pendant un temps les cours impériale et royale de Vienne et de Berlin, et peuvent supporter la comparaison avec Louis XIV, son brillant entourage et son haut patronage des poetes français.

Qu'on évite cependant de faire dégénérer les droits d'auteur en un monopole exclusif trop prolongé. Nous éprouvons souvent de nos jours les inconvénients de ce système. Nos grands poetes allemands ne sont devenus que d'hier largement accessibles aux classes populaires, par la fin des droits d'auteur, qui a permis les éditions à bon marché.

2. Le théâtre n'a plus l'importance et le rôle élevés qu'il avait dans le monde antique gréco-romain. En partie, c'est que l'Église chrétienne ne l'a jamais vu de bon œil. Cependant son influence est encore considérable, et la politique ne saurait l'oublier.

Le théâtre est une distraction et un plaisir pour tous : or il est toujours bon que la joie succède au labeur. Mais les avantages du théâtre, au point de vue esthétique, moral, instructif, sont encore plus importants.

Le théâtre n'est plus une institution publique, comme dans l'antiquité, malgré les subventions que lui donnent parfois les princes et les gouvernements, et quoiqu'il fasse le plus souvent l'ornement de leurs capitales et de leurs résidences C'est qu'en effet, le théâtre n'est pas plus une affaire d'État que la musique et la poésie. La scène a pour mission de rendre les œuvres de la littérature plus sensibles et plus vivantes. Elle doit donc être soumise, en général, aux mêmes prescriptions que celles-ci.

Dût-il même devenir plus *national*, le théâtre n'en appartiendrait pas moins au peuple, plutôt qu'à la nation organisée ou à l'État. Ce n'est ni la loi, ni le pouvoir, c'est bien moins le citoyen, que le poete qui dicte sa langue et son esprit. Le succès d'un beau drame ne s'arrête même pas à la frontière. Les grandes œuvres dramatiques sont plus humaines que nationales. Shakespeare, Lessing, Goethe, Schiller, ont écrit pour l'humanité.

La musique a même l'avantage d'être également intelligible pour tous les peuples civilisés. Aussi l'opéra n'est-il point une représentation exclusivement nationale. La nationalité ne s'y ne que guère que par des nuances, par certains rhythmes préférés, qui laissent au genre son grand caractère humain.

L'État doit donc se garder de faire du théâtre un *monopole public*. Comme la littérature, c'est à l'initiative privée que le théâtre appartient en première ligne. Sa grande influence autorise d'ailleurs le pouvoir à exercer une surveillance réglée par les lois, et peut même lui faire un devoir d'encourager et de subventionner un bon théâtre.

Le théâtre doit être l'expression parfaite de l'esprit dramatique du peuple; mais il doit élever l'âme des spectateurs au-dessus des soins quotidiens de la vie commune. L'acteur, tout en demeurant intelligible pour tous, ne saurait être grossièrement vulgaire. Moins encore lui est-il permis de spéculer sur le mauvais goût de la foule, et de se gagner un public par des trivialités ou d'obscènes audaces. Qu'il se rappelle les paroles de Shakespeare : « Oh! cela me blesse jusque dans l'âme d'entendre un robuste gaillard, à perruque échevelée, mettre une passion en lambeaux, voire même en haillons, et fendre les oreilles de la galerie, qui généralement n'apprécie qu'une pantomime incompréhensible et le bruit. » (*Hamlet* [trad. d'*Hugo*, scène IV.]) Il y a, en effet, de la santé de l'esprit public. L'État veillera donc à ce que l'on représente dignement les meilleures œuvres. L'on ne fait pas assez plutôt que trop sous ce rapport. Les subventions des bons théâtres ne sont point superflues. L'État moderne ferait même sagement de rendre de temps en temps les grandes scènes plus accessibles aux foules, et spécialement aux classes ouvrières.

3. La peinture, la sculpture et l'architecture ont une importance analogue.

Au moyen âge, l'art s'inspirait surtout de la religion. Il s'en est depuis lentement dégagé pour orner aussi la vie temporelle.

L'art est également une œuvre privée dont les progrès intéressent indirectement l'État : de là les écoles publiques des beaux-arts, les musées nationaux de peinture et de sculpture, les monuments érigés en l'honneur des grands hommes, des triomphes et des gloires de la nation.

L'architecture est peut-être l'art qui parle le mieux aux foules.

Une construction monumentale d'un grand style élève les âmes avec une rare puissance, et porte l'empreinte de l'immortalité.

La majesté de l'État demande que les *édifices publics* se distinguent par la noblesse et la grave beauté de leurs formes, qu'ils remplissent les hommes de respect et d'admiration, a l'instar des grands monuments religieux. Ce n'est point le calcul mesquin du strictement utile qui doit en tracer les plans

LIVRE SIXIÈME.

POLITIQUE DE LA CONSTITUTION.

A. — EN GÉNÉRAL.

CHAPITRE PREMIER.

L'idéal d'une constitution parfaite.

Les misères sociales, le désir du mieux, le sentiment de notre perfectibilité, ont poussé maintes imaginations à rêver un État idéal parfait. De la ces nombreux projets de réforme fondamentale, ces romans politiques, ces glorifications idéalistes, dont *Robert von Mohl* nous a si bien tracé l'esquisse dans son *Histoire des sciences politiques* (vol. I, partie III). L'on peut citer parmi les plus célèbres de ces rêves la République de *Platon*, la Cyropédie de *Xénophon*, l'Utopie du chancelier *Thomas Morus* et le Télémaque (a) de l'évêque *Fénelon*. Les élucubrations plus dangereuses des anabaptistes, des communistes et des socialistes modernes, appartiennent, jusqu'à un certain point, au même genre de littérature.

L'homme d'État ne se laisse point égarer par ces idéologies, fruits stériles d'esprits trop pleins de jeunesse. Il les regarde passer comme de naïves folies ou d'agréables rêves. Ceux qui

---

a) Voyez les passages relatifs à la Bétique et à la république de Salente, liv. VII, X et XVII.

ont tenté de les réaliser ont toujours échoué misérablement, et n'ont abouti qu'à des ruines.

Une *constitution* politique *parfaite* suppose une *nation parfaite*, donc une impossibilité. Aussi, tout en reconnaissant que l'*État est perfectible*, faut-il repousser toutes ces fantaisies qui oublient les réalités, qui font abstraction de la nation et du pays déterminés dont l'État doit être l'organisation.

Différentes par l'histoire, le pays, le caractère, l'esprit, les tendances, les nations ont également besoin de formations politiques diverses. Pourquoi donc vouloir leur imposer à toutes la république ou la monarchie? L'idée d'une constitution valable pour tous les temps et tous les lieux est essentiellement fausse. On forcerait plus facilement tous les hommes à prendre le même costume.

Cependant, il est une mesure générale qui nous permet d'apprécier approximativement la réelle valeur d'une constitution donnée. Les devoirs principaux de la politique sont en effet d'assurer:

a) La *liberté* individuelle, le riche développement des *aptitudes* de la *société* et des *individus*;

b) L'*unité*, la *puissance*, le *bien-être* de la *nation*, une *autorité publique* forte;

c) Les progrès de l'*humanité*.

Or, il est évident qu'une constitution sera d'autant meilleure qu'elle remplira mieux ce triple but dans l'État auquel elle s'applique.

En prenant cette règle pour mesure, la comparaison de l'État moderne avec l'État antique ou féodal donne les résultats suivants:

1) La *liberté privée* s'étend aujourd'hui à toutes les classes, à la différence de l'antiquité, et elle est plus égale pour tous qu'au moyen âge. La vie individuelle est ainsi devenue plus riche et plus variée. L'entière liberté de penser est essentiellement moderne, et forme notre plus précieuse conquête.

2) Par l'*unité* et la *puissance*, l'État moderne est assez semblable à l'État antique; mais il est bien supérieur à l'État féodal. Il a même sur celui-là deux grands avantages: il arrête son ac-

tion à l'ensemble de la vie politique, et donne de savantes garanties aux droits et à la liberté de tous.

3) Enfin, les États modernes comprennent mieux leurs devoirs envers l'humanité. Leur caractère et leurs tendances sont remarquablement *humains*.

CHAPITRE II.

Idees démocratiques et idées aristocratiques.

Cette opposition se rencontre partout, mais spécialement chez les peuples ariens. Elle divise les partis et les arme les uns contre les autres. Tantôt c'est la démocratie qui s'efforce d'écraser les éléments aristocratiques sous sa masse, tantôt l'aristocratie qui emploie son autorité à asservir les foules. Cette lutte se produit et dans la monarchie et dans la république; aucune forme d'État n'en est complètement exempte.

Les États modernes s'efforcent de concilier les deux tendances en les tempérant sagement l'une par l'autre.

Mais la science de la politique doit les envisager d'abord séparément, pour mieux montrer que toutes deux ont leurs qualités et leurs lacunes, et qu'elles doivent bien plus se compléter l'une l'autre que se combattre et s'exclure.

IDÉES DÉMOCRATIQUES

1. L'idée fondamentale de la démocratie, c'est l'*égalité naturelle des droits*; d'où elle conclut à l'*égalité politique* : « tous les citoyens doivent avoir une part égale dans les affaires de l'État. » Elle repousse comme des privilèges injustes tous les *avantages* d'*ordre* ou de *classe*.

IDÉES ARISTOCRATIQUES

1. L'idée fondamentale de l'aristocratie, c'est que les hommes sont différents, et que le gouvernement des *masses vulgaires* appartient aux *éléments* les *meilleurs* et les plus *nobles*. Son principe, c'est le *gouvernement des meilleurs*. Le droit égal de tous lui paraît brutal.

Les deux idées sont vraies, mais en partie seulement.

L'égalité des droits qu'invoque la démocratie a un fondement réel dans la *communauté de la nature humaine.* La marche progressive de l'histoire l'appuie, en étendant les devoirs publics et les droits publics à tous les cercles de la population, en relevant ainsi la dignité humaine des classes inférieures.

Mais à n'envisager que cette égalité, il devient impossible de comprendre l'État, qui suppose nécessairement la distinction sensible des gouvernants et des gouvernés, — vérité déjà reconnue par Aristote. L'ordre ne peut exister sans la distinction, et sans ordre point d'État. C'est donc assez justement que l'on reproche souvent aux tendances égalitaires des démocrates d'abaisser dans la poussière commune tout ce qui est élevé, et de mettre directement le pouvoir aux mains des masses.

Les différences dont se prévaut l'aristocratie peuvent, de leur côté, s'appuyer sur l'*histoire générale,* qui nous montre partout la variété des aptitudes et des mobiles. De plus, le principe du gouvernement des meilleurs et des plus capables est absolument logique.

Mais, en poursuivant exclusivement cette vérité, les aristocrates arrivent également à méconnaître la nature humaine commune, qui rapproche et unit tous les hommes. Ils oublient que l'État est la *communauté de tous,* et non la *société des meilleurs,* et rompent ainsi l'union générale. Ils regardent avec mépris les foules qu'ils dominent, et ne s'aperçoivent pas que leurs pieds quittent la terre ferme, que leurs avantages exagérés deviennent des fictions. La vanité et l'orgueil les mènent à leur chute, et en font la risée des masses.

La vérité est dans l'union et la combinaison des deux principes. L'égalité naturelle des droits est l'aptitude et le fondement; les différences historiques en sont le développement. Chaque idée doit préserver l'autre d'excès.

2. Donc, ajoute la démocratie , « *la volonté de la majorité est la volonté de la nation, et la minorité doit toujours s'y soumettre.* »	2. Non, reprend l'aristocratie, c'est la *qualité* et non la *quantité* qui doit l'emporter. L'*autorité* gouverne la *majorité,* et non celle-ci l'autre. *La minorité meilleure doit régner sur la majorité moindre.*

Sans doute, la majorité est dans tout État une puissance considérable. Les masses sont la base de l'État; ce sont elles qui renferment généralement le plus de forces vives ; aucun gouvernement ne peut subsister longuement sans elles, ou s'il agit contrairement aux intérêts du grand nombre. Les masses ne sont point une matière que l'homme d'État puisse ouvrer et travailler à son gré. C'est surtout de nos jours qu'il serait dangereux de le croire, car elles ont conscience de leur dignité d'homme et de la nature humaine des régents. Mais il serait également inepte de n'écouter que les vœux et les opinions des foules, d'obéir servilement aux majorités que la passion égare, ou que l'indifférence et l'incurie rendent hostiles à toute réforme.

Que *toutes choses étant d'ailleurs égales* le nombre ou la majorité décide, rien de mieux. Quand on pèse des égalités, la balance penche naturellement du côté qui en contient le plus. De là ce principe admis par tous que, « *dans toute réunion de personnes réputées égales*, conseils, chambres, corps électoral, association, etc., *la volonté de l'ensemble se formule à la majorité*, et que la minorité est tenue de s'y soumettre. »

De même, sans doute, tout État doit avoir *principalement* en vue le *bien des majorités*. Considérées non point comme actives et gouvernantes, mais comme passives et gouvernées, les diverses classes de la nation se trouvent placées sur une même ligne, et par suite le nombre l'emporte.

Mais pourquoi donc le nombre déciderait-il quand les *facteurs sont différents?* Quand une minorité occupe dans l'organisme de l'État une place plus élevée, n'est-ce pas à elle de prononcer? L'officier commande aux soldats; le général remue d'un mot une armée. Le juge décide entre les nombreuses parties; tout degré de juridiction est une minorité au regard des justiciables; les juges supérieurs sont moins nombreux que les juges inférieurs. La gestion des affaires, la politique, la législation, reposent partout, principalement, sur le travail des minorités, que distinguent leur éducation et leurs mœurs.

Nos goûts démocratiques modernes tendent dangereusement à confier au nombre la décision de choses qui demandent capacité et qualité. Le principe arithmétique triomphe même là où la décision devrait appartenir au principe psychologique et organique, de la valeur qualitative. Il est plus facile de compter les têtes que de les peser; mais le résultat obtenu est en rapport avec la légèreté du travail. Le système électoral qui oublie complétement la qualité pour ne considérer que la *quantité*, est une manifeste exagération du principe démocratique.

On pouvait reprocher au moyen âge un défaut contraire. Les classes aristocratiques, clergé et noblesse, dominaient tout ; les priviléges entravaient la liberté civile. Mais est-il donc sage de passer à l'autre extrême ? Reconnaissons ce qu'il y a de vrai dans les deux principes; unissons-les, et complétons-les l'un par l'autre.

3. Les *fonctions* et les *dignités publiques sont ouvertes à tous.* Elles ne sont point le privilége d'une classe, d'une famille, ou d'un individu.

3. La foule ignorante doit être écartée des emplois. Une fonction publique ne peut être *confiée* qu'à un homme *distingue.*

Si le principe démocratique veut dire que les emplois doivent être donnés *également à tous*, il conduit logiquement aux nominations par le *sort*, comme à Athènes, où le *choix* paraissait trop « aristocratique. » Si le principe opposé est seul appliqué, les emplois deviennent le monopole et le privilége des classes distinguées. Les *fonctions héréditaires* sont la contre-partie aristocratique des démocratiques *nominations par le sort.*

Le droit moderne repousse les deux exagérations *les fonctions sont ouvertes à tous, mais il faut se distinguer pour y arriver.* L'égalité est la base, la distinction le développement. La démocratie moderne préfère elle-même l'élection au sort; l'égalité n'y existe donc que quant à l'aptitude; et d'autre part, la monarchie reconnaît aussi cette égalité. Le principe aristocratique et le principe démocratique sont donc ici heureusement unis et combinés, au moins en général, et quiconque étudiera les progrès faits depuis un siècle, demeurera convaincu de la force croissante de cette union.

4. La démocratie aime le *changement des fonctionnaires.* Elle veut que la *durée* des fonctions soit *courte*, les *élections fréquentes.*

4. L'aristocratie aime la *fixité* des emplois. Elle veut la *forte autorité* des fonctionnaires.

Le changement fréquent permet mieux la participation de tous et l'influence des gouvernés. Il réveille la vie publique, prévient les abus grossiers de pouvoir, pousse à l'action, favorise la liberté. Mais une mobilité trop grande a également des inconvénients graves. Elle ébranle l'autorité, rend la politique et l'administration incertaines, entrave toute œuvre de longue haleine, jette les populations dans un état de fièvre périodique, et écarte souvent les meilleurs esprits des fonctions publiques.

La courte durée des fonctions se rencontre parfois aussi dans les États aristocratiques. Les magistratures de la république romaine étaient pour la plupart annuelles ; nombre de villes patriciennes de l'empire d'Allemagne nommaient leurs conseils pour six mois seulement. Mais le caractère conservateur de ces États prévenait les inconvénients de cette mobilité. A Rome, il fallait jouir d'une considération quasi-princière pour pouvoir être élu. Dans les villes impériales, les honorables conseillers gardaient, en fait, malgré les élections semestrielles, leurs fonctions pendant leur vie entière, se relayant simplement de six mois en six mois, comme l'on se repose après le travail. Mais l'exagération du principe aristocratique fait cesser ces mutations elles-mêmes ; les fonctions se prolongent et deviennent permanentes, ou même héréditaires dans un certain nombre de familles On en voit maints exemples dans le moyen âge allemand. Dès lors l'aristocratie se sépare des foules, ne choisit plus que dans son sein, et ne respecte l'égalité qu'entre ses membres. A Venise, les fonctions des Dix, de la Seigneurie et du Sénat étaient soumises à des réélections fréquentes ; mais le grand conseil des *Nobili* formait un corps électoral exclusif, une autorité permanente, et le démos était sans droits politiques

Les formes modernes, et spécialement la monarchie, s'efforcent encore ici de concilier plus impartialement les deux principes. Elles acceptent le renouvellement fréquent de la chambre des députés, expression plus directe des *intérêts* et des *opinions populaires*, et celui des fonctions ou des conseils, auxquels il paraît utile qu'un grand nombre de citoyens prennent part à tour de rôle (conseils généraux, *Kreisausschusse*, jurys, *Schöffen*). Mais la monarchie moderne préfère les fonctions *durables*, mu-

nies de droits, *pragmatiques* (a), mieux à l'abri des caprices
des gouvernants et des gouvernés, dans les emplois qui demandent une forte autorité (fonctions de gouvernement), une
connaissance approfondie du droit (juges), une éducation
professionnelle scientifique ou technique (ingénieurs, professeurs, etc.).

5. La démocratie aime et dé-fend énergiquement la *liberté commune*, *égale pour tous*, et *l'honneur national*. Par contre, elle est hostile à l'honneur et aux libertés *particulieres* des classes ou des individus.	5. L'aristocratie aime surtout la *liberté* et *l'honneur particuliers* des hautes classes. Mais, s'exagérant sa supériorité, elle en arrive à mépriser les masses.

L'idée démocratique demande ici encore à être complétée par
son opposée. La liberté commune est une condition essentielle
d'un État libre et avancé, et l'honneur national est la base principale de l'honneur particulier ; c'est leur puissance qui donne le
plus souvent la mesure de la valeur d'un peuple.

Mais faut-il s'arrêter à cette exclusive uniformité? Le sol le
mieux uni ne produit-il pas des plantes de toutes grandeurs?
La haine envieuse des démocrates contre toute distinction est
un vice méprisable qui méconnait ou entrave les plus nobles
biens Les foules elles-mêmes tombent et se dégradent, si elles
ne reçoivent perpétuellement l'impulsion des fortes individualités.

Les démocrates réclament justement la liberté et l'honneur
de tous, en se fondant sur la nature humaine, créée à l'image
de Dieu. Mais sur cette base générale s'élèvent des degrés
et des différences plus délicates, qui peuvent échapper aux
masses, non au tact plus exercé des classes élevées (aristocratiques). L'originalité indépendante de l'esprit, le haut sentiment de l'honneur des héros et des sages, ont toujours eu une
influence puissante sur les progrès de l'humanité. On ne saurait
les étouffer ni les opprimer sans péril.

a) Comp. *Theorie generale*, p 458, 1. [

6. Le droit démocratique s'appuie de préférence sur la *volonté nationale*; la *loi*, expression de cette volonté, en est la source la plus abondante. La démocratie ne nie pas l'autorité de la tradition, mais elle veut pouvoir innover sans en tenir compte. Aussi prend-elle souvent le caprice et la passion du nombre pour l'expression de la volonté nationale, et s'imagine follement qu'elle peut créer arbitrairement le droit.

6. L'aristocratie honore surtout *l'autorité devenue visible, consacrée par le temps*. Aussi respecte-t-elle pieusement la *tradition* et la *coutume* anciennes. Trop amie de la distinction et de la noblesse de race, elle s'attache autant qu'elle peut à l'*hérédité*, qui transmet au présent les conquêtes du passé. Mais elle sait comprendre la valeur du droit historique, et se méfie des innovations arbitraires.

L'autorité et la liberté, le repos et le mouvement, l'hérédité et le progrès, la tradition et la loi, loin d'être isolés et séparés, sont au contraire intimement unis dans la vie du droit et de l'État. Donc, la liberté progressive doit respecter l'autorité traditionnelle, et celle-ci se garder d'enchaîner le développement utile de la liberté. Le droit, dans son essence, n'est point une *création arbitraire*, mais une *nécessité* dérivant de la nature des choses, des besoins mêmes de la vie commune. La loi en est l'expression consciente et publique ; elle est donc une forme plus élevée de progrès que la simple coutume. Si c'est ainsi que la démocratie l'entend, elle a raison sans doute. Mais ce qui prouve que cette conception n'est point étrangère aux aristocraties, c'est que les anciens Romains et les Anglais modernes ont fait faire, soit au droit privé, soit au droit public, des progrès enregistrés par l'histoire du monde.

7. La démocratie aime les joyeuses *fêtes nationales* et *populaires* (fêtes des chanteurs, des tireurs, des écoles etc.) et les *œuvres d'utilité publique* (routes, chemins de fer, écoles publiques). Elle préfère les *vêtements simples et bourgeois* aux costumes d'apparat. La grande pompe et le luxe lui sont antipathiques.

7. L'aristocratie aime et honore les *formes fines et distinguées*, la *dignité* et l'éclat des manifestations *extérieures*. Elle ne déteste pas la *différence* et la *pompe* des costumes. Elle sait estimer une parure *artistique* ou même *luxueuse*.

Le mieux est, toujours, de compléter les deux tendances l'une par l'autre. Ainsi, le modeste costume bourgeois convient à tous dans la vie ordinaire. Mais les manifestations plus brillantes de la vie, qui ornent et éclairent noblement l'uniformité quotidienne, ont également leurs droits ; elles donnent satisfaction à notre amour du beau et du grand.

Les talents artistiques ont toujours quelque chose d'aristocratique, parce qu'ils élèvent au-dessus du vulgaire et créent le noble et le rare. Les arts ne fleurissent guère dans un milieu jaloux où chacun doit craindre de se distinguer. Sans doute, Athènes, Florence, Nurenberg et Anvers nous montrent qu'ils peuvent aussi prospérer dans les démocraties. Ces villes soutiennent la comparaison de Rome, de Venise, des cours allemandes ou françaises ; elles l'emportent même sur la riche et aristocratique Angleterre. Mais l'on ne doit pas oublier que les idées des Athéniens dans les arts étaient hautement aristocratiques, qu'ils se considéraient comme bien supérieurs aux barbares, et même comme les premiers d'entre les Grecs (aristoi) ; et que ce furent à Florence les princes Médicis, à Nurenberg et Anvers de riches négociants et des patriciens distingués, qui donnèrent aux arts un si remarquable essor.

Une œuvre est parfaite lorsqu'elle réunit harmonieusement l'utilité ou la conformité avec le but, et l'agrément ou la beauté des formes. L'absence de l'une de ces qualités est toujours un défaut. L'utilité seule donne le grossier et le commun ; la forme sans but est une vaine apparence

CHAPITRE III.

Idées républicaines et idées monarchiques.

Dans un sens *large*, le nom de *république* appartient à tous les États dans lesquels l'idée de la « chose publique » (*des gemeinen Wesen*) est devenue vivante en quelque manière, c'est-à-dire à tous les États qui ont un *droit public* (jus publicum), par opposition aux États gouvernés arbitrairement. C'est en ce sens que *Kant* distingue la *république* de la *despotie :* dans l'une, « les hommes, libres et égaux, sont en même temps *citoyens*, c'est-à-dire concourent à la législation ; dans l'autre, les sujets n'ont aucun droit public : il n'y a pas de citoyens. » Dès lors, la monarchie constitutionnelle est toujours une république ; par contre, suivant Kant, la démocratie absolue est la forme « la moins républicaine qui soit ; elle est nécessairement despotique, parce que *tout* y veut être le maître. » (*Œuvres*, vii, 244.)

L'école de droit naturel des xviiᵉ et xviiiᵉ siècles employait un langage analogue : « tout *État véritable et libre* est pour elle une république ; la notion est générique, et la monarchie, l'aristocratie et la démocratie sont tantôt *républicaines*, tantôt *despotiques.*

Cependant, Kant était incomplet quand il n'opposait que la despotie à la république. Il faut plutôt lui opposer, comme *non républicain*, tout État où la conscience du droit et du devoir publics ne s'est point encore réveillée, où les grandes classes populaires sont sans droits politiques ; ainsi, outre la despotie du prince, de l'aristocratie ou des foules, les formes plus douces du patriarcat et de la patrimonialité, qui considèrent l'État comme une famille ou une propriété.

Toutes ces formes *non républicaines* sont tantôt des *dégénérescences des formes normales*, tantôt des *formations encore incomplètes*. Par contre, « l'État de droit » (*Rechtsstat*) des auteurs du siècle dernier, est assez bien le synonyme de la « république » des auteurs précédents. En ce sens, les formes modernes sont *républicaines*, ainsi que les principes suivants :

1. *Nul* n'exerce un pouvoir public comme un droit *à soi* ou privé, comme une propriété.

2. Tout pouvoir public se réfère essentiellement à la *communauté* des nationaux, que nous nommons tantôt l'*État* (*res publica*), tantôt la *nation* (*Volk, populus*).

3. *Tout droit public* est donc subordonné à la communauté ; en d'autres termes, il reçoit son titre de l'État, et n'existe que dans l'État : il est *constitutionnel*.

4. *Aucun* droit public, qu'il soit personnel, dynastique, d'ordre ou d'association, ne peut avoir sa cause *en dehors* de l'État, ni ne peut demander la protection de l'État aux dépens du bien public.

5. Toute fonction publique est au service du *bien public* (*salus publica*). Le bien de la communauté est son but, comme l'existence de celle-ci est sa cause. Donc, tout pouvoir magistral s'exerce *au service de l'État*, est un *devoir envers la nation*.

6. L'État vrai, c'est l'*État public*, ou la *république* (*Volksstat*) (*a*).

7. Le *chef de l'État* est l'organe le plus élevé de la nation ; il n'est le propriétaire ni de celle-ci ni du pays.

8. Les gouvernés sont en même temps *sujets de l'autorité* et *citoyens libres*, c'est-à-dire qu'ils doivent obéissance aux autorités constitutionnelles, aux lois, aux ordonnances, aux déci-

a) On voit que l'auteur emploie le mot *Volksstat* comme synonyme du mot *république* dans le sens ancien. Comp. p. 296 du texte, et *Théor. génér.* p. 295.

sions légales, et qu'ils concourent au selfgouvernement de l'État.

9. Spécialement, l'*autorité de la loi* repose toujours sur le *concours* des citoyens. Point de loi sans l'*assentiment* de la *repré-sentation nationale*.

10. La nation a le droit d'être bien gouvernée. L'administra-tion est *contrôlée* par la *représentation nationale*, et responsable devant elle.

11. On ne doit obéissance qu'aux autorités *constitutionnelles* ou *légales*.

12. Chacun est protégé dans ses *droits personnels de liberté*.

Mais le mot *république* se prend aussi dans un sens plus *étroit*, et comprend alors la démocratie et l'aristocratie par opposition à la *monarchie*. Cette opposition ne laisse pas d'avoir une réelle valeur, quoiqu'elle soit moins importante que la première, avec laquelle on la confond souvent, au grand préjudice de la clarté du langage et des idées.

En ce second sens, la *république* est l'État dans lequel la *sou-veraineté* est attribuée à une *personne collective* (*Collectivperson*), corps aristocratique ou *ensemble des citoyens*.   ·

L'*exercice* du pouvoir de gouvernement peut très-bien, même ici, n'être confié qu'à une *couple d'individus*, comme aux deux consuls de Rome, ou même à une *seule personne*, comme au doge de Venise, au schultheiss, bourgmestre, ou landamman des anciennes républiques suisses, au président des États-Unis ou de la république française. Ce chef unique peut même avoir des attributions très-étendues, et, suivant les circonstances, revêtir momentanément la dictature. C'est ainsi que le président de l'Union américaine est bien plus indépendant dans son action que le roi d'Angleterre. Seulement, ce qui distingue le chef ré-publicain, c'est qu'il n'exerce pas le pouvoir en son nom propre, comme son droit souverain, mais toujours au nom et par le mandat des classes aristocratiques ou du démos, réputés les seuls et vrais porteurs de la souveraineté. C'est donc moins l'étendue des pouvoirs que le siége du droit qui est le trait caractéristique. L'ancien roi germain pouvait beaucoup moins que les consuls de Rome, en dehors de l'assentiment des nobles et de l'approbation des hommes libres; mais il était par lui-

même une autorité qui s'imposait, tandis que les consuls exer-
çaient leur pouvoir par le mandat du peuple romain.

Il ne faudrait pas en conclure que c'est l'*origine* du pouvoir
suprême de gouvernement qui fait la différence essentielle de
l'idée républicaine et de l'idée monarchique. *Weitz*, qui a essayé
de le soutenir (*Politik*, p. 37 et ss., 124 et ss.), se met en contradiction avec l'histoire. L'ancien empire romain et l'empire
napoléonien étaient incontestablement des monarchies, quoique,
dans la forme, leurs souverains fissent dériver leur pouvoir de
la nation. Cette manière était, si l'on veut, républicaine dans le
sens large du mot; mais les empereurs n'en affirmaient pas
moins leur droit monarchique, car ils se considéraient comme
les détenteurs et les porteurs (*Inhaber und Träger*) du pouvoir
de gouvernement, comme les véritables chefs de l'État, et leurs
sujets les regardaient comme tels. Inversement, ce n'était nullement le mandat des gouvernés qu'invoquait le patriciat bernois
pour régner sur la ville et la campagne, ou la bourgeoisie urbaine
de Zurich pour gouverner les ruraux; et cependant ces deux
États urbains du moyen âge étaient sans contredit des républiques *stricto sensu*.

La différence essentielle est donc simplement dans le caractère *juridique* du gouvernement suprême. Ce pouvoir est-il attri-
bué a un individu comme au vrai chef de l'État, comme un droit
public qui s'impose et ne dépend de personne; l'est-il, au contraire,
à une *majorité de citoyens*, au nom et par le mandat desquels
seulement il peut être exercé? Voilà ce qu'il faut se demander.

Dans la *monarchie*, l'on s'efforce d'arriver a une *individuali-
sation* majestueuse et indépendante du pouvoir suprême, dans
la *république*, au contraire, l'on appuie sur la *subordination
essentielle* des fonctions publiques à la *volonté de l'ensemble*. Le
monarque *personnifie* la puissance et la majesté de l'État; il
s'élève en souverain hautement au-dessus de ses sujets. Le
président de la république n'a pas cette qualité; il n'a que
l'exercice du droit du corps aristocratique ou de la nation, dont
il est le mandataire et le représentant, personnellement, il est
l'égal de ses concitoyens; il ne doit ses pouvoirs qu'à sa mission
momentanée.

L'exagération du principe monarchique sépare le monarque
du peuple, le place au-dessus de l'État, en fait un pouvoir antisocial. L'exagération du principe républicain assimile le gouvernement à la direction d'une société anonyme, et ruine
l'autorité. Bien compris, le premier reconnait l'union du
prince et de la nation : le prince est la tête, par conséquent un
membre du corps de l'État. Bien compris, le second n'empêche
pas le gouvernement d'avoir autorité et puissance sur les gouvernés. Ce qui reste différent dans les deux formes, ce n'est que
le rapport des deux éléments : l'une relève aussi la *souveraineté*
(*Hoheit*) *individuelle du prince*, tandis que l'autre donne une
prépondérance décisive à la *souveraineté de la nation* (*Volksho-
heit* a).

Il suit :

1. N'est pas républicain, le système d'une *dynastie* ou d'une
famille héréditairement appelée à gouverner l'État. La république comporte tout au plus un certain nombre de familles exclusivement *aptes à gouverner (patriciens)*. L'aristocratie héréditaire est moins républicaine que l'aristocratie élective,
car elle se place aussi, dans une certaine mesure, indépendante
en face du véritable souverain (l'ensemble de l'aristocratie),
tandis que la seconde donne la prépondérance aux électeurs.
Par contre, la monarchie héréditaire se rapproche davantage de
l'aristocratie que la monarchie élective, parce qu'elle est naturellement entourée d'un certain nombre de personnes qualifiées, les
princes et les princesses du sang, tandis que la monarchie élective élève sans transition une individualité au-dessus de tous.

2. Le principe républicain veut que *tout* citoyen puisse arriver
aux plus hautes fonctions. *Aucune* dignité ne doit être fermée au
mérite.

La monarchie peut accepter ce principe, en faisant une seule
exception pour le roi. La monarchie élective ouvre de loin en
loin l'accès de la royauté aux particuliers, par le décès, la démis-
sion ou la déposition du prince régnant ; la monarchie héréditaire,
point.

a) Comp vol 1, p. 420 et 421.

La monarchie modère ainsi les agitations des partis et les passions ambitieuses. La dignité suprême est rendue indépendante des mobiles majorités et mise à l'abri des audaces démagogiques. C'est là un avantage qui, pour nombre de peuples cultivés, compense largement l'inconvénient de ne pouvoir appeler au premier rang le plus digne, et qui donne à l'État monarchique plus d'équilibre et plus d'éclat.

Les républiques préfèrent le principe absolu du libre accès à toutes les fonctions, malgré les vacillations et les dangers qu'il entraine. Elles ne font point de différence essentielle entre les fonctions du régent et les autres, et effacent, autant que possible, toute différence entre fonctionnaires et citoyens.

3. L'*irresponsabilité* du chef de l'État est nettement non républicaine ; la république demande des comptes à quiconque elle confie un emploi. Mais elle est assez bien monarchique. La monarchie peut sans doute admettre la responsabilité du prince, comme faisait le moyen âge ; mais il lui est toujours difficile de l'ordonner légalement sans mettre la souveraineté royale en péril. Un procès en responsabilité s'attaque à la majesté du prince, et trouble ainsi l'État entier. Aussi la monarchie moderne préfère-t-elle le principe anglais du monarque irresponsable et des ministres responsables. Elle n'admet la responsabilité du roi qu'à titre d'exception et par des voies non judiciaires, lorsque ses actes soulèvent une révolution générale, ou bien encore, elle déclare, comme la dernière constitution napoléonienne, que l'empereur est responsable devant la nation, tout en se gardant bien de déterminer les formes légales de la poursuite de cette responsabilité, et en laissant également à la révolution le soin de l'invoquer.

4. Le principe républicain veut la *courte durée* des hautes fonctions de gouvernement, pour que la majorité régnante puisse conserver le sentiment de sa puissance souveraine. Le principe monarchique demande au contraire une royauté *stable* et *assurée*, soit *à vie* soit *héréditaire*, et regarde cette stabilité comme son privilège.

5. L'éclat de la *majesté* entoure bien davantage le monarque que le chef républicain. L'aristocratie tient encore ici le milieu

entre la monarchie et la république démocratique au gouvernement bourgeoisement modeste. On la voit, en effet, accorder à
ses chefs des honneurs royaux la pompe, le trône, des licteurs,
une suite ; ainsi à Rome aux consuls, à Venise au doge. Cependant les princes eux-mêmes prennent volontiers de nos jours
le costume civil et le genre de vie des premières classes sociales.
Ils ne se montrent guère dans l'apparat du souverain que dans
de rares occasions, et même alors, c'est généralement sous un
uniforme militaire analogue à celui de leurs généraux. Voilà encore une marque de la force du courant républicain moderne ; le
cérémonial théocratique des schahs et des sultans semble à l'Européen déraisonnable et de mauvais goût. Toutefois, il s'est conservé dans nos cours nombre d'usages et de préjugés du temps
jadis, romains-byzantins, patrimoniaux ou féodaux, qui heur-
tent le sentiment délicat des esprits cultivés pour les bonnes
formes.

6. « N'obéir qu'à *son égal* » est une idée spécifiquement républicaine ; la monarchie reconnaît au contraire la *dignité plus
haute* du prince. La fierté républicaine ne veut pas avouer d'autre
supérieur que la *nation*. Le monarchiste s'incline avec dévouement et satisfaction devant le prince, personnification élevée de
la majesté de l'État.

CHAPITRE IV.

Transformation et modification de l'État.

L'État, tout en demeurant essentiellement le même être, se modifie et change dans sa forme. Sa constitution et sa figure varient avec les époques de sa vie et de son développement.

La même ville, le même État d'*Athènes* est tour à tour dominé par des rois (1200 à 1068 av. J.-C.), soumis à l'aristocratie des Eupatrides (1068 à 594), régi par la constitution de Solon (dès 594) ; après une tyrannie passagère (551 à 518), il devient la plus glorieuse démocratie de l'antiquité (510 à 429) ; puis il tombe en décadence, et se montre impuissant contre la royauté macédonienne (338).

Rome n'a pas subi moins de transformations. Ville royale dans son enfance (753 ? à 510), gouvernée ensuite par une noblesse de fonctions d'abord patricienne (510 à 367), puis librement élue, elle tombe enfin sous la domination unique des Césars (48 avant J.-C.), après quelques vaines tentatives pour passer à la démocratie (134 à 121, 100 à 88).

L'histoire nous montre à la fois la liaison interne, l'unité de la vie de l'État et la mobilité de ses formes. La personnalité de la nation, avec ses aptitudes déterminées, explique la première, le développement de ses aptitudes, la seconde.

Une *constitution immuable* serait en contradiction avec la vie de la nation. Les formes de l'État *changent* avec les âges, *suivant une loi naturelle*, comme celles des êtres organiques.

Machiavel a cru trouver dans l'histoire ancienne la *marche normale* de ces transformations, et il s'est efforcé de l'expliquer psychologiquement (a) : Les premiers hommes qui se réunirent choisirent pour chef ou pour *roi* le plus apte à les protéger, le plus fort et le plus vaillant. Cette dignité devint petit à petit héréditaire. Mais les descendants de l'héroïque ancêtre étant devenus d'égoïstes *tyrans*, les hommes les plus considérables et les plus énergiques se soulevèrent, et remplacèrent la tyrannie par l'*aristocratie*. Celle-ci, instruite par l'expérience, gouverna d'abord dans l'intérêt général. Mais le temps vint la corrompre à son tour, et elle dégénéra en *oligarchie*. Les masses se révoltèrent et établirent la *démocratie (politie)*, qui, sage aussi dans le principe, tomba bientôt dans la licence de l'anarchie, et fit place à l'*ochlocratie (démocratie*, suivant l'expression d'Aristote). Enfin, le besoin d'ordre et de sécurité ramena un chef puissant et la *monarchie*. Celle-ci doit faire de nouveau place à l'aristocratie, et ainsi de suite, indéfiniment, tant que l'État conservera assez de force pour pouvoir supporter ces ébranlements, au lieu de décliner et de périr lentement dans l'une des formes.

Mais l'histoire est loin de respecter toujours cette série. Elle nous montre aussi tour à tour, comme le remarque Bodin déjà, la monarchie allant à la démocratie, l'aristocratie à la monarchie, la démocratie à l'aristocratie. Dans notre époque, hostile à cette dernière forme, c'est même en démocraties que les monarchies se transforment le plus souvent, comme on le voit dans les révolutions d'Angleterre, de France et des États-Unis. Il est plus rare de voir l'aristocratie passer à la monarchie, et cependant l'histoire des villes italiennes de la fin du moyen âge, et la monarchie absolue s'élevant sur les ruines de l'aristocratie féodale, en offrent des exemples. L'histoire ancienne et celle du moyen âge nous montrent même l'aristocratie remplaçant la démocratie : les triomphes de la politique spartiate amènent souvent ce chan-

a) *Sur Tite Live*, I, 2.

gement dans la Grèce, et l'on vit parfois, dans les villes d'Allemagne, un patriciat rajeuni écarter le pouvoir de la commune et des maîtrises.

On rencontre même, simultanément, deux courants opposés au sein d'une même nation. L'*empire allemand* du moyen âge passait petit à petit de la monarchie à l'aristocratie, pendant que les *princes particuliers*, d'abord limités par les ordres, devenaient de plus en plus absolus dans leurs États.

On ne saurait donc affirmer une *loi naturelle uniforme* ou une *série nécessaire* des transformations. L'étude des causes de celles-ci conduit d'ailleurs à la même conclusion que l'expérience. Un État nouveau nait ordinairement d'un concours de forces diverses, et ces mêmes forces peuvent ne produire qu'une transformation. Quand une idée appuyée par les circonstances devient décisive, elle s'assure le pouvoir et donne son empreinte à l'État, qu'elle appartienne à un individu, à une classe distinguée, ou à la foule. Le changement de la constitution est la résultante des forces en jeu ; la série des formes est donc loin de pouvoir être marquée d'avance. Ici, le rétablissement de la monarchie terminera le conflit ; là, c'est l'aristocratie qui se saisira du gouvernail ; ailleurs encore, le démos l'emportera. Une force extérieure ou étrangère devient parfois déterminante par l'appui qu'elle donne à l'un des partis en présence. Parfois encore, la victoire passe de l'un à l'autre des combattants, et l'on finit par revenir à l'ancienne forme.

Frédéric Schleiermacher a essayé à son tour de découvrir la loi de ces mouvements. Partant de la *conscience de l'État*, il oppose une idée *politique* à l'idée psychologique de Machiavell. C'était un progrès ; mais une fausse application l'a rendu stérile.

Suivant Schleiermacher, la conscience de l'État se réveille d'abord *également* dans une foule non encore organisée en État, mais qui sent le besoin de l'être ; chacun se considère comme co-gouvernant, et en même temps comme obéissant à tous. La *démocratie* serait ainsi la plus ancienne des formes : à preuve, les premières petites républiques des Hellènes.

Puis, suivant l'auteur, cette conscience s'élève et grandit dans une tribu ou une race plus énergique ou mieux douée, qui se soumet les tribus les plus faibles, et l'on a l'*aristocratie*, telles l'ancienne république romaine et les aristocraties germaniques du moyen âge.

Enfin, la conscience de l'État s'exalte de telle sorte dans un individu, qu'il cesse d'être une personne privée pour n'être plus qu'*une personne publique* (*Statsperson*) : d'où la forme la plus achevée, la *monarchie* moderne.

La série de Schleiermacher marche précisément en sens inverse de celle de Machiavel. Il est de plus assez étrange de voir l'auteur s'attacher davantage à comparer entre eux plusieurs États qu'à étudier le développement interne de chacun d'eux. Il paraît moins préoccupé de son véritable sujet que de l'histoire politique du monde européen.

Mais la faute capitale de Schleiermacher, c'est qu'il oublie de distinguer la *conscience passive, le besoin de l'État*, de la *conscience active* qui mène à la *direction de l'État* et au *selfgouvernement*. C'est la première seulement qui se réveille d'abord dans la foule non organisée. La conscience politique active ne se développe que dans une nation formée, mûrie par l'expérience et par l'éducation. Tantôt craintive des dieux et des démons, tantôt pleine de vénération pour le chef d'une race distinguée, la foule muette se laisse à l'origine conduire par ses prêtres, par ses patriarches, ou se précipite sur les pas de quelque héros vaillant ou sage. Elle passe alors, assez volontiers, de la théocratie à une royauté dynastique, à la monarchie, et elle s'incline devant l'autorité d'un seul.

C'est la sociabilité *active* d'un grand homme en face de la foule encore *passive* qui vient à l'origine donner une forme à l'opposition indispensable de l'autorité et des sujets, des gouvernants et des gouvernés (*a*). La capacité et la volonté de gouverner ne se répandent que lentement dans la foule. Elles se réveillent d'abord dans l'aristocratie des plus riches, des plus valeureux, des sages conseillers du roi. Le démos ne les possède que plus tard ; et c'est seulement en dernier lieu qu'il a loisir et désir de participer aux affaires publiques et de se gouverner lui-même.

a) Comp. *Théorie gén.*, IV, 10.

Ainsi comprise, la raison *politique* des transformations s'accorde avec la raison psychologique ; et l'histoire achève de montrer que telle est bien la *marche naturelle et ordinaire* des choses. Quoique bien souvent rompue, dévoyée, ou même renversée en fait, cette série normale est toujours visible, au moins comme tendance ou comme aspiration, elle peut même servir à déterminer, en général, les âges des nations. On peut la résumer comme suit.

Formes d'État normales.

(Théocratie), monarchie, aristocratie, démocratie, monarchie, etc.

Formes anomales :

(Hiérarchie), tyrannie, oligarchie, ochlocratie, tyrannie, etc.

La *transformation* déplace le siége du pouvoir suprême ; il ne faut pas la confondre avec la simple *modification*, qui, tout en conservant la même loi fondamentale, l'atténue ou la renforce. Bodin déjà l'avait fait remarquer.

Il se peut, en effet, qu'une nation soit tellement dévouée à une forme donnée, qu'elle la garde pendant tout le cours de son existence. Mais la série indiquée sera néanmoins sensible, par les limitations que recevra successivement le pouvoir souverain.

C'est ainsi que plusieurs États européens, soit romans soit germaniques, fondés par des princes puissants, ont toujours conservé la forme *monarchique*. Mais le prince y était à l'origine hautement autocrate, au moyen âge, son pouvoir fut limité par l'aristocratie des ordres ; enfin, après quelques nouvelles tentatives d'absolutisme, la monarchie est devenue constitutionnelle, et donne au démos lui-même un contrôle du gouvernement et une part à la législation. Les *modifications* se présentent donc dans la série suivante.

Monarchie.

1. Autocratique (monarchie pure).

2. Aristocratiquement limitée (monarchie des ordres).

3. Démocratiquement limitée (monarchie constitutionnelle).

Nombre de *républiques* présentent une marche analogue, spé-

cialement les villes italiennes, allemandes ou suisses du moyen
âge. Soumises d'abord à un chef puissant (roi, évêque, prince)
ou à son bailli, elles furent ensuite gouvernées par un magistrat
urbain, bourgmestre, maire ou avoyer, ayant presque l'autorité
d'un prince. Puis le pouvoir passa à une aristocratie de famille
(les patriciens), qui fit place à son tour au pouvoir plus populaire
de la commune bourgeoise et des corporations. Enfin, la démocratie représentative vient clore le mouvement. La série se présente donc ainsi :

République.

1. Pouvoir quasi-princier d'un chef (modification monarchique).

2. Domination des patriciens (aristocratie).

3. Commune bourgeoise et corporative (democratie des or-dres).

4. Democratie représentative (régime populaire moderne).

CHAPITRE V.

La politique et les transformations.

L'homme d'État se trompait étrangement sur sa mission, s'il s'efforçait de maintenir une *forme vieillie* ou *insupportable*, qui entrave le développement naturel de la nation. Son devoir est, au contraire, de conduire pacifiquement et avec modération à la *transformation* qui est devenue un besoin de la vie générale. Tout système de droit peut prétendre à la *durée*, aucun à l'*immutabilité*. Mais un progrès organique et lentement mesuré vaut mieux qu'un saut brusque en avant.

Aristote déjà remarque que l'*abus* du pouvoir en abrége la durée. Les transformations sont le plus souvent la conséquence de la corruption du gouvernement traditionnel. La monarchie devenue tyrannie prépare son propre renversement. L'aristocratie égoïste et oligarchique suscite le pouvoir du démos ou d'un prince. La démocratie qui, sans respect du droit, opprime les minorités et n'a plus que des passions, appelle le règne d'une individualité puissante qui rétablisse l'ordre en se faisant roi, ou d'une aristocratie militaire ou d'argent.

Aussi le plus sûr moyen de conserver la forme établie, c'est d'éviter *tout abus d'autorité, de ne pas dégénérer*. Le pouvoir a peu de chose à redouter, aussi longtemps qu'il s'assied sur le droit réel et vivant, et qu'il ne songe qu'au bien public. C'est par ses torts qu'il mine ses fondements.

Mais l'abus de l'autorité est d'autant plus à craindre que ses détenteurs sont plus dégagés de toute entrave. Plus la puissance est *absolue*, plus la corruption est facile. Pour assurer le pouvoir, il faut donc, autant que possible, empêcher que les gouvernants ne s'exagèrent leurs droits, et chercher des *poids compensateurs* qui préviennent l'arbitraire. C'est être un bien mauvais ami des princes que d'appeler toute contradiction sérieuse et ferme révolte, haute trahison ou lèse-majesté. Un homme d'État sait profiter des forces contraires elles mêmes pour se garder de faute, corriger les abus, doubler ses efforts.

L'affaiblissement interne, *l'extinction des forces* qui ont été jusqu'alors le fondement de l'État, produisent des effets analogues. Une dynastie vieillit, et les qualités qui lui valurent le trône disparaissent ; ses derniers fils n'ont plus ni intelligence ni courage. Une aristocratie vaillante, riche et cultivée à l'origine, s'amollit, s'appauvrit, est dépassée par les autres classes. La démocratie elle-même voit les vertus viriles des pères faire place à l'égoïsme, à la vanité, à la grossièreté des arrière-neveux. La forme externe peut alors se maintenir encore un temps, mais la chute du pouvoir existant approche à pas comptés

Cette chute peut toutefois n'entraîner qu'une simple modification de la forme. La dynastie décrépite peut faire place à une dynastie nouvelle et vaillante : les Mérovingiens aux Carlovingiens, les Stuarts aux Oranges, les Bourbons aînés aux d'Orléans. Parfois encore, une aristocratie nouvelle remplace une aristocratie devenue insuffisante, comme à Rome, où les optimates des deux ordres prirent la place des patriciens.

Ce qu'il y a de pire, c'est la corruption du démos, car elle atteint l'État dans sa large base. Où puiser de l'eau pure quand la source est troublée? On ne peut plus guère attendre de secours que d'un homme énergique qui s'empare du pouvoir, et l'*impératorat* devient presque une nécessité.

Chaque forme d'État a ses soucis et ses dangers. Puisant sa force dans le principe qui l'a produite, elle doit s'efforcer d'y demeurer fidèle, tout en se développant harmoniquement. Le maintien entêté de certaines prérogatives royales, loin d'affermir la *royauté*, peut gravement la compromettre. C'est en personnifiant hautement le bien, l'honneur, la vie de la nation, que la monarchie s'affermit. La clairvoyante initiative et l'énergie de l'action, *toujours inspirées par l'intérêt public*, sont ses meilleurs gardiens.

L'*aristocratie*, qui repose sur la distinction de la minorité gouvernante, se conservera surtout en s'assimilant les éléments nouveaux qui s'élèvent et se distinguent, en se montrant juste et modérée envers tous.

La *démocratie*, surtout si elle est représentative, n'est assurée que si l'éducation nationale marche avec les progrès du temps, si les citoyens sont élevés dans le respect du droit, de la loi, des devoirs civiques. La domination de la plèbe en est le renversement. La « Commune » amène, par une nécessité naturelle, la dictature militaire.

Montesquieu l'a très-bien dit · « Un État qui se corrompt, se sauve le mieux en rappelant le principe qui l'a fait originairement grand. »

C'est ainsi que Cromwel et Guillaume III ont sauvé l'Angleterre de la révolution, en se rattachant aux anciens principes de la constitution anglaise, en rétablissant l'union du pouvoir monarchique et du parlement, en fondant la monarchie constitutionnelle. De même, le peuple allemand appelait d'instinct le rétablissement de la dignité impériale, qui l'avait au moyen âge représenté dans son unité et sa majesté. Mais la poursuite romantique d'une rénovation du Saint-Empire romain, consacré par l'Église et limité par les ordres, méconnaissait la marche des temps, et n'était qu'un rêve insensé. L'Empire rétabli dans une forme moderne, telle était l'idée raisonnable et saine; et elle s'est réalisée dans la nouvelle Allemagne.

De même, la Suisse se sauva du chaos de la « République helvétique » en rétablissant, sans oublier les progrès du jour, l'ancienne liberté communale, les Cantons, la Confédération.

Mais une politique *de restauration formelle* qui ne songe qu'à réinstaller artificiellement des institutions vieillies, demeure ordinairement stérile. Les flots du jour emportent ses œuvres, comme fait la mer des monceaux de sable que des enfants élèvent sur le rivage. Le rétablissement de la république par le dictateur Sylla, les restaurations des Stuarts en Angleterre, des Bourbons aînés en France, montrent l'instabilité de ces tentatives.

———————

LIVRE SEPTIÈME.

B. — EFFETS ET DEVOIRS DE LA MONARCHIE REPRÉSENTATIVE

CHAPITRE PREMIER.

La chute de la monarchie absolue en Europe.

La seconde moitié du xvi⁰ siècle, le xvii⁰, et la première
moitié du xviii⁰, furent favorables à cette forme; le pouvoir
absolu du prince triomphe sur tout le continent de l'aristocratie des ordres. Mais depuis, attaqué de toutes parts, il a
disparu de notre Occident.

Ce changement remarquable de l'esprit général est certainement en relation avec la marche psychologique de l'esprit du
temps. Mais d'autres causes y concoururent, défauts personnels
et fautes politiques, sinon ce dernier n'eût pas eu si beau jeu.
On peut en indiquer trois :

1. *L'abâtardissement des dynasties* et la faiblesse des princes
absolus. Par la nature des choses, les princes qui fondent les
dynasties sont ordinairement de hautes individualités, capables
de grandes actions, et leurs successeurs éloignés n'ont le plus

14

souvent qu'une main faible et débile, qui laisse échapper le sceptre.

Une dynastie dévore elle-même ses aptitudes premières dans le cours agité de sa vie plusieurs fois séculaire. La conquête du pouvoir tend les forces, les luttes et les dangers forment les caractères, et le succès récompense les héros. Mais la jouissance assurée de l'empire endort l'activité. Le prince songe plus à satisfaire ses caprices et ses passions qu'a gouverner sagement. Les flatteurs et les courtisans l'entourent, le trompent, l'égarent. Il s'abandonne aux *favoris* et aux *maîtresses*; ou bien, ce qui est encore pire pour les peuples, il tombe sous la tutelle *cléricale* des jésuites, des confesseurs et des prêcheurs de cour. Les calotins et les maîtresses s'unissent même parfois pour mieux dompter et exploiter sa faiblesse, et le pays entier marche à sa perte. *Exempla sunt odiosa* : quiconque sait l'histoire, en connait suffisamment.

La vraie monarchie personnifie l'esprit public. « L'égoïsme personnifié, » comme dit Laurent (*Études*, XV, p. 51), en est la caricature. La monarchie absolue y tend presque fatalement, et le prince finit par se croire divin.

La monarchie n'est plus qu'un mensonge, quand les favoris, les favorites ou les prêtres exploitent les peuples sous le nom du débile monarque. L'État est alors commandé par qui n'en a pas le droit, et celui qui a le droit ne commande pas. La forme absolue conduit facilement à ce renversement des choses, et par suite à la haine du gouvernement et à sa ruine.

2. Ce furent souvent aussi les *difficultés financières* qui forcèrent l'absolutisme à donner ou à subir une constitution. Le prince absolu a bien un plein pouvoir d'imposition; il peut édicter les taxes qu'il lui plaît, et l'histoire montre qu'il s'est largement servi de cette exorbitante faculté. Au besoin même, il engageait sans scrupule le crédit public, et grevait l'État de *dettes* croissantes.

Ces deux sources de revenus semblèrent d'abord inépuisables; et le luxe des cours et les prodigalités des princes ne connurent bientôt plus de limite. Tous les caprices, tous les appétits parasites trouvaient satisfaction. Le monarque ne rendait compte a personne, et le désordre cachait momentanément le péril.

Mais les bornes naturelles de la toute-puissance apparente du prince se montrèrent enfin. Les dépenses excédaient régulièrement les recettes, et les souffrances publiques ne permettaient plus d'élever les taxes; le service irrégulier de la dette achevait de ruiner le crédit du prince Il fallut s'adresser directement à la bonne volonté de la nation, et celle-ci ne vint en aide qu'en exigeant une gestion ordonnée des finances et les droits politiques.

3. Le désordre des finances est la maladie chronique des monarchies absolues. Les *entreprises hasardées* en sont les fièvres aigues.

Le prince absolu, maître des relations étrangères, peut à son gré faire la guerre ou la paix. Rien ne l'oblige à écouter les vœux et les intérêts de ses sujets; aucun parlement n'a à lui voter les levées nécessaires de troupes ou d'argent. Il combine ses plans dans le secret, sans en rendre compte à personne, choisissant comme il lui plaît ses envoyés et ses agents. Il peut soudain passer à l'action et déployer la plus haute énergie personnelle.

Ces conditions paraissent excellentes; et cependant l'omnipotence devient bientôt fatale au prince lui-même. Les passions, la vanité, l'ambition, le besoin de dominer, les mauvais conseils, le mènent aux aventures; l'intrigue et la flatterie des cours l'aveuglent et le perdent. Les princes absolus ont à se reprocher une foule de guerres inutiles et sanglantes.

L'insuccès de ces tentatives téméraires enlève au prince l'estime publique, et la confiance même de l'armée, son plus fidèle appui. La nation mécontente exige alors des garanties, des droits constitutionnels, et la forme absolue fait place à la monarchie représentative ou à la république.

Telles sont les causes qui, tantôt isolées tantôt concourantes, ont fait tomber les trônes absolus de l'Europe.

CHAPITRE II.

Le caractère politique de la constitution anglaise.

L'Angleterre fut constitutionnelle plus d'un siècle avant le continent, et cette forme n'a été nulle part aussi stable et aussi féconde. Cependant elle y fut aussi précédée par des tentatives d'absolutisme, et par une révolution sanglante qui abolit la royauté et proclama une république des classes moyennes. Le nouveau régime date de la seconde révolution anglaise, de la chute des Stuarts et de l'avénement de Guillaume III d'Orange, gendre de Jacques II (1688-1689).

La constitution anglaise est monarchique dans la forme. Le roi légifère en son parlement, il gouverne en son conseil, et la justice se rend en son nom. Il est même le chef de l'Église anglicane, et plus indépendant dans celle-ci que dans l'État. Mais son autorité trouve partout des bornes. Il ne peut ni faire la loi sans l'assentiment du parlement, ni gouverner sans le concours des ministres. L'administration de la justice est même entièrement confiée aux juges et aux jurés.

Aussi, au point de vue de l'*esprit politique* de sa constitution, l'Angleterre est-elle plutôt une *aristocratie* [1].

[1] Voyez l'excellent ouvrage de *W. Bagehot* : « La Constitution anglaise, » traduit [en allemand] par *Fr. Von Holtzendorff*. Berlin, 1868 [En français par *Gauthiac* Paris, 1869]

Sans doute, le sentiment *monarchique* n'y est point éteint. Les Anglais honorent leurs souverains avec une profonde sympathie, un respect presque religieux. La loyauté est pour eux la majesté incarnée de l'État ; ils sont fiers des brillants rayons de sa couronne ; la cour du prince est le sommet ensoleillé de leur vie nationale et sociale. L'aristocratie, loin d'être envieuse du roi, sent qu'elle trouve en lui sa plus haute expression et son plus ferme rempart. Les classes inférieures le regardent comme une modération de l'aristocratie et une barrière contre l'oppression des hautes classes.

Le roi et la nation, dans leur unité, sont seuls *au-dessus* des partis, et se servent tour à tour de l'un ou de l'autre. Le roi n'est point, comme son ministre, le chef de l'un d'eux ; mais il s'unit avec celui qui a la confiance de son peuple, et qui dispose de la majorité dans le parlement. C'est à ce parti qu'il confie la direction des affaires. Quant à lui, il représente la permanente unité de l'État et la communauté de l'ordre juridique, en face des ministères changeants.

Le roi anglais n'est nullement sans influence sur les affaires. Placé au centre de l'État, il en voit de haut tout l'ensemble. Sa manière d'agir et de juger est loin d'être indifférente. Mieux il sera doué, plus il fera sentir sa bienfaisante action. La reine actuelle, guidée par son loyal époux, a souvent contraint ses ministres à respecter ses désirs. Nous l'avons même vue, depuis son veuvage, se prononcer dans quelques questions importantes contre leur première décision, et ramener à son avis l'habile Palmerston lui-même.

Sans doute, le roi anglais ne pourrait aujourd'hui nommer ou révoquer ses ministres d'après ses goûts personnels. L'usage et les rapports actuels des pouvoirs lui commandent de se conformer avant tout aux votes du parlement. Mais, dans ses limites, la liberté lui reste. Il peut choisir entre les chefs de parti ; profiter de l'ambition et de la rivalité des hommes politiques ; donner l'impulsion à un revirement d'opinion en changeant de ministère. Il peut étudier de près les correspondances diplomatiques, les rapports des ambassadeurs, les instructions qu'ils reçoivent, et se rendre un compte exact des relations étrangères de l'État. Il peut dire son avis dans le conseil des ministres, ordonner des enquêtes, demander des rapports, retarder ou même refuser sa sanction à certaines décisions, entraver ainsi le cabinet dont il désapprouve la politique, montrer enfin sa faveur par des distinctions, des ordres, des titres. Tout prince homme d'État trouve donc un champ d'action plus large que nous ne sommes portés à le croire sur le continent.

Les Anglais sont fiers d'avoir un roi pour chef; ils croiraient déchoir en honneur et en considération, s'ils confiaient ses pouvoirs au premier citoyen venu. Toutefois, ils sont moins *dynastiques* que plusieurs nations allemandes, en raison même des changements qui ont amené sur leur trône, à de courts intervalles, les Tudors, les Stuarts, les Oranges-Nassau et les Hanovre. La maison de Cobourg prendra elle-même, sans doute, la place de cette dernière, qui cependant n'est pas éteinte. Le droit public anglais favorise ces mutations, en appelant au trône les filles du prince à l'exclusion des collatéraux d'une autre *parentele*.

Mais l'esprit et la volonté dirigeante de la politique anglaise, a certainement aujourd'hui son siége dans le *cabinet*, c'est-à-dire dans *les chefs changeants de la majorité parlementaire;* et celle-ci est elle-même le résultat de la lutte des partis, d'abord dans les élections pour la chambre basse, puis dans le parlement lui-même. Ainsi le roi change son ministère suivant la victoire des partis; et, dans la règle, il ne peut également qu'approuver les propositions des ministres soutenus par la majorité du parlement, car cette majorité, c'est la puissance.

Le gouvernement anglais est donc justement nommé *ministériel* ou *parlementaire*. C'est le cabinet qui prépare tous les projets de décision, même les lois les plus importantes. Il fait partie du parlement; il est le vrai chef de la majorité; il tombe en la perdant.

C'est également lui qui conduit les affaires et décide, en conseil du roi, de la politique à suivre. Le droit public anglais distingue sans doute la législation du gouvernement par l'organisation différente qu'il donne au parlement et au conseil du roi. Mais le roi est dans la forme le chef des deux pouvoirs, et le cabinet l'est dans le fond.

Enfin, c'est incontestablement l'aristocratie qui domine dans
la composition du parlement. Les grands partis anglais sont
aristocratiques, de même que les idées et les mœurs de la nation.
Par l'esprit, la constitution anglaise est donc une *aristocratie
ayant à sa tête un roi héréditaire.*

Aucun pays du monde ne possède une classe aussi nombreuse
d'hommes et de familles finement cultivés, riches et dévoués au
bien public. La culture allemande peut être plus scientifique et
plus profonde, plus répandue dans les classes moyennes. Mais
elle est relativement pauvre d'argent, moins fière, moins distinguée, moins confortable que celle du *gentleman*. Les classes cultivées de France sont peut-être aussi riches, plus élégantes dans
le monde des salons; mais elles sont certainement moins viriles
et moins dévouées au bien public.

L'aristocratie anglaise ne s'est jamais séparée, comme une caste,
du reste du peuple. Tout en estimant fort une haute naissance,
tout en respectant avec soin dans ses mœurs les différences de
rang et de titre, et sans ouvrir ses salons au premier venu, elle
permet cependant au fils de l'industriel enrichi d'entrer dans son
sein, quand il vit en gentleman propriétaire et retiré des affaires.

Elle n'a jamais demandé des immunités d'impôt, comme celle
de France et d'Allemagne; jamais elle ne s'est soustraite aux
devoirs publics. Ces devoirs la trouvent toujours au premier rang.
Aujourd'hui encore, qu'un besoin public se fasse sentir, et
elle se distingue entre tous par ses généreuses souscriptions.
Son patronage élevé encourage et récompense les nobles efforts
de la science et des arts.

Les *fonctions publiques* sont entièrement dans ses mains, non
par un privilège blessant, mais par la logique des situations et
les mœurs traditionnelles. Les *fonctions*, surtout *de police, de
juge de paix*, sont remplies gratuitement par les plus riches et
les plus considérés des grands propriétaires ruraux, qui y trouvent une excellente école d'administration pratique et de politique. Les idées et les mœurs publiques se transmettent presque
héréditairement : le noyau du parti whig se compose d'un groupe
de familles illustres de la haute aristocratie, chez lesquelles les
idées libérales se maintiennent depuis des siècles ; la plupart des

tories du parlement gardent également leurs sentiments conservateurs comme un héritage de leurs ancêtres. La religion chrétienne elle-même prend en Angleterre des formes aristocratiques :
le bourgeois qui s'est élevé quitte l'Église presbytérienne pour
entrer dans la haute Église, qui est celle de l'aristocratie.

Le droit *successoral* n'est pas moins aristocratique, quand il
attribue généralement à l'aîné les biens principaux du défunt,
pour maintenir de grandes fortunes foncières, parfois excessives.

La richesse est également une condition indispensable pour
arriver à la députation. Chaque siége du parlement, disait un
journal anglais, est frappé d'un impôt de 2,000 liv. st. par an.
C'est qu'en effet, les frais d'une élection sont très-élevés, et, de
plus, la vie à Londres est très-coûteuse. Le caractère de la
chambre basse elle-même reste ainsi aristocratique. Le plus
grand nombre de ses membres appartiennent en effet à la gentry,
nobles possesseurs de fiefs, grands capitalistes, notabilités financières, et c'est de leur sein que s'élèvent la plupart des ministres
et des grands chefs de parti.

Ce caractère général se maintient jusque dans les branches
inférieures de l'administration. On y trouve relativement peu
d'emplois professionnels rémunérés, et beaucoup de fonctions
gratuites et d'honneur. La loi règle jusqu'aux moindres détails
administratifs. Avant d'obéir, l'Anglais demande en vertu de
quelle loi l'on ordonne. La loi seule peut mettre des bornes à sa
liberté. Les tribunaux protégent cette indépendance, examinent
la légalité de tout ordre administratif, et contrôlent ainsi les
fonctionnaires.

Le peuple anglais a le respect profond de la loi, le sens de la
légalité. Son aristocratique chambre basse et son jury appuient
ces tendances. Mais aussi l'administration anglaise en est souvent entravée. Elle ne peut pas trancher énergiquement et
promptement. Elle est souvent contrainte de regarder impassi-
blement un mal grandissant. Son action est lourde, souvent
insuffisante : le besoin est urgent, et l'État semble demeurer
indifférent.

CHAPITRE III.

Pourquoi la monarchie constitutionnelle a-t-elle echoue en France?

La société française applaudit à *Montesquieu* montrant à la France et au continent la monarchie libre de l'Angleterre comme un modèle à suivre. Mais les doctrines démocratiques de *Rousseau* et la révolution qui suivit, enflammèrent les passions, et jetèrent les esprits dans une autre voie.

Les institutions anglaises ne reprirent du crédit qu'après la tourmente révolutionnaire et la chute de la monarchie césarienne de Napoléon. La *Charte de Louis XVIII* essaya de les transporter en France. (Comp. vol, I, l. VI, c. IV.)

Cette formule française de la monarchie constitutionnelle exerça en Europe une assez longue influence. Mais, en France même, après avoir reçu un premier coup de la révolution de 1830, elle fut remplacée, en février 1848, par la république Puis Napoléon III se déclara contre les fictions et les vanités parlementaires, et édifia un *empire roman-français* (1852) qui ne put supporter le choc des défaites de 1870, et qui s'abîma pour faire de nouveau place a la république.

A quoi faut-il attribuer cet échec de la monarchie constitutionnelle? A ses principes, qui ne conviendraient pas à la France, ou à des causes externes?

Ce n'est point aux principes, sans doute. Les Français acceptent volontiers un chef individuel puissant et brillant, les libertés publiques, le concours nécessaire des chambres, la responsabilité des ministres devant elles, le contrôle du gouvernement et de l'administration en général, la subordination de toutes les fonctions au chef de l'État, une administration concentrée, des tribunaux indépendants dans leur sphère, un pouvoir souverain de gouvernement, mais avec les libertés de la presse, des réunions, de l'industrie.

L'exemple de la France rappelle une ancienne vérité : c'est que les formules écrites d'une constitution sont peu propres à elles seules à satisfaire et à régler la vie d'un peuple. Au reste, plusieurs causes ont contribué a faire échouer ce régime.

1. « Les anciens Celtes, toujours *amis de nouveautés*, ne peuvent supporter *ni la liberté ni la servitude*. » Ce trait de caractère, signalé par César, a certainement gardé quelque influence. Intelligent, prompt, bouillant, saisissant au vol des formules toutes faites pour les pousser a leurs dernières conséquences, le peuple français se soumet tour à tour sans réserve, ou se révolte avec violence, allant de la royauté à la démocratie, du césarisme à la « commune, » du cléricalisme a l'athéisme. Or la monarchie constitutionnelle *évite* essentiellement *les extrêmes*, fait des *compromis*, *unit* les contraires, et empêche ainsi l'exagération ou l'omnipotence d'une seule tendance

2. Cette même forme ne peut durer qu'autant que la nation, ses chefs et ses représentants, demeurent *très-maîtres d'eux-mêmes*; et, pour se vaincre, il faut une raison assise, une intelligence sans préjugé, l'habitude de s'aider soi-même.

Or l'éducation et la tutelle cléricales détruisent dans leur premier essor la pensée indépendante et la raison critique dans les masses des campagnes, et même des villes, par l'intermédiaire des femmes. De plus, les Français sont peu faits à la selfadministration, et habitués à trop attendre de l'État.

3. Le roi demeure, au moins dans la forme, et même au fond, le véritable chef de l'État constitutionnel. Mais ce furent les Bourbons qui le donnèrent à la France, et cela ensuite de la

défaite de ses armes. La nouvelle constitution paraissait souillée
dans ses origines par l'invasion étrangère.

D'ailleurs, le roi et sa cour étaient loin de s'en proclamer les
amis. *Charles X* la haïssait ouvertement, rêvait le retour de
l'absolutisme, et s'entourait de tous les éléments réactionnaires,
jésuites, courtisans, vieux légitimistes. La révolution de 1830
voulut défendre la constitution contre le roi.

Louis Philippe et les *d'Orléans* n'étaient point anticonstitu-
tionnels, c'est vrai. Mais ils se livrèrent presque exclusivement
aux classes bourgeoises moyennes, et négligèrent les intérêts
des masses. Leur politique étrangère était faible et pusil-
lanime, leur politique intérieure mesquine et étroite. On soup-
connait Guizot d'être un ami des jésuites. Le refus d'étendre le
droit de vote fit éclater la colère des Parisiens, et le trône
s'écroula.

4. L'aristocratie, qui est en Angleterre le meilleur appui de
la constitution, était en France plutôt un embarras. La noblesse
française était en grande partie rentrée à la suite de l'étranger.
Antipathique au peuple, elle haïssait de son côté tout ce qui
restait encore vivant des idées de la révolution ou des gloires
de l'empire. Elle demanda et obtint du trésor une riche indemnité, et essaya de prétendre encore à une situation privilégiée à la cour et dans la province. 1830 fut dirigé à la fois
contre l'absolutisme royal et contre la noblesse légitimiste
héréditaire.

5. La révolution avait réveillé dans les masses le sentiment
de leur force et de leur valeur. Il aurait fallu chercher en elles
un appui que la noblesse refusait à la constitution. Au contraire,
on les exclut complètement du vote et de l'éligibilité au profit
des gros financiers, plus enviés que distingués et capables
politiquement.

Le démos français, surtout le parisien, n'est point aussi res-
pectueux de la loi que le citoyen anglais. Il est plus mobile,
plus excitable, plus disposé à la violence; et Paris entraine
généralement la France. Ce sont des révolutions parisiennes
qui introduisirent la république en 1848 et 1870. Une opposition contre Paris s'était formée lentement dans les provinces,

par l'influence du clergé et du gouvernement; mais ses tendances étaient plutôt anticonstitutionnelles. Les masses françaises sont souvent comme les moutons ; elles se précipitent
sans réflexion à la suite de tout mouvement nouveau.

6. Enfin l'armée, qui triompha finalement en 1848, gardait
encore plus de souvenirs des Napoléons que des Bourbons.
Elle avait obéi sans enthousiasme au roi bourgeois; et, si elle
était en majeure partie monarchique, c'était le césarisme napoléonien et l'*impératorat* qu'elle préférait.

_____

CHAPITRE IV.

Dans quelle mesure la forme anglaise peut-elle servir de modèle à l'Allemagne?

La monarchie constitutionnelle nous est venue indirectement, par Paris et l'Allemagne du Sud. Aussi ce fut le constitutionnalisme français qui servit d'abord de modèle à nos chambres et à nos ministres. *Rotteck*, *Welker* et *Aretin* étaient les disciples de *Benjamin Constant*. Nous jugions de la forme anglaise par le Français *Delolme*, et peu d'Allemands remontaient jusqu'à *Blackstone*.

Puis les choses changèrent. L'on remarqua les beaux fruits et la stabilité du constitutionnalisme en Angleterre, sa faiblesse et son impuissance en France. On étudia directement le système anglais, et *Rud. Gneist* l'approfondit dans son remarquable traité. Des écrivains anglais nous aidèrent aussi à connaître leur pays; et il devint d'usage en Allemagne d'imiter et de citer l'Angleterre.

Nous avons certainement beaucoup à apprendre des Anglais. Leur longue expérience de la liberté a formulé des lois fécondes, et créé des institutions excellentes. On peut dire qu'ils ont rendu au droit public presque autant de services que les Romains au droit privé.

Cependant, nombre d'institutions anglaises ne sauraient convenir à l'Allemagne. Le pays, le caractère, l'esprit, l'histoire des deux peuples, diffèrent. Une simple copie de l'Angleterre ne vaudrait rien, car elle se remplirait naturellement d'un tout autre esprit et rencontrerait des conditions sans analogie. Il faut donc user de prudence en se servant des modèles anglais. Mieux vaut encore essayer de résoudre nos problèmes d'une manière indépendante.

L'Allemagne diffère de l'Angleterre :

1. Par la *situation* Celle-ci est hautement protégée par sa situation *insulaire*. Celle-là est placée au centre du continent, au milieu de grandes puissances militaires; sa frontière nord est seule protégée par la mer. L'une n'a pas besoin d'une grande armée de terre; sa puissante marine suffit à sa garde, et la fait respecter sur toutes les mers et toutes les côtes. L'autre ne peut se passer d'une puissante armée de terre appuyée sur un peuple accoutumé aux armes, et sa marine n'a qu'une importance subordonnée.

Cette différence fondamentale réagirait à elle seule sur le caractère de la constitution. L'armée devient en Allemagne un facteur bien plus important qu'en Angleterre, et la royauté y prend ainsi une figure énergique que la royauté anglaise n'a pas. L'armée allemande est une véritable école publique. En même temps que la stricte obéissance, l'homme du peuple y apprend les lois, l'ordre, le devoir envers le prince et la patrie, le sentiment de sa dignité.

2. Par sa *formation historique*. L'unité *nationale* est depuis longtemps un fait accompli en Angleterre, y compris l'Écosse. L'Irlande seule montre encore quelques tendances séparatistes, mais sans système dynastique particulier et sans puissance.

En Allemagne, au contraire, l'unité de l'ancien empire s'était relâchée, les princes particuliers s'étaient rendus indépendants, et, depuis le xviiie siècle, l'antagonisme de la Prusse et de l'Autriche brisait la politique. La nouvelle Allemagne est enfin nationalement constituée. Mais l'opposition des États particuliers et de l'État général persiste, et la *dynastie impériale* est obligée de compter avec les nombreuses *dynasties princières*. Elle est elle-même à la fois maison *royale de Prusse*, et ce titre est le plus sûr appui de son autorité.

Le pouvoir du roi de Prusse et du nouvel empereur est, en fait, bien plus grand que celui du roi anglais. Les Prussiens et les Allemands savent que la Prusse et l'Allemagne nouvelle sont principalement l'œuvre des princes énergiques de Hohenzollern. L'esprit politique des Prussiens est plus monarchique qu'aristocratique. Aussi leur roi occupe-t-il dans l'État une situation prépondérante qui, depuis plusieurs siècles, n'appartient plus au roi anglais.

3. L'État anglais repose principalement sur la considération, la connaisance des affaires, la richesse et le dévouement volontaire de son *aristocratie*. Le caractère et l'histoire de l'aristocratie allemande n'offrent point une base semblable. Ses maisons dynastiques se sont depuis six siècles partagé l'empire comme un bien de famille; sa haute noblesse s'est toujours montrée plus ardente à dominer que dévouée au bien public ; sa petite noblesse elle-même, aimait mieux les privilèges et les immunités que les devoirs parlementaires et les fonctions gratuites. Il fallut en quelque sorte leur arracher à tous la monarchie constitutionnelle, l'État moderne et l'empire national.

Par contre, il est en Allemagne une classe puissante et influente qui n'existe pas en Angleterre : c'est celle des fonctionnaires. Très-instruite, accoutumée aux affaires, hautement honorable, elle prend en Allemagne la place qu'occupe la gentry anglaise. Cette classe se rattache par l'origine à toutes les autres ; elle puise dans toutes les couches, mais principalement dans les classes moyennes cultivées, et surtout dans les familles de fonctionnaires. Moins riche que l'aristocratie anglaise, elle est plus rompue a l'administration et généralement plus savante ; son honorabilité est aussi grande ; elle est étroitement unie, et habituée à une subordination qui, pour être moins libre, n'est nullement servile.

La monarchie allemande doit compter avec cet important facteur. Il était puissant avant que la représentation concourante et contrôlante existât. Méfiant d'abord contre l'innovation, il s'est bientôt réconcilié avec elle. Plusieurs de ses membres les plus capables entrèrent dans les chambres, qui, de leur côté, assurèrent mieux sa situation et son action. Il se forma ainsi des rapports de sympathie et d'estime et une limitation réciproques, qui protégent le pays contre la bureaucratie et contre l'arbitraire démagogique.

4. Enfin, ce qui est décisif, c'est que les partis anglais sont *capables de gouverner et toujours prêts à le faire*. Rien encore de semblable en Allemagne. Les chambres des députés y sont bien plus mêlées que celle d'Angleterre. La plupart de leurs membres appartiennent aux classes bourgeoises professionnelles, et sont peu propres ou peu disposés à s'occuper eux-mêmes de gouverner : ils ne veulent que *contrôler*. Par suite, les ministres allemands sortent ordinairement de *l'ordre des fonctionnaires* plutôt que des chambres, et leur situation devant celles-ci est ainsi très-différente de celle du cabinet anglais.

Ces différences fondamentales ne permettent pas à l'Allemagne de copier simplement le parlementarisme anglais. La monarchie constitutionnelle allemande a naturellement un autre caractère et d'autres formes.

CHAPITRE V.

Puissance et rapide croissance de l'État prussien

La Prusse est devenue un État indépendant dans les Marches du nord de l'empire romain du peuple allemand, comme l'Autriche l'était devenue avant elle dans celles du sud. Mais les margraves du sud et les archiducs d'Autriche profitèrent de leur *dignité impériale romaine* pour réunir sous leur domination particulière des principautés étrangères, et créèrent ainsi, par des unions personnelles ou réelles, une *agglomération aux langages divers*. Au contraire, les margraves du nord, depuis princes-électeurs de Brandebourg, se firent d'abord les protecteurs de la culture et de la colonisation allemandes dans les pays slaves de la Vistule et de la mer du Nord, et, devenus rois de Prusse, fondèrent un grand *État unitaire allemand*. La maison de *Habsbourg* demeurait attachée à l'Église romaine; celle de *Hohenzollern* protégea la Réforme. L'une s'appuyait sur l'ancien droit impérial, la politique traditionnelle des dynasties, les sympathies de l'aristocratie. L'autre grandit en combattant la vieille constitution, en rendant son peuple instruit et guerrier, en représentant les idées modernes. La lutte entre les deux maisons dura de 1740 à 1866, et se termina par l'*exclusion de l'Autriche* et la fondation de l'*empire allemand des Hohenzollern*.

15

Les principaux facteurs qui ont élevé la Prusse au rang de grande puissance, et l'Allemagne nouvelle au rang de puissance du monde, sont [1] :

1. La dynastie des *Hohenzollern* et les *rois de Prusse.*

La Prusse est essentiellement l'œuvre de sa dynastie. Au commencement de la guerre de Trente ans, l'électorat de Saxe était plus important que celui de Brandebourg, et le duché de Prusse était encore le vassal de la Pologne. Le grand électeur *Frédéric-Guillaume* (1640 à 1688) affranchit ce dernier, il troduisit un gouvernement uniforme pour la Prusse et le Brandebourg, et fit de sa principauté l'État le plus puissant de l'Allemagne du Nord. Un siècle plus tard, son arrière-petit-fils, *Frédéric II* (1740 à 1786) élevait la Prusse au rang de puissance européenne. Le premier n'avait eu qu'un duché de 2,073 milles carrés, avec une population de 1,500,000 habitants. Le second laissait en mourant un royaume de 3,540 milles carrés et de 5,400,000 habitants. La Prusse actuelle compte 6,171 milles carrés et 24,339,706 habitants ; et elle est, de plus, la puissance prépondérante de l'empire allemand, qui compte 9,610 milles carrés *a*), et plus de 41 millions d'habitants.

Les princes prussiens du XVII⁰ et du XVIII⁰ siècle étaient absolus, comme tous ceux du continent. Mais leur conception de la souveraineté du prince, « ce rocher de bronze, » suivant l'expression du roi Frédéric-Guillaume I⁰ʳ, était dès lors radicalement différente de celle des autres cours. La plupart des dynasties considéraient le pouvoir du prince à la manière du moyen âge, comme une propriété donnée par Dieu, une riche jouissance de famille. Les Hohenzollern eurent au contraire de bonne heure le sentiment du devoir envers la nation et l'État. « Sic gesturus sum principatus, » disait déjà le Grand Électeur, « ut sciam rem esse populi, non privatam. » Le prince est le premier serviteur de l'État, s'écriait Frédéric II, formule tranchée qui engendra un

---

[1] *Heinrich v. Treitschke*, Das constitutionnelle Königthum in Deutschland. Hist. und pol. Aufsätze, vol. II, p 747 et ss — *Rud Gneist*, Die Eigenart des preuszischen Stats, Berlin, 1873 — *Hermann-Schulze*, Das preuszische Statsrecht, vol. I. Leipsig, 1872.

a) 544.450 kilom. c. d'après la géographie militaire de *Lavallée*. Le mille prussien est de 7,532 mètres.

principe nouveau. C'est dans cet esprit que les princes de Hohen-zollern sont élevés et qu'ils agissent; l'empereur actuel en est rempli. Aussi l'État prussien fut-il dès le début une monarchie publique moderne (ein modernes Volkshonigthum).

Par une rare faveur du sort, la Prusse naissante eut le bon-heur de posséder successivement deux grands princes, généraux et hommes d'État de premier ordre, séparés par le règne inter-médiaire d'un prince doux, modeste, économe, attaché à ses devoirs. Nous voulons parler du Grand Électeur, du père de Frédéric II, et de Frédéric II lui-même. De même, dans notre siècle, la Prusse puissante doit ses énormes progrès à deux rois consciencieux qui ont su choisir et trouver des ministres de génie : à *Frédéric-Guillaume III*, qui eut *Stein* et *Hardenberg*; à *Guillaume*, qui a *Bismarck*. Ce gouvernement ministériel des nouveaux rois, remplaçant le gouvernement autocratique des anciens, est également un progrès en harmonie avec la marche de l'esprit moderne.

2. L'*armée* a dans l'État prussien une importance considérable. Elle y fut, dès l'origine, l'objet de la plus grande sollicitude, et elle s'est toujours distinguée par la perfection de l'arme-ment, les connaissances techniques et les vertus guerrières. L'esprit militaire donne aux Prussiens une attitude virile, éner-gique, souvent roide. Le *Grand Électeur* n'avait que 20,000 hommes d'armée permanente, et cette petite troupe était célèbre dans toute l'Europe. L'armée de *Frédéric II*, déjà de 200,000 hommes, était la meilleure de l'Europe, et résista à la coalition des puissan-ces. Sous *Frédéric-Guillaume III*, le général Scharnhorst imagina et introduisit le système national de la *Landwehr*, qui longtemps n'exista qu'en Prusse, et qui est en harmonie avec le régime constitutionnel, comme l'armée permanente professionnelle avec la monarchie absolue. Enfin, le roi *Guillaume* éleva l'armée au faîte de sa force, et inscrivit à son front les campagnes glo-rieuses de 1866 et de 1870-71.

Cette puissante organisation militaire donne à la Prusse un caractère guerrier, qui engendre à la fois autorité, ordre, cou-rage, respect du devoir, mais aussi parfois arrogance et dureté, action violente et sans scrupule.

3. Le *corps des fonctionnaires* prussiens, sorti d'une école sévère, est rigoureusement discipliné, savant, rompu aux affaires, incorruptible. Ses traitements sont faibles dans les emplois moyens ou inférieurs, peu considérables dans les degrés élevés. Le fonctionnaire prussien doit travailler beaucoup, et sous un contrôle permanent. Son activité est réglée et son zèle continuellement excité. Cependant ses vertus civiques sont parfois obscurcies par des vues étroites, une intelligence médiocre des mœurs et des institutions étrangères, des formes roides ou peu sympathiques.

H. v. Treitschke (*Histor. und pol. Aufsätze*, II, p. 799) demande ici une triple réforme : 1) qu'on impose aux candidats une étude approfondie des *sciences politiques* (et non pas simplement du droit civil et criminel); 2) des *lois* qui limitent la compétence de l'administration et l'influence des passions de parti; 3) un système de *selfadministration* complétant l'administration professionnelle bureaucratique. Ces trois vœux paraissent fondés; mais il faudra se garder d'exagérer les réglementations légales, et de trop espérer de la selfadministration allemande, plus bourgeoise qu'aristocratique. L'on pourrait demander, en quatrième lieu, que des rapports plus *directs*, plus *vivants* et plus *libres*, et par suite essentiellement *oraux*, entre les fonctionnaires et les administrés, vinssent remplacer l'écrivaillerie formaliste et l'orgueil bureaucratique.

4. Les *finances* prussiennes ont toujours été bien ordonnées, sévèrement contrôlées, même sous le régime absolu, et administrées avec une économie toute bourgeoise. Les Habsbourg vivaient largement, en grands seigneurs, mais tombaient parfois dans des peines d'argent. Les Hohenzollern, au contraire, géraient en hommes d'affaires, augmentant leur capital, toujours prêts à saisir une bonne occasion. Cette administration parcimonieuse maintient excellemment l'ordre. Cependant un grand empire demande plus de largeur, des formes publiques plus brillantes et plus nobles. La puissance de l'État, la dignité de la nation, la majesté de l'empereur, doivent aussi se manifester grandement au dehors.

5. Les anciens ordres, noblesse, bourgeois et paysans, se

maintiment, en Prusse avec plus de ténacité que dans certains États allemands; mais ils furent plus vite contraints de se subordonner au pouvoir central; les notions modernes de *sujet* ou de *citoyen de l'État* y furent plus nettement réalisées. La lourde main des électeurs de Brandebourg réprima la turbulence de la noblesse par les rigueurs de sa justice criminelle. Néanmoins celle-ci resta longtemps privilégiée dans les fonctions et dans l'armée, et put même conserver ses immunités d'impôt bien avant dans notre siècle.

Les écoles et les institutions qui élevèrent la bourgeoisie, hâtèrent aussi l'*organisation des villes*. Toute la population urbaine fut appelée à s'administrer elle-même, et les voies de l'État libre se préparèrent ainsi naturellement.

Le servage personnel fut aboli plus tôt que dans le reste de l'Allemagne, et la liberté civile fut ainsi accordée à tous les paysans.

Enfin, le gouvernement absolu introduisit lui-même les grands principes de l'*instruction* et du *service militaire obligatoires pour tous,* mêlant ainsi tous ses sujets sur les bancs de l'école et les places d'armes, et préparant l'union de la société entière dans la représentation du pays. Les progrès du temps amenèrent ensuite logiquement l'*égalité* de tous devant l'*impôt,* le *droit de vote* et l'*éligibilité.*

6. L'impulsion donnée à la *vie générale de l'esprit* produisit des effets décisifs. La plupart des États allemands étaient tombés, même depuis la Réformation, dans un confessionnalisme exclusif et borné, catholique ou protestant, suivant la religion du prince. La dynastie réformée de Prusse sut se placer à un point de vue plus élevé, rester équitable envers ses nombreux sujets luthériens et envers les catholiques des provinces conquises, étendre sa protection sur tous, et forcer en même temps toutes les Églises à se soumettre aux lois de l'État.

Frédéric II proclama avant l'Amérique le principe moderne de la liberté de conscience et des cultes; et depuis le retour de la maison de Saxe au catholicisme, les princes prussiens devinrent les vrais protecteurs de la Réforme sur le continent. Ils recueillirent volontiers les protestants fugitifs de France et

d'Autriche, et protégèrent même plusieurs philosophes contre
des princes protestants bornés.

Ces tendances modernes se marquaient énergiquement déjà
sous les rois absolus, malgré les efforts des théologiens de cour
et quelques retours à une étroite orthodoxie. La force de l'esprit
public triomphait même chez les rois personnellement très-
croyants; on les vit défendre les penseurs et mater le zèle dam-
natoire du clergé. C'est ainsi que *Frédéric Guillaume III*, le pieux
fondateur de l'union des réformés et des luthériens, prit sous
sa protection le célèbre Fichte, poursuivi en Saxe comme
« athée. » Bien mieux, le plus grand des rois de Prusse pensait
ouvertement en *philosophe moderne*; et, rompant personnellement avec toute l'autorité religieuse traditionnelle, il laissait en
héritage, à son gouvernement et à son peuple, les idées du
devoir public et de la *liberté de penser*.

L'école publique laïque et *l'éducation scientifique des esprits*,
favorisées même par les rois absolus, ont un caractère aussi moderne. L'époque « des lumières » fut surtout féconde pour la
Prusse, parce qu'elle coïncida avec le règne de son grand prince.
« Certains faux politiques, enfermés dans leurs petites idées, »
s'écrie Frédéric II, « ont pensé qu'il était plus facile de gouverner
un peuple ignorant qu'un peuple éclairé; mais l'expérience
montre, au contraire, que plus un peuple est bête, plus il est
égoïste et entêté; et il est bien plus difficile de vaincre cet
entêtement que de persuader une chose juste à un peuple
habitué de longue date à entendre raison [1]. »

La Prusse a été la première à adopter le grand principe de
l'instruction obligatoire. Au milieu des défaites et des difficultés
de toutes sortes, ses rois créaient l'université de Berlin; et plus
tard, ils fêtaient leurs victoires en fondant celle de Bonn. L'Allemagne nouvelle vient également de couronner ses triomphes
par la création de l'université de Strasbourg.

Pour quiconque réfléchit à tout ce qui précède, les succès de
la Prusse cessent d'être une énigme. L'État prussien est une
création de l'âge moderne, animée du souffle moderne, munie
d'organes modernes.

[1] *Gneist, ouvr. cité sup, p. 12.*

CHAPITRE VI.

L'idéal de l'État allemand.

L'État prussien a grandement accompli sa mission historique, et le nouvel Empire a remplacé l'ancienne confusion. L'esprit allemand essaye enfin, pour la première fois, de réaliser ses idées politiques dans une forme nationale et moderne.

Les États cultivés actuels ont certains caractères *humains*, ou du moins *européens*, communs à tous; mais chacun d'eux à de plus son caractère *national* propre.

La littérature de l'Allemagne imita d'abord la littérature française, puis l'anglaise, parfois aussi les Grecs et les Romains; enfin elle devint originale et vola de ses propres ailes. Sa politique constitutionnelle fit de même : elle imita d'abord, et ne revint qu'après de longs errements à une initiative originale et consciente.

L'Allemagne de notre siècle eut d'abord ses rêveurs romantiques, poursuivant leurs idéals dans le passé, admirant pieusement le moyen âge, s'enthousiasmant pour la variété réglée des ordres et des franchises, pour les clochers gothiques, le demi-jour des grandes cathédrales, les vitraux coloriés, les saints dorés et les parfums de l'encens.

Les exemples *français* exercèrent ensuite une plus durable action, soit dans les cours soit dans la société cultivée. Mais l'esprit calme de l'Allemand vit avec répugnance les oscillations violentes de la France entre la royauté absolue et la république radicale, ou même entre l'autocratie napoléonienne, la monarchie constitutionnelle et la république conservatrice. De plus, la centralisation française convenait peu aux mœurs allemandes, si amies de l'autonomie particulariste.

On se tourna vers l'*Angleterre*, et, tout en y trouvant des modèles, l'on dut bientôt se convaincre que l'Allemagne n'avait pas l'aristocratie anglaise, et que son histoire et sa situation étaient complétement différentes. On ne pouvait pas davantage imiter les *États-Unis* ou la *Suisse*. Les éléments dynastiques, les traditions, l'esprit, les mœurs, la culture, les besoins de l'Allemagne, demandaient à la fois la monarchie et les libertés publiques.

C'est que le peuple allemand a réellement sa mission et son idéal politique à lui.

Il n'est guère de peuple plus tourmenté de contradictions internes; mais il n'en est pas, sans doute, qui aime à scruter aussi profondément les choses, pour trouver la conciliation et l'unité des contraires.

L'esprit particulariste a toujours paru l'emporter dans la race germanique sur le sentiment de l'unité de l'État. Le Germain s'attache avec dévouement à sa famille, sa tribu, sa commune, son canton, son prince particulier; il estime avant tout les vertus viriles : l'honneur, la liberté, la vaillance; mais il a peu le sens de l'État. Les Allemands ne forment de grands royaumes, sous les rois goths et les rois francs, qu'après s'être rencontrés avec les sujets romains et s'être instruits à leur école. Abandonnés à eux-mêmes, ils retombent au moyen âge dans les divisions, et leur empire est sans cohésion. La variété et l'indépendance des territoires, des districts, des villes, des communes, et surtout de la vie individuelle en tous sens, sont pour eux d'invincibles besoins. Le nouveau droit constitutionnel allemand ne pourrait le méconnaître. Respecter ces besoins, sans porter atteinte à l'unité nationale et à la **puissance pu-**

blique, tel est le problème difficile qui s'impose aujourd'hui à l'Allemagne, et que la Prusse a résolu pour les Allemands du nord et préparé pour le *peuple* entier a).

Plusieurs considèrent l'opposition de l'*Empire national* et des *Etats particuliers* comme une transition entre l'ancienne confédération particulariste et l'absorption future dans l'Etat unitaire allemand-prussien. Mais les unitaristes repoussent eux-mêmes une centralisation absolue de l'administration, et réclament aussi les libertés provinciales et locales C'est que la centralisation politique et l'unité de la puissance, la décentralisation locale et le libre mouvement des parties, sont deux principes qui pénètrent en effet toute la communauté allemande, et qui demandent à être équitablement conciliés.

Une autre opposition, qui arma jadis le peuple allemand contre lui-même, c'est celle des *confessions religieuses*, des protestants et des catholiques. La puissance croissante du pouvoir civil et les nouveaux principes de liberté n'ont pu que lentement la calmer. La nation allemande a renoncé aujourd'hui à introduire dans toute l'Allemagne le protestantisme, qui est cependant la grande œuvre de sa conscience, de sa franchise et de son courage; elle donne aux catholiques l'égalité complète des droits. Mais elle ne saurait oublier sa mission dans le monde, qui est de défendre la liberté religieuse de l'individu lui-même, de dégager le droit temporel des liens de l'Église, et de renverser la domination cléricale de Rome. Cette mission impose aux Allemands l'obligation d'étudier profondément les vrais rapports de l'Église et de l'État, et de protéger soigneusement les droits de ce dernier, l'éducation et l'indépendance de la société.

L'empire actuel a peu de chose à craindre des différences de *nationalité*, car le peuple allemand y domine absolument. Cependant, les quelques éléments étrangers qu'il renferme, polonais, danois et français, se font sentir, et sont difficiles à satisfaire On leur doit l'égalité des droits, mais l'on ne saurait avoir avec eux de véritable communion.

a) Für die ganze Nation.

L'opposition de l'*Allemagne du nord* et de l'*Allemagne du sud* est plus marquée. Les angles les plus vifs se sont fondus au feu des batailles de 1870, puis ont été vigoureusement battus par nos hommes d'État de 1871. Mais l'État prussien est trop nord-allemand par l'origine et le caractère pour donner pleine satisfaction aux Allemands du sud. Ceux-ci, plus favorisés par le sol et le climat, sont peut-être trop disposés à se faire la vie douce; ils ont besoin de la dure école prussienne pour accomplir pleinement leurs devoirs publics. Mais il faut aussi que le nord se complète et s'ennoblisse par les aimables qualités de l'Allemagne du sud. Il y a encore dans celle-ci une telle originalité de génie, une intelligence si ouverte de la nature, un si grand amour des arts et du beau, tant de sentiment et de poésie, que nos froids compatriotes du nord devraient s'estimer très-heureux de profiter de ces richesses. C'est l'union des deux éléments qui doit donner à l'Allemagne la pleine conscience de ses forces.

Les éléments *aristocratiques* et *démocratiques* forment aussi une opposition tranchée, léguée par l'histoire. On la voit, encore aujourd'hui, partout agissante et sous les formes les plus diverses. C'est également dans une union équitable, et non dans l'oppression ou l'écrasement de l'une des tendances, qu'il faut placer l'idéal allemand. Les grandes classes populaires doivent former le vrai centre de gravité, et les éléments aristocratiques s'élever dignement et librement sur cette large base.

Enfin, il importe de mettre en regard la *royauté prussienne*, devenue *impériale allemande*, et les autres *dynasties princières*. Celles-ci sont aujourd'hui mieux assurées contre les mouvements révolutionnaires que dans l'ancienne Confédération; mais leur fidélité à l'empire est la condition de leur sécurité. En se soulevant contre lui par une fausse gloire ou un faux point d'honneur, elles iraient à leur perte. L'empire n'est possible que par la paix et l'amitié des États qu'il rassemble. La révolte de l'un d'eux, ou même de tous, hors la Prusse, aboutirait certainement au triomphe final du premier; et les dynasties imprudentes subiraient irrévocablement le sort des princes de Hanovre de la Hesse électorale et de Nassau (1866).

CHAPITRE VII.

Effets de la monarchie representative.

Cette forme cherche à unir l'autorité, la concentration, la pleine puissance d'un gouvernement monarchique, avec la self-administration et les libertés assurées de la république. Aussi plusieurs ont-ils douté de la possibilité de sa durée, l'appelant un mélange d'inconciliables prétentions, destiné à retomber fatalement dans la monarchie absolue ou dans la république.

L'âge deux fois séculaire de la constitution anglaise dément ces craintes. Les États allemands eux-mêmes ont heureusement traversé des crises violentes et dangereuses depuis qu'ils sont constitutionnels. La France ne peut nous être opposée, car, depuis un siècle, aucune forme n'a pu s'y maintenir.

Il n'y a nullement contradiction nécessaire entre l'ordre et la liberté, l'unité et la diversité. Ces contraires sont unis dans l'homme lui-même; pourquoi seraient-ils incompatibles dans l'État? Aucune des forces politiques ne doit régner d'une manière absolue; toutes doivent se modérer et se compléter l'une l'autre, s'estimer, se respecter, transiger.

Résumons donc les effets de cette forme :

I. Quant aux *fonctions* de la *souveraineté* (*Statsgewalt*).

A. Généralement, les droits du monarque sont moins restreints, expressément, dans les *relations etrangeres* (représentation, traités, droit de paix et de guerre) que pour les affaires intérieures. Il est utile à la puissance de l'État que son chef se meuve ici librement. Néanmoins, le prince ne peut rien faire sans ses ministres, responsables devant le parlement. Unie à la nation et s'appuyant sur elle, la monarchie constitutionnelle est moins facile à attaquer, moins dépendante de la diplomatie étrangère que la forme absolue, moins disposée aux guerres de conquête et d'aventure, plus sûre, plus modérée, plus pacifique. Il n'appartient qu'à l'homme de génie de s'affranchir momentanément du concours des chambres, et de se faire indemniser par la grandeur des résultats.

B. *A l'intérieur* :

a. La *législation* se meut lentement et à pas comptés. Un prince absolu peut confier une codification entière à un rédacteur de son choix, et la promulguer dans sa parfaite unité. Un gouvernement constitutionnel élabore péniblement ses projets, en prenant en considération les opinions souvent divergentes des chambres, qui doivent les discuter, qui peuvent les amender. Cette méthode écarte le danger de lois ouvertement mauvaises; mais elle peut aussi aboutir à des discordances, à l'absence d'harmonie et d'unité.

b. Cette forme est excellente pour tout le *gouvernement politique*, la police, les finances, l'organisation de l'armée, la culture. Elle donne naissance à un *corps de fonctionnaires* exercés, sûrs et capables, puisés dans toutes les forces vives de la nation. Elle protège à la fois l'ordre et la liberté.

c. La *justice* est indépendante, savante, respectueuse de la loi et la faisant respecter.

II. Quant au *chef de l'État* (monarque et ministres).

La monarchie constitutionnelle diffère de la monarchie absolue, non par une puissance et une majesté moindres, mais par les formes préservatrices qu'elle impose à l'action du prince. En réalité, le prince constitutionnel est plus puissant que le prince absolu, car il s'appuie sur les puissantes ressources d'une nation libre, sur un gouvernement intelligent et clairvoyant. Une force exactement mesurée produit plus de résultat utile qu'une force disproportionnée.

S'il est rare néanmoins de voir un prince absolu devenir volontairement constitutionnel, c'est sans doute par suite de la tendance opiniâtre qui nous attache à ce que nous possédons, et aussi de l'ignorance des limitations utiles, tant que les forces qui doivent les constituer n'ont pas encore éprouvé leur valeur.

Il est très-difficile à tout prince d'apprécier sainement les hommes et les choses : la cour est un mauvais miroir. Mais le roi constitutionnel rencontre plus facilement des esprits indépendants ; la publicité des débats parlementaires et la liberté de la presse peuvent ouvrir les yeux à quiconque veut se donner la peine de voir. Si la constitution peut parfois entraver le génie, elle lui permettra toujours de triompher à la fin dans la poursuite du bien public. Ce régime appuie le prince ordinaire, porte secours au prince faible, enchaîne la funeste influence du prince mauvais.

Comparé à la république, il reste *monarchique* par son chef permanent, placé au-dessus des partis, au centre et au sommet de la vie publique, maintenant l'équilibre général, opposant une barrière aux ambitions effrénées et aux oscillations violentes, assurant l'unité de la volonté, la dignité, l'éclat, la majesté de l'État. Le roi constitutionnel n'est point condamné à l'inaction. S'il n'a pas l'arbitraire, il a toutes les sages initiatives.

Comparée à la monarchie absolue, cette même forme prend un certain caractère *républicain* : le prince lui-même y paraît un service public, c'est la *volonté de l'État* qu'il doit faire prévaloir, et non la sienne ; les droits politiques sont garantis ; les ministres sont responsables, et leur concours est indispensable ; les chambres contrôlent le gouvernement.

III. Quant aux *gouvernés* et à la *société*.

La masse des sujets ou des citoyens ne peut ni ne veut gouverner directement elle-même ; mais elle veut l'être bien, et trouve dans la constitution de hautes garanties.

La monarchie constitutionnelle ne se fie pas exclusivement, comme la république, au selfgouvernement des majorités. Mais elle n'en recherche que plus soigneusement les conditions d'un pouvoir sagement raisonné, et donne aussi aux grandes classes populaires une part dans les affaires publiques, un certain contrôle de l'administration. Sans la transformer en pouvoir souverain, elle reconnait et protége, aussi bien que la république, la liberté *politique* et *civile* des citoyens. Ses rouages sont si compliqués, elle demande tant à chacun, qu'elle ne réussit guère sans une large éducation publique et le sentiment des devoirs envers l'État. Aussi développe-t-elle heureusement, de son côté, l'*esprit de légalité*, les *vertus civiques*, l'*éducation politique*. Enfin elle sait, mieux que la république démocratique, protéger les minorités contre les passions des majorités, et cultiver les biens immatériels de la science et de l'art.

LIVRE HUITIÈME.

C. — EFFETS ET DEVOIRS DE LA RÉPUBLIQUE DÉMOCRATIQUE.

CHAPITRE PREMIER.

Le caractère politique de l'Union américaine [1].

Les treize colonies anglaises qui se séparèrent, il y a un siècle, de la métropole européenne, étaient aussi mécontentes du parlement anglais et de l'orgueil de son aristocratie que du gouvernement du roi. Elles prirent par suite, ainsi que l'Union elle-même, un caractère à la fois *républicain* et *démocratique*, formant comme la contre-partie de la constitution anglaise.

Les colonies du nord n'avaient pas d'aristocratie territoriale, et c'était l'une d'elles, le Massachussets, entièrement démocratique, qui avait le plus énergiquement résisté à l'Angleterre. Le

---

[1] *G. Bancroft*, History of the United States. — *The Federalist* on the new constitution 1788 — *Tocqueville*, De la démocratie en Amérique. — *Ruttimann*, Das nordamerikanische Bundesstatsrecht verglichen mit den politischen Einrichtungen der Schweiz Zürich, 1867. — *J.-A. Jameson*, The Constitutionnel Convention New-York, 1867. — *R. Doehn*, Politische Parteien in Amerika, Leipzig, 1868. — *Edouard Laboulaye*, Hist pol. de l'Amérique. Paris, 1855 et ss, 3 vol. — *v. Holst*, Verfassung und Democratie der V. St. von Amerika. Düsseldorf, 1873

sud aurait présenté quelques éléments d'une riche aristocratie de planteurs ; mais l'égalité des droits avait fini par y triompher également.

La jeune république ne fut cependant gouvernée dans ses commencements que par des gentlemen considérés, tels que Washington, Hamilton, Madison, Adams, ou même le radical Jefferson, qui tous auraient certainement pu prendre place parmi la gentry de la chambre basse anglaise. Le tableau connu de la Déclaration des droits ne contient que des figures sérieuses de dignes propriétaires, bien nourris et bien vêtus. Aucune ne sent la populace, pas même la petite bourgeoisie ; et ceux bien rares qui, comme Franklin, sortaient des derniers rangs, avaient pris eux-mêmes les mœurs de la bonne compagnie.

Mais la représentation nationale des Américains est depuis descendue de ces hauteurs. Ses membres actuels appartiennent surtout aux classes moyennes. La plupart des Américains riches et distingués évitent les emplois publics ; et l'on voit souvent de simples ouvriers se transformer en hommes politiques, après s'être donné un certain vernis de savoir ou d'éducation dans le journalisme, le barreau ou l'armée.

Les États de l'Union et l'Union elle-même ne peuvent guère être appelés des formes parlementaires. Leurs corps législatifs n'ont ni la nomination des *présidents* qui gouvernent, ni le droit de les renverser comme un cabinet. Les ministres n'ont qu'une situation subordonnée : nommés par les présidents, ils sont leurs aides et leurs conseils, et ne partageant point leurs pouvoirs. Ceux-ci exercent eux-mêmes l'*exécutif*, mais au nom et par le mandat de la nation seulement. L'Amérique est une *république (Volksstat)* ; son gouvernement, c'est la *nation souveraine (Volksherrschaft)*.

Celle-ci est en effet la source de toute autorité. Elle donne, directement ou non, le pouvoir législatif au congrès, le gouvernement au président, la juridiction aux tribunaux. Tous ils sont ses *mandataires et ses serviteurs responsables* ; à elle toute souveraineté : elle est à la fois l'autorité et le sujet.

Son pouvoir suprême modère chacun des pouvoirs généraux, et tranche leurs conflits en dernier ressort, en rétablissant, par de nouvelles élections, l'harmonie troublée entre le président et le congrès, la législature et le gouvernement.

La plupart des conflits entre les États particuliers peuvent être écartés de même. On a vu cependant, parfois, certains groupes d'États s'insurger contre la politique de la majorité, et envoyer au congrès des représentants hostiles à l'Union (ex.: le Sud dans la question de l'esclavage).

Les constitutions de l'Amérique du Nord sont nées d'un mélange de mœurs, d'institutions, d'idées anglaises et américaines, des doctrines de droit naturel, du choix arbitraire. Ce mélange se montre jusque dans la conception de la *nation*. Les Américains la comprennent tantôt comme la somme des citoyens, des individus libres et égaux formant le contrat social de Rousseau; tantôt leur vieil instinct politique et leur amour de la patrie leur rappellent que la nation est une grande unité, une âme revêtue du corps constitutionnel, et qui exprime et exécute sa volonté. Ils confondent ainsi fréquemment encore la nation une et la somme des individus. Les foules notamment ne voient dans l'État qu'une association d'individus; la personnalité de l'État n'est comprise que par les esprits plus réfléchis, ou dans les moments de patriotique enthousiasme.

L'Union elle-même n'est guère conçue autrement que comme une agglomération d'États. Cependant il est ici plus facile d'apercevoir l'unité du tout; et c'est pour cela que la politique *nationale* l'emporte aujourd'hui sur la politique fédéraliste.

Au reste, c'est un trait général du régime démocratique républicain de distinguer, moins nettement que la monarchie ou l'aristocratie, la nation des individus, le gouvernement des gouvernés, et de confondre ainsi plus facilement l'intérêt privé et l'intérêt public, la *liberté privée* et le but de l'État.

Il n'est guère de pays qui donne à celle-ci un aussi large champ. Toutes les libertés, commerciale ou religieuse, personnelle ou de famille, sont presque illimitées. Chacun fait ce qui lui plaît, et personne n'a rien à y dire tant que la loi pénale n'est pas violée; les mœurs n'apportent que de faibles restrictions. Les femmes elles-mêmes sont largement libres, et les mineurs acquièrent de bonne heure le sentiment de leur indépendance. Tout ce système

16

développe et met au jour une multitude de forces individuelles ailleurs enchaînées. Mais en même temps il favorise l'*égoïsme* d'un grand nombre et la lutte effrénée pour vivre et pour acquérir. L'argent devient tout ; les biens de l'esprit sont négligés.

Cette tendance égoïste a bien quelque contre-poids dans le patriotisme, qui s'anime par le selfgouvernement. Les besoins publics trouvent toujours beaucoup de dévouement ; on souscrit généreusement pour y subvenir, et même pour encourager les sciences et les arts. Seulement, les circonstances accidentelles jouent un grand rôle ; certaines choses sont parfaites, d'autres très-négligées.

Mais un danger public, la dernière guerre par exemple, réveille puissamment l'esprit patriotique des masses ; et l'État dispose alors de la vie et de la fortune des citoyens, avec aussi peu de scrupule qu'il montrait auparavant de retenue.

L'Américain du Nord change facilement de profession ; il saisit intrépidement l'occasion ; puis tout à coup il délaisse une voie trop lente, pour se lancer énergiquement dans une autre. Cette activité multiple est un trait républicain. Les professions sont plus séparées dans les monarchies ; les mœurs s'opposent à ce qu'on en change facilement. Utile dans la vie privée, cette mobilité l'est beaucoup moins pour les fonctions professionnelles, côté souvent faible des républiques.

La république représentative sait bien que ses gouvernants doivent être capables et habiles. Mais son antipathie pour la durée des fonctions, l'ambition de parvenir, le népotisme des partis, rendent les carrières publiques instables, et ne permettent pas d'exiger beaucoup des candidats. Les fonctions techniques et l'art d'administrer sont moins développées en Amérique qu'en France ou en Allemagne ; la situation des fonctionnaires y est peu sûre et moins considérée.

Mais les *partis politiques* ont en Amérique une puissance énorme. Ils décident des élections du président, des gouverneurs, des membres du congrès et des législatures, et s'arrachent tour à tour les emplois.

L'opposition de l'Union et des États particuliers a son fondement dans l'histoire, et elle est constitutionnellement déter-

minée. Mais la question de l'esclavage a pendant longtemps
divisé le Nord et le Sud. D'autres oppositions subsistent entre
eux encore aujourd'hui : l'un est plus industriel et plus manu-
facturier; l'autre a de grandes plantations, spécialement de
coton et de café. Le premier représente davantage la politique
républicaine de l'État et les intérêts de la culture et du progrès;
l'autre s'attache davantage aux tendances particulières (*volks-
thumliche*) des groupes démocratiques. Ces divergences ont
engendré des partis politiques tranchés, tels que les unionnistes
et les fédéralistes, les esclavagistes et les antiesclavagistes, les
protectionnistes et les libres échangistes, et tout spécialement
les républicains et les démocrates.

CHAPITRE II.

L'imitation française [1] et l'imitation suisse [2].

Le peuple *français* fit d'abord un triple essai de république représentative. Le premier (1792), proclamé au milieu des tempêtes, fut suivi de près par l'exécution de Louis XVI et par la sauvage tyrannie des jacobins et de la plèbe. Puis les partis s'apaisèrent un peu, et la forme se modifia : ce fut le gouvernement faible et modéré du Directoire. Enfin l'heureux et ambitieux *Bonaparte* établit le *consulat* (18 brumaire 1799), préparant ainsi le retour de la monarchie, mais dans la forme de l'impératorat. En mai 1804, on le proclamait *empereur*.

Les tentatives se renouvelèrent en 1848, après la chute de la monarchie constitutionnelle. Cavaignac triompha de la démocratie rouge dans une lutte sanglante. Mais la société émue s'adressa bientôt au prince *Louis-Napoleon*, ouvrant de nouveau la porte à la monarchie. Le coup d'État du 2 décembre 1851 restaura l'*empire*.

Les masses turbulentes proclamèrent une dernière fois la *république* à Paris et à Lyon (4 septembre 1870), ensuite des

[1] Ed. *Laboulaye*, Paris en Amérique, 1865.
[2] *Cherbuliez*, De la Démocratie en Suisse, Paris 1843 ; *Bluntschli*, Geschichte des schweizerischen Bundesrechts, 2me édit., 1875 ; *Hilty*, Politik der Eidgenossenschaft.

victoires des Allemands et de la catastrophe de Sedan. Le gouvernement provisoire de la Défense nationale fit de vains efforts pour combattre l'invasion, et dut accepter une paix douloureuse (26 février 1871). La populace de Paris proclama la *Commune* (28 mars 1871). Mais le reste de la France ne suivit pas ce sauvage mouvement, et les armées républicaines s'emparèrent de Paris incendié par la rage et le délire. Puis la France oscilla entre les monarchistes (légitimistes, orléanistes, bonapartistes) et les républicains, et accepta provisoirement une république modérée, avec un maréchal pour président septennal (novembre 1873).

Ce dernier essai sera-t-il plus heureux ? On peut alléguer pour l'affirmative :

a) La lutte des *trois partis monarchiques* et des *trois dynasties* en présence. Le comte *de Chambord* est le véritable chef des légitimistes, qui attendent du retour à l'absolutisme la fin des révolutions, la renaissance politique et religieuse, et la guérison de tous les maux. Les princes *d'Orléans* sont les représentants de la royauté constitutionnelle, et sont portés aux transactions libérales. Le jeune *Napoléon* personnifie l'empire moderne s'élevant hautement sur une base démocratique.

b) Le sentiment général et énergique de l'*égalité* et de la *liberté*, qui réveille perpétuellement l'esprit républicain.

c) Les *idées politiques* des Français, qui sont principalement démocratiques et républicaines. Depuis Rousseau, ils confondent habituellement la société et l'État ; ils font du contrat social la base de l'État, et de la volonté des majorités la volonté générale ; ils conçoivent tout l'État *de bas en haut* ; ils aiment à proclamer la souveraineté des assemblées nationales.

d) La force persistante des idées républicaines, démontrée par la violence des révolutions successives qui ont rétabli la république.

Ce qui menace cette forme, c'est :

a) L'existence de *grands partis monarchiques*, ayant des chefs puissants, ne se soumettant qu'à regret, épiant l'occasion d'une restauration. Trop faibles chacun pour faire triompher le prince de son choix, ils sont assez forts pour tenir la république en échec.

b) Les *traditions monarchiques,* les brillants souvenirs de la puissance des rois et des empereurs, de leurs triomphes diplomatiques ou militaires, du luxe de leurs cours, de leur amour des arts.

c) La *concentration* toujours grandissante des pouvoirs dans Paris et dans une seule main disposant de l'armée et des fonctionnaires, et le défaut d'aptitude et d'habitude des départements et des communes à *se gouverner eux-mêmes.* La pleine centralisation individualise le pouvoir, et mène logiquement à la monarchie. Les idées politiques des Français sont républicaines, mais leur caractère et leurs usages les portent volontiers à invoquer le bras du prince.

d) La crainte du retour de la *Commune,* qui fait désirer un gouvernement fort.

e) L'influence du *clergé catholique* dans les campagnes, qui espère davantage de la monarchie, et qui répand des méfiances contre le régime républicain. La légitimité et la hiérarchie s'unissent pour le combattre.

La république représentative devait trouver en *Suisse* un terrain mieux préparé. Les idées républicaines y étaient intelligibles à tous; des institutions républicaines et un sage selfgouvernement s'y étaient établis depuis des siècles.

Sans doute, les formes traditionnelles des cantons suisses étaient fort différentes des formes américaines. Dans les petits cantons, le pouvoir appartenait à l'assemblée générale de tous les citoyens (*Landsgemeinde*); dans les cantons urbains, à l'aristocratie, c'est-à-dire soit à la bourgeoisie du chef-lieu, comme à Bâle et à Zurich, soit à un patriciat urbain, comme à Lucerne et à Berne.

Mais ces aristocraties elles-mêmes ne pouvaient oublier que la Suisse s'était affranchie en se soulevant contre l'Autriche et sa noblesse, et que l'esprit de liberté commune remplissait toute l'histoire de son développement.

La démocratie représentative fut inaugurée en Suisse en 1798, par l'intermédiaire de la France, dans des formes plus françaises qu'américaines. La *République helvétique* (1798 à 1803) était un État unitaire, à la fois protégé et tenu en tutelle par sa puissante voisine. Cette transformation amena plusieurs progrès. Elle délivra les bailliages communs, et accorda l'égalité des droits aux anciens sujets des patriciens, des bourgeois ou des ruraux; elle étendit la forme républicaine sur tout le territoire, et réunit tous les cantons sous des institutions communes; elle rompit nettement, dans le sens centralisateur moderne, avec le morcellement et les privilèges antérieurs.

Mais son manque d'égards pour les formations historiques fut la cause de sa chute. Au lieu d'imiter l'Amérique et de laisser aux cantons leur autonomie, elle les réduisit au rôle de simples préfectures. Cette faute entraîna bien des maux. La démocratie représentative tomba, et ne fut rétablie qu'un demi-siècle plus tard (1848), cette fois en respectant l'indépendance des cantons, chez lesquels elle s'était d'ailleurs lentement introduite et acclimatée dans l'intervalle.

La politique suisse, quoique très-semblable à celle des États-Unis, s'en distingue par quelques traits importants.

a) La différence *naturelle* ou *physique* des deux pays leur trace à elle seule des devoirs différents. L'un est petit, très-peuplé, montagneux, placé au milieu de grandes puissances, sans côtes; l'autre est énorme, entouré par deux mers, encore peu peuplé relativement, et le plus puissant État de l'Amérique.

b) Malgré les éléments divers qui l'ont formée et qui continuent à s'y écouler, l'Union renferme un *peuple* plus uniforme; la langue anglaise, accentuée à l'américaine, et le droit anglais, traduit républicainement, y règnent sans partage, et déterminent l'esprit et le caractère national; les éléments étrangers y sont rapidement assimilés, *anglicanisés*, ou plutôt *américanisés*. La Suisse, au contraire, a traditionnellement trois langues, et son droit lui-même diffère encore grandement. Elle a su résoudre le problème de faire vivre heureusement, librement et paisiblement trois peuples dans un même État; mais elle n'a pas créé de *nationalité suisse* proprement dite, si ce n'est dans quelques traits peu saillants [1].

---

[1] Comp. mon « Étude sur la nationalité suisse, » dans la revue *Die Gegenwart*, 1875.

c) Cette internationalité au milieu des grands États nationaux de l'Europe, impose à la Suisse une politique de *neutralité* et un développement énergique de sa *milice* pour la défendre au besoin. La république américaine, au contraire, est appelée à prendre une part active à la politique du monde, et n'a guère à craindre pour sa propre sécurité.

d) La Suisse a montré récemment une intelligence moins nette que l'Amérique de la supériorité de la république représentative sur une démocratie grossière. Des tendances exagérées l'ont conduite à 'la *démocratisation* de la république représentative elle-même. Son *initiative populaire*, ou le droit des citoyens de provoquer la révision de la constitution fédérale, et son *referendum*, ou le vote éventuel des citoyens sur les lois elles-mêmes *a*), augmentent la puissance des masses ; mais ils peuvent tourner contre nombre d'améliorations que les classes instruites comprennent seules d'abord, et ils ouvrent à la démagogie un trop libre jeu *b*).

a) *Const. féd. suisse* de 1874. Art. 120 : « Lorsque 50,000 citoyens suisses 'ayant droit de vote, demandent la révision (de la constitution), la question . est soumise a la votation du peuple suisse par oui ou par non » Art 89. « Les lois federales sont soumises a l'adoption ou au rejet du peuple, si la demande en est faite par 30,000 citoyens ; il en est de même des arretes féderaux qui sont d'une portee generale et qui n'ont pas un caractere d'urgence » Comp. Art 93 : « L'initiative appartient a chacun des deux conseils et a chacun de *leurs membres*. Les cantons peuvent exercer le meme droit par correspondance. »

b) Cependant le *referendum* s'est montre plein de sagesse en rejetant recemment des lois basees sur des principes faux, comme la loi sur la taxe militaire, entre autres. C'est une leçon de bon sens donnee par le peuple suisse a ses chambres.

CHAPITRE III.

Effets et dangers de la republique démocratique.

1. *Fonctions publiques.*

A. *Politique extérieure.* Sa diplomatie a un caractère plus modeste que celle de la monarchie. Elle est moins instruite des idées des princes et des mœurs des cours; elle se meut moins habilement dans les cercles distingués de la société. Mais elle entend mieux les vœux et les opinions des classes populaires, et ses relations avec la société civile en général sont plus faciles et plus libres.

La politique étrangère d'une république peut être entreprenante et conquérante, comme à Rome; ou amoureuse de propagande, comme dans la première république française. Cependant, la république démocratique, cherchant avant tout la liberté, la sécurité, le bien privé, sera plus naturellement pacifique. Une politique de conquête la menace, car le général victorieux peut songer à se faire roi. Au contraire, les défaites éprouvées dans une guerre défensive ne mettent pas directement sa forme en péril. Le peuple les attribue aux fautes de ses généraux, les change, et se fie à ses forces pour ramener le succès.

B. *Politique intérieure.*

a) La *législation* républicaine se distingue surtout par l'absence du facteur monarchique. Les majorités des chambres font librement la loi, sans que le gouvernement ait à sanctionner ou à s'opposer. Elles ont un même champ d'activité que dans la monarchie; mais elles s'aveuglent plus aisément de leur prétendue toute-puissance.

b) L'*administration* à tous les degrés ressemble davantage à la selfadministration d'une société anonyme qu'a un système élevé de fonctions publiques professionnelles (comp. vol. I, p. 411 et suiv.). Elle est plus populaire, mais moins savante et moins puissante que dans la monarchie.

c) La justice est assez semblable dans les deux formes. Mais les juges républicains dépendent de leurs électeurs, et leurs fonctions sont moins stables.

2. Les *classes gouvernantes* sont plus près des gouvernés, elles s'élèvent peu au-dessus d'eux, et seulement dans l'exercice de leurs fonctions; en dehors, elles sont éclipsées par les classes élevées et riches de la société.

La forme se rapproche de l'unité monarchique lorsque le gouvernement général se concentre dans la personne d'un président, comme en Amérique. Il se peut même que ce président ait des pouvoirs, et par suite, une action personnelle aussi étendue qu'un prince. Mais il n'est point entouré de l'éclat de la majesté, et il sait qu'il doit bientôt redevenir l'égal de ses concitoyens. Son traitement est relativement faible, très-inférieur aux revenus d'un particulier opulent, et ne lui permet ni d'avoir une cour, ni même de se faire le patron des arts.

Le caractère républicain se marque davantage là où, comme en Suisse, le gouvernement est confié à un *collége* ou *conseil*. Mais la pluralité des membres affaiblit les responsabilités, ouvre la porte aux divisions de parti, aux entêtements personnels, et nuit souvent à une action sûre et prompte.

La république n'a pas à craindre de voir un homme très-*incapable* ou *méchant* garder longtemps le pouvoir; l'élection et la courte durée des fonctions éloignent ce danger. Mais il est d'expérience que les hommes les plus *considérables* et les plus *capables* y sont souvent écartés systématiquement par l'envie des classes moyennes ou leur haine contre quiconque s'élève au-dessus d'elles.

Le président de la république est *responsable*. A-t-il mal gouverné, on l'écarte à l'expiration de ses fonctions, sans révolution, sans que l'ordre légal soit troublé. Cette sanction facile donne plus de force au devoir, et plus d'autorité au droit[1].

Le changement fréquent des chefs empêche un despotisme durable, mais affaiblit le pouvoir, et nuit à une politique suivie et prévoyante.

3. Les *gouvernés* et la *société*.

Ce régime exerce une influence heureuse sur les grandes classes populaires, et surtout sur les *classes moyennes cultivées*; il les forme au selfgouvernement. Le citoyen, le simple paysan qui ne courbe la tête que devant Dieu, acquiert un mâle sentiment de sa dignité d'homme, de sa liberté politique et civile, et sait toujours s'aider lui-même.

Le gouvernement est confié à un représentant élu, comme au meilleur des citoyens ; l'émulation s'excite, et met au jour des forces et des talents qui demeureraient ailleurs cachés.

Mais la forme est moins favorable aux classes aristocratiques, qui n'y trouvent ni la satisfaction de leurs besoins, ni la reconnaissance de leurs avantages ; et même aux dernières classes, qui, n'ayant ni les loisirs ni l'éducation nécessaires pour parvenir aux fonctions, y sont peu estimées.

Enfin, deux autres dangers intérieurs sont à craindre : les *démagogues*, flatteurs des masses et exploitant leur puissance; et les *partis*, qu'aucune autorité supérieure ne modère, qui luttent pour le pouvoir suprême, et qui tour à tour en abusent contre leurs adversaires.

[1] Comp. de Parieu, Politique. p. 155

CHAPITRE IV.

Les tendances démocratiques de notre époque [1].

La république représentative domine sur le continent américain. En Europe au contraire, elle n'a encore trouvé d'asile assuré qu'en Suisse.

Cependant, nombre d'amis et d'ennemis de cette forme pensent que les nations européennes marchent incessamment vers elle.

L'examen impartial de l'Europe moderne force, en effet, à reconnaître la puissance croissante des éléments populaires. Un large courant démocratique se fait sentir partout où l'on jette la sonde. Doit-il réellement nous conduire à la transformation des monarchies en républiques ?

On peut dire en ce sens :

1) Toute notre *éducation intellectuelle* a un caractère purement *civil*. Les temps ne sont plus où la science était le privilège de l'aristocratie; tout le monde peut y parvenir aujourd'hui; et si la différence des ordres se fait encore sentir dans la société par certaines formes et certaines nuances, l'on peut affirmer néanmoins que l'éducation, l'intelligence de la civili-

---

[1] *Guizot*, De la Démocratie en France, Paris 1849. *Gervinus*, Einleitung in die geschichte des neunzehnten Jahrhunderts Leipzig 1853

sation moderne, le langage et les expressions, sont essentiellement semblables dans tout les cercles des gens cultivés. Le fils capable et travailleur de l'artisan peut suivre les écoles de l'État, et atteindre les sommets presque aussi facilement que le fils de l'aristocrate ou du savant. Mille canaux versent les découvertes de la science dans toutes les classes. Les écoles publiques, fondement naturel d'une même civilisation, n'ont jamais été plus puissantes. La littérature populaire s'est répandue au delà de toutes les prévisions possibles, les journaux quotidiens sont lus partout; et, quelle que soit la valeur morale de ces écrits, il est impossible d'en méconnaître l'action démocratique.

Toute étude scientifique doit être critique. Or la *critique* moderne reprend et renouvelle perpétuellement sa lutte contre les autorités traditionnelles, ébranlant bien des principes reçus, faisant pénétrer dans les masses la conscience de la liberté individuelle, remportant parfois de magnifiques triomphes.

Les tendances *panthéistes* qui dominent dans la philosophie et la littérature des classes cultivées, favorisent également le courant démocratique. Pour le panthéisme, les hommes ne sont que des émanations variées de la grande âme du monde, ou même des images mobiles de la matière universelle. Il les unit dans le grand tout comme la démocratie les unit dans l'État; il abaisse le superbe et relève le plus humble. Il contribue ainsi à faire de la démocratie l'idéal secret d'un grand nombre d'esprits placés sous un régime monarchique, et même fidèles à ce régime et prêts a le défendre.

La religion chrétienne tendit dès l'origine à pousser dans cette même voie. Jésus et tous les apôtres sortaient de la classe inférieure des artisans, des pêcheurs, des petites gens, et sa religion demeura longtemps celle des pauvres et des opprimés. La *fraternité* des enfants de Dieu qu'il enseignait est devenue, avec les idées de liberté et d'égalité, le grand idéal de l'humanité moderne.

Enfin, le goût de l'*individualisme* a lui-même agi dans ce sens en augmentant la fierté des masses, quoiqu'il ne soit pas en lui-même démocratique, puisqu'il met en relief la différence des aptitudes et des œuvres plutôt que l'égalité.

2) Un phénomène analogue se produit dans le *droit privé* et les *rapports de fortune*. Le droit germain du moyen âge aimait et multipliait les différences d'ordre; le droit romain, dans son dernier état, avait pris au contraire un caractère général plébéien, spécifiquement *civil*. A l'exemple de celui-ci, les nouvelles législations rendirent toute propriété aliénable et partageable, et proclamèrent l'égalité des partages successoraux. Toutes les institutions féodales ou coutumières contraires furent abrogées. On favorisa partout la liberté du commerce et de l'industrie, et les économistes nouveaux approuvèrent d'une commune voix, malgré leurs autres discordes. Toute l'industrie moderne s'appuie sur les masses, les sert, en tire ses forces. Les découvertes et les inventions sont venues augmenter les jouissances de tous; et certainement, malgré bien des misères encore, la situation des classes moyennes est bien meilleure qu'au moyen âge; celle des classes inférieures n'a même jamais été aussi bonne.

3) Pourquoi s'étonner dès lors que les masses aient acquis le *sentiment de leur force?* L'obstination, l'égoïsme et l'ambition ne sont-ils pas des vices communs à toutes les classes? Ayant essayé leurs bras dans les crises, et le plus souvent avec succès, les foules se sont crues irrésistibles; elles se sont momentanément emparées du pouvoir, elles ont renversé les monarchies. Qui peut dire que ces tentatives ne se reproduiront pas? qu'elles ne prendront pas plus de consistance? qu'elles ne finiront pas par triompher?

4) La sécurité des monarchies semble diminuer encore, si l'on considère la *faiblesse* actuelle des *éléments aristocratiques nationaux* qui devraient tempérer les flots du mouvement d'en bas. Des institutions plus ou moins artificielles essaient en vain de les sauver. Ils n'ont plus nulle part sur le continent d'organisation achevée. L'inintelligence de l'aristocratie, qui se met en travers de l'esprit du jour, et s'attaque aux libertés publiques elles-mêmes, grandit encore les classes moyennes.

Mais il est aussi, d'autre part, une série de considérations qui rendent une transformation générale *peu probable* :

1) C'est d'abord une considération d'histoire et de principe.

Toutes les nations cultivées de l'Europe renferment depuis leur origine des éléments politiques divers qui, dans la règle, se complètent et se tempèrent l'un l'autre. Ainsi, l'élément démocratique fut toujours puissant à Rome; mais, sous la république, c'était l'élément aristocratique qui dominait, et quand l'autre vint à l'emporter, ce fut pour se placer volontairement sous l'empire. Ainsi encore, il y avait chez les Germains un élément démocratique considérable dans la commune des hommes libres; mais il s'unissait à des éléments aristocratiques et même royaux. Au moyen âge, la démocratie s'affaiblit, l'aristocratie et le prince s'élèvent. A la fin du moyen âge, c'est celle-ci qui descend, et la royauté et la démocratie montent. L'existence et la force de la démocratie, dans le sens politique du mot, n'entraînent donc pas nécessairement l'établissement de la démocratie comme forme d'État. Il est très-possible que l'unité monarchique du pouvoir et les droits et les libertés populaires grandissent en même temps.

2) Les traditions appuient fortement le *maintien de la monarchie*. Depuis deux siècles, l'Amérique devient toujours plus républicaine, c'est possible. Mais, depuis deux mille ans, les tendances monarchiques triomphent largement en Europe; ses peuples sont élevés monarchiquement; leurs mœurs, leurs sentiments, leurs idées, sont monarchiques; et ce respect du trône exerce une action puissante, parfois inconsciente, sur les masses. La monarchie n'a rien d'étranger ou d'artificiel pour l'Européen. Elle a grandi avec la vie nationale ; elle en semble le plus bel ornement.

Sans doute, nos révolutions ont renversé des trônes pour proclamer la république. Mais de sombres souvenirs de sang et d'impuissance se rattachent, soit en Angleterre soit en France, à ces triomphes passagers des masses. Presque toujours la monarchie a été restaurée après la crise. Les grands souvenirs des nations de l'Europe leur rappellent leurs rois.

3) A côté de l'égalité naturelle de tous, les *inégalités sociales* sont encore si marquées dans notre vieille Europe, que la brutale domination du nombre menace d'opprimer les intérêts respectables des minorités, et de susciter la guerre civile. Pour

que les diverses classes de la société puissent vivre pacifiquement côte à côte dans le cadre étroit de nos États, il faut un
pouvoir fort, qui protége le droit commun et la paix publique.

Les grandes classes populaires, peuvent avoir intérêt à poursuivre la liberté démocratique; elles n'en ont point à changer la
monarchie en république. Elles ne peuvent gouverner elles-
mêmes dans aucun cas : pourquoi appelleraient-elles le tiers état
à régner à la place du prince? Aussi sont-elles l'appui naturel du
trône : « Ils se soutiennent l'un l'autre », dit Fr. Rohmer. Mais
les révolutions ont donné à réfléchir aux classes moyennes elles-
mêmes. On ne croit plus à l'autorité divine du roi; mais on
comprend plus généralement que l'ordre public et les intérêts
généraux sont mieux gardés dans la monarchie, et que les
libertés publiques peuvent y être aussi bien protégées.

4) Des opinions et des tendances démocratiques ne suffisent
pas pour fonder une république; il faut le *caractère*. L'initiative, le sang-froid, le dévouement public du républicain, sont
loin d'être des qualités générales des masses dans la plupart des
pays de l'Europe. Ces vertus ne se commandent pas; on les
acquiert lentement par l'éducation, et lorsqu'elles manquent,
les républiques décrétées durent peu.

Deux maximes politiques découlent de tout ce qui précède :

1. La méfiance et l'hostilité des gouvernements à l'égard des
éléments démocratiques de la nation, conduisent à des mesures
fausses, préjudiciables à la monarchie. Vouloir les étouffer,
c'est se mettre en contradiction avec tout le mouvement de la
civilisation européenne moderne, et se préparer des défaites.
Les démagogues excitent volontiers les masses, en accusant le
prince de détester les libertés publiques. Le prince a intérêt à
leur enlever ce moyen de trouble, en les protégeant ouvertement.

2. En reconnaissant courageusement les droits des éléments
démocratiques, la monarchie trouve en eux son plus ferme
appui, et se rend capable d'en prévenir les usurpations. Le
torrent dévastateur peut féconder si l'on règle son cours. Le
devoir politique de l'Europe monarchique n'est donc pas d'opprimer, mais d'organiser et d'apprécier à leur valeur les
grandes classes populaires.

LIVRE NEUVIÈME.

D. — EFFETS ET DEVOIRS DES ÉTATS COMPOSÉS.

CHAPITRE PREMIER.

Confederation d'États.

Toutes les formes composées nous présentent une opposition, plus spéciale, des *parties*, qui elles-mêmes sont et veulent être des touts parfaits, et de l'*ensemble*, qui tend à une politique uniforme et commune.

Dans la *confederation d'Etats* (Statenbund, Confoderation), le pouvoir et même l'action politiques appartiennent principalement aux États particuliers. L'ensemble est plutôt une *association* d'États qu'un État organisé; il ne renferme pas une nation, mais des nations Ainsi l'ancienne Suisse avait bien des Zurichois, des Bernois, des Schwitzois, mais il n'y avait pas de nation suisse, la confédération germanique de 1815 contenait des Autrichiens, des Prussiens, des Bavarois, mais il n'y avait ni nation ni citoyenneté allemandes C'étaient là des agglomérations d'Etats unis par des traités et gardant chacun leur pleine souveraineté, plutôt que des organismes nouveaux.

Les lacunes de cette forme se firent vivement sentir dans

17

l'Amérique après l'affranchissement (1776 à 1787) et dans l'Allemagne de 1815 à 1866, en raison de la politique active qui appartient à ces deux pays. La Suisse, avec son rôle neutre, les ressentit plus faiblement, mais assez cependant pour se décider en 1848 à suivre l'exemple de l'Amérique.

En voici les effets et les défauts principaux :

A. Dans la *politique étrangère.*

La confédération, tout en n'étant qu'une association d'États, joue cependant sous quelques rapports le rôle d'un État dans le droit international. Elle peut envoyer et recevoir des ambassadeurs, faire des traités, déclarer la guerre et conclure la paix.

Mais l'*unité réelle* de la volonté et de l'action lui manque. Elle ne peut marcher qu'avec le *concours des gouvernements particuliers*, et devient impuissante quand ils le refusent. Les traités qu'elle souscrit n'inspirent à l'étranger qu'une faible confiance, car elle n'a pas les moyens de contraindre l'État particulier qui les viole. La confédération des colonies américaines ne payait pas ses dettes, respectait mal la paix conclue avec l'Angleterre, n'exécutait pas les traités de commerce, et perdait bientôt tout crédit. La confédération germanique ne pouvait rien sans l'accord de l'Autriche et de la Prusse.

Napoléon 1er avait recommandé ce système à la Suisse, comme garantissant mieux son indépendance, en la rendant incapable d'une action commune rapide et en lui ouvrant le refuge des exceptions dilatoires. Il y avait là quelque chose de vrai. Néanmoins la Suisse a bien fait de préférer depuis, à cette lourdeur de mouvement, la faculté de concentrer plus rapidement ses forces.

B. A l'intérieur.

1. La confédération n'a ni organe central de *législation*, ni lois fédérales proprement dites, et chacun de ses membres a son corps législatif et ses lois diverses, restreintes à son territoire. Ainsi la législation sépare les groupes au lieu de les unir ; elle n'a pas un caractère national. Ce particularisme peut être favorable à l'indépendance et à l'originalité de petites peuplades, mais l'ensemble en souffre, l'étroitesse des territoires engendre

nombre d'influences mesquines ; le développement du droit est entravé.

On s'efforce, il est vrai, de parer aux besoins communs par des *traités* ou *concordats*, ou même en permettant à la confédération d'édicter certaines ordonnances *fédérales* (*Bundesbeschlüsse*). Pour décider *à la majorité*, il faut former une unité collective ; sinon l'unanimité peut seule rendre la règle obligatoire pour tous. La *nécessité* force bien, petit à petit, les confédérations à reconnaître aux députés des États particuliers, au *congrès* ou à la *diète* fédérale, le droit de prendre certaines décisions à la majorité. Mais ces cas demeurent rares, et souvent un particularisme jaloux empêche même toute majorité de se former.

2. Pas davantage de *gouvernement fédéral* qui élabore et exécute la volonté de l'ensemble ; point d'unité dans l'action centrale.

On recourt, s'il y a lieu, à des expédients, pour les besoins de la politique fédérale : ainsi, les envoyés à la *diète* seront munis de pleins pouvoirs pour tel cas particulier ; ou bien encore, l'on confiera la direction de quelques intérêts communs à l'un ou à plusieurs des gouvernements locaux les plus importants (*hégémonie*, *Vorort*) En Suisse, Zurich, Berne et Lucerne furent en dernier lieu les trois *Vorort* alternatifs. En Allemagne, l'Autriche par sa présidence, la Prusse par sa force militaire, jouaient le rôle de puissances dirigeantes (*Vormächte*) ; la Bavière venait ensuite, dans une position intermédiaire. Mais ce n'était pas le droit fédéral, c'était le fait qui avait créé cette situation : les gouvernements de Vienne, de Berlin et de Munich étaient, sous tous rapports, plus puissants à eux trois que la diète de Francfort.

3. *Faiblesse militaire* par l'absence d'unité et d'uniformité dans l'armée. Les troupes appartiennent aux États particuliers, qui les organisent, les arment, les instruisent, les soldent. L'armée fédérale n'est ainsi qu'une agrégation d'armées particulières La Suisse sentit peu cet inconvénient au moyen âge, à cause du caractère local des guerres d'alors, et de l'esprit fédéral qui animait les troupes des cantons. Mais, depuis la formation des grandes armées nationales, elle a éprouvé elle-même le besoin d'unifier ses milices En Allemagne, les armées d'Autriche, de

Prusse, et aussi de Bavière, avaient seules de l'importance; les contingents réunis des autres États étaient loin de former une armée nationale.

4. Même phénomène dans les *finances*. Les recettes fédérales se composent surtout des subsides ou des contingents des États, et dépendent en conséquence des trésoreries particulières. La confédération elle-même ne lève point d'impôts ; son crédit est faible ; le trouble se met dans ses finances dès que les subsides des États s'arrêtent.

5. La *justice* est également confiée tout entière aux États ; il n'y a pas de tribunal *fédéral*. On recourt à des *compromis* et à des *arbitres* quand il est nécessaire d'avoir un juge supérieur aux États particuliers, comme par exemple au cas de conflit entre deux ou plusieurs d'entre eux. Nulle jurisprudence une, commune, nationale ; tout au plus une jurisprudence *internationale* imparfaite.

L'État général a même un caractère *international* plutôt que *public*, et les intérêts particularistes menacent à chaque instant sa politique.

On comprend donc que notre époque de formation et de politique nationales ait abandonné ce système. Les trois grandes confédérations modernes se sont toutes trois transformées. Celle d'Amérique est devenue l'Union de 1787 ; celle de Suisse, l'État confédéré de 1848; celle d'Allemagne, l'Union allemande de 1866, puis l'Empire de 1871 Ce fut en vain que le sud des États-Unis s'efforça en 1861 de ramener l'ancienne forme, ou que les États moyens et petits de l'Allemagne s'opposèrent à la réforme nationale de 1866.

On peut donc dire que la confédération est une forme ancienne, devenue impraticable. Au moyen âge, elle se dissolvait parfois en États pleinement indépendants, comme celle des villes hanséatiques. Aujourd'hui, au contraire, elle resserre ses liens, et devient un État parfait.

CHAPITRE II.

État confédéré et empire confédéré.

L'idée de remplacer la confédération par l'*État confédéré* (*Fode-ration*, *Bundestat*), due au génie d'*Alexandre Hamilton*, est devenue une base de progrès pour les États-Unis, la Suisse et l'Allemagne. Ce grand homme avait pensé que les *États particuliers* de l'Amérique du Nord, tout en restreignant leur indépendance, devaient *demeurer des États*, mais que l'ensemble, de son côté, devait former un *tout complet*, capable de veiller aux intérêts communs.

Cette conception hardie et féconde contredisait l'opinion reçue de l'unité de l'État et de la souveraineté. N'était-ce pas établir deux États sur le même territoire? Comment les mêmes hommes pourraient-ils appartenir en même temps à l'Union et à l'État de New-York ou de Pensylvanie? Comment le Congrès serait-il le législateur du pays entier, alors que chaque État conservait sa législature? On aurait donc à la fois un gouvernement à Washington et un autre à Boston ou à Richmond! C'est cependant ce qui fut fait : les législatures particulières ne sont point des autorités subordonnées au Congrès, les gouvernants ne sont point des fonctionnaires sous les ordres du président de l'Union, les cours de justice des États ne sont point un degré inférieur de la justice fédérale.

La nation, l'État, la souveraineté doit être une, sans doute ; et cette exigence logique semble difficilement compatible avec le dualisme d'Hamilton. Aussi certains doctrinaires refusent-ils de le comprendre. On peut même ajouter que la logique des choses est naturellement si puissante, qu'elle pousse l'État confédéré, non pas sans doute au retour à la confédération, mais à l'unité pleine et entière du pouvoir et de la souveraineté, (Comp. vol. I, liv. VII, c. III).

Toutefois, la pensée d'Hamilton est très-féconde pour une période de transition. Elle ménage les formations existantes ; elle maintient l'indépendance et les libertés particulières, et elle donne en même temps vie et puissance à l'ensemble.

Toutes les œuvres de l'homme, et l'État lui-même, ne sont jamais que des formations *relatives*. Ceci résout logiquement la contradiction si vivement signalée : chaque État particulier demeure souverain dans le domaine de ses *intérêts propres* ; et l'Union l'est elle-même dans celui des *intérêts communs*.

Cette *distinction des compétences*, telle qu'elle est faite en Suisse et aux États-Unis, diffère assez remarquablement, surtout par la méthode, de celle adoptée par le nouvel empire allemand. Certains traits sont sans doute semblables. Chez tous, c'est à l'État général qu'appartient surtout la *politique étrangère* ; partout aussi sa propre *administration intérieure forme* l'attribution principale de l'État particulier. Ainsi encore, dans chacun des trois groupes, la compétence de ce dernier, comme plus *ancienne*, s'étend à tout ce qui n'est pas formellement excepté par la constitution fédérale. Mais cette règle d'interprétation n'est pas toujours suffisante ; on l'a éprouvé en Amérique. Elle a besoin d'être complétée par le principe que le pouvoir fédéral a vocation pour agir, toutes les fois que l'existence et la sécurité de l'ensemble sont menacées. C'est ce que l'empire allemand a le mieux compris, et nous avons vu, souvent déjà, le Reichstag et le conseil fédéral édicter des lois et des décrets qu'aucun texte spécial ne plaçait dans leur compétence, mais que l'intérêt général légitimait [1].

Au reste, les pouvoirs de l'empire allemand, spécialement

[1] Comp. *Bluntschli*, Deutsche Statslehre für Gebildete, p. 309.

quant à la législation et à l'armée, sont plus étendus et plus énergiques que ceux des autorités fédérales de la Suisse ou de l'Amérique. Par contre, il est assez étrange de lui voir donner moins d'attention que la Suisse au développement national de la science et des arts, et abandonner complétement aux États particuliers la défense du pouvoir civil contre l'Église romaine universelle.

Mais la différence la plus remarquable est dans la *méthode*. En vue de prévenir tout conflit, les Américains et les Suisses se sont efforcés de détailler les droits du pouvoir central avec autant de précision que possible. La constitution allemande, au contraire, évite de délimiter exactement la compétence de l'empire. Elle laisse un certain vague entre les domaines du tout et des parties. Ainsi, l'on réserve souvent à l'empire le droit de légiférer, s'il le juge convenable, sur des matières qui restent, jusqu'à ce qu'il ait usé de ce droit, dans la compétence des États particuliers. Ainsi encore, l'on pose en principe que la loi de l'empire déroge toujours à la loi de l'État particulier. Aussi l'autorité de l'empire va toujours croissant ; elle s'étend avec chaque loi nouvelle qu'il édicte.

La politique de l'État confédéré doit s'efforcer d'éviter les conflits entre les deux souverainetés, et de maintenir leur bonne entente. Il faut que l'autorité centrale, tout en pourvoyant aux besoins de l'ensemble, ménage avec bienveillance l'autorité des parties. Le chef de l'État particulier doit, de son côté, fidélité à l'État général. Les deux États se complètent l'un l'autre. Aussi le gouvernement est-il ici plus difficile et plus compliqué que dans l'État unitaire ; il faut souvent transiger là où l'on aimerait à appliquer les conséquences rigoureuses d'un principe. Mais, s'il plaît médiocrement au doctrinaire, ce régime n'en est pas moins bienfaisant.

Cependant la prévoyance la plus grande ne saurait empêcher tous les conflits. Il faut donc trouver un moyen de les résoudre organiquement. Ici encore, les méthodes suivies diffèrent.

Les *Américains* du Nord regardent les *tribunaux* comme les régulateurs suprêmes de tous les droits, soit de l'Union soit des États. Leurs cours de justice sont juges de la constitution-

nalité des lois qu'on invoque devant elles, et peuvent refuser
d'appliquer celles qui leur paraissent violer la constitution
de l'ensemble ou des parties. Ainsi, le conflit se vide par un
proces et une *sentence judiciaires*. Cette voie peut suffire en temps
ordinaire; mais elle devient facilement impuissante dans les
crises, comme on l'a vu de 1861 à 1865.

D'après la constitution *suisse*, les conflits de ce genre sont
réservés à l'*assemblée fédérale*. Pour les vider, le *conseil national*
et le *conseil des États* délibèrent en commun par exception,
et c'est la majorité des membres votants des deux conseils qui
décide. La solution est donc remise à un corps politique *a*).

L'*empire allemand* adopte un troisième système. Le conseil fédéral essaie d'abord de résoudre le conflit *diploma-
tiquement*, en s'entendant avec l'État intéressé. S'il échoue,
la *législation impériale*, émanée des deux conseils, prononce.
On sait que celle-ci déroge toujours aux lois des États particuliers, et que l'empire peut aussi *faire exécuter lui-même sa
volonté*.

Le grand danger qui menace perpétuellement l'État confédéré,
c'est de passer à l'*unitarisme* par la réduction des États particuliers en provinces. La logique des choses et la force croissante de l'État général et du sentiment national y poussent naturellement. Au reste, si cette transformation se fait avec un

---

a) Cela était vrai sous la constitution de 1848, art. 74. 15°, 16°, 17° et art. 80.
D'après la constitution de 1874, art 113 : « Le *tribunal* fédéral connaît : 1° des
conflits de compétence entre les autorités fédérales, d'une part, et les autorités
cantonales, d'autre part ; 2° des différends entre cantons, lorsque ces différends
sont du domaine du *droit public* (ou du droit civil, art 110), 3° des réclamations
pour violation des droits constitutionnels des citoyens . » La nouvelle constitution
se rapproche donc du principe américain Cependant l'art 113 ajoute : « Dans
tous les cas prémentionnes, le tribunal fédéral appliquera les lois votées par
l'assemblée fédérale et les arrêtés de cette assemblée qui ont une portée générale. » Cette disposition doit-elle être entendue dans un sens absolu ? ou bien le
tribunal fédéral reste-t il juge de la constitutionnalité de la loi *fédérale* ? Question
délicate. La seconde solution respecte bien mieux le principe de la souveraineté
cantonale inscrit dans l'art 1er de la constitution fédérale, et paraît mieux en
harmonie avec la généralité des 1° et 3° de l'art 113. — Le tribunal fédéral
est d'ailleurs certainement juge de la constitutionnalité de la loi *cantonale*, soit
au point de vue cantonal, soit au point de vue fédéral (arg 113. 3°) Comp.
art 56,1. sur l'org jud fed. du 27 juin 1874.

sage ménagement et sans secousse, l'on ne saurait s'en plaindre, car l'État prend ainsi une forme plus achevée.

L'empire allemand repousse moins cette tendance que les États-Unis. C'est que sa puissance repose surtout sur celle de la Prusse, qui renferme environ les deux tiers de sa population, et qui pourrait plus facilement se substituer à l'empire, si le troisième tiers venait à désirer de participer directement et sous tous les rapports à la vie d'une grande puissance. La période de transition peut durer longtemps, la vie d'une couple de géné- rations peut-être, si les princes particuliers se pénètrent de leurs devoirs envers leurs États et savent être fidèles à l'em- pire. A défaut, leur chute ne tarderait guère.

CHAPITRE III.

Possessions et colonies.

La *métropole* et ses *possessions* ou *colonies* ne forment qu'un seul État, un seul pays; mais la première est le siége du gouvernement, et les secondes n'ont qu'une situation subordonnée. La nation souveraine, c'est la métropole. La possession peut avoir une certaine autonomie soit législative, soit de gouvernement; mais elle dépend, sous les rapports essentiels, de l'État principal, et en partage les destinées.

Cette situation peut se présenter sous deux faces :

I. Le peuple de la possession est *semblable* à celui de la métropole, ou du moins il appartient à une *civilisation aussi avancée*.

II. Il appartient, au contraire, à une *race* et à une *civilisation différentes* (généralement inférieures).

Un troisième cas, qui peut se ranger sous le second, c'est lorsque le peuple de la possession est en partie semblable à celui de la métropole, en partie très-différent

I. Exemples du premier genre : la Lombardie, possession de l'empire d'Allemagne au moyen âge, les bailliages communs de l'ancienne Suisse; et, de nos jours encore, l'Islande, possession du Danemark; les îles Ioniennes, sous la protection anglaise; dans une certaine mesure, les États vassaux de la Turquie et l'Alsace-Lorraine ; — plus spécialement, les anciennes colonies anglaises, hollandaises, françaises ou espagnoles de l'Amérique du Nord, les colonies anglaises du Canada.

Ce genre de dépendance a un caractère transitoire. Il n'est guère durable que pour les colonies *très-éloignées*, et celles-ci elles-mêmes demandent des franchises dès qu'elles se sentent suffisamment fortes; les possessions rapprochées se changent plus rapidement en *provinces* ou en *États indépendants*. Les métropoles en ont fait une expérience souvent pénible, et la politique coloniale s'est aujourd'hui bien modifiée.

Une colonie lointaine ou d'outre-mer ne peut guère se passer, au début, de la protection de la mère patrie, et elle lui demeure longtemps attachée par son droit, ses mœurs, sa faiblesse, une sorte de piété filiale. Les colonies anglaises d'Amérique, déjà devenues sous certains rapports des États autonomes, restaient encore les sujets de la métropole. Mais la distance relâcha de plus en plus ces liens. Ne pouvant prendre part aux travaux du parlement national, elles s'étaient donné une représentation spéciale, et l'Angleterre, trop éloignée pour apprécier sainement leurs besoins, finissait par ne plus leur inspirer qu'une confiance médiocre.

Ces inconvénients découlent des choses. Mais l'ancienne politique coloniale venait encore les augmenter volontairement. Elle fut à l'origine une véritable *politique d'exploitation*, caractérisée :

a) Par un *monopole de navigation* au profit exclusif du commerce maritime de la métropole ;

b) Par l'*obligation* imposée aux colons de *vendre leurs produits bruts* à ses seuls marchands et fabricants;

c) Par une *obligation* semblable de *tirer* de la métropole tous les produits bruts et fabriqués dont ils pouvaient avoir besoin, et de n'acquérir des marchandises *étrangères* que par l'intermédiaire de *son commerce*;

d) Par des *entraves* apportées à l'*industrie coloniale* pour la maintenir dépendante;

e) Par un *système de taxes et de douanes* grevant la colonie au profit de la métropole

Cette politique avare imitait trop justement les colons, et corrompait le gouvernement principal lui-même, qui s'employait à exploiter ses sujets.

L'Angleterre, ensuite du célèbre rapport de lord *Durham* sur le *Canada* (1838) et du bill colonial de lord *Russel* (1860), rompit la première avec ce déplorable système, dont *Edmond Burke* avait déjà signalé les vices.

On comprend aujourd'hui qu'un gouvernement sage doit s'inspirer des *avantages* de sa colonie, et lui permettre de développer librement ses forces, son industrie, son commerce, sa navigation. Il fera même bien de la protéger spécialement contre l'avarice et l'exploitation des citoyens de la métropole.

On ne saurait refuser à ce premier genre de colonies une *constitution représentative* et une *selfadministration* analogues à celles de la mère patrie. La colonisation devient ainsi une extension largement *autonome* des institutions libres du pays principal.

La colonie aura donc sa *législation* et sa *représentation* à elle, quand elle en sera politiquement capable. La législation de la métropole ne lui demeurera applicable que dans la mesure des nécessités générales. On devra cependant réserver l'approbation de celle-ci, pour que l'harmonie de l'ensemble ne soit pas atteinte.

La colonie aura également son *gouvernement* propre, muni de pouvoirs étendus mais subordonné dans une certaine mesure au gouvernement central. La politique générale, entre autres, appartient exclusivement à ce dernier ; seul il embrasse tout de son regard ; seul il dispose de l'armée et de la flotte.

Ce rôle un peu humiliant de la colonie s'explique par sa faiblesse et par le besoin qu'elle a de protection. Elle le supportera assez facilement si l'État principal sait donner pleine satisfaction à ses besoins *intérieurs*. Les colons pourront aussi être éligibles à toutes les charges de l'État principal, avoir ainsi leur part d'influence, et l'occasion de se réjouir de l'élévation de quelques-uns de leurs enfants.

Les principaux *avantages* du système colonial sont

a. Pour la *colonie*, la protection d'une grande puissance qui l'assure contre l'étranger ; des rapports avec la mère patrie, qui augmentent sa civilisation et ses richesse ; une participation relative à la haute situation de celle ci.

b. Pour la *métropole*, l'extension de sa puissance, de son action civilisatrice, de sa considération. Une grande puissance qui a d'importantes colonies, devient une *puissance du monde*. Même lorsqu'elle leur accorde une entière liberté de commerce, elle profite plus facilement que l'étranger de tous leurs produits naturels ou industriels, elle y écoule plus facilement les siens. Mille liens de famille, de tradition, de mœurs, de langue, d'intérêts, unissent les deux peuples ; et la colonie offre à la marine métropolitaine des stations et des ports assurés.

Mais, d'*autre part*, il faut reconnaître :

a. Que la *colonie* demeure une *formation* politique *imparfaite*, et une *dépendance* d'un centre éloigné facilement oppresseur.

b. Que l'*État principal disperse ses forces* par l'obligation d'envoyer au loin une flotte et des troupes de protection ; *qu'il se grève de devoirs difficiles*, de sacrifices d'hommes et d'argent, sans profit absolument direct.

En conséquence, une colonie devenue assez forte pour *subsister en État* indépendant, se sépare aussi naturellement de la mère patrie que l'enfant devenu homme quittant la maison paternelle pour fonder une nouvelle famille. Cette séparation profite aux deux pays, au moins lorsqu'elle a lieu amicalement et de bon accord, tous les avantages de l'ancienne union peuvent être conservés, sans aucun de ses inconvénients.

CHAPITRE IV.

Colonies ou possessions inegales.

II. Un problème plus délicat s'impose à l'État qui, par lui-même ou par d'aventureux colons, fait la conquete de territoires lointains, habités par un peuple de race ou de culture différente.

Les *Romains* les réduisaient en provinces romaines, laissant aux habitants leur religion, leur langue, leurs coutumes, mais cherchant lentement à les *romaniser* en Occident, à les *helléniser* en Orient. Ils ne leur donnaient jamais l'indépendance politique ; Rome, et plus tard Constantinople, restaient les centres exclusifs du pouvoir. Les Russes ont adopté un système analogue, tolérant les mœurs particulières des mahométans et autres peuples orientaux qu'ils s'annexent, mais s'efforçant aussi de les russifier petit à petit, et ne reconnaissant qu'un empire, un maître, une législation, un gouvernement.

Les nations de l'Occident suivaient et suivent encore une méthode différente pour leurs colonies d'outre-mer : ainsi les *Portugais* autrefois pour le Brésil, et encore aujourd'hui en Afrique; les *Espagnols* autrefois à Mexico, et aujourd'hui encore à Cuba; les *Hollandais* à Java et à Sumatra ; les *Anglais* dans l'Inde et l'Australie, les *Français* à Alger, etc.

La distance, une civilisation très différente, une race inférieure, rendaient ici une simple incorporation impossible. L'on préféra considérer ces colonies comme des *dependances* (*Nebenlander*), c'est-à-dire comme des États en quelque sorte distincts, soumis à un régime, à une législation spéciale, mais dominés sous tous les rapports essentiels *par la metropole*.

Les peuples ne sont pas tous assez mûrs pour se gouverner eux-mêmes. Plusieurs d'entre eux ont besoin de l'appui ou de la protection d'un peuple plus puissant, sous peine de rester ou de retomber dans la barbarie. Incapables d'être libres, ils ne feraient à eux seuls que changer de joug et subir une domination pire. Est-il un despotisme plus capricieux et plus cruel que celui de ces chefs nègres, aussi stupides et aussi noirs d'ailleurs que leurs sujets ?

La *domination etrangere* est légitime quand un peuple est impuissant à former un État indépendant et ordonné. Elle est toujours un mal politique, mais souvent un mal nécessaire.

Les différences si tranchées entre les métropoles européennes .et les colonies d'outre-mer, augmentent cependant les difficultés d'une bonne entente. Les maîtres se rendent difficilement compte des besoins des sujets, ceux-ci, des intentions bienveillantes des maîtres. Les spahis indiens se révoltèrent parce qu'on avait enduit leurs cartouches de graisse animale, ce qu'ils regardaient comme une impiété compromettant leur salut éternel.

Aussi faut-il, pour rendre la situation supportable, que la métropole soit hautement supérieure à la colonie non-seulement par les armes, mais par l'intelligence et le caractère.

L'infériorité manifeste de la civilisation de la colonie, rend un pouvoir *un peu despotique* à peu près indispensable. Mais il y a une *despotie légitime* et *bienveillante*, et une despotie injuste. Dans les deux cas, c'est une *volonté etrangere* qui règne ; mais l'une regarde ses droits comme des devoirs envers les gouvernés, la seconde ne songe qu'à satisfaire l'égoïsme des gouvernants.

Cette domination de peuples à demi civilisés amène souvent des résultats fâcheux :

1. Le peuple *maître* devient orgueilleux, fier et méprisant envers le peuple soumis , il *abuse* de sa force et *oublie* ses devoirs.

2. Le peuple *soumis* devient *humble* et *servile*, incapable de tout progrès indépendant, stupidement *paresseux* et *indifférent* ,

et cependant il se *méfie* de ses maîtres, les *envie*, les *déteste*, et se *soulève* parfois avec une *rage sauvage*.

3. La *distance* rend les communications difficiles ; les télégraphes ont diminué cet inconvénient sans le supprimer. La métropole est instruite de ce qu'il faudrait faire quand le moment est passé, et ses ordres arrivent trop tard ; elle est ainsi forcée de munir son gouvernement colonial de pouvoirs très-étendus, la direction lui échappe en partie, et elle demeure responsable.

4. Le *contrôle* du gouvernement colonial est également difficile. La métropole est trop éloignée, et le peuple soumis est incapable de l'exercer, ou trop dépendant pour le faire, ou prêt à en abuser dans un sens séparatiste. L'absence de contrôle engendre naturellement les *abus* de la force, et c'est à peine si les plus criants sont réprimés.

5. Les *éléments véreux* de la métropole, *aventuriers*, *fugitifs*, *criminels*, *déportés*, s'abattent comme une plaie sur la colonie et ne songent qu'a exploiter leur supériorité. Contente de se décharger de cette tourbe dangereuse, la métropole l'encourage à émigrer. Mais ces émigrants pervers se trouvent en rapports constants avec leurs compatriotes meilleurs, les corrompent, et s'en font appuyer. Les indigènes, accablés de maux, ne trouvent bientôt personne qui entende leurs doléances et leurs misères. Leurs oppresseurs, parlant seuls la langue de la métropole, savent les moyens de toujours les confondre devant l'opinion. Que le gouvernement colonial veuille réfréner une exploitation furieuse, et ils le signalent aussitôt comme antipatriotique. L'histoire coloniale de l'Angleterre n'est que trop instructive sous tous ces rapports. Il est vrai que ce grand pays sait avouer ses méfaits plus franchement qu'aucun autre [1].

Les colonies inégales donnent généralement moins d'avantages que les colonies égales. Leur étendue et leur population ne sont nullement une mesure de la puissance de la métropole ; elles peuvent même devenir une charge. La métropole ne peut guère en tirer des soldats, et elle est obligée d'y envoyer une partie de sa flotte et de son armée.

---

[1] Stuart Mill, Gouvern. repres., ch. XVIII

Aussi la conservation de ses vastes possessions est-elle souvent une sorte de nécessité historique, qui s'impose lourdement à une grande puissance maritime. La Hollande peut à peine conserver les siennes, et elle est trop faible pour les civiliser. L'Angleterre elle-même commence à sentir qu'elle doit songer à les restreindre plutôt qu'à les augmenter.

Les *Américains* du Nord, les *Allemands* et les *Italiens* n'ont en général aucune grande possession d'outre-mer, soit égale soit inégale. Ils sentent cependant le besoin d'avoir au loin des stations assurées pour leur commerce et leur navigation. On peut y voir un premier germe de colonisation future.

La nation dominante ne doit pas oublier qu'il est de son devoir de civiliser et d'élever petit à petit les indigènes de ses colonies. Mais, si ceux-ci résistent invinciblement à ses efforts, ils ne peuvent guère s'en prendre qu'à eux-mêmes de leur extinction.

LIVRE DIXIÈME

REPRÉSENTATION NATIONALE ET LÉGISLATION

CHAPITRE PREMIER.

Le suffrage universel et ses effets. — Un projet de confirmation civique.

Le *suffrage universel*, qui appelle toute la population virile et majeure à la vie publique et lui confie l'élection de la représentation nationale, a été proclamé par la Révolution française comme une conquête du droit et de l'esprit publics modernes. Cependant la constitution de 1791 exigeait encore le paiement « d'une contribution directe au moins égale à la valeur de trois jours de travail. » Cette condition disparut dans la constitution de 1793. L'empire enleva le droit de vote aux serviteurs à gage. et la royauté établit un cens très-élevé. Le suffrage universel se réfugia alors dans plusieurs des cantons suisses. La révolution de 1848 le rétablit définitivement en France (const., art. 26). Il a depuis été accepté avec faveur par plusieurs États d'Europe et d'Amérique, et récemment par la constitution de l'Allemagne du Nord (1867), devenue celle de l'empire allemand (const. de 1871, art. 20 ; loi électorale du 31 mai 1869).

L'extension du vote à *toutes les classes* répond aux tendances démocratiques du siècle. Au rebours des idées du moyen âge, les peuples modernes aiment à construire l'État *d'en bas*, en l'appuyant sur le large fondement des masses. Le suffrage accordé à tous semble une conséquence nécessaire de la *qualité générale de citoyen de l'État*, qui a remplacé les distinctions d'ordres et de classes, et un complément naturel du *service militaire*, de l'*impôt*, de l'*instruction primaire, obligatoires pour tous.*

Et cependant, le droit de suffrage n'est point un *droit naturel* de l'individu, comme le prétend le *Contrat social*, mais un droit *public* dérivé de l'État, n'existant que dans l'État, ne pouvant exister contre lui. C'est comme citoyen et non comme homme que l'électeur vote ; il ne tire pas son droit de lui-même, des nécessités de son existence ou de son développement personnels, mais de la constitution, et pour le bien de l'État.

De même, la représentation nationale est une *institution de l'État*, destinée à élaborer et à formuler sa volonté. Les députés ne sont pas les mandataires des électeurs, mais les *représentants de la nation.* C'est uniquement pour avoir une représentation capable de celle-ci que le vote est donné aux citoyens. Ce droit ne va point de soi, comme au profit d'associés. Si le suffrage universel doit évidemment amener une représentation incapable, il doit être aboli. L'indigénat et le sexe masculin ne donnent point à eux seuls une action sur les affaires publiques. Pour avoir le droit de prendre part à l'élection d'une chambre qui doit être l'expression de la nation, il faut avoir la conscience vivante de la valeur de l'État.

La *capacité* de choisir est donc la condition indispensable du suffrage. C'est un suicide que de le donner à des classes évidemment *incapables* ou *ineptes.* L'extension du droit de vote doit être en proportion de la capacité et de la bonne volonté de bien choisir. Plus celles-ci sont générales, plus la nation est apte à se gouverner elle-même. Le suffrage universel n'est donc réellement possible que chez un peuple *libre, cultivé,* au *caractère indépendant,* au *sentiment énergique* de l'État. Les peuples incultes et les peuples à l'obéissance passive y sont impropres. Un homme d'État oserait-il proposer de l'introduire à l'instant dans la Russie ou dans les Indes? L'aristocratie anglaise recule pour l'Angleterre elle-même devant ce saut dans l'inconnu. En France, les élections communales des grandes villes et les élections cléricales des campagnes prouvent que cette grande extension n'est pas sans danger. En Italie, le suffrage universel mettrait en danger, encore aujourd'hui, l'existence elle-même de la jeune nation. En Allemagne enfin, il a donné d'assez médiocres résultats dans plusieurs circonscriptions rurales dociles à la hiérarchie.

Quoiqu'il reconnaisse et protége la liberté et la puissance du démos, il est loin d'être toujours favorable aux formations démocratiques. Sans doute, il les assure en Suisse et aux États-Unis. Mais en France, il a servi de base à l'autocratie césarienne de Napoléon III ; en Allemagne, s'il a été favorable à la fondation de l'empire, il l'a été encore davantage, dans plusieurs cercles, au clergé et aux grands seigneurs fonciers.

En général, et dans les temps ordinaires, le suffrage universel *corrobore l'autorité déja prépondérante.* Républicain dans la république, il sera monarchique, impérialiste, ou aristocratique ailleurs. Mais, dans les crises, il change parfois brusquement de direction, et perd le gouvernement qui comptait sur lui. Tel qu'il est aujourd'hui pratiqué, il dissout les masses dans leurs éléments atomiques, entasse arbitrairement ces atomes dans de vastes circonscriptions, les livre a tous les vents; et les voix des électeurs s'élèvent en tourbillons de poussière dans un sens ou dans l'autre, suivant la direction de la tourmente. On en a fait l'expérience en Amérique, en France, en Suisse.

Certaines oscillations sont sans doute inévitables, même nécessaires à la vie ; les violents soubresauts sont toujours dangereux, et ruinent toute politique suivie. Une meilleure organisation des divisions électorales pourrait en partie parer au mal. Ce qui est plus difficile, c'est de réagir contre l'incapacité ou l'ineptie des électeurs.

Le rétablissement du cens mécontenterait gravement les classes qu'il dépouillerait du suffrage, et mesurerait d'ailleurs à tort la vertu civique à l'argent possédé. Des fils de famille encore sans patrimoine, ou même des pauvres diables, peuvent faire d'excellents citoyens. On ne peut guère recommander non plus, pour les mêmes raisons, l'exclusion des serviteurs à gage, qui votent d'ailleurs presque toujours comme leurs maîtres.

Un signe externe, caractéristique de la capacité, manque donc jusqu'à ce jour. Comment reconnaître si tel bon paysan n'obéira pas aveuglément à son curé, même en politique, si tel ouvrier est un communard ou un bon citoyen ?

Et cependant il y a urgence pour l'État et la société de parer aux dangereux abus du suffrage universel. Pour qu'il puisse être maintenu, il faut nécessairement que le jugement et l'instruction des masses soient élevés. Sans une bonne *éducation politique*, point de *liberté ni de vote politiques possibles*. Il appartient à la science de signaler cette condition, et de chercher les moyens d'y satisfaire.

L'*école*, et spécialement les *écoles populaires*, ne peuvent que préparer cette éducation. L'enfant sait difficilement comprendre l'État ; c'est en vain qu'on a tenté de lui faire apprendre les principes de la constitution politique. Toutefois, on pourrait mettre davantage à sa portée, dans les hautes classes populaires elles-mêmes, certains principes élémentaires de droit, d'économie générale, d'ordre public, de vertu civique.

Mais la grande lacune qu'il faut combler, c'est le temps qui s'écoule entre la sortie des écoles et la majorité politique.

L'*éducation militaire* des jeunes hommes y pourvoit en partie. L'esprit de corps s'éveille, la discipline sévère apprend la subordination, les mâles vertus se développent.

Mais ce secours est insuffisant ; il faut le compléter par une *éducation civile*. C'est la paix qui est l'état normal, non la guerre. Autres sont les vertus du citoyen, autres celles du soldat. Le règne exclusif d'une roide discipline empêcherait un peuple cultivé de remplir ses fins.

L'État moderne aurait ici beaucoup à apprendre de l'Église. C'est avec une profonde habileté que l'Église sait remplir l'esprit de la jeunesse de ses dogmes et de ses commandements, et lui enseigner Dieu et les hommes, Jésus et les apôtres, le péché et le châtiment, avant de l'admettre aux sacrements, à la communion, à la *confirmation*. Cette instruction donnée vers l'âge de puberté se grave dans les jeunes cœurs en traits ineffaçables, et forme souvent le point de départ de tout le développement intellectuel ultérieur. On peut le voir partout chez les peuples chrétiens. Les liens internes des paroisses, l'autorité des ecclésiastiques, les mœurs religieuses, la communauté de l'Église elle-même, reposent en grande partie sur cette première éducation, que termine l'initiation du néophyte par la première communion.

L'État moderne aurait besoin d'un système correspondant d'éducation. Son devoir et son intérêt lui commandent de veiller à ce que les jeunes citoyens qui vont voter pour la première fois, soient instruits des notions fondamentales de l'ordre et du droit public. L'État aussi doit avoir son catéchisme.

Cet enseignement politique pourrait être donné cinq ou six ans après la confirmation chrétienne. Il demande en effet un âge plus mûr. La foi s'adresse aux âmes tendres encore, l'intelligence de l'État demande un esprit plus viril. Là où la majorité politique commence à vingt-cinq ans, cet enseignement ne devrait pas précéder cette époque de plus d'une couple d'années.

Les jeunes citoyens seraient ainsi initiés à l'État, à son histoire, à sa constitution, à ses rapports avec l'étranger, l'Église et la société, aux droits et aux devoirs civiques.

Pour exercer des droits politiques, il faudrait *avoir reçu cette éducation,* ou avoir *subi un examen* correspondant. Le jeune homme qui va voter, serait préalablement *confirmé* par l'État, et lui prêterait un serment solennel de fidélité. Une fête nationale annuelle remémorerait au besoin cette *consécration civique.* Le sentiment de l'État grandirait ainsi dans les esprits, et la valeur des électeurs serait plus largement assurée [1].

---

[1] J'ai développé cette idée dans la revue « Die Gegenwart » (août 1874).

CHAPITRE II.

Le suffrage des femmes.

Certains esprits vont jusqu'à trouver le suffrage universel des hommes insuffisant, et voudraient l'étendre aux femmes elles-mêmes.

Malgré l'appui de Condorcet, ce fut en raillant que l'Asssemblée nationale française repoussa, en 1789, le premier projet de ce genre. Cependant deux publicistes distingués, *Stuart Mill* et *Édouard Laboulaye*, sont venus le reprendre de nos jours. En Angleterre, cette innovation a même gagné un certain nombre de membres du parlement. En Amérique, elle compte de nombreux adhérents, favorisée qu'elle est par les tendances démocratiques, l'indépendance des femmes, leurs fonctions d'institutrices des écoles populaires.

On peut dire en ce sens :

1° « Que les femmes ont *autant d'intérêt* que les hommes à être bien gouvernées. La faiblesse de leur sexe devrait même leur faire donner des droits plus étendus qu'aux hommes, pour qu'elles n'en soient pas opprimées [1]. »

Mais l'intérêt ne donne pas la *capacité* de gouverner, sinon il

[1] Stuart Mill, Gouvern représ., traduit (en allemand) par Wille, p 120

faudrait appeler les enfants eux-mêmes à voter, au moins par leurs tuteurs.

2° « Que le droit *public* et le droit *civil* sont en contradiction ouverte. Incapable civilement dans les temps anciens, la femme est enfin heureusement affranchie de toute tutelle. Mais pourquoi s'arrêter a mi-chemin ? N'a-t elle pas autant que l'homme l'intelligence et l'amour de la patrie? Ne paie-t-elle pas les impôts? Son vote serait-il moins réfléchi ? »

La femme, sans doute, est en général l'égale de l'homme comme personne privée Mais les droits publics dérivent de l'État, et dès lors, ce qu'il faut toujours se demander, c'est si la femme a réellement pour l'État la même valeur que l'homme.

Les femmes qui paient l'impôt sont d'ailleurs une faible minorité, à laquelle l'on pourrait peut-être accorder certains droits. Mais le service militaire n'est-il pas un impôt qui ne frappe que l'homme?

3° « N'est-il pas absurde qu'une femme puisse être reine, et que les femmes ne puissent voter ? »

Certaines nations cultivées sont en effet gouvernées par des reines ; et même il arrive, comme en Autriche par exemple, que les femmes propriétaires de grandes terres, sont admises a prendre part à la représentation aristocratique de la grande propriété foncière. Mais ces exceptions, qui s'expliquent par des motifs particuliers, ne sont bonnes, ou même supportables, qu'à titre d'exception.

4° « La plupart des femmes vivent dans la famille, et généralement leurs voix viendraient augmenter celle du *chef de maison*, renforcer ainsi l'élément conservateur. »

Cette raison est la plus importante que donne Stuart Mill. Mais est-il bien vrai que les femmes voteront toujours comme leurs maris ou leurs pères? On peut en douter, surtout en présence de la lutte qui divise aujourd'hui l'Église et l'État. Le sentiment domine chez la femme ; elle est plus soumise au prêtre que l'homme. Ne pourrait-il pas en résulter des conflits intérieurs pénibles ? Dans les pays catholiques, les femmes livreraient l'État aux jésuites, et la dissension serait dans les familles.

S'il est utile d'augmenter l'influence des chefs de maison, mieux vaut leur donner directement deux ou plusieurs voix. Le suffrage des femmes serait peu à craindre, s'il consistait à attribuer au père de famille le droit de voter lui-même pour sa femme et pour chacune de ses filles habitant avec lui.

5° « Il est impossible d'écarter l'influence des femmes sur les électeurs. Mais aujourd'hui elles exercent cette influence *en dehors* de l'organisation politique, et par suite *sans avoir le sentiment de leur responsabilité*, le suffrage le leur donnerait, et les rendrait moins capricieuses et plus prudentes. »

Mais toute cette question doit être essentiellement envisagée au point de vue de l'intérêt public.

Si l'unanimité des peuples a repousser le suffrage des femmes n'est pas absolument décisive, puisque tous aussi ont pratiqué l'esclavage, elle commande du moins une sévère défiance à son égard.

Ce ne sont pas seulement les mœurs, c'est la nature elle-même qui crée la femme pour la famille. La mère de famille n'est-elle même pas physiquement empêchée de se mêler à la vie publique? Les soins de la maison et des enfants la retiennent à tout instant chez elle. Comment la femme jetée dans le mouvement politique accomplira-t-elle ses plus indispensables devoirs? Comment gardera-t-elle les vertus et les charmes qui sont l'honneur de son sexe? Les peuples germains perdraient sans doute l'antique respect qu'ils lui vouent. Aussi les *femmes allemandes* ne réclament-elles nullement ce droit nouveau, et leurs maris et leurs fils ne peuvent en entendre parler sans mépris.

Mieux vaudrait encore donner aux femmes un droit de vote dans l'Église que dans l'État! Leur intelligence est plus faite pour les choses religieuses que pour la politique. La nature de l'Église est féminine, celle de l'État, mâle. C'est l'*homme* seulement (*vir*) qu'Aristote appelait un *être politique*.

Sans doute, il y a des femmes viriles et maîtresses d'elles-mêmes, comme il y a des hommes efféminés. Que l'on donne le suffrage à ces types rares, si l'on peut les reconnaître. Mais l'exception ne doit pas devenir la règle.

La nature destine l'immense majorité des femmes à la *vie de la famille* et du *sentiment*, et non à la vie *consciente* et indépendante *de la raison.* C'est une erreur énorme de croire que la différence actuelle des situations de l'homme et de la femme est uniquement le résultat de l'éducation. On peut améliorer l'instruction des femmes, on ne peut changer leur nature ; et, le pût-on, serait un mal véritable de le faire.

L'homme observe, rassemble péniblement les résultats de son expérience, et forme scientifiquement un jugement bien assis. La femme juge rapidement et d'intuition, et souvent mieux ; elle découvre d'un coup d'œil un méchant homme ; elle aime ou hait par sentiment. C'est là pour elle une force et une faiblesse. On ne peut pas plus lui parler raison logique qu'on ne peut parler science critique à l'Église. Elle sent, elle croit, et peu lui importent les syllogismes.

D'ailleurs, si l'on donne le vote aux femmes, pourra-t-on leur refuser l'éligibilité ? Et alors, qu'on se figure une assemblée nationale mêlée d'hommes et de femmes, et la tournure qu'y prendraient les débats ? Les chefs de partis useraient probablement de moyens assez différents de ceux employés jusqu'à ce jour. La passion grandirait, les éléments *passifs*, déjà bien nombreux par le suffrage universel, augmenteraient sans mesure ; les forces *actives* et viriles seraient encore plus entravées.

Dans l'état présent des choses, l'influence *morale* et *indirecte* des femmes sur la vie publique, est à la fois considérable et bienfaisante. L'homme d'État retrouve paix, repos, forces nouvelles dans son tranquille foyer. Que deviendraient ces douces joies, si la femme entrait comme lui dans la lice ? L'homme d'État parle souvent avec son épouse comme avec sa propre conscience ; il lui raconte ses projets, ses périls, ses gloires. C'est ici que la femme peut représenter le devoir moral en face du *summum jus* ou des artifices de la politique. Gardons-nous de lui enlever ce beau rôle pour lui en donner un qui lui est étranger ! L'influence de la femme sur la vie publique cesserait d'être *pure* en cessant d'être *indirecte*.

Personne d'ailleurs ne blâmera jamais le patriotisme de la femme. Chacun demande au contraire qu'elle élève ses fils dans les vertus civiques, et qu'elle partage les joies et les souffrances patriotiques de son époux.

CHAPITRE III

Representation proportionnelle. — Unions, ordres, classes.

On se contente généralement aujourd'hui de diviser le pays en un certain nombre de *circonscriptions electorales*, déterminées arbitrairement, sans communauté, sans liaison interne, et qui décident à la majorité des voix, celles de la minorité demeurant sans effet.

Ce système. qui compte les voix au lieu de les peser, n'a pas même le mérite, comme le dit justement *Lotus* (*Moderne Ideen*, 1, p. 187), d'assurer à la majorité des citoyens la majorité de la représentation. En effet, supposons que le pays soit divisé en 100 circonscriptions, ayant chacune 4,000 électeurs ; que deux partis A et B soient en présence, que 51 circonscriptions votent pour A et 49 pour B : le premier parti l'emportera. Mais, d'autre part, les électeurs se trouvaient répartis comme suit : dans chacune des 51 circonscriptions, 2,500 électeurs ont voté pour A, 1,500 pour B ; dans chacune des 49, au contraire, 3,500 ont voté B, 500 A. B, qui est battu, comptait donc 352,000 adhérents ; et A, le vainqueur, n'en a que 148,000.

Ce ne sont pas là de pures hypothèses. Dans plusieurs États de l'Amérique du Nord, le rapport des deux grands partis dans les chambres, est sensiblement différent du rapport de ces mêmes partis dans la nation. En Europe également, nous avons vu souvent des minorités considérables n'avoir qu'une représentation insuffisante ou nulle.

Une représentation vraie doit être une image semblable, et par suite, proportionnelle. Le système reçu est donc en contradiction avec l'idée qu'il poursuit.

Ce n'est pas son seul défaut :

1° Le droit de vote appartient à tous ; mais, dans chacune des circonscriptions, le vote des minorités demeure illusoire et sans effet. N'est-ce pas violer l'*égalité des droits* et la *liberté* d'un grand nombre.

2° Tout le système a quelque chose de *violent* : les électeurs sont forcés, pour ne pas annuler de fait leur bulletin, d'accepter les candidats de l'un des principaux partis en présence.

3° L'élection n'est plus qu'une *bataille* des partis.

4° Il éloigne des chambres nombre d'*hommes spécialement capables*, vus souvent avec défiance par les chefs des partis, et repoussés par les clubs.

5° Il est loin d'assurer toujours le règne de la vraie majorité : dans chaque parti, c'est également la majorité qui entraine la minorité, alors que celle-ci serait peut-être la majorité en s'unissant à d'autres fractions[1].

Ces défauts incontestables ont provoqué un grand nombre de projets de *réforme*, en vue d'une *représentation* plus exactement *proportionnelle*.

I. Monsieur *Considérant*[2] propose que chaque citoyen ait à déclarer d'avance le parti auquel il appartient, et que les places de députés soient réparties en proportion. Ainsi, quatre partis dans un pays: A avec 50,000 adhérents, B avec 150,000, C avec 120,000, D avec 80,000 ; D nommera 80 députés, C 120, B 150, A 50.

Ce projet corrige un défaut pour tomber dans un pire : *il organise dans l'État la division des partis.*

Le système de la *liste libre* s'en rapproche, et se heurte à la même objection. Chaque parti dresserait une liste d'assez nom-

---

[1] *Naville*, La reforme electorale, Genève 1867, traduit en allemand par *Wille*, Zurich, 1868

[2] De la sincerité du gouvern. repres , Genève, 1846

bieux candidats, et les électeurs auraient le droit (non l'obligation) de se prononcer pour l'une ou l'autre de ces listes. Le système des grandes circonscriptions avec scrutin de liste est d'un
genre analogue : l'électeur ne peut guère se créer une liste à
part ; il acceptera celle d'un parti. Ce mode a été examiné et
repoussé par le grand conseil de Genève en 1870, et par le
corps législatif français en 1875.

II. Le célèbre projet de l'anglais *Thomas Hare*[1], vivement
appuyé par *Stuart Mill*[2] et autres[3], mérite plus d'attention.

Pour donner aux partis une représentation réellement proportionnelle, *Hare compte leurs voix dans le pays entier*. Le vote doit
s'exercer dans plusieurs localités, sans doute ; mais le vice capital du système actuel, c'est de donner aux élections elles-mêmes
un caractère *local* au lieu d'un caractere *national*.

Par suite, Hare s'empare de l'idée des *quotients electoraux*, for-
mulée pour la première fois en 1780 par le duc de *Richmond*,
dans . chambre anglaise des lords. Il propose de diviser le nombre total des électeurs par le nombre des députés ; le quotient
donnera le nombre de voix nécessaire à une nomination ; les
voix en sus qu'obtiendrait un candidat n'auraient qu'une valeur
morale, et ne seraient pas comptées. Ainsi, chaque électeur
pourrait choisir son candidat dans le pays entier ; mais les seuls
élus seraient ceux qui auraient obtenu un nombre de voix au
moins égal au *quotient*. En unissant leurs votes, les minorités
pourront donc faire passer plusieurs candidats.

Mais, comme les voix en sus du quotient deviennent nulles a),
chaque électeur *pourra*, de plus, indiquer un ou plusieurs noms

---

[1] A Treatise on the election of Representation, Londres, 1859, 3ᵉ édition,
1865

[2] Gouvernement representatif, traduit (en allemand) par *Wille*, Zurich 1862
[en français par *Dupont-White*, Paris 1862].

[3] Spécialement *L Palma*, Potere elettorale, Milano 1869, p. 325, — *Padiletti*,
dans la Nuova Antologia, Firenze, settembre, 1871, — *Brunialti*, Degli incon-
venienti, etc , Vicenza, 1871 , — Délibérations du grand conseil de Neuchâtel, 1869.

a) « On a proposé divers systèmes pour déterminer quels seront les bulletins qui
seront comptés pour former le quotient, et quels sont ceux qui deviendront nuls
(quant au premier nom) Nous n en parlerons point ici, mais naturellement un
candidat garderait les votes de tous ceux qui ne voudraient pas être représentés
par un autre, et pour le reste, tirer au sort serait un expédient très-possible a
défaut de mieux. » St. *Mill*, o c., ch vii. — Cette note nous a paru indispensable pour l'intelligence du texte

subsidiaires. Une substitution, ou une votation successive, se lie ainsi au système du quotient. L'électeur D nommera p. ex. M., puis N, puis O, et les voix superflues de M passeront à N, celles de N à O.

Ce projet, qui aurait encore besoin d'être mieux expliqué, et qui exigerait la création d'un grand bureau central des élections, se recommande en ce que :

1° Il assure une représentation *proportionnelle* à toute minorité assez importante pour former un quotient, et cependant la majorité de la nation conserve la majorité dans la chambre ;

2° L'électeur n'est plus forcé d'accepter la liste d'un parti, et vote en toute liberté ,

3° La lutte des partis est moins vive ;

4° L'homme *distingué et capable* ne pourra plus être écarté par une faction, car il réunira certainement dans le pays entier le quotient suffisant, considération à laquelle Mill attache beaucoup d'importance ;

5° L'*harmonie* est parfaite entre la nation et la représentation, et toute la *variété* des forces, des besoins, des tendances, trouve une riche expression.

L'idée fondamentale de Hare : que les élections des chambres émanent essentiellement de la *nation*, conduirait logiquement au principe que *tous les députes* doivent être nommés par la *totalité* du corps électoral. Mais l'auteur sent bien que ce serait une impossibilité. Un électeur est-il capable de juger de la capacité d'un aussi grand nombre de députés? La plupart, il ne les a jamais vus, il n'en a même pas entendu parler. Comment lui demander de dresser une liste de plusieurs centaines de noms, et cela encore par ordre de mérite? Il trouvera sans doute plus commode de prendre la liste imprimée d'un parti actif que de s'imposer ce difficile travail ; et dès lors, l'élection libre ne sera plus qu'une apparence, et le « caucus » dictera les voix.

C'est pour cela que Hare propose de n'accorder à chaque électeur qu'une *seule voix*. Le *vote simple* (*single vote*) s'unit ainsi au système du *quotient* et du *vote subsidiaire*, et l'on écarte le danger des listes imposées par les partis [1].

_____

[1] Ce danger, que signale *Bagehot* [Const anglaise, trad. franc. de Gaulhiac, p. 225 et ss], serait réel dans le système du scrutin de liste; il ne l'est pas dans

Mais ce *vote simple* pourrait à son tour paraître trop réduit à des électeurs habitués à nommer plusieurs députés. Aussi Hare le combine-t-il enfin avec un système de circonscriptions élec- torales, où chaque électeur peut voter pour deux ou plusieurs candidats. On atteint ainsi plusieurs avantages : les diverses provinces peuvent mieux révéler leurs forces, leurs besoins, leurs intérêts ; et la domination exclusive des partis est tempérée, tant par l'influence plus grande des notables de l'endroit que parce que les majorités varient avec les circonscriptions.

Ainsi Hare, tout en rejetant en principe les élections locales, est amené à les admettre en fait. Seulement, il permet aux élec- teurs qui repoussent les candidats de l'endroit de se grouper avec les minorités d'autres circonscriptions.

Ce projet raisonné a trouvé de nombreux partisans. Cependant les grands partis le repoussent encore pour la plupart, craignant de voir diminuer leur influence, et préférant opprimer les mino- rités.

Celles-ci elles-mêmes, lorsqu'elles sont fortes, aiment souvent mieux supporter ce mal passager, dans l'espoir de prendre leur revanche.

III. La plupart des projets de réforme discutés dans les cham- bres législatives, conservent également le système des circons- criptions locales. En 1855, avant même que Hare eût publié ses plans, le ministre *Andræ* fit accepter, en *Danemark*, un système de *quotient* et de *vote subsidiaire* calculés à part pour chaque circonscription nommant plusieurs députés (trois dans la règle). Exemple : circonscription de 1,200 électeurs ayant trois députés à élire, le quotient électoral est de 400 ; chaque électeur n'a qu'une voix pour chaque place ; les premiers sur la liste sont nommés s'ils atteignent le quotient ; *ensuite*, sont nommés ceux qui, comme seconds et comme premiers, ont le plus de voix, et ainsi de suite. Que, dans l'espèce, le parti A ait 800 électeurs, le parti B 400 ; le premier aura deux députés, le dernier pourra s'en assurer un.

Pour faciliter les nominations, on admet de plus que la *majo-*

celui du vote simple. Comparez sur ce dernier le rapport de la *Reforme league*, qui, sous le titre « Representative reform, » Londres 1868, fait un court exposé du système de Hare.

ité relative suffit, pourvu qu'elle représente au moins la moitié du quotient.

Ce système évite ainsi plusieurs objections que l'on peut faire à celui de Hare ; mais il est incomplet, en ce qu'il ne s'applique qu'à une partie des circonscriptions.

IV. La législation anglaise a suivi une autre méthode. Lord *John Russel* avait proposé au parlement, en 1854, de ne donner que deux voix à chaque électeur d'une circonscription nommant trois députés à la chambre basse : c'est le système dit de la *liste incomplète* ou du *vote restreint*. Il fut alors repoussé ; mais il revint en 1857 à la chambre haute, sur la proposition de lord *Cairns*, et passa.

Cette demi-réforme n'a qu'une importance secondaire pour l'Angleterre, où les partis sont si bien organisés, où la plupart des circonscriptions nomment au plus deux députés seulement, où les grandes opinions en minorité en un endroit sont sûres d'avoir la majorité dans un autre et de ne pas rester sans représentation. Elle semble n'être qu'un aveu, un peu honteux, que le système électoral anglais n'offre *en lui-même* aucune garantie contre l'exclusion injuste des minorités.

V. *G. Burnitz* et *G. Warentropp*, de Francfort, ont proposé un système dit *de division*. Les circonscriptions seraient maintenues, mais le premier nom porté sur chaque bulletin aurait une voix entière, le second une demi-voix, le troisième un tiers de voix, etc. On peut craindre un peu que cette manière ne donne trop d'importance à la *série* des noms, contrairement à l'usage naturel et à l'intention de l'électeur : il arrive souvent, en effet, que le premier nom porté sur la liste est celui de quelque autorité locale considérée, à laquelle cependant l'électeur ne veut nullement donner une double voix.

VI. Le système des *votes cumulés* donne à chaque électeur le droit de reporter toutes ses voix sur un seul candidat. Il a trouvé des défenseurs en Angleterre et en Amérique ; il a même été appliqué dans une certaine mesure au cap de Bonne-Espérance, dans la Pensylvanie et dans l'Illinois [1]. Son tort, c'est de n'être qu'un expédient mathématique sans assiette réelle. En effet,

[1] *Associazione per lo studio della rapprensentanza proporzionale*, Rome, 1872, p. 37

si la loi donne plusieurs députés à un cercle, ce n'est pas pour que l'électeur ne nomme qu'un député en lui donnant toutes ses voix.

VII. Le défaut de tous ces projets, c'est qu'ils prennent toujours le *vote individuel* pour point de départ unique; et c'est là également le défaut général des systèmes actuellement pratiqués. L'idée de ne faire *que compter* les voix des individus découle évidemment du *Contrat social ;* et ce vice radical dissout dangereusement la nation, *une* dans les électeurs, en millions d'atomes *desagreges*. Comment cette poussière ne s'élèverait-elle pas au premier vent en tumultueux tourbillons ?

La science ne saurait envisager l'État comme une montagne de sable. Pour elle, l'État est un *corps organique étroitement uni, ayant ses membres naturels,* formant un ensemble *a la fois fixe et varie* [1].

Les sciences naturelles ont découvert que les végétaux et les animaux sont entièrement composés de cellules. Mais les êtres organiques ne seraient-ils pas étrangement grossiers si, au lieu d'être directement composés de membres et d'organes, où les cellules se groupent méthodiquement avec une mission propre, ils l'étaient immédiatement et confusément des cellules elles-mêmes ? De même, la science moderne fit un progrès en reconnaissant dans les *individus* des *citoyens*; mais elle se trompe dangereusement lorsque, oubliant la nature organique de la nation, elle prétend dissoudre tous les liens qui en font un tout, arracher les citoyens des membres auxquels ils appartiennent, qui les comprennent, qui les rattachent à l'État, et les jeter pêle-mêle, comme des atomes égaux, dans l'immense association.

L'élection basée sur les *unions organiques* écarterait, au contraire, la domination dangereuse d'un parti, et donnerait a la fois la variété sans exclusivisme et la représentation des minorités. Les chambres seraient ainsi l'expression des groupes politiques importants, communes et autres, qui forment directement

[1] Comp. *R. Gneist,* Statsverwaltung und Selbsverw., Berlin 1869, p. 59, qui reproche a ces systèmes de rompre ou de dissoudre les derniers liens de voisinage, les relations entre la commune administrative et le parlement, le comté et le self-government, et de précaer y le suffrage universel de l'humanité. »

l'État, plutôt que celle des courants agités des masses ; et l'image serait plus noble et plus parfaite.

Les *circonscriptions électorales* peuvent former jusqu'à un certain point une membrure organique, quand elles correspondent elles-mêmes aux véritables divisions organiques du pays, *communes* et *cantons* par exemple. La distinction des communes en *urbaines* et *rurales*, traditionnelle en Allemagne, est de ce genre. Autres sont les forces, la culture et les besoins, dans les villes et dans les campagnes. Aussi serait-il parfaitement juste de donner aux villes une représentation qui ne soit pas seulement proportionnée au nombre des habitants, mais à leur importance par rapport au tout. Les communes rurales présentent beaucoup plus d'uniformité, et peuvent ainsi être comprises plus facilement dans des cercles électoraux étendus. C'est violer la juste proportionnalité, et par suite la véritable égalité, que de ne jamais considérer que le nombre.

Le système des *groupes volontaires*, tels que Hare les demande, préparerait peut-être une meilleure organisation des unions électorales. Cependant il pourrait aboutir aussi à des formations. exclusivement basées sur les *partis* ou sur les *intérêts*, ce qui serait également mauvais : les partis ne doivent pas être transformés en membres organiques de l'État : les intérêts privés ouvriraient le cours des luttes égoïstes, et feraient oublier l'intérêt public.

Chaque *union organique* forme une *unité*, et décide, en principe, à la majorité. Toutefois, des raisons spéciales pourront fort bien légitimer une représentation *proportionnelle* de la minorité, et la pensée de Hare serait ici juste et pratique à la fois.

VIII. Les constitutions représentatives ont triomphé en luttant contre les ordres. Aussi l'opinion publique est-elle peu sympathique à l'idée d'une *représentation des ordres* ; elle lui semble réactionnaire. Que ce soit à tort ou à raison, toujours est-il que les représentants des ordres s'inspirent trop des intérêts et de l'esprit du corps qui les nomme, et oublient facilement l'ensemble : au lieu de représenter la nation, ils la rompent.

En effet, ce n'est pas comme membres de l'État, c'est *en dehors de l'État* que les ordres ont surtout leur assiette. Ils prennent, par leur nature même, une *situation* et des *intérêts particuliers, séparés,* et empêchent ainsi le plein épanouissement de l'unité et de la communauté nationales. Stuart Mill, en se prononçant contre la représentation des *classes,* ne combat en réalité que celle des ordres, car les classes professionnelles dont il parle sont des ordres, en tant qu'elles reposent sur la similitude du *genre de vie,* de la *profession* et des *intérêts.* Les négociants, les fabricants, les artisans, les propriétaires, les agriculteurs, les ouvriers, envisagés comme classes professionnelles, sont les vrais ordres modernes.

La *classe* proprement dite se distingue de l'ordre en ce qu'elle est déterminée pour des *raisons politiques* et par l'État. Aussi n'est-elle point un danger pour son unité. Les classes n'existent que dans l'État, et sont impuissantes contre lui. L'État les déterminera, par exemple, à la manière de Servius Tullius, par des considérations d'*âge,* de *fortune,* de *services* ou de *prestations publiques,* ajoutons et de *culture.* Elles couperont heureusement les ordres, chacune d'elles réunissant dans son sein des membres de plusieurs ordres.

Ainsi, en écartant bien toute confusion, les objections que l'on fait à la représentation des ordres, ne touchent *en rien celle des classes.* Malheureusement, celle-ci elle-même paraît difficilement réalisable pour le moment ; et les *unions locales* semblent, en attendant, le seul moyen de rattacher le suffrage universel à un système organique.

Gneist a récemment essayé de justifier et de recommander à nouveau le *système prussien des trois classes* a), jugé si détestable par le prince Bismark. Il fait justement remarquer qu'un mode électoral qui *compte simplement les têtes,* et un régime d'impôt *proportionnel à la fortune,* sont deux principes discordants. En effet, un statisticien anglais a calculé que le premier donne 4 voix sur 100 aux hautes classes, 32 aux classes moyennes, 64 aux classes ouvrières, tandis que le second demande 83 p. 100

a) Const. pruss., art. 71 : « Les électeurs votants sont divisés en trois sections . La 1re est composée des électeurs les plus imposés, jusqu'au tiers de l'impôt total, la 2e, des électeurs qui paient moins d'impots jusqu'au second tiers, la 3e, de ceux qui paient les impôts les moins élevés, jusqu'au tiers également »

des impôts aux hautes classes, 10 p. 100 aux classes moyennes,
4 p. 100 aux classes inférieures. La disproportion n'est pas aussi
grande en Allemagne, où les classes moyennes représentent un
chiffre plus fort de voix et d'impôts. Mais elle s'y rencontre aussi,
et appellerait une réforme.

Gneist a également raison, suivant nous, d'appuyer sur la
connexion *naturelle* des *droits publics* et des *devoirs publics* ou
des *prestations*. Il est certain que les citoyens prennent d'abord
part aux affaires de la commune, puis du canton, etc., et qu'ils
ne deviennent guère capables de gouverner l'Ltat qu'après s'être
exercés dans des cercles moins étendus.

Or, comme Gneist le dit très-bien, la grande majorité des plus
faibles imposés est incapable ou n'a pas le loisir d'occuper les
fonctions représentatives, même communales. Aussi, pour ne
pas les exclure du droit, quoiqu'ils ne puissent remplir le
devoir, le célèbre auteur propose-t-il d'intéresser *indirectement*
cette *troisième classe* des électeurs aux affaires publiques. Elle
nommerait dans son sein son contingent (le 1/3) de jurés et de
fonctionnaires municipaux, et ce serait à ceux-ci de nommer
les députés des masses à la chambre. Les élections législatives
seraient ainsi *directes* pour les *deux premières classes* de la
nation, *indirectes* pour la troisième.

Nous doutons cependant que ce projet rallie beaucoup d'adhérents, et il faut reconnaitre qu'il a aussi ses inconvénients.
Gneist traitant sur le même pied les deux premières classes, elles
se confondent en réalité, pour s'opposer à la troisième comme
les *riches* aux *pauvres*. Cette division n'est-elle pas dangereuse,
surtout de nos jours? La politique n'a-t-elle pas, au contraire, à
unir, par des liens multiples, ceux qui possèdent et ceux qui ne
possèdent pas?

Un système raisonné ne doit pas comprendre que deux classes,
et ne doit pas être basé uniquement sur le chiffre des impôts ; il
faut plus de *distinctions* et des *transitions mieux ménagées*. D'ailleurs il est difficile, sans froisser les esprits, d'imposer à une
classe des élections indirectes, alors que les autres votent directement. Enfin, l'avantage des élections indirectes de Gneist
n'est-il pas en majeure partie perdu, alors que les électeurs du
second degré doivent être choisis par les masses dans leur

propre sein? Pourquoi leur défendre de choisir au-dessus d'elles? Pourquoi rompre ce lien qui peut les unir aux classes plus élevées? Et s'il est impossible à l'ouvrier, obligé de gagner quotidiennement son pain, de remplir les fonctions gratuites du jury et des communes, sera-ce plus facile à ceux qu'il désignera dans le sein de sa classe?

Quelle est donc la conclusion de toute cette étude? C'est que le suffrage universel doit demeurer le principe du système électoral actuel, mais qu'il faut en corriger les défauts, en conservant, au lieu de les rompre, les unions locales organiques dans la formation des circonscriptions, en prenant en plus juste considération la culture, les forces variées et les besoins des villes, en assurant aux minorités importantes une représentation proportionnelle. Ces bases serviront un jour d'appui au système plus achevé des *élections par classes*, impossible à réaliser pour le moment.

CHAPITRE IV.

Codes et lois spéciales. Langue des lois.
Projets de loi.

La question des *codifications*, si agitée de 1810 à 1830 [1], est en fait aujourd'hui résolue pour l'Europe et l'Amérique. Presque tous les États civilisés ont codifié plusieurs branches de leur droit, et nul d'entre eux ne s'en est repenti ; au contraire, les codifications nouvelles se multiplient partout. L'Angleterre est peut-être le seul pays qui ait refusé d'entrer dans cette voie, pour conserver la multitude infinie de ses lois spéciales. Mais personne ne lui envie ce dédale, et nombre d'Anglais eux-mêmes le blâment, bien qu'il puisse être lucratif pour certains légistes hommes d'affaires *a*).

[1] En Allemagne, la controverse eut pour chefs deux célèbres romanistes, *Thibaut* pour, et *Savigny* contre les codifications (1814). Comp. sur ce point *Bluntschli*, « Die neueren Rechtsschulen der deutschen Juristen, » et son introduction au code civil de *Zurich.* Pour l'étranger, comp. *Von Mohl*, Politik, I. p. 457.

a) L'Angleterre elle même, qui depuis 1827 procédait volontiers par voie de *consolidation*, ou simple compilation de toutes les dispositions législatives se rapportant a la même matière, p. ex. au vol, avait cependant, depuis 1860, doté ses possessions indiennes de plusieurs codes (codes pénal, de procédure pénale, de procédure civile, des successions, des contrats, des preuves). Mais elle vient aussi de faire élaborer pour elle même un projet de code pénal, du a la plume de *James Stephens*, et dont on peut prévoir la prochaine adoption.

Les avantages de la codification ont été compris par les plus grands princes. On peut citer Jules César, Charlemagne, Frédéric II d'Allemagne, Louis XIV de France, Frédéric II de Prusse, Marie-Thérèse d'Autriche, Napoléon Ier de France, et Alexandre Ier de Russie.

Nous possédons aujourd'hui un nombre considérable de ces codes généraux, civils, criminels, de commerce, de procédure, etc. Nos constitutions modernes ne sont pas autre chose que des codes sommaires des grands principes du droit public. On a aussi tenté de codifier l'ensemble du droit public et administratif (à New-York d'abord). Plusieurs États ont même déjà leurs codes de police, qui forment comme une transition entre les codes du droit privé et les codes à venir du droit public. Enfin, nous connaissons plusieurs essais de codification du droit des gens [1].

Il est plus difficile de codifier le droit public, en raison de sa grande mobilité dans notre époque, qui en reconstruit péniblement l'édifice.

Le grand avantage d'un code, c'est qu'il présente, dans un *ordre* et une *liaison méthodiques*, un *tout harmonieux*. Chaque règle y est mise à sa place, et ses rapports avec les autres et avec l'ensemble sont mieux compris : la *clarté augmente, les contradictions sont évitées, l'application est facilitée*. Sans doute, ceci ne supprime pas la nécessité d'une étude approfondie des lois. Mais au moins tout homme instruit peut-il les lire avec suite et profit, et, tout en consultant un légiste sur ses doutes, en contrôler en partie les avis.

Les codes donnent au droit *commun* une formule nette et précise, et triomphent ainsi plus facilement des *formations particularistes*. Ils sont la haute expression de la *formation nationale* et *humaine* du droit.

La codification est le meilleur et le plus efficace des moyens,

---

[1] Traités généraux sous forme de code : *Bluntschli*, Das moderne Völkerrecht, Nordlingen, 1re édition, 1868 ; 2e édit, 1874 [traduit en français par *Lardy* Paris, Guillaumin], et *Dudley-Field*, Draft Outlines of International law, New-York, 1870 Une codification officielle du *Droit de la guerre* par la collaboration de tous les États a été tentée à Bruxelles en 1874, à l'instigation d'Alexandre II de Russie

lorsqu'une réforme générale et profonde est nécessaire ; des lois spéciales augmenteraient la confusion et les contradictions. Or, tout l'ancien système du droit des États européens, en Allemagne encore plus qu'en France, exigeait une refonte. Le droit privé était un mélange étonnant et confus de principes romains et de principes germains. D'une part, les juristes vénéraient comme une loi subsidiaire, pour les temps modernes eux-mêmes, les compilations et la législation d'un empereur de Byzance et la jurisprudence d'un peuple antique, sans pouvoir d'ailleurs se mettre d'accord sur le sens exact des textes romains ; de l'autre, ils s'inclinaient également devant une multitude de coutumes, d'idées, d'institutions germaines, franques, allemandes, ayant plus ou moins gardé l'empreinte du moyen âge ; enfin, les besoins et les idées modernes réclamaient également leur place à côté de ces autorités traditionnelles.

Ces trois éléments, loin de former un tout, se traversaient et se combattaient l'un l'autre. Le *Landrecht prussien*, le *code Napoléon* et le *code autrichien* se sont efforcés de mettre fin à cette confusion. L'ordonnance sur les *lettres de change* et le nouveau *code de commerce allemand* ont abrogé la multitude enchevêtrée des lois et coutumes commerciales de l'Allemagne ; et son droit criminel lui-même, jusqu'alors si mêlé d'éléments romains et germains, a trouvé une formule uniforme pour tout le peuple dans le nouveau code pénal.

Les tendances modernes demandent plus encore. Le droit actuel des États cultivés a bien plus un caractère *humain général* qu'un caractère national. Ce fondement identique autorise les notions juridiques *internationales* et *humaines* à réclamer à leur tour une formule légale. Ces grands codes internationaux doivent devenir le miroir lumineux de la conscience moderne, et écarter à jamais le résidu traditionnel des principes vieillis, des formules inapplicables, des limitations mauvaises.

Une codification produit toujours quelques souffrances. Même faite avec une sage mesure, elle porte quelque atteinte aux anciennes autorités, condamne des principes jusque-là révérés, en établit de nouveaux, met en question le droit historique. Aussi lui faut-il un certain temps pour s'affermir. La doctrine précédente a vieilli, la nouvelle n'a point encore été produite, la

jurisprudence est à refaire. Il y a forcément une époque transitoire d'oscillations et d'insécurité. De plus, les rédacteurs d'un
code peuvent difficilement donner a ses nombreuses formules
une attention aussi exacte qu'a celles d'une loi spéciale. S'ils
se rendent mieux compte de l'ensemble, ils oublient souvent les
détails.

Les recueils des lois peuvent être ou de simples *compilations*,
ou de véritables *codifications*. Les premières se contentent de
réunir toutes les lois actuellement applicables. Telles sont les œuvres des empereurs Théodore et Justinien, le *Talmud*, nombre
de coutumiers du moyen âge, le *Swod* russe. Cette méthode
ébranle moins l'autorité de la tradition, de la jurisprudence et
de la doctrine anciennes, et par suite, la sûreté des droits. Mais
aussi n'offre-t-elle guère les avantages d'une réforme, et n'est
qu'un travail incomplet. Elle est surtout propre aux peuples
dont les forces créatrices sont amoindries, qui peuvent encore
admirer les œuvres de leur jeunesse, mais qui sont devenus
incapables de produire ; ou même à ceux qui, comme la Russie, n'ont encore qu'une civilisation arriérée. Les peuples cultivés, dans leur pleine maturité, préfèrent les codifications.
L'Europe occidentale et l'Amérique actuelle ne poursuivent que
cette seconde forme.

Les codifications sont loin d'enlever toute importance aux lois
spéciales. On ne peut provoquer des révisions générales à tout
propos, ni surtout pour des situations accidentelles ou transitoires Dans le droit public surtout, le secours de la loi spéciale
est très-souvent nécessaire ; il l'est moins souvent dans le droit
privé, et moins encore dans le droit pénal.

Les lois spéciales complétives sont aux codes généraux ce
que l'image détaillée d'une partie est à celle du tout ; elles peuvent être mieux étudiées et plus délicatement travaillées. Mais
aussi, quand le droit tout entier n'est qu'une somme de lois
spéciales innombrables, comme en Angleterre, l'intelligence
nette de l'ensemble échappe à la plupart des juristes eux-
mêmes.

La *langue des lois* doit être à la fois scientifiquement correcte
et généralement intelligible, s'efforcer de contenter le jurisconsulte et le peuple, éviter les longues périodes et les mots étran-

gers même reçus dans la doctrine, définir nettement, mais sans
trop de roideur, pour permettre aux rapports juridiques de se
développer. Ce serait une erreur de croire que ses formules doivent être toujours *impératives*, qu'elles doivent toujours *commander* ou *défendre*. Le droit et les lois sont souvent *interpréta-
tifs* et *permissifs*.

Le *projet de loi* est peut-être la partie la plus importante du
travail législatif. Un bon projet produit généralement une bonne
loi. Il faut donc lui donner la plus soigneuse attention, en confier la rédaction aux meilleurs maîtres de la pensée et de la
langue, et non aux employés ordinaires des bureaux, comme on
le fait trop souvent L'usage de s'en remettre à des *commissions*
oublie également que les œuvres de l'esprit humain sont toujours
individuelles, que l'unité de la pensée, la clarté et l'exactitude
de l'expression demandent toute la force et toute l'indépendance
de l'individu. Il faut donc à la fois un *rédacteur individuel* et
une commission peu nombreuse d'hommes compétents, choisis
parmi les plus capables de la science et des affaires. Le rédacteur fera l'*avant-projet*, et la commission recherchera les matériaux, éclaircira le but, délibérera sur les meilleurs moyens,
contrôlera et critiquera, multipliera les points de vue.

Le projet passe ensuite par le *ministère* ou par le *conseil
d'Etat*, pour être définitivement arrêté. Ce dernier corps présente plus de garanties de calme examen, d'impartialité, de
grandes vues que le premier, absorbé par le gouvernement et les
intérêts changeants de la politique.

Le projet ne doit être publié comme proposition du gouvernement qu'après avoir passé par cette filière; mais il est indispensable qu'il le soit avant la délibération des chambres. On fera
bien de le faire précéder d'un exposé de motifs; on en permettra
la critique de la manière la plus large; on provoquera même
au besoin celle des hommes compétents (comp., vol. II, l. II,
ch. VII).

LIVRE ONZIÈME.

ADMINISTRATION (VERWALTUNG).

CHAPITRE PREMIER.

Qu'est ce que l'administration?

Cette expression, qui a détrôné en partie celle de *police*, n'a été mise nettement en relief que par l'école moderne. Elle se prend encore en des sens divers, et embrasse, suivant les cas, un cercle plus ou moins étendu d'attributions et d'activités.

1. Opposée à la *constitution* ou à la *loi*, elle désigne l'activité concrète et variée de l'État, considérée dans le détail, par opposition à l'ordre public et juridique général et permanent. Ainsi l'on dit que la constitution détermine la forme du gouvernement, et que l'élection d'un président ou la nomination des ministres sont des actes d'administration ; que la loi pose les principes de la représentation nationale, et que l'administration convoque les chambres. L'organisation des tribunaux, la procédure, les impôts, sont fixés par la constitution ou par la loi ; la direction d'un procès, la perception, le compte, l'emploi des impôts, sont affaire d'administration.

Lorenz von Stein, à l'instar de Rousseau, ne voit en ceci qu'une application de l'opposition psychologique plus générale de la *volonté* et de l'*action* : « La nation veut, le roi fait ». Il est vrai que la loi, dans sa forme, est un *acte volontaire*, l'expression de la *volonté nationale*, et que l'administration *agit*. Mais l'idée de Stein n'en est pas moins fausse. La volonté de l'État est également effective dans les actes de l'administration, qui sont, pour la plupart, des actes *volontaires* des autorités administratives auxquelles la loi s'en est remise. Réciproquement, la plupart des lois, et les plus importantes, sont bien moins des *créations volontaires* que *la reconnaissance de ce qui est nécessaire*. Les lois ont leur source dans notre nature bien plus que dans notre volonté. Le droit est bien plus souvent *trouvé* que *voulu*, dit une ancienne formule allemande. Enfin, n'est-ce pas un *acte* que de légiférer ?

C'est qu'en réalité, la loi et l'administration s'opposent comme la *volonté générale* et la *volonté particulière*, comme l'ordre *général* et la disposition *spéciale*. La loi fixe les principes et les bornes de l'administration. Celle-ci se meut librement dans ce cadre légal. Elle n'est point une *simple exécution* de la loi[1]. L'administration militaire, qui choisit le modèle des armes de guerre, qui organise les exercices et les manœuvres des troupes, qui dirige même les opérations d'une campagne, ne fait-elle que suivre le texte d'une loi ? Et n'en peut-on pas dire autant de toutes les branches administratives ?

2. L'administration s'oppose aussi à la *politique*. Celle-ci comprend alors la haute conduite générale de l'État, celle-là l'activité *détaillée inférieure*. L'une est la mission de l'*homme d'État*, l'autre celle des *fonctionnaires techniques*. Ainsi, c'est le *gouvernement politique* qui décide de la paix ou de la guerre, donne aux ambassadeurs leurs instructions, nomme les ministres ; c'est l'administration qui règle et organise les *détails* de ces actes.

Cette opposition est naturellement très-élastique. La politique ne peut marcher sans le secours de l'administration ; et nombre

---

[1] *L. Stein* (Verwaltungslehre, p. 9) prévient lui-même contre cette erreur : mais comment l'écouter, alors qu'il nous a enseigné à comprendre la loi comme volonté, l'administration comme acte et exécution ?

d'actes administratifs prennent un caractère politique par leur importance générale. L'homme d'État s'en remettra généralement a l'administration pour une foule de choses ; mais, dans certaines circonstances, il n'est pas d'acte administratif si minime qui ne doive attirer son attention.

3. L'administration proprement dite s'oppose encore à la *justice civile, pénale*, ou même *administrative* ; l'une protége le *droit* troublé, l'autre cherche et accomplit l'*utile*.

4. Enfin, dans un sens plus étroit, l'on distingue l'*administration civile en general* de certaines branches *plus spéciales* d'administration technique, comme :

a) L'administration *militaire, b) financière, c*) des *travaux publics, d)* de l'*instruction publique.*

Cependant, toutes ces branches se rattachent à l'administration civile, et spécialement a la police, en ce qu'elles ont toutes besoin du secours de l'autorité pour accomplir leur mission. C'est ainsi que la police des écoles, des pauvres, des routes, etc., vient appuyer les administrations correspondantes.

5. La *police* est le véritable centre et la plus claire expression de l'administration de l'État. Aussi l'ancienne théorie donnait-elle ce nom à l'ensemble de l'administration civile. *Robert V. Mohl* intitule encore son grand ouvrage « die Polizeiwissenschaft » [la science de la police]. Aujourd'hui, nous distinguons plus nettement entre la police et les fonctions purement techniques et de tutelle (*Pflegeæmter*), non revêtues du pouvoir de contrainte (comp. vol. 1, p. 452)

6. *Rossler* a même proposé récemment de comprendre ces dernières, ainsi que l'administration de la société, sous le nom d'*administration sensu stricto*, pour les opposer ensemble à la *police*. Mais cette manière trouble la notion et menace l'unité de l'administration publique.

CHAPITRE II.

Administration publique et administration privee.
Administration des associations

Le mot administration a souvent aussi un sens plus large,
qui ne s'arrête pas au domaine de la vie publique. C'est ainsi
que l'on parle de l'administration de l'Église, du culte et des
sacrements, d'une société commerciale, d'une corporation, et
que l'on peut, enfin, opposer l'administration *privée* à l'administration *publique*.

Celle-ci repose sur le droit et le devoir publics. Celle-là a sa
base dans le droit privé; elle est laissée à l'arbitraire des particuliers, ou, si elle est obligatoire par quelque côté, comme par
exemple dans les devoirs de famille, de société, de religion, ce
n'est pas comme devoir direct envers l'État. En principe, la
première s'étend naturellement aussi loin que le domaine du
droit public; la seconde règne librement sur le terrain du droit
privé.

L'une est confiée aux *fonctionnaires*; l'autre est abandonnée
aux *particuliers*. Mais il y a entre elles des points de *transition*,
et souvent elles concourent au même but.

L'administration du *tuteur*, par exemple, est principalement
une administration privée, puisqu'elle prend soin de la personne

et des biens d'un particulier. Mais l'*État* se sent obligé de la surveiller, et ce contrôle suprême est une administration *publique*. On peut en dire autant des *assurances contre l'incendie*, soit lorsque l'État les soumet à un contrôle spécial, soit lorsque lui-même il se fait assureur.

De même, les *écoles* sont aujourd'hui généralement des institutions publiques ou communales. Mais les écoles privées se meuvent et *concourent* librement à leurs côtés. Les *postes* et les *chemins de fer* présentent quelque chose d'analogue.

L'administration *publique*, seule armée de *contrainte*, étend son action partout où la sûreté et les besoins de la nation l'exigent. C'est là son véritable domaine, celui de l'*imperium* et de la *jurisdictio*. Elle ne peut l'abandonner à l'administration privée. L'État était encore grossièrement imparfait lorsqu'il permettait la saisie privée des biens du débiteur, la vengeance de la famille, les guerres des seigneurs. La contrainte et la force externes ne doivent pas être laissées aux mains passionnées de l'homme privé. La légitime défense et la correction des enfants mineurs par les parents font peut-être seules exception à cette règle.

Mais la libre administration privée reprend son empire là où les intérêts particuliers sont seuls engagés. L'intervention même bien intentionnée de l'État serait ici une menace pour l'individu. Si le moyen âge avait donné trop de marge à l'action privée, le XVIIIe siècle l'avait trop restreinte par sa manie de tout gouverner.

Nombre de questions délicates se présentent sur le terrain de transition, où les intérêts publics et les intérêts privés se croisent et se rencontrent. Ceci est surtout vrai des intérêts *sociaux*. Sans doute, la société et la nation ne se confondent pas (vol. I, p. 91 et s.), celle-ci est une personne, un organisme politique; l'autre n'est qu'une collection de classes et d'individus. Mais leurs relations n'en sont pas moins étroites. L'État jouit de la santé de la société, et souffre de ses maux; la société a souvent besoin du secours de l'État. Les deux domaines ne sont donc pas nettement séparés; et l'homme d'État est souvent obligé de s'occuper avec sollicitude des intérêts sociaux.

Sur ce terrain intermédiaire, l'*administration privée* est préférable, lorsque l'*intérêt privé prédomine* et que les *forces privées* sont *suffisantes*, et l'*État* doit *intervenir*, lorsque les *intérêts publics* sont *engagés*, ou quand les intérêts sociaux ont besoin de son *appui*.

Les peuples apprécient très-diversement ces conditions.

Les *Anglais* et les *Américains du Nord* confient autant que possible aux forces et à l'action des particuliers. Chez eux, l'initiative privée est seule active dans tout le domaine de transition.

Les *Français*, au contraire, aiment à invoquer l'État aussitôt que les intérêts sociaux sont en souffrance, et, bien qu'amis de la liberté *privée individuelle*, par exemple de la liberté du commerce et de l'industrie, ils confondent volontiers l'État et la société, les intérêts publics et les intérêts sociaux. Aussi est-ce l'administration publique qui est chez eux la règle pour le terrain intermédiaire. En outre, l'*Église* est puissante en France; elle y exerce une grande influence sur la société, et, suivant les circonstances, elle détermine la politique de l'État ou lui suscite des obstacles.

Le système *prussien-allemand* tient le milieu entre les précédents. Il accepte la distinction de la société et de l'État, mais sans se fier uniquement à l'initiative privée, et tout en reconnaissant le devoir de l'État d'intervenir, quand les forces de la société sont insuffisantes. L'État demande à la société son *concours*, et lui prête son *aide*.

On peut opposer à ces régimes modérés le *communisme* destructeur, qui sape de nos jours les fondements de l'ordre public et de la liberté privée : d'une part en revendiquant l'autorité de l'État pour la *commune*, c'est-à-dire pour la foule grossière et emportée; de l'autre, en forçant les individus à se livrer corps et biens à une communauté brutale, comme au dieu Moloch.

L'administration publique et l'administration privée n'ont ni les mêmes effets, ni les mêmes qualités.

L'une est essentiellement *générale*. Elle s'étend uniformément sur toutes les classes de la société et sur tout le territoire, ou du moins sur ses divisions organiques : provinces, cercles, communes. Elle a ses normes légales et ses ordonnances magistrales.

L'autre, au contraire, est ordinairement *locale*, liée au domicile des personnes qui s'en occupent. Elle n'étend qu'exceptionnellement ses ramifications au loin par l'association. Aussi est-elle *tres-variee*. Chacun peut choisir sa méthode, il n'y a pas, généralement, des décisions autoritaires qui l'entravent ; tout est laissé à la clairvoyance et a la volonté de l'intéressé.

L'*État* peut demander a ses fonctionnaires des preuves de *capacité*, une éducation scientifique et pratique, il *surveille* et *contrôle* leur action, leur en *demande compte*, et les déclare *responsables*.

Ces garanties manquent dans l'administration privée. Savant ou ignorant peut gérer son patrimoine à sa guise, bien ou mal, il n'importe, sans contrôle, sans surveillance, sans avoir de compte à rendre, à ses risques et périls. La liberté est complète ; personne n'a rien à dire tant que l'ordre légal n'est pas enfreint. Ce n'est qu'exceptionnellement et au cas d'incapacité criante, telle que l'enfance, la démence ou la folle prodigalité, que l'État intervient et place l'incapable sous tutelle.

Cependant, lorsque les intérêts privés s'*associent*, ils s'efforcent souvent de parer à ce défaut en imitant les procédés de l'État. C'est ainsi que les grandes sociétés anonymes ne nomment leurs directeurs et employés qu'après de minutieuses informations ; qu'elles ont un conseil d'administration et un comité de surveillance, qu'elles se font rendre des comptes détaillés et scrupuleux ; qu'elles déclarent leurs gérants responsables. Cependant l'expérience prouve que cette imitation est moins parfaite que son puissant modèle, et moins sûre dans ces résultats.

Mais l'administration publique a aussi ses dangers. Une fois affermie et tranquille, elle devient facilement la correction de la forme et la négligence du fond, vice ordinaire de la bureaucratie. Elle est parfois arbitraire, partiale, ou impuissante a se rendre un compte exact des intérêts privés.

L'inestimable trésor de la *liberté privée* compense largement les défauts qu'on peut reprocher à l'administration privée ; elle réveille toutes les forces latentes et donne à tous les talents l'occasion de se développer. Chacun d'ailleurs est toujours responsable de sa gestion envers soi-même; c'est à ses risques et périls qu'il administre, et cette idée a bien plus d'influence que la responsabilité, souvent de forme, du fonctionnaire. L'exagération de la surveillance et de l'administration de l'État étoufferait la liberté [1].

Mais les intérêts *sociaux* ont un caractère plus général et plus uniforme que les intérêts purement individuels, et se rapprochent ainsi des intérêts *publics*. Aussi ne peut-on guère en laisser tout le soin à l'initiative privée que si la société sait et veut s'aider elle-même [2]. La surveillance et même l'action concourante de l'État seront souvent indispensables ici. Certaines localités ou même certaines classes sociales se négligent et s'administrent mal, même dans les pays qui possèdent les plus grandes qualités de selfgouvernement, comme l'Angleterre ou l'Amérique du Nord. A plus forte raison l'État est-il forcé d'intervenir en France et en Allemagne. L'*union* des deux administrations et l'action commune des hommes d'État et des particuliers, seront souvent la meilleure solution du problème, et formeront peu à peu les citoyens à s'aider eux-mêmes.

C'est sur cette idée que repose le système des anciens jurys, des tribunaux actuels de *Schoffen*, des conseils de province, de district, de cercle ou de département, des commissions scolaires et d'assistance publique, et autres combinaisons analogues de fonctions publiques et de fonctions civiles d'honneur.

Cependant, nombre d'intérêts sociaux sont encore partout administrés sans le secours de l'État, et dans la forme de l'*association*. Celle-ci est comme un terme moyen entre l'administration de l'État et celle des particuliers. Mais d'importantes différences distinguent les associations modernes de celles du moyen âge.

Le moyen âge avait ses *ordres*, religieux ou laïcs, ses *confraternités*, ses *ghildes*, ses *corporations*. C'était la religion qui inspirait la plupart de ces unions. Elles demandaient au pape

[1] Biéton, Etud. administr., II, p. 15, fait observer que cette exagération ouvre la porte au socialisme et au communisme, tandis que l'habitude de la self-administration les écarte

[2] Comp. I. Trebei, Liberté civile et self-administration, traduit (en allemand) par L. Mittermaier, p. 205

ou aux évêques leur consécration, car l'Église était alors la puissance sociale la plus respectée. Elles avaient une *règle fixe*, sinon imposée, du moins confirmée par voie d'autorité, et souvent elles liaient pour la vie, les ordres religieux avaient et ont encore leurs généraux établis à Rome, sous les yeux de la Curie. Toute union formait un système ordonné d'en haut, au caractère aristocratique, ayant ses chefs, ses chapitres, ses moines ou ses chevaliers, ses maîtres, ses compagnons, ses frères servants, les ordres démocratiques, comme par exemple les ordres mendiants, étaient l'exception. Le *costume*, la *règle*, les *maisons*, les *lieux de réunion*, les distinguaient nettement entre elles. Elles étaient le plus souvent réputées immortelles, et organisées unitairement pour une vie propre.

Les unions modernes s'en distinguent sous tous ces rapports. Aussi les ordres subsistants du moyen âge semblent-ils aujourd'hui d'étranges restes du passé.

Dans les unions modernes :

a) Le motif religieux et la sanction de l'Église manquent généralement. Elles se fondent plutôt rationnellement, et pour des besoins humainement reconnus; leur caractère est *temporel*. Si elles ont besoin de confirmation et d'appui, c'est à l'État qu'elles s'adressent, comme à la véritable puissance publique ;

b) Les individus s'*unissent librement*, entrent et sortent librement: le personnel en est donc très-mobile ;

c) Les *statuts* et *règlements* sont votés par les associés à la majorité, et ne sont jamais immuables ;

d) Les chefs changent fréquemment. Ce ne sont point des généraux gouvernant autocratiquement d'un centre commun qui sont à leur tête. Si elles veulent s'unir entre elles, fût-ce internationalement, pour un même but, elles choisissent de préférence la forme fédérative, et nomment des délégués à une assemblée commune ;

e) La constitution est rarement aristocratique, souvent *représentative démocratique* : les chefs et les conseils sont *élus* par tous les membres ;

f) Point d'habitation, de manière de vivre, de costume particuliers: Tout membre conserve sa *liberté* et son *individualité*, et peut faire partie de *plusieurs associations* ;

g) Aucune prétention d'éternelle durée. Elles reposent sur *l'association libre*, dans un *but determiné* à atteindre actuellement en commun, et cessent avec le besoin.

Diverses dans leurs formes et leurs buts, les unes sont des sociétés de capitaux, où l'apport est tantôt égal, comme dans les sociétés par actions, tantôt inégal, comme assez souvent dans les sociétés d'assurances ; les autres, des sociétés de personnes, souvent avec un apport pécuniaire nul ou insignifiant. Mais c'est toujours l'activité *volontaire* et *libre* des individus, le *goût de l'association*, qui en assurent la durée.

L'administration des associations a un caractère intermédiaire. Elle repose principalement sur l'*activité privée* des associés, mais elle est confiée à des *fonctionnaires sociaux* imités de ceux de l'État, souvent *rémunérés*; et contrôlée par des *commissions* et des *conseils* semblables encore aux autorités publiques de contrôle.

CHAPITRE III.

Centralisation et décentralisation.

Empruntées à la mécanique, ces deux formules indiquent deux tendances opposées du système administratif: l'une qui rassemble toutes les fonctions dans un chef, d'où elles découlent pour se porter jusqu'aux extrémités; l'autre qui réclame une indépendance relative des divisions organiques [1].

Cette terminologie est peu heureuse. les parties d'une machine n'ont aucune indépendance, même relative; l'esprit qui l'anime est même en dehors d'elle. Au contraire, partout dans l'État, au centre comme à la circonférence, nous rencontrons des hommes, c'est-à-dire intelligence et liberté. Une centralisation absolue y est donc impossible, et le despotisme lui-même n'en donne jamais que l'apparence. Le tyran aussi est obligé de se servir d'instruments humains, par suite, de confier beaucoup, même énormément, à son esclave; et celui-ci, tout en agissant au nom d'autrui, garde forcément sa nature individuelle.

Mais une décentralisation exclusive n'est pas moins absurde; elle rompt l'unité, et ainsi l'ordre et la puissance. L'ancien empire d'Allemagne périssait par une décentralisation exces-

[1] Comp Vivien, Etud adm, vol. I, tit II ch I, « De la Centralisation »

sive, alors que la France souffrait d'une trop grande centralisation.

Il faut donc combiner les deux principes, et s'efforcer de les *reconnaître dans un juste rapport*.

L'un donne à l'*ensemble universalité, puissance, énergie, égalité du droit*, l'autre donne satisfaction à la *diversité* et à la *liberté* des membres, aux besoins et aux mœurs locales, à l'*originalité des parties*. Les libertés publiques ne peuvent guère exister sans une assez grande mesure de décentralisation et de selfadministration. Une nation n'arrive à la plénitude de sa puissance que si elle sait rassembler ses forces dispersées, et les centraliser pour une action commune.

Cette opposition se présente dans toutes les sphères des fonctions publiques, de l'administration proprement dite et de la selfadministration :

I. Dans la *législation*. C'est avec raison que tous les peuples civilisés réclament aujourd'hui l'unité et l'uniformité du droit, et par suite la centralisation de la législation. Un droit uniforme est utile quand les conditions de la vie sont les mêmes. L'*autonomie* que le moyen âge accordait a chaque principauté, ville ou village, et même a chaque ordre et a chaque association, produisit une confusion qui entravait partout le commerce général, et détruisait toute sécurité pour quiconque traitait en dehors de son étroite localité.

Mais l'uniformité peut aussi avoir ses exagérations, et nuire aux rapports juridiques naturels, si variés dans les sphères subordonnées. On la voit parfois méconnaître des différences qui ont leur fondement dans la nature des choses. Faut-il donner des lois identiques aux communes rurales et aux communes urbaines? Peut-on confondre sous les mêmes normes le droit criminel commun et la discipline et les pénalités militaires, le droit commercial et le droit civil? Devra-t-on détruire les coutumes naturelles de certaines places de commerce, assimiler les pays de côtes, les montagnes, les vastes plaines sans rivages? Une décentralisation relative semble donc partout indispensable [1].

---

[1] *Tocqueville*, Œuvres, VIII, p 322 : « L'uniformité dans les lois secondaires,

Mais le système anglais, avec ses lois si minutieusement détaillées, peut difficilement être cité comme un modèle, malgré l'opinion de nombre d'Anglais, et même de notre Gneist, qui y voient une condition essentielle d'une bonne selfadministration Comment le parlement d'un vaste royaume pourrait-il s'instruire de la multitude des menues affaires d'administration? N'est-ce pas là la mission des intéressés et des administrateurs spéciaux? Ces lois anglaises ne sont ni théoriquement ni pratiquement un modèle de législation, elles manquent de clarté, de souplesse, d'applicabilité. La notion continentale, et plus spécialement la notion allemande de l'*autonomie, selforganisation*, dans les limites des lois générales, est un corrélatif nécessaire et légitime de la *selfadministration*. Ce sont en effet les diverses unions secondaires elles-mêmes qui sont le plus capables de reconnaître les normes de leur gouvernement. L'État fixera les bases communes de l'ordre juridique, et ses membres organiques s'y mouvront avec indépendance et liberté [1].

II. Dans l'*administration* et ses diverses branches :

a) Le gouvernement politique a surtout besoin de centralisation, car il faut qu'il rassemble la puissance de l'État, et que sa conduite soit une. Cependant, une certaine décentralisation peut être même ici nécessaire, spécialement pour le gouvernement de possessions ou de colonies éloignées, et de provinces non assimilées.

b) De même, la centralisation est décidément prépondérante dans l'administration *militaire*. Cependant il y a exception.

1) Quant à l'organisation elle-même de l'*armée*. Dans le système allemand, les régiments se forment par districts, les corps

au lieu d'être un bienfait, est presque toujours un grand mal, parce qu'il est peu de pays dont toutes les parties puissent supporter la même législation jusque dans ses détails. »

[1] *Brater*, article « Centralisation, » dans le *Statswörterbuch* de Bluntschli et Brater : « La décentralisation du moyen âge était mauvaise, non parce que l'État avait laissé à chaque cercle le soin de ses affaires, mais parce qu'il comprenait trop étroitement sa propre mission, et laissait en dehors de son action des choses qui lui appartiennent essentiellement, ou s'y rattachent médiatement Il est vrai que cette liaison-ci est en partie le résultat des progrès ultérieurs de la culture et de l'économie. »

d'armée par provinces ou principautés, et les voisins naturels sont ainsi réunis et rapprochés. Cette décentralisation augmente la rapidité des rassemblements, l'émulation des troupes, l'esprit de corps. La France, au contraire, a un système centralisé, qui ne considère que l'esprit national, et mêle les hommes et les régiments du pays entier *a*).

2) Pour les *pleins pouvoirs* donnés au commandant en chef, ou même à d'autres officiers chargés d'une mission déterminée. Une centralisation excessive ferait tout dépendre du quartier général, ou même du conseil de guerre de la capitale, souvent fort éloignés des lieux.

c) La *police* est obligée d'agir dans les espèces et les détails, en une multitude de lieux épars ; elle sera donc plutôt décentralisée. La haute police, qui doit parer aux dangers généraux, et la haute surveillance de l'autorité centrale ou du ministère, font peut-être seules exception. La police se partage entre les fonctions intermédiaires, et trouve de petits centres jusque dans les subdivisions locales et communales. On est même facilement porté à trop décentraliser ici. Le pouvoir de police est essentiellement un pouvoir de l'État. Dans la règle, il doit donc être exercé par des fonctionnaires hiérarchisés de l'État, et ne peut être abandonné aux communes que pour les intérêts purement locaux, comme l'éclairage et la propreté des rues, la surveillance des propriétés rurales, etc. Une bonne police a besoin de forces matérielles et morales qu'une localité insignifiante ne peut guère offrir.

d) La centralisation domine dans l'administration des *finances*. La gestion générale doit être centralisée ; il en est de même du système des impôts. Néanmoins, ce dernier ne pourrait sans injustice devenir purement uniforme, et oublier les différences réelles des territoires (des colonies, p. ex.), de la ville et de la campagne, des professions principales. Une décentralisation relative est donc indispensable. Le recouvrement des impôts est même, en général, forcément organisé localement.

a) On sait que la loi du 24 juillet 1873 *sur l'organisation de l'armée*, a établi en France un système mixte, appliquant à l'armée active le recrutement *national*, et à la disponibilité et à sa réserve, comme à l'armée territoriale et à sa réserve, le recrutement *régional e*) Le domaine de la *culture* doit être plutôt décentralisé. Sans doute, c'est du centre qu'il faut déterminer l'ensemble des rapports de l'Église et de l'État, les lois confessionnelles et d'instruction publique, les prestations dues par les communes, etc. Mais les *institutions* de culture ne prospèrent que par l'indépendance de leurs membres, prêtres, professeurs ou maîtres. Pour que les écoles populaires donnent de bons fruits, il faut que les communes et les pères de famille s'en occupent, et par suite qu'elles soient localement organisées. L'État pourra nommer les maîtres de l'instruction secondaire : gymnases, écoles réales ou professionnelles, et les professeurs des études supérieures : universités, écoles polytechniques, écoles des beaux-arts ; mais il laissera une large indépendance à la direction des diverses écoles, et surtout aux professeurs de l'instruction supérieure [1]. Les universités décentralisées de l'Allemagne ont heureusement sauvé la science allemande des caprices despotiques de certains princes, et elles ont produit une richesse de fruits que le système uniforme et centralisé des universités françaises est impuissant à donner.

f) La décentralisation est également la règle dans l'*assistance publique*, car, pour bien connaître et secourir les vrais pauvres, il faut être sur les lieux. Cependant, ici encore, évitez un fractionnement exagéré. L'assistance centrale ou intermédiaire doit servir d'appui à l'assistance locale, et c'est la loi qui pose les principes du droit et de la taxe des pauvres.

g) Enfin, dans l'*économie*, il faut distinguer les institutions d'intérêt *général* de celles qui ne sont que d'intérêt *local*. La monnaie, les poids et mesures, les chemins de fer, les grandes routes, appartiennent aux premières ; les routes départementales, les chemins vicinaux, les rues des villes, les aqueducs, les canaux d'écoulement, les règlements sur les constructions urbaines, l'éclairage, les halles et marchés, etc., aux secondes. Les unes appellent naturellement la centralisation, les autres la décentralisation.

En résumé, l'administration de l'État est plutôt centralisée,

[1] La France a récemment décentralisé en ces matières par les lois du 15 mars 1850 et du 12 juillet 1875 ; la seconde ouvre trop la porte aux influences cléricales.

la selfadministration décentralisée. Les autorités centrales regardent toujours le bien de l'ensemble, et conservent l'unité et l'harmonie du droit public général ; les autorités moyennes ont une indépendance relative, et se meuvent suivant l'un ou l'autre principe ; les autorités locales, quoique subordonnées aux deux autres, ont principalement une mission décentralisatrice.

CHAPITRE IV.

Importance des fonctions professionnelles dans l'État moderne.

Les fonctions professionnelles sont une création de la monarchie absolue, qui, ayant besoin de serviteurs permanents à la fois dociles et capables, substitua petit à petit aux vassaux et gens de service une classe d'habiles fonctionnaires moins impérieux et plus souples, mais plus instruits et meilleurs administrateurs.

Dès lors :

a) La fonction fut essentiellement dévolue en raison du mérite personnel, sans égard à la naissance ou à l'ordre ;

b) On exigea une éducation universitaire préalable ;

c) Le prince nomma librement qui il voulut : le fonctionnaire était le *serviteur du prince*, il *dépendait* de sa grâce ;

d) Il reçut un *traitement* fixe, suffisant pour l'entretien modeste de sa famille.

e) Certaines fonctions, celles des juge spécialement, acquirent une situation *indépendante* et *assurée*.

Ces fonctions n'étaient pas héréditaires. Mais les fils suivaient volontiers la carrière du père, et la communauté des études, de l'instruction, de la profession et même du costume, rapprochait les personnes. Il se forma ainsi, sur tout le continent,

un ordre et des familles de fonctionnaires assez analogues aux
nobles familles parlementaires de l'Angleterre, et la capacité
professionnelle et les emplois se transmirent en fait presque
héréditairement.

Cet ordre devint ainsi, petit à petit, une puissance qui s'imposait au prince lui-même. Le roi ne put plus gouverner sans
l'avis et le secours de ses serviteurs. Son pouvoir, absolu en
apparence, avait trouvé une barrière qui ne cédait que difficilement, et au prix d'un effort violent.

Les fonctionnaires acquirent en conséquence un grand sentiment de leur dignité. Ils demandèrent et obtinrent enfin, généralement, une situation soustraite au caprice du prince. On leur
reconnut des *droits pragmatiques*, ce qui les protégeait contre
les révocations arbitraires, et assurait leur droit au traitement
(comp. *Theor. gén.*, p. 470).

C'est sous cette forme que cet ordre passa dans la monarchie
constitutionnelle. Celle-ci lui était au début aussi peu sympathique qu'à la plupart des princes. Les fonctionnaires ne voyaient
qu'à regret la puissance nouvelle des chambres, qui, non-seulement leur enlevaient une partie de leurs attributions, mais qui
prétendaient même les contrôler et leur demander des comptes.
Comme les princes, ils ne cédèrent qu'à la nécessité. Mais depuis
ils se sont accommodés à l'innovation ; ils en ont compris les
avantages tant pour leur dignité que pour le pays. De nos jours,
la plupart d'entre eux sont constitutionnels.

Les fonctionnaires actuels du continent sont certainement
cultivés, actifs, habitués aux affaires, zélés, honorables. Ils forment une classe distinguée et pleine de mérite. Leurs services
sont précieux à l'État et à la société.

Néanmoins, le fonctionnarisme professionnel n'est pas sans
danger!

Et d'abord, l'on peut craindre qu'il n'engendre une sorte de
caste, qu'il ne s'habitue à gouverner depuis son cabinet, sans
intelligence des besoins réels, d'après des règles de forme, bu-
reaucratiquement ou même despotiquement, opprimant la liberté privée par la manie de mettre sa main partout (*Vielregie-
rerei*).

Ce danger ancien est moins grand de nos jours. La forme re-

présentative force les fonctionnaires à être en rapports fréquents
avec les citoyens, et prévient ainsi leur orgueil ou leur tyrannie.
Les fonctions d'honneur, la selfadministration, la procédure
orale, le contrôle des autorités supérieures, des chambres, de
la presse, réagissent contre la bureaucratie formaliste; la liberté, largement assurée par les lois, et la responsabilité des
fonctionnaires, empêchent également une tutelle exagérée, et
s'opposent à la manie de tout gouverner.

Mais le danger qui est à craindre aujourd'hui, c'est la *tyrannie
des partis*. La forme représentative, en donnant à tous liberté
politique et concours au gouvernement, a en même temps dé-
chaîné les rivalités politiques. Elle-même appelle les partis à
la lutte. En Angleterre, ce sont leurs chefs qui forment directement le ministère. S'il en est autrement en Allemagne, le cabinet n'en est pas moins forcé de compter avec la majorité des
chambres et d'obtenir son appui. Dans toute l'Europe occidentale, les ministres ne peuvent guère se soutenir longtemps contre
le parti dominant, tant à cause de leur responsabilité devant les
chambres qu'en raison de l'assentiment nécessaire de celles-ci
pour les lois et le budget.

De là.

a) Le ministère ne peut demeurer responsable devant les
chambres qu'autant qu'il est sûr de ses subordonnés. Si ceux-
ci appartiennent à un parti ennemi et entravent sa politique,
l'administration est divisée. Il faut donc que le ministère rétablisse, par des révocations, l'unité politique et la subordination
de ses agents.

b) Mais cette nécessité entraîne facilement le danger grave de
l'oppression des minorités; et l'État, au lieu d'être l'union des
partis, n'est plus que la tyrannie de l'un d'eux.

Rudolf Gneist insiste avec raison sur ce point, tout en l'exagérant un peu. Il propose, pour y parer, que la loi réglemente
elle-même les rapports des fonctionnaires avec les particuliers,
et qu'une *juridiction* spéciale soit chargée de protéger toute personne, non-seulement dans ses droits *privés*, mais aussi dans ses
droits *publics*.

Ces moyens sont bons, mais en tant seulement que ces rapports peuvent être précisés par une loi, et il est une multitude

de cas où il est préférable, en raison des besoins si variés de la vie, de ne pas enfermer l'administration dans des règles formelles. De plus, la *surveillance* des supérieurs et le *recours* à eux sont bien souvent insuffisants.

J'aimerais mieux distinguer ici trois classes de fonctions :

1. Les *fonctions politiques de confiance*, qui représentent la politique de l'État, ou qui en portent la responsabilité devant les chambres. Quoiqu'elles soient aussi au service de l'État et non au service d'un parti, elles sont directement déférées par la confiance du parti au pouvoir, avec lequel le gouvernement doit compter. Là où le cabinet est formé des chefs de parti, les ministres sont membres du parlement et en demeurent les guides. Là au contraire où les ministres sortent plutôt des rangs des fonctionnaires, il n'est point indispensable qu'ils soient membres du parlement, il vaut même mieux qu'ils ne le soient pas, mais il faut qu'ils demeurent en relation avec les partis, et ils ne peuvent se maintenir longuement s'ils perdent décidément la confiance des chambres.

En conséquence, ces fonctionnaires sont bien moins stables que les autres. Ils sont perpétuellement *révocables*, alors même que leur conduite serait exempte de blâme. Le déplacement de l'ancienne majorité parlementaire amène ordinairement un *changement du personnel* des fonctions *politiques*.

2. D'autres fonctions doivent être, au contraire, éloignées des luttes des partis, *neutralisées*. Telles sont en première ligne celles de justice. Le juge doit non-seulement être impartial, mais inspirer confiance à tous. Il doit donc se tenir à l'écart des luttes ardentes. Il faut que chaque parti soit convaincu de le trouver toujours du côté du droit et de la loi.

Nous plaçons dans la même catégorie les fonctions *inférieures* de police et tous les offices militaires. Ils ne déterminent pas la ligne politique à suivre, mais exécutent les ordres et les instructions reçues.

Tous ces fonctionnaires neutres demeurent, tant qu'ils remplissent leurs devoirs, à l'abri des révocations arbitraires qu'amène un changement de politique.

3. Enfin, il est une troisième classe d'offices, tels que les offices *techniques* et de *culture*, qui n'ont pas de pouvoir d'autorité

(ni *imperium*, ni *jurisdictio*), et qui ne prennent aucune part à
l'administration politique du pays, qui par conséquent conservent, comme les particuliers, leur pleine liberté d'action. Ainsi,
les professeurs, les médecins, les ingénieurs de l'État, les employés des postes ou des télégraphes, etc., peuvent librement se
mêler à la lutte des partis. N'ayant point à gouverner, il n'est pas
à craindre qu'ils forment un gouvernement de parti. Seulement,
on peut nettement leur défendre d'employer abusivement contre
la politique du gouvernement l'influence naturelle que leurs
fonctions leur donnent sur leurs subordonnés. Politiquement
libres comme individus, ils ont, comme fonctionnaires, à respecter le gouvernement qui les nomme.

LIVRE DOUZIÈME.

LES PARTIS POLITIQUES (1)

CHAPITRE PREMIER.

Qu'est-ce qu'un parti politique ? — Les fonctionnaires dans les partis. — Faction.

Les partis politiques se montrent partout où la vie politique se meut librement. Ils ne disparaissent que chez les peuples paresseusement indifférents des affaires publiques, ou opprimés par un pouvoir violent. Leur absence est donc un signe d'incapacité ou d'oppression.

Quand les prohibitions et les peines étouffent la formation des partis politiques dans une nation vigoureuse, comme en Allemagne autrefois, elle s'éloigne de la vie politique pour se jeter dans les discussions religieuses, ou pour développer dans son sein les rivalités et les oppositions scientifiques, artistiques ou

---

¹ Ce livre XII a paru en brochure, en 1869, sous le titre : « Charakter und Geist der politischen Parteien, » par *J.-C. Bluntschli* (Nordlingen, Beck éditeurs). Il fut presque aussitôt traduit en plusieurs langues. Nous le reproduisons ici avec des corrections et des abréviations L'idée psychologique qui en est le principe reste la même, et je suis toujours plus convaincu de sa vérité, malgre les objections de *Treitschke* et autres, qui l'ont mal comprise

sociales. Ces partis *non politiques* présentent une certaine analogie avec les premiers. Le parti *religieux orthodoxe* est proche parent du parti *politique légitimiste*; le parti *religieux de la réforme* sympathise avec le parti *politique libéral*. Dans la science, l'école *historique* se rapproche du parti *conservateur*; l'école *critique négative*, du parti *radical*. Évidemment, ce sont les mêmes oppositions naturelles qui produisent ces groupes parallèles de partis tour à tour hostiles ou similaires. Aussi, en étudiant la nature des partis politiques, acquerrons-nous maints éclaircissements pour l'intelligence des autres.

Les partis politiques se manifestent d'autant plus nettement que la vie politique est plus riche et plus libre. C'est chez les peuples les mieux doués politiquement que leurs formations sont le plus achevées. L'histoire de la république romaine et le développement de l'État anglais et de l'Union américaine ne s'expliquent que par les luttes de leurs partis. C'est l'effort et la rivalité des partis qui engendrent les meilleures institutions politiques, et qui mettent en lumière toute la richesse des forces latentes de la nation. Ne croyez donc point, avec certaines âmes timides, que les partis politiques soient une faiblesse et une maladie de l'État moderne. Ils sont au contraire la condition et le signe d'une vie politique forte. N'appartenir à aucun parti n'est nullement une vertu du citoyen; et dire d'un homme d'État qu'il est en dehors des partis est un éloge douteux. Les partis sont l'expression et la manifestation naturelle et nécessaire des grands ressorts cachés qui animent un peuple.

Un parti, le mot (*pars*) lui-même l'indique, est toujours une *fraction d'un tout*. Il ne représente donc que le sentiment d'une partie de la nation, et ne doit jamais s'identifier avec l'État, sous peine de se rendre coupable d'orgueil et d'usurpation. Il peut combattre les autres partis; il ne peut pas les ignorer, ni, dans la règle, s'efforcer de les anéantir. Un parti ne peut subsister seul; c'est l'existence d'un parti opposé qui lui donne l'être et la vie.

N'est-il pas au moins *un* homme public qui doive se tenir *en dehors* des partis? Dans la monarchie, le *prince* représente d'une manière permanente l'*unité* de l'État, du tout. Les partis sont sans influence sur son élévation. Placé au sommet de l'ordre

établi, il s'élève hautement au-dessus d'eux. Toute l'institution
est combinée pour soustraire le prince à leur mêlée. On peut
donc lui demander, et à lui seul peut-être, de n'appartenir à
aucun parti, et d'accorder à tous estime et protection dans les
termes du droit commun. Georges III d'Angleterre fit une faute
en essayant de grouper autour de sa personne le parti « des amis
du roi, » séparé des anciens partis nationaux whig et tory;
ceux-ci eurent bientôt broyé ce groupe éphémère entre leur
double meule, et le roi n'y gagna rien. Nous blâmons également
les princes du continent qui se sont mis à la tête des partis légitimistes.

Sans doute, un prince sera souvent forcé d'appuyer son gouvernement sur *un parti* momentanément puissant et capable, et
de combattre les menées politiques qui seraient un danger pour
l'ordre public. Mais ce n'est point ici ses sympathies ou ses antipathies personnelles, c'est l'intérêt de l'État qu'il doit écouter,
sous peine de cesser d'être le chef impartial et honoré de tous,
pour devenir un chef de parti. Qu'il évite donc les déclarations
hâtives ou passionnées, soit en faveur soit contre un parti,
surtout avant une lutte électorale. La défaite du parti qu'il protége viendra peut-être le forcer, dans l'intérêt de l'État, de
confier le gouvernement au parti adverse et vainqueur. Un
prince qui veut demeurer stable, doit tenir compte des mouvements de l'opinion, et savoir s'entendre avec les forces changeantes qui en déterminent les courants.

L'on ne saurait exiger une attitude semblable ni de ses *ministres*, ni des autres fonctionnaires, ni même du *président élu*
d'une république. Sans doute, les hommes au pouvoir ne doivent
pas agir qu'en *partisans*, car la fonction appartient au *tout*,
qu'elle soit, et dont l'esprit l'anime. Les *actes du fonctionnaire*
sont les *actes de l'État*. Le droit public, dans les devoirs qu'il
trace et les attributions qu'il donne, ignore les partis. La constitution et la loi fixent le droit applicable à tous, et mettent des
bornes aux menées des partis. Le juge ne regarde que la justice;
le ministre ne peut employer les fonds de l'État au profit d'un
parti, ni édicter des mesures de police fondées sur l'esprit de
parti ; les lois doivent demeurer impartiales. C'est là seulement
où la politique commence, c'est-à-dire où la vie se meut libre-

ment dans les limites du droit, que l'esprit de parti peut entrer en scène.

Aussi cette obligation générale d'*impartialité* ne s'oppose point à ce que le fonctionnaire *appartienne à un parti*. Il n'est pas la personnification du tout au même degré que le prince. Si, comme fonctionnaire, il est l'organe et le représentant de l'État, et doit être impartial, comme particulier et comme homme politique, il a une liberté relative, qui lui permet de rechercher ses coreligionnaires et de s'unir à eux. Les plus grands hommes d'État de Rome et de l'Angleterre furent à la fois des *ministres* ou des *magistrats impartiaux* et des *chefs avoués de parti*. Les présidents des États-Unis ont toujours été nommés par un parti. L'action des partis joue son rôle dans toutes les élections : c'est là leur vrai champ de bataille. Aussi leur importance grandit-elle avec le nombre des fonctions électives, et diminue d'autant plus que les *nominations* dépendent davantage du centre ou du chef de l'État. La république, même aristocratique, tend donc naturellement au gouvernement des partis, et la monarchie limite davantage leur action. La monarchie constitutionnelle moderne essaie d'unir les avantages des deux formes, en abandonnant aux partis les fonctions politiques, et en soustrayant à leur influence la plupart des fonctions techniques. L'action des partis monte et descend avec les vagues de la vie publique, et doit se calmer en arrivant à la sphère des devoirs publics. La *partialité politique* trouve une barrière dans la situation *impartiale* du fonctionnaire ; mais, de même que nous demandons à l'historien d'être *impartial*, c'est-à-dire juste et vrai envers tous, et non de ne pas *prendre parti*, ou de n'être qu'un miroir indifférent et froid des images de la vie, de même, et à plus forte raison, nous demandons au fonctionnaire d'être *impartial*, non de n'être d'*aucun* parti (*parteilos*).

Sans doute, il est à craindre que l'esprit de parti ne corrompe l'emploi, ce qui serait spécialement fatal dans les fonctions de justice. Aussi le *juge* fera-t-il bien de se tenir à l'écart de toutes les luttes ardentes. Comme citoyen ou comme député, il pourra voter fermement avec son parti ; comme juge, il en fera abstraction.

La prise de parti des *fonctionnaires politiques* offre moins d'inconvénients, car c'est dans la vie politique que les partis ont leur place naturelle. Ceci est surtout vrai des *ministres politiques*, de leurs aides politiques et des *représentants de la nation* ; ce l'est déjà moins des *ministres techniques*. Les présidents et les conseils gouvernants de la république ont en ceci une situation assez analogue aux ministres politiques de la monarchie. Nommés par le parti vainqueur, ils ne peuvent méconnaître leur origine et renier les principes politiques auxquels ils doivent leur élévation. Il est dangereux pour leur considération de passer à un autre parti, ou même simplement de vaciller entre les partis. Cependant ils sont aussi à la tête de tout l'État, et s'ils gouvernaient exclusivement au profit d'une tendance, ils choqueraient certainement le sentiment du droit et de la justice chez un peuple sain, et ruineraient bientôt le crédit politique de la majorité qui les a nommés. Celle-ci aurait démontré qu'elle est incapable de gouverner.

En résumé, les partis ne sont pas une *institution du droit public*, mais de la *politique* ; ni des membres de l'organisme de l'État, mais des *groupes sociaux*, où chacun entre et d'où chacun sort librement, et dont *certaines opinions* ou *certaines tendances unissent les membres pour une action politique commune*. Ils sont le produit et l'expression des divers courants de l'*esprit politique*, qui meut la vie nationale dans le cercle des lois.

Le parti ne se confond point avec la *faction*. Celle-ci en est l'exagération et la dégénérescence, et elle est aussi désastreuse pour l'État que les partis lui sont utiles. Les partis se forment et grandissent dans une nation saine, les factions dans une nation malade. Les uns complètent l'État, les autres le déchirent. Dans sa croissance, l'État est animé par les partis ; dans sa décadence, il est la proie des factions.

Un parti *politique* est celui qui s'inspire d'un principe *politique* et qui poursuit un but *politique*. On l'appelle « politique, » parce qu'il est en harmonie avec l'État, compatible avec lui, dévoué au bien commun. Un parti peut avoir de nombreux défauts, accepter légèrement toute innovation ou s'attacher anxieusement au passé, employer des moyens ineptes, poursuivre un but insensé, et cependant mériter encore cette honorable qualification. Mais un parti n'est plus qu'une faction quand il se met au-dessus de l'État, quand il *subordonne les intérêts de l'État aux siens, le tout à la partie.*

La faction ne monte que difficilement au rang de parti ; mais le parti dégénère facilement en faction. L'homme est à la fois individu et membre de la famille, de la commune, de l'État, de l'humanité ; son esprit individuel est tantôt en harmonie, tantôt en conflit avec l'esprit général. De même, chaque parti politique a un double moteur : ses intérêts particuliers et les *intérêts généraux.* Mais, en lui, ces derniers *l'emportent.* La faction, au contraire, c'est *l'egoïsme* triomphant, s'efforçant d'exploiter l'État à son profit. La faction et le parti diffèrent donc moins par les forces et les tendances qui les meuvent que par les *pôles contraires* vers lesquels ils se dirigent. Le parti devient faction, et la faction parti, par une simple interversion des pôles, suivant que l'*esprit général* ou l'*esprit particulier* domine dans son sein. C'est la faction seulement qui place ses intérêts, ses passions, ou même son droit strict, au-dessus de l'amour de la patrie et du bien public.

Un parti peut d'ailleurs être exclusif dans ses réunions, se nommer des chefs, délibérer et décider, se créer des journaux, soutenir et pousser ses amis, résister à ses ennemis et leur disputer la victoire. Ses membres peuvent de même, sans être des factieux, sacrifier leurs opinions personnelles à celles du parti, obéir à des chefs en soldats disciplinés. Comment le parti atteindrait-il son but, s'il ne formait une association unie et ordonnée ? La discipline des partisans est une condition nécessaire de force, comme dans une armée. C'est seulement lorsque le zèle et les passions égoïstes deviennent prépondérants que ces groupes sont *antisociaux,* et cessent de mériter le nom de partis politiques.

CHAPITRE II.

Les divers partis. — Leurs noms. — Leurs mélanges.

Le nom d'un parti n'indique pas toujours sûrement son caractère. Plusieurs noms viennent simplement d'un accident ou d'un caprice. Les *jacobins* empruntèrent le leur au lieu de leurs réunions ; la *gauche* et la *droite* le doivent à la place qu'elles occupent. Parfois encore, les mêmes noms ont une portée toute différente suivant les pays et les époques. Les *whigs* et les *tories* d'Angleterre ne ressemblaient guère à ceux d'Amérique. L'on distinguait en outre ici, avant 1778, les *fédéralistes* contraires à l'Union, et les *antifédéralistes* ou unionnistes ; et, depuis 1778, ce sont les partisans de l'Union qui ont pris le nom de *fédéralistes*. Le parti dés *démocrates* des États-Unis ne correspond nullement au parti *démocratique* de l'Europe. Le parti *du progrès* (*Fortschrittspartei*) est autre en Bavière, autre en Prusse. En Espagne, les libéraux se nommèrent pendant un temps les *noirs*, expression souvent appliquée ailleurs au parti clérical.

Certains partis doivent même leurs noms à quelque terme d'injure ou de mépris : ainsi les *gueux* des Pays-Bas, les *têtes rondes* de la révolution anglaise, les *sans-culottes* de France, et même les *whigs* (laitiers(?)) et les *tories* (brigands) d'Angleterre.

La couleur est également un signe distinctif commode. Constantinople eut *les verts* et les *bleus*, l'Angleterre la *rose blanche* et la *rose rouge*. De nos jours, les *noirs* (cléricaux) et les *rouges* (révolutionnaires) forment deux partis extrêmes, qui se touchent d'ailleurs et s'unissent à l'occasion.

Les noms les plus exacts sont ceux qui indiquent le *caractère* des partis, leur *tendance politique*. Burkhard (*Geschichte der Renaissance*, p. 86) fait remarquer finement que c'est en Italie, et à l'époque de la renaissance et du réveil des idées politiques que ce genre de désignation fut inauguré. Les noms empruntés à la personne des chefs sont moins significatifs ; exemple : les *jacobites* en Angleterre, les *bonapartistes* et les *orléanistes* en France, les *carlistes* en Espagne, les *mazzinistes* en Italie. De même, l'indication par l'*objet* que les partis se disputent a souvent une portée plus *économique* que *politique* ; exemple : les *protectionnistes* et les *libres échangistes*, ou bien encore, dans le canton de Schwitz, les *Horner* et les *Klauen*, nés d'une dispute sur la manière de jouir des *almende* ou pâturages communs *a*).

Les partis se distinguent encore par des *symboles* qui expriment une idée et en révèlent la puissance. On se groupe autour d'un *drapeau*, on porte certaines couleurs, on s'indique par des cocardes, des rubans, des fleurs, même par le costume entier. Dans l'ancienne Suisse, les *plumes de paon* désignaient le parti autrichien, les *lis* le parti français. Le *chêne* et le *lierre* ont souvent servi de signe à deux camps opposés. La *croix* et le *croissant* ont été les symboles des deux grands partis religieux du moyen âge.

Les partis méritent d'autant moins le nom de *politiques* qu'ils se séparent moins par des différences réelles, et qu'ils s'inspirent moins de principes politiques. Cependant l'homme d'État ne peut pas oublier ces partis éphémères eux-mêmes, qu'un jour voit naître et mourir, et qui se jettent souvent à la traverse des groupes permanents, troublent leurs rangs et retardent leurs progrès. Tantôt c'est une rivalité purement personnelle de deux chefs qui

---

a) Horner, Hornmänner, partisans du bétail à cornes, ou plutôt du gros bétail (vaches et chevaux), *Klauen*, pieds fourchus, partisans du menu bétail (chèvres et moutons) Les *Klauen* furent soutenus par les libéraux; le gouvernement défendit les *Horner*; la querelle devint ainsi politique (1838).

divise momentanément un grand parti; tantôt quelque intérêt transitoire, une route, un chemin de fer, un tarif douanier, qui coalise accidentellement des partisans ennemis Mais la science ne peut guère s'occuper de ces formations sans principe et sans durée. Ce qui l'intéresse, ce sont les *partis de principe*, car eux seuls ont leurs lois permanentes

En égard à la *pureté* de leur formation, les partis politiques peuvent se diviser en six classes

A. Partis *mêlés, religieux-politiques.*

Un groupement confessionnel des partis trouble profondément l'esprit politique, et entrave la marche indépendante de l'État par des tendances de secte. Les formations du moyen âge avaient en grand partie ce caractère. Les luttes du monde *chrétien* contre le monde *mahometan*, des *Latins* contre les *Grecs* et, après la Réforme, des *protestants* et des *catholiques*, dominèrent la vie de parti pendant des siècles. L'Angleterre fut agitée, encore au XVIIᵉ siècle, par les dissensions des *anglicans*, des *presbytériens* et des *puritains*, la France, jusqu'au milieu du XVIIIᵉ, par celles des *ligueurs* et des *huguenots.*

L'époque moderne, qui distingue plus soigneusement l'Église de l'État, sépare aussi plus nettement les partis *religieux* et les partis *politiques.* Cependant le parti *catholique ultramontain* et le parti *protestant orthodoxe* forment encore de puissants débris du passé, et troublent la clarté des oppositions politiques par leurs tendances et leurs préjugés confessionnels et hiérarchiques. L'importance du parti ultramontain nous imposera même un examen spécial, qui nous fera mieux comprendre le genre.

B. Les partis qui s'appuient sur des *territoires*, des *peuples*, ou des *tribus*[1].

Ce second genre de formation marche sur un terrain *laïc*; il est plus capable de principes politiques, et poursuit des buts *politiques.* Mais il est plus dangereux qu'utile à l'État. La base en est trop large, trop puissante : chacun de ces partis forme en effet *un tout relatif,* aime à se considérer comme tel, et par

[1] Nous traduisons ici *Stamm* par *tribu.* C'est ainsi peut-être que nous aurions dû faire dans le l. II, ch. VI de la Théor. génér. *Littré,* Dⁱ, vᵒ Tribu : « petit peuple faisant partie d'une grande *nation* » Nation est-il ici synonyme de peuple ? C'est toujours la même amphibologie. Comp. vol. I, préface, et p. 70

suite, au lieu de se mouvoir simplement dans l'État, tend à le rompre pour former un nouveau groupement, l'ébranle par des mouvements particularistes ou séparatistes.

Le grand *Washington* l'a dit : « Gardez-vous de distinguer les partis par la situation géographique ! » La formation des partis *du Nord* et *du Sud* prépara la guerre de Secession des États-Unis La formation du groupe *sud allemand* dans le parlement doua-nier, fut un attentat contre l'Union douanière, et entrava l'unification de l'Allemagne .

Le groupement des partis par *territoire* ou par *nationalité* me-nace toujours plus ou moins l'unité de l'État L'empire britan-nique put craindre un démembrement, aussi longtemps qu'il y eut un parti *anglais* et un parti *ecossais* puissants ; et le parti *irlandais* a provoqué sous O' Connel une énorme agitation sépa-ratiste. Rien n'est plus dangereux pour l'empire d'Autriche que le groupement de ses divers peuples en partis opposés en Hongrie, le parti des *Croates* luttant contre celui des *Magyars*, en Bohème, les *Tschèques* s'opposant aux *Allemands*.

Les partis fondés sur des tribus menacent moins l'unité de l'État, car des tribus diverses peuvent avoir conscience de leur nationalité commune. Cependant ce groupement renforce aussi les tendances particularistes La Prusse n'aurait aucun avan-tage à voir ses partis se grouper en *Rhénans* et *Prussiens orien-taux*, en *Vieux Prussiens* et *Nouveaux Prussiens* L'opposition des *Vieux Bavarois*, des *Francs*, des *Souabes* et des *Palatins* s'est souvent fait ressentir en Bavière, et de même, en Suisse, celle des *Zurichois* et des *Bernois*.

C La formation *suivant les ordres* n'est pas non plus sans inconvénient. Les ordres, sans doute, ne sont pas localement groupés comme les peuples ou les tribus, et aucun d'entre eux ne se sent assez fort pour constituer à lui seul tout l'État. L'existence de l'État n'est donc pas menacée. Mais la différence des ordres est déjà assez forte par elle-même; en formant des partis correspondants, ils sépareraient les diverses couches de la nation avec plus de roideur et de fixité qu'il ne convient à l'unité de l'État et à la communauté du droit.

C'est ainsi que se groupaient les partis du moyen âge, quand ils n'étaient pas religieux ou confessionnels. Le *clergé*, la *noblesse* et les *bourgeois*, les patriciens et les plébéiens, formaient à la fois des ordres et des partis. Le parti des *Junker* [les féodaux d'Allemagne], par sa tenace originalité, se maintient comme une étrangeté jusque dans notre État moderne. La formation d'un nouveau parti des *travailleurs* troublerait la pureté des groupements actuels.

Il faut que les partis *croisent et traversent* les provinces, les nationalités, les tribus, les ordres, et qu'ils en unissent les membres divers dans une pensée et un effort communs.

D. Les partis *constitutionnels*, ou groupés suivant les *principes constitutionnels*, sont un progrès sur les formations précédentes. C'est en effet une idée politique qui en est la base, et ils puisent leurs adhérents dans tous les lieux et dans toutes les classes. C'est ainsi que l'on parle des *royalistes* ou *monarchistes* et des *républicains*, des *aristocrates* et des *démocrates*, des *constitutionnels* et des *féodaux*, des *unitaristes* et des *fédéralistes*, du parti *national* et des *particularistes*, des *centralisateurs* et des *décentralisateurs*, etc.

Ces partis se rattachent un peu aux anciens ordres : les aristocrates et les féodaux se comptent surtout parmi la noblesse et les *Junker*, les constitutionnels dans la bourgeoisie cultivée, les démocrates dans les masses. Mais ils ne sont pas liés aux ordres, et ils recrutent des partisans dans toutes les classes.

Au fond, ils ont surtout une valeur *de transition*, et appartiennent plus encore au *droit public* qu'à la politique. Ils naissent aux époques de changement, de révision ou d'interprétation des constitutions, et cessent avec les luttes qui s'y réfèrent, une fois le droit public fixé.

Ces partis n'ont pris de nos jours une aussi grande importance qu'en raison des luttes *constitutionnelles* qui agitent depuis un siècle le monde civilisé. Mais ils travaillent eux-mêmes à leur perte, car leur tâche est terminée par le triomphe définitif de la constitution qu'ils poursuivent. Ainsi, ils tendent à *périr comme partis politiques*, pour ressusciter *puissances de droit public*. Au lieu d'accompagner la vie de l'État comme de simples partis, ils aspirent à s'incarner en lui et à l'absorber.

La constitution représentative moderne donne à la royauté, à l'aristocratie et à la démocratie une situation légale déterminée ;

chacune d'elles peut exprimer sa volonté et ses sentiments dans l'organisme constitutionnel, par le cabinet, la chambre haute, la chambre basse. Il est donc inutile qu'elles se combattent comme partis politiques. Leurs principes sont moins des principes politiques que des *lois constitutionnelles ;* leur force est dans le système assuré de la *constitution*, et non dans les mobiles groupements de la politique.

E. Le parti *du gouvernement* et le parti *de l'opposition* appartiennent davantage à la politique. Cependant, dans le langage anglais, ces expressions indiquent simplement un *fait*, la première s'appliquant au parti qui est au pouvoir et en possession des emplois, l'autre au parti adverse. La puissante aristocratie anglaise, qui gouverne sous le nom du roi, se divise depuis la révolution de 1649 en deux grands partis politiques, les whigs et les tories, ou les libéraux et les conservateurs, comme l'on dit plutôt aujourd'hui. Tous deux capables de gouverner, ils s'emparent tour à tour du *cabinet*, qui comprend à la fois la conduite des majorités parlementaires et le gouvernement politique ; et ils deviennent ainsi, à tour de rôle, le parti du gouvernement et le parti de l'opposition, ce qui permet de dire qu'en Angleterre, *ce sont les partis qui gouvernent.*

En France et en Allemagne au contraire, le parti *gouvernemental* ou *ministériel* est celui qui *sert constamment le pouvoir ;* le parti de l'opposition, celui qui lui est constamment hostile, qui se plaît à contrarier toutes ses vues. Le premier appuie les gouvernants quoi qu'ils fassent, et s'accommode de tous les changements de régime. Il comprend surtout les gens en place, qui sont à la discrétion du pouvoir, et les esprits qui, dominés par le sentiment du besoin de l'autorité, sont prêts à la servir sous toutes les formes.

Un parti de ce genre peut être momentanément utile, parce que ses voix comptent toujours et qu'il contre-balance les goûts d'opposition. Mais malheur au gouvernement qui s'appuie dans les crises sur cette base fragile ! Sans force interne, comment serait-il un appui pour les autres ? Il vacille et tremble dès que le gouvernement est menacé ; il abandonne aussitôt un ministère ébranlé, pour marcher sous le drapeau de ses adversaires. Ce parti sans conviction ne jouit généralement que d'une estime et d'une influence médiocres. A peine mérite-t-il le nom de parti politique. C'est une séquelle du pouvoir, sans valeur morale et sans dignité, facilement accessible à la corruption, prête à trahir, à vendre ses services.

Un semblable groupe ne saurait subsister longtemps chez un peuple viril dont les partis politiques sont vivants et développés, il sera bientôt étouffé par ces derniers. Si nous le trouvons encore dans plusieurs monarchies du continent, parfois se rattachant aux partis traditionnels de cour, c'est comme un legs fatal des anciennes entraves de la vie publique.

Mais le parti de l'*opposition systématique* n'est pas moins désastreux. Tandis que le précédent est servilement docile, celui ci est perpétuellement récalcitrant. L'un suit toujours le pouvoir, l'autre le traverse en tout et partout. Tous deux sont des manifestations mauvaises de la vie publique.

C'est bien à tort que les gouvernés comblent parfois ce dernier de leurs faveurs. Ses qualités, négatives, ne sont qu'apparentes. S'il n'a pas l'*égoisme* du premier, il a l'*entêtement*, la contradiction taquine, l'esprit antisocial de l'*anarchie*. Il mérite également d'être condamné par un peuple viril. La popularité des opposants systématiques des chambres allemandes (1820 à 1840), s'expliquait surtout par le peu de maturité de notre vie politique. L'on croyait volontiers alors qu'un bon et chaud patriote doit toujours faire de l'opposition. Cette erreur, très-répandue, prouvait le discrédit où étaient tombés les gouvernements. Les chefs de l'opposition devenaient eux-mêmes suspects dès qu'ils arrivaient au pouvoir.

F. Enfin, la forme la plus pure et la plus haute, est celle des partis qui ne s'inspirent que de *principes politiques* (et non de principes de religion, d'ordre, de droit public ou d'intérêt), et qui *accompagnent librement* et *constamment* la vie de l'État.

Suivant *Wachsmuth* (Geschichte der politischen Parteiungen I, p. 32), « le principe du progrès, qui est certainement une loi de l'histoire générale de l'humanité, semble ne jouer aucun rôle dans l'histoire des partis; tels ils étaient dans l'antiquité, tels ils sont demeurés jusqu'à ce jour. » C'est là une erreur profonde. Sans doute la *nature humaine*, qui est aussi le fondement des partis, est demeurée essentiellement la même, et les

passions excitées peuvent conduire, aujourd'hui comme il y a
deux mille ans, à des actes d'odieuse barbarie. Le peuple français se croyait au siècle passé le plus civilisé de l'Europe, et
bientôt après Paris se souillait des massacres de Septembre.
Néanmoins, et malgré les crimes isolés qui ont ensanglanté notre
époque, un souffle plus humain a tempéré les haines, et les
luttes civiles sont certainement aujourd'hui moins cruelles et
moins violentes que dans le passé.

Mais le vrai progrès à signaler, c'est qu'en réalité chaque
grande formation nouvelle des partis s'*élève d'un degré au-dessus*
de la précédente. Les partis se sont de plus en plus dégagés de
tout alliage étranger, pour se *fonder davantage sur les principes,*
pour devenir plus *conscients* et plus *libres.*

Ainsi les partis héréditaires traditionnels des whigs et des
tories ont certainement fait un grand pas en devenant, sous
une forme politique plus pure, les libéraux et les conservateurs
modernes.

CHAPITRE III.

Le parti ultramontain.

Le parti *ultramontain* ou, pour l'appeler d'un nom qu'il préfère, le parti *catholique*, est sans contredit le plus important et
le plus influent des partis religieux-politiques qui subsistent. Il
mérite donc d'être étudié avant tout autre.

Ce parti se distingue des partis politiques proprement dits en
ce que, plaçant son principe *en dehors de l'État*, il se sent essentiellement indépendant de ce dernier. C'est surtout en invoquant
sa *foi religieuse* et l'*autorité de la hiérarchie* qu'il formule ses
revendications et s'efforce de les faire triompher. Contraint par
l'État de respecter la loi civile, il en appelle à l'*inviolabilité de la
loi divine*, et crie à l'oppression de sa conscience. Loin de
vouloir servir l'État, il veut que l'État serve l'Église. Il est donc
avant tout un parti d'*Église*. Il n'est parti politique qu'en seconde
ligne. Ses idées religieuses dominent son attitude politique. Pour
le bien comprendre, il faut d'abord les examiner.

Le parti ultramontain se dit avant tout *catholique*; il essaie
même de s'identifier avec le *christianisme*; il affirme que la religion chrétienne est la loi perpétuelle de sa vie et de ses actes.

Or, toute la marche de l'histoire tend depuis des siècles à
émanciper l'État de la tutelle de l'Église, à rendre le droit indé-

pendant de la foi, à grandir la conscience humaine, à donner
à l'État pleine et exclusive souveraineté dans tous les rapports
de la vie politique commune. Le parti ultramontain se jette à la
traverse de ce grand courant. Il veut conduire l'État par les
idées religieuses, le subordonner aux autorités ecclésiastiques.
Ce projet peut être en harmonie avec le système général du
moyen âge; mais on voit qu'il est en contradiction directe
avec l'existence et les progrès de l'État et de la culture *modernes*.

S'il est vrai que le principe ultramontain s'identifie avec le
christianisme, les peuples n'ont donc plus qu'à opter entre le
sacrifice de leur religion ou de leur civilisation : et le choix
de ceux qui ont le caractère viril et l'esprit libre ne saurait être
douteux. Ainsi les prétentions ultramontaines ne menacent pas
seulement l'État, mais l'Église elle-même et la religion, qu'elles
disent défendre.

Mais cette identification est heureusement fausse. La subordination dans laquelle l'ultramontanisme veut tenir l'État, appartient bien plus à la *théocratie juive* qu'au christianisme. Elle
dérive de l'idée qui regarde Jésus comme le Messie juif, appelé
à fonder un nouveau royaume de Jéhovah. Jésus lui-même a
toujours repoussé cette erreur, dont la plupart de ses disciples
étaient imbus.

Le parti ultramontain parvient plus facilement à s'identifier
avec le catholicisme. Son idéal d'un royaume de Dieu dominé
par la hiérarchie est en réalité, dans ses traits essentiels, l'idéal
de *Grégoire VII* et d'*Innocent III*; et ces deux grands papes sont
certainement les principaux représentants du catholicisme
romain au moyen âge, comme ils sont les vrais fondateurs du
pouvoir universel de la papauté. Leur idéal a trouvé ensuite,
dans le droit canon et dans le cérémonial de la cour de Rome,
une expression permanente qui garde encore aujourd'hui une
certaine autorité. Les ordres religieux et les dignitaires de
l'Église s'en sont faits les organes dévoués. La papauté dominant l'empire féodal et la puissante organisation de l'Église
catholique romaine, forment encore la large base historique
qu'invoque l'ultramontanisme.

Cependant l'assimilation est également fausse. Elle est en

contradiction avec l'histoire *primitive* de l'Église catholique et avec la marche générale de l'histoire *moderne*.

Et d'abord, on ne saurait contester que la religion et l'Église catholiques n'aient vécu et grandi pendant plusieurs siècles, sans que les papes prétendissent se placer au-dessus de l'empereur. Les évêques de Rome étaient réputés citoyens et sujets, comme tous les autres évêques de l'empire, non-seulement sous les anciens empereurs de Rome ou de Constantinople, mais même sous les empereurs francs et sous les premiers empereurs allemands, qui les révéraient cependant comme les plus hauts dignitaires spirituels.

En second lieu, jamais les papes n'ont pu réussir à établir réellement leur suprématie universelle. L'empire allemand finit par succomber dans sa lutte contre Rome, mais sa résistance empêcha la théocratie d'envahir l'Europe ; et bientôt après, les rois de France, la république de Venise et les princes Électeurs d'Allemagne se trouvaient assez forts pour braver la hiérarchie. La Renaissance vint ressusciter les idées d'indépendance et de pleine souveraineté de l'État. La Réforme continua dans ces voies. La papauté perdit son ancienne suprématie, même sur les pays demeurés catholiques. Le clergé catholique lui-même commençait, aux XVIIe et XVIIIe siècles, à se détourner de Rome pour devenir plus national ; les évêques de France, d'Italie, d'Allemagne, étaient dans le mouvement. Et néanmoins l'Église et la religion catholiques continuaient à subsister.

L'ultramontanisme n'est donc point le catholicisme, mais un *parti qui se meut dans son sein*, renouvelant les anciennes prétentions de la curie romaine, s'efforçant de ramener le monde au système politico-religieux du moyen âge, et pour cela même inconciliable avec l'esprit moderne.

La suprématie du pape et du clergé avait quelque légitimité au moyen âge ; ils étaient alors, par le caractère et l'instruction, supérieurs à l'empereur et aux laïcs. Mais aujourd'hui, c'est au contraire la culture et l'action morale des laïcs qui l'emportent sur celles des prêtres.

Le parti ultramontain est encore une puissance dangereuse pour l'État moderne. Ses grands souvenirs historiques lui donnent une autorité traditionnelle qui attire et séduit les esprits

romantiques, et même les grandes classes populaires. L'Église
catholique, avec sa hiérarchie ordonnée, ses prêtres soumis aux
évêques et ses évêques soumis au pape, ses nombreux ordres
qui se ramifient partout, contrôlant et aiguillonnant le clergé
séculier et s'efforçant de gagner habilement les laïcs ; l'Église
enfin, avec ses moyens mystiques de grâce et de salut, et son
art de frapper les imaginations par les supplices effrayants
d'outre-tombe, donne presque partout un appui volontaire aux
tendances ultramontaines, et leur sert de refuge contre le cour-
roux de l'État. Habile à exciter les sentiments religieux des
hommes, et surtout des femmes, l'ultramontanisme plonge
ainsi ses racines dans les profondeurs de l'âme humaine, et y
puise des forces abondantes. Il est difficile à attaquer : les argu-
ments ne le convainquent pas, car il place son irréfutable foi
plus haut que toute raison logique. Il élève au-dessus de l'État
terrestre l'autorité de l'Église céleste. Il fait même assez peu de
cas des devoirs de la morale et de l'humanité lorsqu'ils con-
trarient ses intérêts, se justifiant par une foi réelle ou feinte en
son droit divin, en l'autorité sainte de l'Église, supérieure à
toutes les lois civiles du monde, et en la doctrine infaillible du
pape assisté de l'Esprit-Saint.

Ce grand parti a pour chefs principaux une secte peu nombreuse d'hommes sans patrie et sans famille, entièrement dévoués
au pouvoir de Rome. L'ordre des jésuites en est le noyau permanent ; et, comme eux, l'ultramontanisme est opiniâtre dans
ses principes, peu scrupuleux dans ses moyens, hardi dans son
but. Il est de même universel, trouve partout des adhérents,
et ne s'arrête nulle part aux bornes des États ou des nationalités. Intriguant ou exploitant le fanatisme des masses, il a su
remporter des victoires jusque dans l'État moderne. Il agit tantôt
dans l'ombre par les femmes « pieuses » sur les hommes faibles,
tantôt ouvertement sur les foules emportées. Il aime à se glisser
dans les cercles de la haute société, dans les châteaux de la
noblesse et à la cour des princes ; à exploiter les faiblesses, les
fautes secrètes des grands, unissant habilement le rigorisme
religieux et l'indulgence mondaine. Enfin il a fait de grands
progrès depuis un demi-siècle, et surtout depuis la réaction de
1851 contre la révolution de 1848, se relaisant et se vengeant

dans un pays des défaites subies dans l'autre, étendant partout ses vastes membres, combattant comme un *parti universel*, et s'efforçant de briser les partis nationaux dans sa main de *puissance du monde*.

Mais quels ont été les fruits de ses victoires et de ses progrès? L'histoire nous les montre en France, en Italie, en Belgique, en Suisse, en Espagne, en Autriche! Partout où il a passé triomphant, il a obscurci les intelligences, troublé l'éducation du peuple, corrompu la culture des hautes classes, entravé les progrès économiques et les arts techniques, divisé les familles. Tantôt il enorgueillit les âmes, tantôt il les remplit de vaines angoisses. Il enlève aux nations et aux individus toute foi en eux-mêmes, étouffe tout mouvement libre de l'esprit, asservit la science, mutile l'État, anéantit la vie moderne. Chaque victoire de l'ultramontanisme est une défaite pour la civilisation humaine. Ses triomphes enrichissent les ordres, les couvents, la hiérarchie; ils dépouillent et abêtissent l'État[1].

L'ultramontanisme est d'autant plus dangereux en Allemagne que la paix entre les confessions y est plus nécessaire, et par suite, la liberté religieuse et l'indépendance de l'État. C'est lui qui s'oppose surtout à son unification et au développement de son génie. La nation allemande a pour mission historique de délivrer le monde de la tyrannie de Rome, et de donner ainsi air et lumière à la liberté progressive des peuples et des individus. Le parti ultramontain se jette à la traverse avec un zèle aveugle. Il pèche contre l'Esprit-Saint, qui anime l'humanité.

Comment combattre un aussi dangereux adversaire ?

L'État ne peut pas punir tant que l'ordre légal n'est pas violé. Il laisse liberté même à l'erreur, et n'opprime pas la foi religieuse, la crût-il une absurde superstition. La persécution des ultramontains, leur bannissement, par exemple, serait en contradiction avec l'esprit humain du droit public moderne, quoiqu'elle fût d'ailleurs conforme au système catholique, qui soutient encore aujourd'hui qu'il faut extirper tous les hérétiques.

Ce n'est point à dire cependant que l'État ne puisse interdire l'*ordre des jésuites* et leur défendre toute action dans l'Église et

[1] Comp. Ism de Laselaye, Protestantisme et Catholicisme, Nordlingen 1875.

dans l'école a). Cette corporation est en effet notoirement organisée contre l'État, et obéit aveuglément, même au mépris des
lois, aux ordres d'une autorité étrangère, à son général, placé à
Rome. Elle constitue une véritable conjuration contre la paix
confessionnelle et les progrès de l'esprit, un danger public.
L'Europe catholique sentit qu'on enlevait une montagne de sa
poitrine quand Clément XIV la supprima si justement; et quand
elle fut rétablie, en 1814, par Pie VII, les memes déplorables
résultats reparurent partout où elle étendit ses rets. La civilisation moderne n'est donc pas plus tenue de tolérer cet ennemi
déclaré que l'agriculteur les loups. Sans doute, l'individu demeure libre d'être jésuite et de se déclarer tel. Mais l'État cou-
verait un serpent dans son sein s'il accordait un libre établissement à cet ordre militaro politique, à ses résidences, ses maisons d'instruction, ses écoles, ses couvents, ses missions. Une
bulle papale qui revienne le supprimer ou une proscription générale par tous les États peut seule assurer la paix de l'Europe.

On ne peut pas non plus exclure les ultramontains comme
tels des fonctions publiques. L'électorat et l'éligibilité ne dépendent plus aujourd'hui des opinions religieuses ou politiques.
L'ultramontanisme lui-même a sa légitimité relative, en ce qu'il
se rattache à une conception du monde dominante au moyen
âge, en ce qu'il porte hautement, dans la vie moderne des nations, un drapeau religieux en face de l'impiété frivole.

D'ailleurs, les hommes ne sont pas toujours conséquents, et il
arrive tous les jours qu'un ultramontain qui conteste en principe tout l'État moderne, le serve cependant très-fidèlement.
Une exclusion serait donc une perte de forces, en même temps
qu'elle porterait atteinte à la juste égalité des droits.

Mais ce n'est point à dire que l'État puisse ici se passer de
prudence. Abandonner la conduite politique de l'État aux ultramontains, ce serait « faire du bouc un jardinier. » Au moyen
âge, et même jusqu'au siècle dernier, l'on appelait volontiers
au timon de l'État des dignitaires ecclésiastiques : cardinaux,
évèques ou abbés. Cet usage n'est heureusement plus dans nos

a) Telle est la disposition textuelle de l'art. 51, Const. fédér. suisse de 1874,
auquel l'auteur fait peut-être allusion

mœurs. Mais on y appelle trop souvent encore des laïcs ultra-montains, esclaves du clergé par l'esprit. Ce mal est d'autant plus grand qu'il est moins apparent : on se méfie naturellement du gouvernement politique d'un prêtre, le laïc ultramontain est moins facilement soupçonné, et dépend autant de la hiérarchie.

Ainsi, par sa nature et ses tendances, le parti ultramontain est *inapte à gouverner* l'État moderne. Son rôle y est naturellement l'*opposition*.

Toute incertitude dans les principes peut être ici très-nuisible. L'ultramontanisme a la vue courte et les idées étroites, mais il est plein de confiance dans la grandeur et la sainteté de sa cause. Si l'État hésite, il croit aussitôt que c'est faiblesse ou mauvaise conscience, et quadruple ses efforts.

Les ultramontains sont pour la plupart imbus de conceptions du passé ; l'État moderne leur semble une étrangeté ; il faut qu'ils soient élevés à le comprendre. Mais tout éducateur doit d'abord inspirer du respect à ses élèves ; les ultramontains n'en ont guère pour l'État, ce royaume terrestre et charnel, si inférieur à l'Église, royaume éternel et spirituel de Dieu. Ils ont donc besoin d'être placés sous une *discipline sévère* et *forte* qui contraigne absolument d'obéir. Il faut leur montrer en même temps la *majesté*, la *sagesse*, la *force créatrice* de l'*esprit politique* ; leur en faire comprendre la supériorité sur l'esprit féminin de l'Église, faire briller à leurs yeux enfin dessillés la grandeur de l'autorité civile. Ils sont demeurés en arrière de la civilisation et de l'État : que l'État vienne à leur aide et complète ce que l'éducation de l'Église a négligé.

L'ultramontanisme fonde sa légitimité et sa puissance sur sa foi religieuse ; d'où plusieurs de ses adversaires ont cru qu'on ne le vaincrait qu'en détruisant la religion. Cette opinion radicale a trouvé de nos jours des défenseurs habiles, parfois éloquents. Une opinion plus répandue encore, c'est qu'il faut attaquer le catholicisme lui-même pour atteindre l'ultramontanisme dans sa racine.

Ce sont là des erreurs dangereuses. Détruire la religion, c'est blesser profondément, c'est révolter l'âme humaine. Une attaque aussi insensée contre les rapports élevés de l'homme à Dieu, échouerait misérablement, et ramènerait aux ultramontains nombre de leurs adversaires actuels. De même, en s'attaquant au catholicisme entier, l'on renforce l'ennemi qu'on veut abattre, et l'on se prépare des défaites au prix de triomphes passagers. L'on rejette ainsi dans son camp toutes les tendances libérales, nationales et humaines, que l'on rencontre aussi dans le clergé catholique, et l'on révolte le sentiment d'honneur, la fidélité à la tradition, et tous les préjugés sucés avec le sang des catholiques laïcs eux-mêmes. L'ultramontanisme décuplerait ses forces, s'il pouvait se montrer aux peuples comme le représentant et l'indispensable appui de la religion et de l'Église catholique.

Le besoin d'une religion est indestructible dans l'homme, et l'Église catholique est encore, pour des siècles, une puissance du monde régnant sur des millions d'hommes. En luttant contre l'ultramontanisme, les partis politiques doivent donc éviter jusqu'à l'apparence d'une attaque contre la religion et le catholicisme.

Les intérêts de la religion en général peuvent toujours être distingués de ceux de l'ultramontanisme. Mais il est parfois plus difficile, pendant la lutte, de bien séparer ce dernier de l'Église catholique. La distinction devient presque impossible lorsque les représentants légitimes de celle-ci, ses papes et ses évêques, s'identifient eux-mêmes avec le parti ultramontain. Aujourd'hui, tout le haut clergé est devenu réactionnaire et jésuite. *Pie IX* lui-même, libéral d'abord, s'est jeté dans cette voie. Son *Encyclique* du 8 décembre 1864, et le *Syllabus errorum* qui l'accompagne, sont deux manifestes de guerre contre les progrès de l'esprit moderne, les principes de l'État moderne, les aspirations modernes des nations. Ces deux actes ont donné un caractère officiel à une grande partie des prétentions ultramontaines, et sont venus doubler leur force. Le pontife romain y déclare en termes exprès « qu'il ne peut se réconcilier avec la civilisation, le progrès et le libéralisme modernes » (erreur 80) *a*).

a) Cette formule générale aurait peut-être besoin d'être expliquée. C'est contre les spoliations dont l'Église se plaint et contre les excès des tendances modernes qu'elle paraît surtout dirigée Comp. l'abbé *Peltier*, Doctrine de l'Encycl Paris 1865: « Le progrès, le libéralisme et la civilisation modernes sont les enfants, mais les enfants prodigues, du christianisme. Qu'on essaie de trouver une religion

Ce qui montre à l'évidence combien la papauté s'égare, c'est qu'*aucun État* n'a consenti à se soumettre à ses décrets. Les gouvernements catholiques eux-mêmes, la France, l'Italie et la Belgique, en ont formellement repoussé l'application ; et l'Autriche a cru devoir déclarer qu'ils n'étaient pas obligatoires pour l'État, et n'y changeaient rien. Cependant, il est assez remarquable qu'aucun gouvernement n'ait entrepris de repousser cette attaque par l'affirmation des principes modernes, et de dénoncer ouvertement les *erreurs du pape*.

Cette négligence du pouvoir civil, au lieu d'être interprétée comme une preuve de son indifférence pour les foudres cléricales ou de ses égards pour le grand âge de Pie IX, fut regardée, dans les pays catholiques surtout, comme une faiblesse et une ignorance de la portée des principes en jeu. Le parti ultramontain n'en devint que plus audacieux, et la curie romaine prépara la confirmation des décisions papales par un *concile œcuménique*.

Le monde étonné assista à cet étrange spectacle en 1869 et 1870, immédiatement avant la chute du pouvoir temporel. Dominé par le pape et les jésuites, le concile érigea en dogme catholique la juridiction universelle du pape et son infaillibilité en matière de foi et de mœurs, menaçant ainsi tous les États et toutes les civilisations d'une domination universelle, inconnue même au moyen âge *a*). Et les gouvernements ont encore négligemment laissé faire !

---

plus amie du progrès et de la liberté dans le bien, » etc (sur l'erreur 80, p 202). Monseigneur *de Ségur*, La liberté, Paris, 1870, p. 208, distingue subtilement : « En tant qu'*hypothèse*, c -a d comme arrangements transitoires *conformes aux circonstances particulières de tel ou tel peuple* » (mais qui jugera des circonstances ?), « *les libertés modernes peuvent être acceptées*, et les enfants de l'Église peuvent *les défendre et s'en servir* le mieux possible dans l'intérêt de la religion et de la justice. Comme *thèse*, c.-a-d. comme question de doctrine , dans tous les siècles, les théories connues sous le nom de libertés modernes sont des erreurs, des erreurs absolument condamnables, un catholique ne peut les soutenir en conscience... *En pratiquant l'hypothèse*, tenons ferme à la *thèse* , notre boussole. » Mais l'homme d'État ne poursuit jamais que des « arrangements transitoires conformes au temps et aux lieux » Il est donc toujours dans l'*hypothèse*, c'est toujours celle-ci qu'il pratiquera, et il reléguera la *thèse* dans ses vieux cartons

a) Le pape n'est infaillible que lorsqu'il *définit ex cathedrâ* une doctrine sur la foi et les mœurs (const. 18 juillet 1870) Ce dogme ne change rien encore au *pouvoir indirect* tel qu'il est enseigné par l'abbé Bianchi (V. supra p. 168) , seule-

Une nouvelle ère de combats s'ouvre depuis lors. Les espérances fondées sur l'empire français pour la restauration du pouvoir temporel se sont évanouies : les victoires allemandes ont sauvé encore une fois la liberté et la civilisation. Mais une nation isolée ne saurait assurer le triomphe définitif. L'*ennemi universel* ne peut être complétement vaincu que par une ligue *internationale*. Les États comprennent lentement qu'ils ont les mêmes intérêts, les mêmes droits, la même liberté à défendre, et le nombre de ceux qui acceptent décidément la lutte augmente petit à petit dans les deux mondes.

Aucune paix sincère et durable n'est possible, aussi longtemps que l'Église catholique n'aura pas abandonné ses prétentions de domination universelle ; qu'elle n'aura pas reconnu, au moins en fait, la souveraineté de l'État dans le domaine de la politique et du droit, la liberté de la science et de la conscience ; qu'elle n'aura pas renoncé à ses prétentions d'immunités et de priviléges. Malheureusement, elle ne s'y résignera pas de si tôt ; et quand les événements l'y contraindront, elle ne le fera qu'en protestant. L'avenir immédiat peut donc tout au plus nous promettre des armistices. Plus l'éducation du jeune clergé demeurera jésuitique, moins il est probable qu'un *modus vivendi* puisse même aboutir à une paix relative.

L'*entière liberté* que l'État moderne est si disposé à accorder à l'*Église* dans le domaine religieux n'est même point une solution ; car ce que la doctrine ultramontaine appelle sa liberté, c'est l'assujettissement du pouvoir civil.

Au nom de sa liberté, elle demande à l'État d'étouffer tout ce qu'elle prétend erreur, d'extirper l'hérésie, de forcer les consciences à se soumettre au dogme ; elle proclame la nullité des lois contraires à ses prétentions ; elle réclame le plus large pouvoir disciplinaire de Rome sur les cardinaux et les évêques, des évêques sur le clergé inférieur, la direction des écoles publi-

ment, il donne au pape le pouvoir grave de définir à lui seul, et dogmatiquement, les rapports de l'Église et de l'État. M. *de Genoude* écrivait en 1845 : « Il est évident que, si, d'après le dogme catholique, le pape était infaillible et souverain absolu, *il serait impossible* que les 40 000 prêtres français ne devinssent pas, dans telle ou telle circonstance, les instruments d'un pouvoir extérieur qui pourrait être en lutte contre le pouvoir public » (Voir sa Préface à la Défense de l'Église par de Bossuet, Paris 1845).

ques, etc. Et cependant l'État ne peut lui accorder que la liberté
qu'il accorde à chacun, par suite, une liberté *moderée* et *limitee*
par la *liberté générale*.

L'indépendance de l'Église et de l'État ne résout pas davantage
le conflit. Sans doute, la *distinction essentielle* des choses de l'État
et de l'Église est un besoin de notre temps, et répond à une analyse plus délicate de la *cause* et du *but*. On évite nombre de difficultés en déterminant la sphère dans laquelle l'Église peut se
mouvoir librement, sous la protection de l'État également libre
dans la sienne ; c'est là le sens de la maxime moderne : « *l'Église
libre dans l'État libre.* » Mais le parti ultramontain se révolte
contre cette mesure, et Pie IX la condamne comme une erreur
(err. 55) *a*). Ce qu'ils veulent au fond, c'est « *l'État sujet
dans l'Église libre.* » De plus, il reste toujours un grand nombre
de points de contact entre les deux domaines ; plusieurs conflits
d'attribution peuvent ainsi s'élever même sous le régime de séparation ; *le principe de liberté lui-même les engendre* ; et quand
les citoyens ont à se demander s'ils doivent obéir à l'Église ou à
l'État, l'harmonie entre la vie religieuse et la vie politique est
facilement rompue, et la division règne dans toutes les têtes et
dans tous les cœurs.

Que l'État se rappelle, dans ces difficultés inévitables, qu'il
n'a pas seulement à protéger ses propres intérêts, mais aussi
ceux de la morale et de la religion, dont l'Église est le représentant naturel, et qu'il a affaire à un adversaire redoutable, habile
à exploiter toute faiblesse comme tout excès. L'Église est la
femme, et les larmes de la femme ont souvent triomphé de la
force de l'homme. L'Église catholique peut être comparée à une
noble dame, qui sans doute n'a plus ses armées de guerriers
comme au moyen âge, mais dont les influences muettes peuvent
encore porter le trouble jusque dans l'état-major du puissant État.
Les foudres et les interdits de la curie n'effraient plus guère,
mais les intrigues de cour et l'excitation des masses peuvent
encore susciter de graves périls.

a) La formule condamnée est ainsi conçue : « Ecclesia a Statu, Statusque ab
ecclesia *sejungendus est* » C'est donc la *séparation*, repoussée par M Bluntschli
lui même (vol II, p 417 et 418), plutôt que la *distinction* et l'*indépendance* des
deux pouvoirs qui semble être condamnée.

Depuis vingt ans environ, les États ont généralement manqué
de prévoyance et d'énergie Ils ont généreusement renoncé à des
moyens traditionnels de défense, comme en 1848, où ils renon-
cèrent au *placet* sans même régler la procédure à suivre en cas
d'abus (*recursus ob abusum*). Ils n'ont plus voulu des moyens pré-
ventifs, et ont négligé les répressifs, assurant ainsi à l'Église
romaine une pleine indépendance, sans prendre garde qu'elle
contestait celle de l'État. Depuis l'exemple donné par l'Autriche
en 1854, plusieurs États se sont même abaissés servilement devant elle, et se sont laissé lier les mains. Soit présomption, soit
crainte puérile, l'autorité civile se désarmait insensiblement.
L'histoire de ces luttes enregistrera autant de fautes que de faiblesses.

L'État ne devrait jamais oublier qu'il ne peut en aucun cas
renoncer à sa *souveraineté*, c'est-à-dire à sa pleine *indépendance*
politique et à sa suprématie sur l'Église elle-même en matière
de *droit public* et de *droit privé*. Il est ici l'autorité suprême,
unique ; seul il fait la loi, seul il gouverne, seul il rend la justice.
Le droit, avec la contrainte qui le sanctionne, est par sa nature
affaire de l'État. L'État seul a pouvoir sur la liberté et la fortune,
le corps et la vie. L'Église, par sa nature et sa mission religieuse
et morale, n'a que des moyens moraux d'influence et d'action.
Elle peut être *autonome* et avoir un pouvoir disciplinaire externe,
mais seulement *dans les limites des lois* et *sous l'assentiment* et le
contrôle de l'État. Ces principes ne sont contestés par les ultramontains et par la hiérarchie qu'avec une certaine hésitation,
en raison des lois et des traditions de l'Église, qui lui défendent
d'user directement de violence ; même au moyen âge, elle invoquait le bras séculier. Pour y contredire, l'Église est forcée de
soutenir que « son glaive » est supérieur à celui de l'État, et que
le pouvoir de contrainte de l'État est tout simplement à son service, conception qui pouvait être acceptée par l'ignorance des
temps féodaux, mais que le monde moderne repousse sans hésiter.

L'attitude que prendront les *catholiques laïcs* est très-impor-
tante dans toutes ces questions. L'ultramontanisme passera aux
yeux de beaucoup pour la religion elle-même, aussi longtemps
que c'est l'État seul qui le combat. Pour faire tomber cette

apparence trompeuse, il faut que les catholiques eux-mêmes se déclarent contre lui

Il est étrange qu'ils se laissent encore aujourd'hui conduire par leurs prêtres comme des mineurs, et qu'ils se soumettent, au moins dans la forme, à une Église dans laquelle ils n'ont ni voix ni conseil. Ces mêmes hommes qui veulent concourir à la législation, participer à la justice par les jurés et les *Schoffen*, contrôler toute l'administration politique et économique, et qui nomment eux-mêmes leurs bourgmestres, leurs maires, leurs conseils municipaux, s'inclinent humblement devant l'autorité du pape et des conciles, des évêques et des curés, et n'osent demander aucune part dans la constitution, les lois, le pouvoir disciplinaire de l'Église, aucun contrôle des fonctions ecclésiastiques ! Contrairement à l'ancien droit canon lui-même, ils vont jusqu'à permettre la nomination des curés des communes par la hiérarchie et sans leur concours; et ils semblent encore heureux si on leur laisse quelque influence dans la gestion du patrimoine des fabriques et des fondations locales.

Cette attitude pleine de faiblesse explique, sans la légitimer, l'omnipotence du clergé catholique. C'est la soumission aveugle et servile des laïcs qui fait sa puissance. Leur autorité se tempérera dès que ces derniers, se ressouvenant de leur qualité d'hommes et de chrétiens, auront le courage d'affirmer les droits de la raison moderne. On ne pourra continuer à les traiter en enfants sous tutelle, dès qu'ils se présenteront en hommes libres, capables d'agir et de penser avec indépendance. Mais, qu'ils soient politiquement conservateurs ou libéraux, pour reconquérir leur liberté, il faut qu'ils rompent avec l'absolutisme papal, et qu'ils exigent une *transformation nationale* de la constitution de l'Église.

Individuellement, le catholique peut aujourd'hui facilement se mettre à l'abri de la tyrannie du clergé, du moins dans les villes. Il y a longtemps que l'Église n'ose plus y faire valoir ses prétentions autoritaires. Elle souleva même une protestation universelle, quand, récemment, elle tenta de faire usage de l'ancienne excommunication dans le pays de Baden. Mais cette possibilité d'indépendance n'assure point encore l'affranchissement général. L'ancienne domination persiste dans les familles sur les femmes et les enfants des hommes indépendants eux-mêmes, et les masses ne parviennent pas a s'y soustraire. Pour triompher, il faut que les communes, le pays entier, les États, forment un seul faisceau de leurs forces

Au reste, le succès final ne saurait être douteux. L'ultramontanisme, appartenant essentiellement au passé, est destiné à périr. Ignorant des progrès modernes, comment pourrait-il en triompher? Il se jette a la traverse d'une marche nécessaire ; la grande roue de l'histoire universelle le broiera, et poursuivra sa course. Ce résultat peut être retardé; il ne saurait être empêché.

CHAPITRE IV.

La théorie de Stahl.

La théorie des « partis dans l'Église et dans l'État, » que *Friedrich Julius Stahl* enseigna à l'université de Berlin, et qui ne fut publiée qu'après sa mort (Berlin 1863), quoique née dans un autre terrain que la conception ultramontaine, s'en rapproche par une intime parenté. Un courant théocratique la pénètre également ; elle mêle aussi la religion et le droit, l'autorité divine et les institutions humaines. *Frédéric-Guillaume IV* avait fait régner à Berlin, ville cependant très-moderne et capitale d'un État moderne, une sorte de romantisme féodal que Stahl servait avec zèle et dévouement, et qui essayait, assez étrangement, d'unir les tendances catholiques avec la dogmatique luthérienne et le piétisme, et d'apprêter ce mélange au goût de notre époque, en l'assaisonnant d'idées scientifiques modernes, empruntées surtout à la philosophie de Schelling. Stahl, grand artiste dans la confection des formules qui donnaient cours à ce système, professeur et écrivain de génie, orateur politique et chef de parti dans la chambre des seigneurs, soutint ces doctrines avec un prodigieux succès. La Prusse semblait avoir oublié sa mission libérale ; une certaine analogie d'idées rapprochait la réaction jésuitique de Rome et le système piétiste-féodal de

Berlin. Si les amis de l'idée nationale allemande doutèrent un instant de la Prusse, si, après 1848, celle-ci se jeta dans la politique de la légitimité, et se remit à Schlepptau à la remorque de l'Autriche ; si les divisions entre les nobles et les bourgeois, la bureaucratie et les libéraux, s'aigrissaient tous les jours davantage, c'est en grande partie aux théories de Stahl qu'il faut le rapporter. Indiquons-en donc les traits essentiels.

Stahl ramène tous les partis à l'un ou l'autre de ces deux pôles : *révolution* ou *légitimité*. La plupart des hommes intelligents, en Allemagne du moins, croient cependant n'être ni révolutionnaires ni légitimistes. Il n'importe ; Stahl les classe tous, bon gré mal gré, dans l'un de ces camps : la *gauche* ou la révolution, la *droite* ou la légitimité ; le centre se partage entre les deux extrêmes, et disparaît.

Pour justifier cet artifice dialectique, Stahl affirme que ces expressions ont un sens tout différent du sens vulgaire. Suivant lui, la *révolution* n'est pas simplement le renversement ou la transformation violente de la constitution de l'État, c'est-à-dire un événement de l'histoire, mais un principe, un « système politique. » C'est la « révolte, » s'écrie-t-il, qui n'est que le renversement d'un pouvoir établi ; la « révolution » est le renversement des *rapports eux-mêmes de pouvoir*, car elle met l'autorité et la loi *au-dessous* des hommes, quand leur place est *au-dessus*. « La souveraineté de la volonté nationale, le renouvellement de la société traditionnelle » (c'est-à-dire, sans doute, l'entière dissolution des anciens ordres), « les droits naturels mis au-dessus des institutions, au lieu d'être mesurés sur elles, voilà la révolution. Aussi la révolution n'existe-t-elle, du moins complètement, que depuis 1789 » (p. 2).

De même, suivant Stahl, la légitimité n'est pas seulement le maintien et le respect du droit dynastique traditionnel, et moins encore la simple fidélité à la constitution et aux lois, mais un dogme politique : « Je comprends sous ce nom, » dit-il, « tous les partis qui reconnaissent un principe supérieur absolument obligatoire, *un ordre établi par Dieu*, au-dessus de la volonté nationale et du caprice des princes ; tous ceux qui placent ainsi le fondement de l'ordre public en dehors du droit et de l'utilité de l'homme, de la liberté de la nation et de la sécurité mécanique

de la société » (p 3.). Enfin, toute la lutte moderne se résume
ainsi : « Est-ce l'ordre établi par Dieu, ou la volonté de
l homme, qui dominera le monde moral? »

On le voit : au fond, ce que Stahl oppose, c'est le *droit humain* et le *droit divin*. Ainsi comprise, sa théorie est moins antipathique que ses expressions, qui rappellent trop l'ancienne
catégorie perse d'Ormuz et Ahriman, ou l'ancien Dieu et l'ancien
Diable chrétiens Pour Stahl, la révolution est toujours un crime
contre Dieu, une entreprise insensée contre le ciel. Il a une
haine non dissimulée pour tous ceux qui fondent humainement
l'État, et un zèle outré pour le droit divin, nuisibles dans un examen scientifique surtout.

Il serait temps qu'on cessât d'attribuer aux principes de 1789
les horreurs de 1792 et 1793 et tous les excès des passions. Ces
crimes ne sont pas plus imputables aux « Droits de l'homme »
que la Saint-Barthélemy de 1572 à la religion chrétienne. Les
lazzaroni et les sanfédistes déchaînés par le cardinal *Ruffo*, en
1799, ont ensanglanté Naples au nom de la religion et du droit
divin des rois, de même que *Marat* et les septembriseurs avaient
ensanglanté Paris au nom de l'égalité et de la liberté. Ce ne sont
pas les principes, mais les passions fanatiques qui sont les vrais
coupables. Tout ce qu'il faut en retenir, c'est qu'un principe,
même vrai, mène toujours aux excès, quand, ne l'envisageant
que d'un côté, on veut l'appliquer absolument. Le droit divin
pousse même plus facilement dans cette voie que le principe du droit humain, car il s'appuie sur la volonté réellement absolue de Dieu, pendant que le second ne peut être compris absolument que par une méconnaissance de la nature relative
de l homme.

Dire que l'État et le droit sont *l'ordre établi par Dieu* même,
ou les concevoir comme *l'œuvre des hommes*, c'est sans doute
formuler deux principes différents. Le premier régnait seul au
moyen âge, et la monarchie absolue en fit ensuite sa pierre angu-
laire; le second l'emporte de nos jours dans la science et dans
la politique pratique, et il mène aux idées constitutionnelles et
libérales. Mais est-ce vraiment la révolution de 1789 qui a la
première compris et formulé cette opposition des deux principes? Comment l'affirmer, alors que, de *Grotius* jusqu'à *Kant* la

théorie des droits naturel, « ce soubassement scientifique de la révolution, » comme dit Stahl, part toujours du principe humain, et que la politique générale de l'âge moderne l'a mis en pratique dès le milieu du xviii° siècle?

Les idées du moyen âge exercèrent encore une très-grande influence dans la révolution anglaise de 1648 C'étaient surtout des mobiles religieux qui agitaient les presbytériens et les puritains; l'esprit patriarcal-démocratique luttait contre l'esprit épiscopal-aristocratique; les deux partis invoquaient chacun leur droit divin, et s'anathématisaient avec les textes de la Bible. Quelques rares penseurs, comme Milton et Hobbes, s'élevaient seuls au-dessus de ces conceptions, défendant ou attaquant la révolution avec les armes humaines de la philosophie et de l'histoire. Mais le *principe humain* de l'État est déjà triomphant lors de la seconde révolution *anglaise* de 1689, et c'est en vain que *Jacques II* invoque alors son droit divin contre la loi du parlement. Bientôt après, *Frédéric II* se déclare énergiquement dans le même sens, et rompt avec les idées de toutes les autres cours du continent . « La plupart des princes, » s'écrie-t-il, « s'imaginent que Dieu a créé exprès, et par attention toute particulière pour leur grandeur, leur félicité et leur orgueil, cette multitude d'hommes dont le salut leur est commis, et que leurs sujets ne sont destinés qu'à être les instruments et les ministres de leurs passions déréglées... Ces faux principes sont *la source empoisonnée des malheurs de l'Europe*... Si les princes se défaisaient de ces idées erronées, et qu'ils voulussent remonter jusqu'au but de leur institution, ils verraient que leur élévation *n'est que l'ouvrage des peuples* [1]. » « La révolution » est donc bien antérieure à 1789; elle serait née plutôt en 1740, avec l'avénement du grand roi de la Prusse. L'indépendance des *États-Unis* est fondée sur le même principe humain (1776). Les Américains proclamèrent avant Paris le droit d'une nation libre de renverser la tyrannie, « de se donner un gouvernement, et d'en ordonner les pouvoirs pour le mieux de la sûreté et du bien publics. » Et cependant, loin d'être « des impies, » comme dit

[1] Comp Bluntschli, Gesch. des allgem. Statsrecht. p. 230 [Œuvres de Frédéric le Grand, VIII, État présent du corps politique de l'Europe].

Stahl, ils reconnaissaient respectueusement que la *création de Dieu*, qui a fait l'homme sociable, est la cause première et originelle de la *liberté* et des *droits* de l'*individu* et de la *nation*.

C'est qu'en opposant le droit humain au droit divin, l'on soutient simplement que l'homme, ayant l'intelligence des choses naturelles, de ses besoins et de ses moyens, doit ordonner ses relations avec raison et liberté, sans s'incliner devant une *prétendue* autorité d'en haut, qu'elle vienne des prêtres ou de la puissance mystérieuse de la tradition. Ce que l'on veut ainsi, c'est que l'invocation mystique des ordres de Dieu, ne détermine ni la science ni la politique, et que l'homme, au lieu de compter paresseusement sur une intervention du ciel, fasse pleinement usage de ses forces.

Au reste, cette opposition des deux principes ne se trouve pas que dans le monde moderne comparé au moyen âge. Elle distingue également toutes les conceptions politiques des Grecs et des Romains, de la théocratie absolue ou mixte de l'*Asie occidentale*. On peut dire que l'un caractérise l'*Europe*, l'autre l'*Asie*.

Un trait essentiel du droit *humain*, mis en relief par les Romains, c'est de n'ordonner que les *choses extérieures*, et ainsi sûrement *reconnaissables*. C'est pour cela qu'il protège *également* les bons et les méchants, tant qu'ils ne violent pas les droits d'autrui. Le droit humain ne veut pas dominer les consciences, il n'a aucun pouvoir sur elles; il en laisse le soin au tribunal de Dieu, et formule cet axiome d'or : « *Quivis præsumitur bonus.* »

Stahl, à la manière des théologiens, part précisément du principe contraire : « Les pensées de l'homme sont mauvaises dès sa jeunesse. L'homme n'est pas seulement faible et imparfait; son âme s'est détournée de Dieu, et elle est tombée dans l'égoïsme et le péché » (p. 68). Ceci devait naturellement le conduire à l'axiome : « *Quivis præsumitur malus*, » acceptable peut-être au confessionnal, impossible au prétoire.

Mais un esprit vraiment religieux, toujours pénétré de la faiblesse humaine en présence de la perfection infinie de Dieu, eut au moins appliqué cette règle d'humilité à tous les hommes. Jésus ne refusa-t-il pas de se laisser appeler « bon maître, » car,

disait-il, « Dieu seul est bon? » Stahl, au contraire, n'applique
sa maxime qu'au menu peuple, et point « à l'autorité instituée
par Dieu. » Il tonne sans relâche contre les fautes et la corruption des sujets; il ignore autant que possible celles des grands.
Il s'imagine que sa théorie est ainsi *très-chrétienne;* et il va a
l'encontre du Christ, qui flagellait « les scribes et les pharisiens, »
c'est-à-dire « l'autorité établie par Dieu » et les « légitimistes »
d'alors, et qui épargnait les humbles et les petits. Bien mieux .
« La différence, » s'écrie-t-il, « entre les crimes des princes et les
crimes des peuples, c'est que les crimes des princes gardent un
caractère *humain,* tandis que les crimes des peuples ont quelque
chose de *diabolique.* Qui ne veut obéir qu'à un gouvernement parfait, n'obéit à personne sur terre, et par conséquent est essentiellement anarchiste » (traduisez: les efforts pour se garantir des abus
et des fautes du pouvoir sont une révolte continuelle contre Dieu
même); « Dieu nous ordonne précisément, à l'encontre de nos
tendances naturelles, de ne voir que la *sainteté de l'office établi
par lui, et d'oublier l'indignité du fonctionnaire* » (p 332). — Ainsi,
la doctrine catholique de la sainteté du sacerdoce couvrant l'indignité du prêtre, est élevée au rang de dogme politique, système convenable pour une race stupide de barbares, et que l'on
ose proposer aux Européens modernes ! — « C'est un crime du
temps, c'est-à-dire un crime des *petits* » (textuel!), « de supporter difficilement les distinctions de la fortune, de l'honneur et
du rang, qui ont pour *but unique* la *satisfaction personnelle*
du détenteur, qui ne sont qu'une *propriété,* sans être une mission
et une fonction pour le bien de la communauté » (p. 333). Ainsi,
Stahl repousse, pour l'aristocratie des riches et des puissants,
le précepte *moral* qui défend à l'homme de faire de son intérêt
sa suprême loi. Jésus enseignait directement le contraire, et
c'était pour réfréner l'égoïsme des riches qu'il s'écriait : « Il est
plus facile à un chameau de passer par le trou d'une aiguille
qu'à un riche d'entrer dans le royaume du ciel » Au milieu de
cet encens adultère que notre doctrinaire « chrétien » prodigue
aux puissants, il est assez insignifiant de l'entendre ajouter
« que les nobles (*Junker*) qui aiment mieux leurs plaisirs que
leurs devoirs sont un mal, mais non la vraie aristocratie. »
(*Ibid.*)

Stahl distingue trois degrés dans « le grand parti de la révolution : » les *libéraux*, les *démocrates* ou *radicaux*, et les *socialistes* et *communistes*.

Le parti *libéral* tend « au règne de la bourgeoisie (*Mittelstand*) et de la liberté individuelle » (p. 72); il veut « une application modérée des idées de la révolution, évitant les extrêmes dans les institutions et la violence dans les moyens » (p. 71); donc, « il s'arrête au milieu de sa voie, n'osant *faire les choses qu'à demi.* » Ce parti se considère comme le représentant du régime constitutionnel, du pouvoir des chambres, du parlementarisme; il cherche également à abaisser la royauté et à écarter les classes inférieures; il dissout les provinces pour former des départements, supprime toute différence entre la ville et la campagne, détruit les ordres et les corporations, refuse aux maîtres de métiers toute contrainte disciplinaire sur les compagnons et apprentis, veut abolir le colonat et les baux héréditaires pour n'avoir plus que des pleins propriétaires (p. 82 et 83)

On croirait du moins que l'affranchissement des ouvriers et des agriculteurs profite davantage aux classes inférieures qu'à la « bourgeoisie. » Erreur · Stahl voit « une émancipation de la loi marquée par Dieu à la société » jusque dans la tendance moderne qui rend à ces classes, trop longtemps opprimées, leurs droits et leur dignité d'hommes (p. 85). Mais pourquoi le système des corporations et le colonat seraient-ils plus divins que la liberté de l'industrie ou la propriété libre? D'où vient donc la liberté personnelle, si ce n'est de notre nature telle que Dieu l'a faite? Les institutions du moyen âge ne sont-elles pas aussi des institutions humaines? Elles pouvaient être bonnes autrefois, et peuvent être mauvaises aujourd'hui. Si l'âme pieuse rapporte à Dieu leur naissance, pourquoi pas leur chute? La servitude serait donc plus divine que la liberté? Mais c'est « la vérité renversée! »

« L'*humanité* (*Menschlichkeit*) séparée de la crainte de Dieu : » tel est le principe du libéralisme (p. 108). Certain chevalier pillard du moyen âge avait pris pour devise. l'Ami de Dieu, l'Ennemi des hommes. » Le libéralisme a retourné la phrase; il est « l'ennemi de Dieu, l'ami de tous les hommes. » Les libéraux sont des *impies,* parce qu'ils conçoivent humainement l'État et la société, parce qu'ils repoussent au nom de la liberté de conscience toute religion d'État, parce qu'ils distinguent nettement la religion de la politique. Stahl est encore ici en contradiction tant avec la marche générale de l'histoire politique d'Europe et d'Amérique qu'avec les principes du Christ, qui ne voulait point fonder une religion d'État, et qui distinguait, au nom de la religion, le royaume de Dieu et le royaume de l'empereur, aussi soigneusement que la science moderne le fait au nom du droit et de l'État.

Le parti *démocratique* n'est « qu'un renchérissement du libéralisme. » Après les modérés, les extrêmes : « L'idéal de ce parti, c'est l'*apothéose de l'espèce humaine*, donc le pouvoir absolu, la glorification absolue, l'égalité absolue de la nation. » Le libéralisme repose sur les classes moyennes; le démocratisme sur les *masses populaires*. Son but, c'est la république. Il veut la souveraineté absolue du peuple avec toutes ses conséquences, sans réserve et sans trêve, toujours effective (p. 79); il n'en souffre aucun tempérament, ni deux chambres, ni élections à deux degrés, ni séparation des pouvoirs (p. 181). Il n'est pas même tolérant en matière religieuse, et décrète une religion d'État comme un devoir civique (p. 183) La distinction des talents est elle-même un crime devant son principe égalitaire. Il invoque la fraternité; mais ce n'est point la charité chrétienne, c'est « la divinisation réciproque et la divinisation générale de l'espèce humaine » qu'il décore de ce nom. La charité chrétienne est humilité et dévouement; la fraternité démocratique, égoïsme et orgueil. L'une est amour des individus, l'autre indifférence, et n'est fanatique que pour l'idée abstraite de « l'*homme* » (p. 183) La violence enfin est le moyen caractéristique du démocratisme. »

C'est « le parti de l'anarchie. » La légalité et l'ordre dont il se vante, ne sont que la tyrannie des majorités » (p. 189). Il ne se soumet même pas à l'autorité d'une assemblée. Son élément, c'est le plébiscite et l'émeute; ses armes, les sourdes menées et les conspirations. Un seul courant y règne en permanence, celui de *bas en haut*, attaquant tout pouvoir et toute distinction » (p. 190).

Si ce portrait peut convenir à certains partis radicaux de

l'Europe, Stahl lui même est forcé de reconnaitre qu'il ne s'applique nullement à la constitution démocratique des États-Unis, et que celle-ci est un système représentatif dans le sens républicain, aussi développé que l'Angleterre l'est dans le sens monarchique-aristocratique. Mais alors, comment le célèbre auteur peut-il logiquement repousser toute démocratie comme révolutionnaire? Stahl d'ailleurs blâme sévèrement la « révolte » de l'Amérique contre l'Angleterre : c'est en la soutenant que la France, « par une juste Némésis, » a appelé la révolution dans son sein (p. 161). Ici encore, il oublie que Frédéric II l'appuya également, et que la Prusse ne fit que s'élever et grandir. Cependant il veut bien admettre que la constitution américaine repose sur certaines bases naturelles et historiques, et qu'elle n'est pas aussi condamnable que les idéals des démocrates européens; mais il ajoute aussitôt qu'elle serait impossible en Europe.

Le parti démocratique n'est qu'un second degré de la révolution : « la fin nécessaire de sa marche, c'est le *socialisme*. » « C'est là la conclusion nationale-économique nécessaire de la démocratie arrivée à la pleine conscience d'elle-même » (p. 212), et, pour Stahl, le socialisme n'est qu'une variété du communisme, malgré les égards qu'il prétend avoir pour les différences individuelles des talents, des besoins, des prestations.

Les adhérents naturels des idées communistes-socialistes sont en général les grandes classes populaires, mais plus spécialement les *ouvriers qui n'ont rien*, c'est-à-dire, « en somme, une classe sans situation fixe dans la société, et placée dans la dépendance complète d'un donneur d'ouvrage » (p. 233)

Ce parti ne poursuit pas « la *reforme de l'État*, mais celle de la société; il veut moins une organisation du pouvoir qu'une transformation de la propriété, de l'acquisition, de l'existence privée » (p. 233).

Proudhon avait dit : « La propriété, c'est le vol. » Stahl répond avec raison qu'elle est « une exigence de notre nature et de la vie commune, parce qu'elle est la condition nécessaire de la pleine personnalité de l'homme, la base de toute culture individuelle » (p. 257) : « L'individualité ne peut se manifester que si l'homme peut ordonner librement sa manière de vivre, et

cela n'est possible que par la propriété; l'homme se révèle par
le mode et la mesure de ses acquisitions » (p. 258). Pourquoi
faut-il que Stahl obscurcisse ces vérités en donnant à la propriété un fondement religieux au lieu d'un fondement humain
et économique, en faisant gothiquement de la *royauté* une *propriété*, et en l'asseyant en chaque espèce sur une institution
divine ! « C'est, » dit-il, « la main de Dieu qui a placé sur le
trône d'Autriche la maison de Habsbourg, et non la maison de
Kossuth. C'est par un don de Dieu qu'un Goethe ou un Dieffen-
bach ont fait ce que les autres ne pouvaient faire, et que leurs
œuvres ont plus de prix que celles de cent hommes ensemble;
que le gosier d'une Jenny Lind est un capital; que A et B sont
nés avant X et Y, et ont pris possession du sol fertile « (p. 262).
« Sans le christianisme, point de royauté, point même de propriété » (p. 263.)

Sans doute, répondrions-nous, l'admirable nature de l'homme
ne s'explique pas sans Dieu, et les dons individuels eux-mêmes
ont en lui leur source dernière. Mais le travail vient de l'homme;
il est la manifestation de son activité; et il en est de même de
l'établissement et de la conservation de la propriété. La religion
demande à l'homme l'entier sacrifice de son esprit à l'esprit
divin. En elle même, elle ignore donc la propriété, qui est la
domination des choses matérielles. Aussi le Christ, loin de conseiller à ses apôtres d'acquérir des terres, alla jusqu'à leur pres-
crire l'abandon de leurs biens.

Nous comprenons très-bien le sentiment *religieux* qui rapporte à Dieu tous les biens, et le remercie avec effusion de ses
dons. Mais ce qui est inadmissible, c'est la transformation de
cette pieuse pensée en *principe scientifique de droit* ou de *politique*, alors que les plans de Dieu dans l'histoire universelle et
son action dans chaque cas particulier ne peuvent être reconnus
d'avance avec quelque certitude. Pourquoi rapporter à la Providence le règne de *Jacques II* d'Angleterre, plutôt que le règne
de *Cromwell* ou de *Guillaume III* ? comment voir sa main dans
le gouvernement séculaire de la France par les Bourbons, et la
rejeter dans l'avénement des Napoléons ? pourquoi dans l'oppression de l'Italie par l'*Autriche* ou la *France*, et non dans son
unification sous *Victor-Emmanuel* ?

Il est assez commode de n'attribuer à la Providence qu'une moitié de l'histoire, comme l'avénement des dynasties du moyen âge, et de nier son action dans la période moderne qui les a renversées. Le doigt de Dieu serait-il donc absent de l'histoire moderne? ne peut-il plus élever et renverser les trônes? n'a-t-il pas pu permettre, autrefois aussi, des usurpations et des révolutions?

L'histoire du monde continue sa marche géante, sans souci des scrupules et des superstitions légitimistes, qui s'imaginent que Dieu va gouverner le monde à leur gré, et qui ne permettent même pas, en réalité, de comprendre l'histoire universelle sous un jour vraiment religieux. Soyons plus modestes. L'étude des voies de la Providence n'a guère de base scientifique qu'à l'égard de *la marche générale des temps passés*. Elle ne saurait ni découvrir l'avenir, ni déterminer la vie *politique actuelle*.

La méthode *scientifique-humaine* est seule vraiment féconde dans l'étude des choses et de la société humaines : pour comprendre ce que l'homme peut et doit faire, il faut comprendre d'abord ce qu'il a produit et ce qu'il a détruit lui-même. La vraie méthode de la science humaine du droit et de l'État, s'arrête à ce qui est *humainement intelligible*.

Stahl essaie aussi d'indiquer le remède des maux contemporains. Il faut, suivant lui, « régler la concurrence, et restaurer ainsi un principe du passé; pousser à l'association, et développer ainsi un principe de l'avenir. » Le socialisme lui aurait en outre montré « la nécessité d'unir le *social* et le *politique*, c'est-à-dire les rapports de possession et les rapports d'autorité; » il veut, en conséquence, « le pouvoir magistral des propriétaires sur leurs ouvriers, des maîtres sur leurs compagnons, de la corporation sur les maîtres » (p. 288). Encore ici et toujours, c'est au moyen âge qu'il nous ramène.

Mais si, dans sa peinture de « la révolution, » les partis extrêmes lui paraissent à peu près les seuls logiques, il a quelque répugnance à juger de même quand il étudie les partis de la « légitimité. » Sa situation politique lui impose ici des ménagements : il craindrait de se montrer aussi *catholique-réactionnaire* que *de Maistre*, ou aussi *patrimonial* que *Louis de Haller*.

« Les représentants naturels du principe de la légitimité, » s'écrie-t-il, « sont les *princes* d'abord, puis la *noblesse,* puis l'*armée,* enfin le *clergé orthodoxe* » Il forme ainsi son parti de toutes les autorités politiques et religieuses, de tous les représentants du privilège historique et du pouvoir militaire, pour lui opposer toutes les classes bourgeoises et populaires, qu'il entasse dans le parti de la révolution. Deux armées se partagent ainsi l'État ; les *gouvernants,* ou « les soldats de Dieu ; » les *gouvernés,* « tous suspects d'hostilité contre l'ordre divin, portés par nature à la *révolution,* enfants du péché, continuateurs de Satan. »

En vain lui crie-t-on que la *bourgeoisie cultivée,* sans être légitimiste, est cependant naturellement hostile aux révolutions. Comme le patriarche du Nathan de Lessing, il répond imperturbablement : « N'importe, qu'on brûle le Juif. » En vain lui montre-t-on que les grandes classes populaires forment, dans l'opinion des plus grands princes et des meilleurs hommes d'État, le plus ferme appui de la monarchie et le plus important objet de l'art de gouverner. Pour lui, elles demeurent un danger permanent de révolution, car le sentiment de leur force les rend toujours prêtes à renverser l'État. Enfin, les nombreux ouvriers qui gagnent leur pain quotidien à la sueur de leur front, et qui sont chargés, suivant son étonnante expression, « *de la malédiction du travail,* » sont recommandés à la sévère surveillance du pouvoir, comme « les ennemis-nés de la légitimité. »

La théorie de Stahl sépare donc les gouvernants et les gouvernés *en deux camps ennemis.* Elle augmente en haut la méfiance, en bas la haine. L'État n'est plus l'union pacifique, mais la guerre des classes. Le régime moderne repose sur la *coopération* du gouvernement et de la représentation nationale ; il suppose donc partout union et *bonne entente,* par suite, modération chez tous Stahl, au contraire, remplit ses deux camps de principes exclusifs et d'idées fanatiques, et les met en lutte ardente et perpétuelle.

Dans un État libre, l'*autorité* conquiert l'*assentiment libre de la majorité.* Mais Stahl veut dès l'abord et d'avance soumettre la majorité à l'autorité Il fait des princes et des chefs les ennemis de la nation, et leur oppose hostilement les masses, dont les prestations nombreuses permettent seules à l'État de marcher.

à l'armée de se recruter. Il est vraiment incroyable qu'un semblable système ait compté de nombreux adhérents dans un État
aussi avancé que la Prusse, et qu'il ait pu exercer sur sa politique pratique une grande et détestable influence.

Les légitimistes ont toujours essayé d'attirer les princes dans
leur camp, et souvent avec succès. Leur théorie flatte l'orgueil
et la vanité des puissants, dont elle fait les élus de Dieu et les
représentants de sa majesté, comme si Dieu aimait davantage
les princes que les peuples. Mais aussi, voyez les enseignements
des sanglantes tragédies de l'histoire! C'est précisément pour
s'être revêtus d'une légitimité divine, pour s'être mis au-dessus
de leurs devoirs publics et jetés avec leur droit historique à la
traverse du courant de l'histoire universelle, que les *Stuarts*
d'Angleterre et d'Écosse, les *Bourbons* de France et d'Italie, les
Wasas de Suède, les *Habsbourgs* d'Italie, les *Welfes* de Hanovre,
ont perdus leurs trônes [1]. Et la même logique des événements
élevait en même temps les princes qui, comprenant humainement les devoirs de la politique humaine, s'efforçaient de donner satisfaction aux tendances modernes de formation nationale
et de liberté. C'est en se mettant à la tête de la « révolution, »
comme dirait Stahl, c'est-à-dire en accomplissant une transformation devenue nécessaire, que le prince d'*Orange Guillaume III*
d'Angleterre, les *Hohenzollern Frédéric le Grand* et *Guillaume*
de Prusse, les *Napoléons* en France, les *Bernadottes* en Suède,
et les *Carignans* en Italie, ont fait la grandeur et la fortune de
leurs maisons.

Stahl nie que le parti de la légitimité soit nécessairement pour
« le pouvoir illimité du roi » (p. 301) ou pour la monarchie absolue. Mais le droit divin tend naturellement à l'absolu, et le
pouvoir ne peut être limité que par des institutions humaines.
Il se défend également de « la conception théocratique de Dieu
gouvernant immédiatement le monde » (p. 304). Cependant
encore, la nature divine qu'il attribue au droit du prince n'a
aucun sens si elle n'est pas théocratique. Et s'il reproche au
parti libéral de s'arrêter à mi-chemin, que fait il donc lui-

---

[1] *G. Frantz* (kritik aller Parteien, Berlin 1862, p. 35). « On peut considérer
l'invocation du droit divin par une dynastie comme le précurseur de sa chute, car
elle montre ainsi que sa vue des relations humaines s'est obscurcie. »

même? Mais c'est surtout en présence de la théorie catholique
que son doctrinarisme protestant s'embarrasse. De Maistre, qui
veut restaurer le pouvoir universel du pape, est un légitimiste
bien plus conséquent. Si l'autorité temporelle est armée du droit
divin, si toute opposition sérieuse contre ses abus est une criminelle révolte contre Dieu, comment Stahl peut-il refuser ce même
droit divin à la hiérarchie romaine? (P. 370.) Dès lors les ultramontains n'ont-ils pas raison de condamner la Réforme comme
une coupable révolution? La route de Stahl mène à Rome.

Enfin, il repousse comme révolutionnaire le *droit naturel de
l'homme*. Mais la nature humaine n'est-elle donc plus l'œuvre de
Dieu? Il élève par-dessus tout le droit historique. Mais celui-ci
n'est-il pas principalement le produit de notre histoire terrestre?
Sa conception du droit est d'ailleurs étrange, voire radicale
dans le fond. Pour lui, le droit n'est point quelque chose de vivant, une des faces de la nature de l'homme et de la nation,
mais quelque chose d'abstrait placé *en dehors* de l'homme, supérieur à l'homme, déterminé *par soi-même*: « Le droit est d'autant plus sacré qu'il *se dégage* davantage des formes concrètes de
la loi, et qu'il vaut par lui-même comme règle préexistante dont
personne ne demande plus l'origine » (p. 307); et « l'autorité
est d'autant plus sainte que l'action de l'homme a pris moins de
part à son établissement » (p. 399). Stahl semble regarder
comme criminel et infecté de révolution tout ce que l'homme
produit par sa raison et sa vertu, sa volonté et son travail. Dans
cet esprit, le plus parfait des gouvernements serait finalement
celui qui, fermant les yeux sur les choses humaines, consulte-
rait l'Urim et le Thurim, les oracles, le vol des oiseaux, les en-
trailles des victimes, à la manière des prêtres juifs, des anciens
Hellènes ou des augures romains. Le monde devenu majeur
devrait donc retomber dans l'enfance et se remettre aux mains
des prêtres et des astrologues. « L'État chrétien » de Stahl est
une *théocratie bâtarde* à peine possible en Russie, indigne
de l'Europe civilisée.

En vain l'auteur s'efforce-t-il de contester l'*inapplicabilité*, et
par suite la *stérilité* de son système dans toutes les questions
vraiment juridiques ou politiques. Pourquoi la censure serait-elle
plus divine que la liberté de la presse, les lois particulières que

les codifications complètes, le service militaire annuel que le
service triennal, la monarchie des ordres que la monarchie
représentative? Son principe ne mène donc à rien d'utile, ni
pour la société ni pour l'État. Il ne ralliera pas plus l'esprit indépendant des Allemands ou le goût progressif des Anglais
que le besoin de gloire des Français ou le sentiment national des
Italiens.

CHAPITRE V.

La théorie de Rohmer.

C'est en 1842, au milieu des luttes politiques qui divisaient alors le canton de Zurich et la Suisse, que *Friedrich Rhomer* conçut sa remarquable théorie des partis [1]. *Theodor Rohmer*, son frère puîné, la publia deux ans plus tard, dans un livre aussi solide que brillamment écrit, de l'aveu même de ses adversaires [2]. Je pris moi-même alors une part active à son développement.

Les vives lumières qui jaillissent de cette œuvre sont devenues petit à petit le bien commun des hommes politiques de l'Europe. Nombre d'Anglais et de Français s'en sont inspirés ; et des publicistes en renom ont souvent puisé à sa source et exploité ses axiomes.

Cependant la fortune du livre ne répondit pas dès l'abord à sa valeur réelle et au talent de ses auteurs, et cela par une double raison :

Un grand nombre de progressistes craignirent d'abord d'y trouver moins une *étude scientifique* qu'une *œuvre de parti* destinée

---

[1] Elle fut d'abord exposée dans le « *Beobachter aus der östlichen Schweiz* »

[2] *Friedrich Rohmers* Lehre von den politischen Parteien, par *Theodor Rohmer*, Zurich, 1844 (Actuellement réimprimé par Beck, édit., Nördlingen)

à rompre habilement les groupements politiques, à humilier les radicaux, à aider la réaction par l'union des conservateurs et des libéraux [1]. Cette défiance injuste, de même que la fureur des partis extrêmes, ne s'explique que par les circonstances du moment. Le système de Rohmer découle logiquement de sa psychologie, et il est aussi défavorable à toute réaction qu'utile aux formations libres On peut reconnaître cependant que sa première formule se ressentait des luttes concomitantes ; qu'elle peignait avec une certaine exagération et une certaine âpreté les fautes, les crimes des radicaux et des absolutistes, et qu'elle méconnaissait trop les avantages et la nécessité de ces partis eux-mêmes.

En second lieu, la vie des partis était encore fort retardée dans l'Allemagne d'alors. L'étude psychologique de l'esprit politique y était absolument neuve L'œuvre de Rohmer aurait en bien plus de succès si elle eût paru en 1849, ou mieux encore en 1867

De même que l'État doit être compris et expliqué par la nature humaine, de même les partis politiques qui l'animent ne peuvent l'être, dans leurs causes naturelles, que par la vie humaine. « Pour connaître, » dit Rohmer, « le *corps de l'État*, j'étudie les *qualités essentielles* (*Grundverhältnisse*) de l'âme humaine ; pour expliquer sa *vie*, je dois rechercher les lois de leur développement » (§ 17).

Or, l'homme se développe *successivement*, suivant la série des *âges*, qui ont chacun leur caractère propre et leur esprit, et, d'autre part, les divers partis politiques se distinguent entre eux, *simultanément*, par des *différences exactement correspondantes* à celles des âges. Donc, la loi naturelle de leur vie est la même que la *loi psychologique des âges de la vie humaine.*

L'homme (*vir*) grandit et se développe naturellement, puis décline. Voyez-le croître avec rapidité dans la double période de son *enfance* et de sa *jeunesse* (*infantia* et *pueritia*) ! Puis la puberté s'accomplit, l'*adolescence* brille dans sa fleur, et bientôt le *jeune homme* s'avance plein de feu et d'audace. L'*âge mûr*, plus parfait, succède, et marche lentement vers la *vieillesse.*

---

[1] L'article « Parteien » d'Abt (dans les suppléments de la première édition du *Statslexicon* de Rotteck et Welker) formule légèrement cette accusation comme une incontestable vérité

Le *jeune homme* et l'*homme mûr* occupent le sommet de la vie naturelle; ils ont tous deux la plénitude des forces *actives* et *viriles*. Seulement, ce sont les forces créatrices et productives qui agissent surtout dans le premier, les forces conservatrices et correctives dans le second. Le jeune homme répond ainsi au *libéralisme*, l'homme mûr au *conservatisme*.

Au contraire, l'*enfance* aspire à la virilité, but éloigné de son développement, et ce sont les forces *réceptives*, par conséquent *passives*, qui dominent en elle. Son œil est attentif, mais facilement distrait; son imagination vive, son âme tendre et docile; mais la force indépendante et créatrice, la raison sûre, manquent. Or ces traits sont exactement ceux du *radicalisme*. Le *vieillard*, à son tour, n'a plus qu'un usage incertain des forces viriles; les éléments passifs et féminins redeviennent prépondérants : tyrannie, irritabilité, finesse, esprit de combinaison; c'est l'image parfaite du parti *absolutiste*.

Si donc l'État n'est point une simple abstraction, mais un *être vivant*, la *forme consciente* et *mâle* de la *nation*, et pour ainsi dire l'*homme* lui-même (vir) *agrandi*, la mission naturelle de le *gouverner* appartient surtout aux partis dans lesquels les forces viriles dominent, aux *libéraux* et aux *conservateurs*. Les deux partis extrêmes n'ont donc naturellement dans l'État qu'une importance *subordonnée*.

On le voit : le système psychologique renverse l'opinion courante qui ne trouve dans les libéraux que des demi-progressistes, et dans les conservateurs que des absolutistes inconséquents. Cette ancienne théorie, encore si souvent ressassée, livre l'État aux *partis extrêmes*. Celle de Rohmer, au contraire, subordonne les extrêmes aux *partis moyens*, plus mâles et mieux équilibrés. Elle veut que le jeune libéralisme conduise le radicalisme encore enfant, et que le sage conservateur modère le zèle de l'absolutiste.

Hâtons-nous ici de prévenir un *malentendu*. On objecte souvent que des hommes de tout âge se pressent dans le sein de tous les partis; qu'ainsi les partis ne se groupent pas suivant les âges, mais suivant les principes, les intérêts, les buts, et que Rohmer se trompe. Pénétrons plus avant dans sa théorie.

Quiconque ne meurt pas prématurément passe par les différents âges de la vie, et peut observer sur lui-même et sur les
autres les caractères qui les distinguent. Rien ne le convaincra
mieux de la justesse de l'explication rohmérienne. Aussi, si
l'âge déterminait exclusivement la conduite de l'homme, chacun
de nous partirait enfant du camp radical, pour aboutir vieillard au camp absolutiste.

Pourquoi donc les faits ne concordent-ils pas avec cette
règle? Pourquoi l'expérience permet-elle tout au plus d'affirmer
que la jeunesse est plutôt radicale ou libérale, l'âge plus mûr
conservateur ou absolutiste? Pourquoi nous montre-t-elle nombre
de radicaux à cheveux blancs, et des absolutistes à peine
échappés de l'école?

C'est que l'homme n'est pas *simplement un être d'espèce*, dont
la vie entière est déterminée d'avance et nécessairement par la
succession des âges. Sans doute, les caractères de l'espèce, si
clairement reconnaissables dans le corps humain, subissent toujours la loi fixe des âges. Mais les qualités physiques et morales
qui déterminent la *vie de race*, ne sont qu'une face de notre nature.

L'homme est un *être double*. A côté de la face semblable, il y
en a une seconde, qui diffère dans chacun, et qui, loin de subir
la loi des âges, se développe indépendamment : c'est *l'esprit,
l'aptitude individuelle, qualité spéciale* dont la race corporelle est
la substance. (Comp. ci-dessus l. III, ch. I.)

Cet esprit individuel ne renferme sans doute aucune force qui
soit étrangère à la race en général. Seulement, les rapports des
forces *humaines* varient dans chacun de la manière la plus diverse.

On comprend donc facilement que, si les qualités normales
des âges dominent plus ou moins la nature individuelle, elles
peuvent, à leur tour, être dominées par elle. C'est ainsi que
certains hommes demeurent perpétuellement enfants ou puérils,
que d'autres montrent dès leur jeunesse une prudence et une
raison consommées. *Alcibiade* était encore un enfant à l'âge
d'homme; *Auguste* adolescent était un vieillard; *Périclès* garda
sa jeunesse jusqu'au tombeau; *Scipion* fut toute sa vie un
homme.

Or le choix d'un parti et l'influence qu'on y exerce, dépendent encore plus des *dispositions individuelles* que de l'âge. Certains individus sont conservateurs, d'autres radicaux, par nature. Il suffit pour s'en convaincre d'étudier les hommes qui s'occupent activement de politique. Si nous pouvions pénétrer l'enveloppe humaine, et reconnaître l'individualité cachée aussi clairement que les qualités de race, nous indiquerions avec certitude le parti auquel chacun de nous appartient par sa *nature individuelle*.

Nul n'est responsable de sa nature; ainsi, personne ne peut se reprocher d'appartenir *naturellement* à tel ou tel parti. Les partis ont en réalité leur cause dernière dans la diversité des natures individuelles, voulue par Dieu; donc ils sont nécessaires. Ils ont le droit d'exister, en tant qu'ils émanent de cette diversité même. Aussi les partis *naturels* peuvent-ils bien se combattre pour trouver leur juste rapport; mais ils ne sauraient, sans crime, songer à s'entre-détruire. Ils sont tous indispensables à la vie si richement mouvementée de l'homme. L'humanité et la bonne politique exigent même qu'ils se *respectent l'un l'autre*.

Mais la *nature* ne domine point exclusivement; à côté d'elle, il y a la *liberté,* et celle-ci vient à son tour jouer un rôle considérable dans la formation des partis.

Une nature puérile se sent poussée vers le radicalisme, une nature vieillotte vers l'absolutisme. Mais cette tendance ne fera pas toujours le choix, mille intérêts divers viennent la traverser et la rompre; et surtout, l'homme peut la vaincre par sa liberté même. Si donc la nature est ici notre premier facteur, le *choix libre* en est le second.

Voilà pourquoi l'on rencontre souvent dans un parti, et même à sa tête, des hommes qui n'ont individuellement aucun de ses caractères. Le parti ultramontain, avec son caractère évident de vieillesse, compte nombre d'adhérents d'une naïveté enfantine, et certains chefs insolents comme des gamins. On a vu de rusés absolutistes se mettre à la tête du parti radical et exploiter savamment son inexpérience. Parfois, c'est un libéral qui conduit les conservateurs; et l'on trouve toujours certaines natures conservatrices parmi les chefs des libéraux.

L'*éducation* et la *profession* exercent, en outre, une si grande influence sur la formation des partis, qu'on peut en faire la remarque dans toutes les classes de la société. La volonté des parents, la famille, l'école, la vie pratique, l'usage, viennent rompre de mille manières la force des dispositions individuelles, et s'assimilent lentement les natures contraires. C'est ainsi que l'agriculture a une influence conservatrice, le commerce et l'industrie une influence libérale. L'éducation des jésuites révolte parfois la jeunesse, mais elle parvient à transformer ses disciples soumis, et à les marquer de son empreinte absolutiste.

Ce qui augmente encore la variété du jeu et des nuances des formations, c'est que le caractère individuel est rarement *pur* et *complet*. Il présente le plus souvent des lacunes, des mélanges, des contradictions. Les natures completes et parfaitement équilibrées sont extrêmement rares. Elles n'appartiennent guère qu'aux *grands hommes*, qui dominent l'histoire universelle, et qui sont ainsi les hauts types des partis.

Les vrais conservateurs et les vrais libéraux sont même peu nombreux quand on ne leur demande qu'une perfection relative. Les *esprits virils*, les *mâles caractères*, sont toujours clair-semés. Peu d'hommes ont la force créatrice, intelligente, ordonnatrice, le génie éclairé et souverain du haut type libéral, ou la sagesse tranquille, la ferme raison, les nobles sentiments du haut type conservateur. Si pourtant ces partis sont aussi nombreux, c'est que leurs adhérents, malgré leurs défauts et leurs faiblesses, savent au moins respecter un idéal élevé, et obéir volontairement au conseil et à la raison des grands hommes.

Même chez les nations les plus mâles, chez les Germains par exemple, c'est la race qui est virile plutôt que les individus; mais chez elles, les individus se sentent du moins assez de forces actives pour être capables de marcher sous la conduite des hommes complets (*der echten Männer*), dans un État virilement constitué. Sans cette subordination, le règne passionné des extrêmes l'emporterait dans le monde; car les masses isolées renferment partout plus d'éléments passifs que d'éléments actifs. L'*État libre* n'est donc pas celui où *la majorité gouverne*, mais celui où la majorité *se laisse conduire* avec intelligence et liberté par les meilleurs et les plus capables.

L'un a l'esprit radical et le caractère libéral, *Garibaldi*, par exemple, âme noble, mais portée aux illusions abstraites; l'autre, l'esprit libéral et l'âme conservatrice . tel le grand *César*; un troisième, comme *Richelieu*, unira l'absolutisme du caractère aux tendances conservatrices ; un dernier enfin, comme *Napoléon III*, aura des idées libérales et des calculs absolutistes. Ces mélanges varient à l'infini, adoucissent la roideur des partis, couvrent en mille endroits la ligne qui les sépare.

C'est en Angleterre que les quatre partis naturels se reconnaissent le mieux. Dans le parlement *anglais*, les *radicaux* se distinguent très-nettement des *whigs libéraux*, et les *ultra-tories absolutistes* des *tories conservateurs*. Les autres États avancés présentent des divisions analogues. Les chambres *françaises* ont ordinairement un *centre droit* conservateur et un *centre gauche* libéral, puis une *extrême gauche* radicale et une *extrême droite* absolutiste. De même, les *nationaux-libéraux* du Reichstag *allemand* se sont séparés des *progressistes*, plus portés aux doctrines radicales, et les *conservateurs-libres* du *parti ministériel*, qui renfermait nombre de nobles absolutistes.

On ne peut douter que ces groupements ne soient l'expression des divisions naturelles des partis, quoiqu'ils soient encore loin d'être dégagés de tout alliage.

Cependant les *élections* et les *délibérations* des assemblées ne mettent souvent, en dernière analyse, que deux systèmes en présence, et tous les autres sont généralement forcés de s'y rallier. Les quatre groupes naturels se réduisent ainsi fréquemment à deux, par des combinaisons très-diverses.

Tantôt c'est un *seul parti* qui se pose en adversaire des *trois autres*, et qui marche à une défaite presque certaine, sous les coups de la coalition que ses prétentions ont engendrée. Ce rôle isolé appartient rarement à un parti moyen. Mais, quand les passions sont déchaînées, un parti extrême parvient quelquefois à terroriser, à écraser momentanément tous les autres : ainsi les *Jacobins radicaux*, appuyés sur un peuple furieux (1792 et 1793); ainsi encore les *absolutistes catholiques* du parti de la cour, en Es-

24

pagne, sous le triste Ferdinand VII. Heureusement, la force des oppositions naturelles ne permet pas que cette domination soit longue.

Une *coalition* plus dangereuse et assez fréquente, c'est celle *des extrêmes* contre les modérés. Mais elle dure peut-être moins encore. Les extrêmes qui se touchent momentanément se réservent toujours de se séparer, et de se combattre avec violence sitôt après la victoire. Ils ne sont jamais véritablement unis. Une haine commune ou une négation pure et simple les unit accidentellement ; mais ils ne peuvent s'entendre sur un résultat positif, car le règne de l'un appelle nécessairement la contradiction directe de l'autre. La paix n'est possible entre eux que par l'action modératrice et calmante des partis moyens.

La coalition des *ultramontains* avec les *démocrates radicaux*, voire même avec les *communistes* et les *socialistes*, est un remarquable exemple de ce genre.

L'alliance des extrêmes force souvent les partis moyens à s'entendre ; l'union de ceux-ci engendre, suivant les cas, une politique *conservatrice*-libérale, ou *libérale*-conservatrice, qui empêche généralement le triomphe des extrêmes, tant par suite de la supériorité intellectuelle des partis moyens qu'en raison des meilleurs éléments des extrêmes, qu'ils parviennent à ramener. C'est ainsi que l'accord des whigs et des tories a pu introduire d'importantes réformes, malgré la coalition des ultra-tories et des radicaux. L'histoire des chambres allemandes présente des exemples semblables.

Mais ce qui est le plus fréquent, c'est la coalition des libéraux et des radicaux avec le parti du mouvement, marchant contre les conservateurs et les absolutistes réunis, ou le parti de la conservation. Ce groupement n'est mauvais ni en lui-même ni dans ses effets. Il peut même porter les forces de la nation à leur plus haut degré, pourvu que, dans chacun des deux camps, ce soient en réalité les modérés qui gouvernent. Mais le règne des extrêmes serait encore ici très-dangereux. L'État, ballotté violemment d'un pôle à l'autre, perdrait tout repos et toute sécurité. C'est là ce qui explique en grande partie la violence successive de la révolution et de la réaction dans l'Europe mo-

derne depuis un siècle. Pour la paix des États et le sage progrès,
il faut que la fraction modérée et plus virile de chacun des deux
groupes prenne la direction de l'autre.

Essayons maintenant de définir les types des quatre partis
politiques La réalité, sans doute, ne fait qu'en approcher
plus ou moins, sans jamais y correspondre absolument Mais, en
les mettant en relief, c'est-à-dire en montrant bien le fond et la
forme purs des oppositions naturelles, la science éclaire et
ordonne la variété infinie des phénomènes particuliers.

CHAPITRE VI.

Le radicalisme.

Le radicalisme montre surtout sa force quand une grande transformation se prépare et qu'une ère nouvelle s'ouvre pour l'humanité. Il aide alors puissamment à renverser des institutions vieillies et caduques, et déblaie le terrain.

Or, l'humanité se trouve réellement dans une période de ce genre depuis le milieu du siècle passé. Les institutions du moyen âge sont définitivement tombées, et une ère de transformation s'est ouverte à la lumière des idées nouvelles. Le radicalisme a ici sa légitimité naturelle; il est le précurseur et le préparateur des temps nouveaux. C'est pour cela que les idées radicales ont eu tant de puissance au XVIIIᵉ siècle, et que les radicaux y sont partout au premier plan des événements. Leur force atteint son apogée dans les révolutions qui lancent la terre hors des voies du passé.

L'esprit de l'enfant est surtout *réceptif*; ses qualités principales sont surtout féminines. Son regard s'ouvre à toutes choses, perçoit une multitude d'impressions et d'images, et son intelligence en déduit aussitôt des généralités peu réfléchies. On apprend relativement davantage dans sa jeunesse que dans tout le reste de sa vie. L'imagination est vive, toujours en mouve-

ment, remplie de rêves, La poupée devient un enfant, le
cheval de bois un fier coursier. Les obstacles semblent ne pas
exister; la raison est trop jeune pour les comprendre. Toutes
les pensées sont pour l'avenir. Il semble qu'un *monde nouveau*
s'ouvre avec nous, et que nous pourions l'organiser a notre
fantaisie.

Cet idéalisme et ce goût des principes abstraits se montrent
remarquablement à l'époque de la Révolution française. Les
doctrines qui la préparèrent appartenaient à une abstraction
radicale. Cette école spéculative s'était formée une foule de conceptions idéales, et elle les formulait en axiomes, sans souci des
forces réelles qui déterminent la vie des nations. *Rousseau*, son
grand maître, est une nature nettement radicale. Les États réels
l'inquiètent peu. Il ne veut pas les réformer, mais les transformer
de fond en comble. Au moyen de définitions générales du contrat
social, de la volonté générale, de l'action exécutive, il bâtit dans
son imagination un nouvel ordre politique, et fonde commodé-
ment, avec des fictions, la volonté de l'État sur la reconnaissance réciproque par les individus de leur liberté. Le radical
abbé *Sieyes* marche sur ses traces, en appelant le règne du tiers
état celui de l'humanité parfaite, et en essayant de construire,
mathématiquement et comme une pyramide régulière, un édifice entièrement neuf sur le sol débarrassé des « privilèges »
vieillis et détestés. Ces conceptions abstraites trouvèrent dans
Robespierre un doctrinaire radical, qui s'en fit le terrible exé-
cuteur.

C'est ainsi que l'on sépara le principe vrai de l'*égalité des
droits* de son principe complémentaire des *différences individuelles*, et que l'on fit de la *liberté* du citoyen un principe politique exclusif et absolu. Dès lors, quiconque avait l'audace de
sortir de la foule était égalisé par la guillotine.

L'égalité et la liberté sont deux principes qui se complètent et
se limitent l'un l'autre. La Constituante les avait reconnus tous
deux ; mais elle donnait déjà dans les illusions radicales en les
proclamant comme des *lois absolues*, et en s'imaginant que les
hommes allaient aussitôt s'incliner devant elles. On confondait
dès lors, à l'exemple des anciens Hellènes, la *liberté de tous* avec

le *regne de la foule* [1], et l'on *asservissait les individus* au nom de la *souveraineté du peuple*. L'*egalité* nouvelle *de tous les citoyens* anéantit les privilèges, mais n'empêcha pas la persécution violente de l'aristocratie.

Les radicaux des autres pays se sont bercés des mêmes illusions. Oublier les forces réelles et les situations historiques, et croire que la *vie est régie par des conceptions abstraites et imaginées*, sont deux traits presque infaillibles du radicalisme.

Une nature radicale s'enthousiasme de l'*egalité*, en devient fanatique, et se nourrit dès lors d'une série de rêves.

Les communistes concluent de l'*egalité des droits*, c'est-à-dire de la faculté d'acquérir égale pour tous, à l'égalité de la *réalisation* de ce droit, c'est-à-dire à l'*égalité des fortunes*; puis, avançant dans cette voie, ils aboutissent à la suppression de la propriété, de crainte que l'inégalité ne se rétablisse par le travail de l'un et la paresse de l'autre. Mais la nature qui nous fait égaux comme hommes, et qui donne ainsi un fondement naturel à l'égalité des droits, nous fait inégaux comme individus. C'est donc elle-même qui engendre l'inégalité des fortunes. Le partage égal des biens a été dans tous les temps une illusion d'enfant : *Babeuf* est en ceci plus radical que *Robespierre*, le Russe *Bakunin* que l'Allemand *Marx*.

L'Amérique a aboli l'esclavage des noirs, et leur a accordé *la même liberté civile* qu'aux blancs : c'était reconnaître l'égalité naturelle des hommes. Elle leur a même donné l'égalité des *droits politiques;* cette concession se justifie déjà moins, quoique nombre de noirs soient aussi capables que bien des blancs. Mais certains Américains tombent dans des illusions radicales et puériles, en contradiction avec toute l'histoire du monde, quand ils vont jusqu'à prétendre que la différence de race est sans importance au regard de l'État, et qu'une démocratie représentative peut convenir à une population grossière de nègres, aussi bien qu'aux virils Anglo-Saxons.

---

[1] Suiv. *Laurent,* « Études sur l'hist. de l'hum , » cette confusion résultait d'un mélange d'anciennes traditions romaines avec les idées de l'absolutisme royal tombé.

Les tendances radicales de notre époque ont certainement leur part dans l'extension du *suffrage universel égal* avec ses *circonscriptions égales*, sans égard à la diversité des valeurs et des capacités. L'humanité dans son ensemble est sortie de l'enfance depuis longtemps, notre siècle est certainement plus viril que puéril, le grand *âge moderne* est plus libéral que radical. Mais nous ne sommes encore qu'au début de ce dernier; c'est ce qui explique les éléments radicaux qui accompagnent ses pas et la puissance des systèmes abstraits. Cette ardeur pour l'égalité, propre à l'esprit du jour, et qui a certainement été utile à l'élévation libérale des classes inférieures, rend le suffrage universel populaire même pour nombre de ceux qui en sentent clairement les dangers. On peut même dire qu'il constitue un grand progrès moderne, en tant qu'il unit davantage tous les citoyens entre eux et à l'État, et qu'il réveille l'esprit politique et le patriotisme jusque dans les dernières classes. Mais s'imaginer que la multitude votera toujours le bien et l'utile et que sa volonté est la source infaillible de tout droit, c'est se bercer d'illusions radicales, poursuivre une chimère, et finir par perdre pied; c'est méconnaître les enseignements de l'histoire, qui a vu trop souvent la plus dure tyrannie, de l'Église ou de l'État, se fonder sur l'approbation des masses.

Il est très-remarquable de voir, notamment dans Stuart Mill, combien les idées sont souvent mêlées et confuses dans cette question. Le célèbre Anglais défend vivement l'*universalité* du suffrage, mais il en repousse l'*égalité*: l'homme instruit doit avoir plus de voix que l'homme inculte. Et ce même auteur, qui corrige ici les tendances radicales, réclame, contrairement à tous les précédents, le suffrage *égal* des hommes et des *femmes*, et se montre ainsi plus radical que tous les radicaux du passé.

La théorie radicale de l'égalité méconnaît les différences réelles. De même, la *théorie radicale* de la *liberté* oublie les conditions et les limites nécessaires de celle-ci, et donne à une formule abstraite des conséquences absolues. Tantôt elle partira de l'individu, et, exagérant sans mesure l'arbitraire individuel, elle conduit à la dissolution du corps politique et de l'ordre moral, à l'anarchie. Tantôt, au contraire, elle partira de l'ensemble, et,

réglant de haut la liberté égale de tous, elle étouffe toute indépendance personnelle sous les réglementations sociales. Ainsi,
elle substitue toujours l'*arbitraire* des individus ou de la société
à la vraie liberté, qu'elle ruine tantôt quant au tout, tantôt quant
aux membres. Les démocrates sud-allemands veulent tellement
donner aux diverses nationalités allemandes le droit de se
grouper politiquement comme elles l'entendent, qu'ils menacent
à la fois la nation et l'État allemands. Les communistes détruisent la famille et la propriété, en transformant l'État en un
atelier forcé de travail.

Nombre de jacobins croyaient, aussi naïvement, que la constitution démocratique proclamée dans Paris était identiquement
applicable à tous les peuples, et que ses principes guériraient
tous les maux de l'humanité. Toute formule de l'école semble
à l'enfant une vérité universelle et partout incontestée. Le radical
fait de même : il prête à ses lois et à ses institutions un pouvoir
magique qui doit renverser tous les obstacles et attirer tous les
cœurs. Nulle illusion ne lui est plus familière que de croire
qu'on peut à volonté créer un monde tout neuf avec des principes abstraits.

L'enfant aime à pousser les choses à l'extrème · on le voit,
armé de sa petite logique, aller de déduction en déduction sans
aucun souci des obstacles ; c'est comme une tendance innée.
En même temps, il prête un corps et une réalité vivante à ses
beaux raisonnements, confondant l'école et la vie réelle, et les
mesurant l'une par l'autre. Combien de savants ont construit
l'État de la même manière !

L'enfant désire savoir ; il demande toujours du nouveau.
Aussi l'*école* est-elle certainement le terrain le plus propice au
radicalisme. On peut même reconnaître qu'elle lui doit beaucoup.
Ce n'est guère par hasard que *Rousseau* et *Pestalozzi*, ces deux
hommes qui ont donné tant d'impulsion aux écoles publiques
modernes, ont été toute leur vie de brillants enfants par l'esprit.
Les maîtres les plus sympathiques sont ceux en qui l'enfance
retrouve ses goûts et ses idées. Un bon maître doit se mettre à
la place de l'élève, sentir et penser avec lui ; mais il ne le fera
jamais mieux que lorsque sa nature elle-même l'y portera inces-

samment. Nous ne pouvons donc guèie blâmer le radicalisme
de nombre d'instituteurs, pourvu qu'il ne prétende pas à régir
l'État par des méthodes scolaiies, et qu'il n'aille pas contre les
grandes lois de l'ordre moial et de la science. Un ıadical s'exa-
gèıe d'ailleurs facilement l'action de l'école. Il s'ıllusionne au
point de cıoire qu'elle peut ıendre intelligent un sot, un aveugle
claiıvoyant ; ıl oublie la différence des aptitudes et la ıéalité des
choses.

Le premier âge est riche en *talents,* surtout d'*imitation* ; mais
il ne sait encore ni approfondir ni créer. Le petit gaıçon aime
à jouer l'homme fait ; il y met une ceitaine fieıté plaisante.
Beaucoup d'espiits radicaux amusent de même la société par
leuıs brillants dehors et leur stéıılité, ou par leur manie de poser
en grands hommes. Les talents de ce genıe abondent dans le
monde des *aıtistes,* des *savants,* et même de l'*industıie.* Quant
au *politique* ıadıcal, il joue aussi volontiers l'homme d'État
lıbéıal que le petit gaıçon le jeune homme

L'enfant est *vıf* et *joyeux* ; il déteste tout ce qui est tıiste,
passé ou fané ; il sent que la vie s'ouvıe devant lui ; il ne songe
qu'à l'avenir ; ses ıêves sont doıés, et l'espéıance fait battıe
son cœur. Le politique radical lui ıessemble absolument ; il se
persuade admirablement qu'une èıe nouvelle s'ouvıe avec lui,
et se berce du fol espoıı de faire tıiompher ses beaux pıojets
sans coup féıır. Une *légereté* d'espıit satisfaite l'accompagne. Il
ne compıend pas plus les vıais *propoıtions* des forces que les
pıécédents histoıiques. Il entıepıend de *gıandes choses* avec de
petits moyens, et s'étonne naıvement de l'ınsuccès.

Son *courage* s'anime facilement, et il est pıesque aussitôt
témuraire. Le radical est *entrepıenant,* maıs peu *constant.* Qu'un
obstacle imprévu suıgısse, il ıenonce aussitôt à pouısuivre ;
qu'ıl épıouve une défaite, le voılà découragé. Vite décidé, sa
décision tient mal, et change. Étudıez les radıcaux soit dans la
politique, soit dans la conduıte des armées : ils se pıécipitent en
avant, puis s'arrêtent tout à coup. Ils sont agıessıfs, follement
audacıeux dans l'attaque ; mais la défaite est pour eux déıoute.
Tout leur semblait perdu : un ıayon de soleil ressuscite toutes
leurs espérances, et les empoıte à de nouvelles entrepıises.

Les qualités du radicalisme sont peut être indispensables quand une ère nouvelle lutte pour s'arracher à un passé néfaste. Il faut alors *abattre* et *déblayer*, et c'est la grande joie de ce parti. Il s'élancera sans scrupule à l'assaut du monument antique, il battra des mains en voyant ses vieilles murailles tomber en poudre. Les vrais libéraux sont parfois trop ménageurs. Le radicalisme a souvent détruit des biens précieux, étouffé des germes féconds, et c'est là sa très-grande faute. Mais l'on peut dire aussi que sans lui la force trop grande de la tradition et des vieilles coutumes entraverait les transformations et les progrès nécessaires. Souvent, c'est une de ses furieuses attaques qui a donné l'éveil aux chefs libéraux ou conservateurs sur la nécessité de réformes fondamentales.

Le radicalisme rend aussi des services réels dans l'*opposition*. Il aime à contredire; il est toujours prêt à *critiquer* ses supérieurs, à nier et contester. Il met en doute les autorités traditionnelles, il les raille avec intelligence. C'est pour lui un plaisir que de présenter les croyances anciennes comme des folies, et de prédire une solution nouvelle des énigmes de la vie. Il sait admirablement découvrir les fautes et les faiblesses du pouvoir, et il excelle à les ridiculiser. S'il trouve difficilement une vérité nouvelle, il attaque du moins les anciennes erreurs avec une étrange et vigoureuse habileté. Mais son aveugle impétuosité l'empêche de voir qu'il va renverser du même coup une ancienne vérité.

Quelques radicaux avoués, blâmant sans ménagement tous les abus et toutes les fautes du pouvoir, peuvent donc être très-utiles dans une assemblée délibérante. Mais ils sont bien moins capables de *gouverner* ou d'*améliorer* que de critiquer. L'on a vu cent fois les meilleurs chefs de l'opposition radicale se conduire en ministres ineptes. Assis au timon de l'État, tantôt ils laisseront les rênes flotter mollement sur le cou des coursiers, qui iront où bon leur semblera; tantôt ils lanceront violemment leur char en avant, au risque de tout renverser : ainsi Phaéton conduisant le Soleil.

Le régime absolu a pu durer plusieurs siècles malgré ses

abus. Un gouvernement radical ne parvient guère à se maintenir plus de quelques lustres. Il inspire évidemment trop peu
de respect, même quand ses membres sont animés de bonnes
intentions. Les masses sentent d'instinct que les radicaux
peuvent être de bons opposants, mais qu'ils sont de détestables
gouvernants. Voyez la Révolution française : les groupes de radicaux s'y chassent l'un l'autre du pouvoir : après les girondins,
les jacobins ; puis la montagne se divise, l'une de ses fractions
dévore l'autre, et la sanglante dictature de Robespierre monte
à son tour sur l'échafaud. Le radicalisme plus modéré qui
revient au pouvoir avec le Directoire, pâlit et tombe, aussitôt
que le front brillant et sévère de Bonaparte se lève à l'horizon.
Cette expérience détourna pour longtemps du régime radical.
Lorsqu'il a été de nouveau tenté ou imposé, comme en 1848,
sa vie n'a encore été qu'éphémère, quoiqu'il se soit montré bien
moins sanglant.

C'est par des *chefs libéraux* que les natures radicales se laissent
le mieux conduire. Elles se défient volontiers des conservateurs,
craignant qu'ils ne suscitent des obstacles à leurs goûts d'innovation; et elles se posent en adversaires déclarés des chefs
absolutistes, sauf à se coaliser accidentellement avec eux contre
les partis moyens.

Certains éléments radicaux se mêlent parfois aux autres qualités de vrais hommes d'État. Que dire du président *Thomas
Jefferson?* Ses idées étaient surtout radicales, mais sa politique
pratique avait plus de prudence et de retenue. L'élément radicale se montre en Amérique avec une force toute spéciale, en
raison même de la jeunesse de ses formations politiques. Mais
les politiques radicaux ne sont pas rares de nos jours chez les
vieux *Romans* eux-mêmes. La Révolution française en était
pleine, et nous les présenta sous toutes les faces, parfois bien
intentionnés et presque aimables, le plus souvent méchants
comme des gamins ou odieusement cruels. Le bon général *La-
fayette*, par exemple, gardait jusque sous ses cheveux blancs
toutes les illusions qui avaient enthousiasmé sa jeunesse. On peut
citer aussi comme des conceptions radicales l'expédition
d'Égypte du premier *Bonaparte*, les escapades du second à Stras-

boung et à Boulogne. L'absolutisme violent de l'État ou de l'Église jette souvent les nations romanes vers le pôle opposé. Notre siècle a vu l'*Espagne*, ballottée entre un despotisme caduc et les expédients révolutionnaires, chercher péniblement une constitution libérale et moderne, et l'*Italie* tristement agitée, jusqu'au jour où le libéral *Cavour* est venu lui aider à se former nationalement. Dans le parlement de la sage et aristocratique *Angleterre*, le parti radical ne forme jamais qu'une fraction infime, qui devient utile par sa situation subordonnée elle-même. Des théoriciens radicaux comme *Bentham* n'y acquièrent jamais qu'une influence relativement médiocre. Le radicalisme est plus fort en *Allemagne*. Les doctrines philosophiques lui ont ouvert la voie, et il s'y est souvent transporté de l'école dans les assemblées. Le parti dit libéral des chambres allemandes, de 1820 à 1840 environ, renfermait beaucoup d'éléments radicaux. C'est ainsi que des illusions radicales se mêlaient inextricable-blement aux tendances libérales du député badois *Rotteck*, type du genre, et dont tout le monde reconnaît d'ailleurs aujourd'hui les mérites dans la lutte contre les abus traditionnels. Le libéral *Guillaume de Humboldt* fut lui-même, dans sa jeunesse, un des principaux représentants des idées radicales du droit et de l'État; et il fallut les pénibles expériences des guerres et de l'oppression françaises pour débarrasser l'esprit de *Fichte* des nombreuses théories radicales qui en étouffaient les germes libé-raux. Depuis que la guerre de 1866 a préparé l'unité nationale, la virilité libérale se dégage lentement du doctrinarisme radical dans le grand parti mêlé du Landtag *prussien* et du Reichstag *allemand*. Mais il est encore aujourd'hui nombre d'honorables patriotes qui ne peuvent se débarrasser de l'illusion démocra-tique radicale, que l'unité de l'Allemagne eût été mieux et plus sûrement faite sans la conduite d'une puissance prépondérante, et simplement par le libre assentiment des États et les délibé-rations d'une Constituante, en un mot, comme ils disent, « par la liberté. »

Les événements de 1866 ont un peu calmé les tendances *ro-mantiques*. Mais, pendant de longues années, une foule de têtes allemandes se bercèrent, comme d'un rêve d'or, de l'espoir d'une

rénovation féodale. Les uns, plus aristocratiques, aspiraient à
la restauration d'une noble et pieuse chevalerie, de royautés
paternelles établies par Dieu et s'inclinant, humbles et fidèles,
devant le sceptre élevé de l'empereur ; au rétablissement de
l'unité de la foi et de l'empire romain-chrétien du peuple allemand, fondé sur les ordres. Les autres, plus bourgeois, espéraient
retrouver l'originalité, la richesse, la variété et l'indépendance
des formations communales ou corporatives, et les voir s'unir
entre elles pour créer, par des alliances de tous genres, une
sorte d'empire volontaire. On rencontrait les premiers à la cour
des princes ou dans les nobles châteaux ; les seconds se comp-
taient davantage parmi les savants et les lettrés. L'amour re-
naissant du gothique, le plaisir que l'on avait à reconstruire
de vieux manoirs, le rétablissement de nombreux couvents,
l'affectation du sentiment dans les arts et les lettres, plusieurs
lois de restauration, sont autant de manifestations de cet
esprit radical romantique, bien vu des rois, exaltant les
jeunes cerveaux, sorte de *sentimentalité* facilement émue, mais
stérile.

Le radicalisme romantique est une nuance spéciale à l'Allemagne, et ne trouve quelque analogie que dans le romantisme
italien. L'un rêvait le retour du moyen âge; l'autre aspire à la
renaissance de la *Rome antique,* sans songer que les souvenirs
d'une grandeur passée, si beaux qu'ils soient, ne suffisent point
à sa résurrection.

Le radicalisme *démocratique* et le radicalisme *socialiste* sont
au contraire des partis européens. Ils se montrent plus modérés
en Allemagne et en Suisse qu'en France, où les furies de la
Commune viennent de nouveau d'éclater (1871) ; ou même qu'en
Russie, où les tendances *nihilistes* corrompent la littérature, en
attendant qu'elles éclatent dans les faits. Ces deux sortes de
radicalismes ont quelque chose de froid, d'incolore, de prosaïque,
de mathématiquement formaliste. Ici, rien de la poésie du romantisme ; les hommes sont comptés comme un troupeau, et
tous réduits au même niveau. Les radicaux démocrates méprisent les romantiques, qui cherchent leur idéal dans le moyen
âge détesté; mais ils sont accusés à leur tour par les socialistes

de s'arrêter à mi-chemin, parce que, après avoir livré le droit public aux majorités, ils craignent de demander le partage des terres et la réglementation légale des salaires. Ces partis seraient plus modestes s'ils comprenaient la puérilité, la stérilité, l'impossibilité de leurs systèmes.

CHAPITRE VII.

Le libéralisme.

Le type du vrai libéralisme, c'est le jeune homme ayant terminé ses études, et entrant dans la vie conscient de lui-même et de sa force.

La *raison* qui juge est encore faible dans l'enfant. Mais le jeune homme jette un regard assuré sur l'arène qui s'ouvre devant lui. S'il aime à *critiquer*, ce n'est point, à la manière du radical, par un goût de renversement ou de négation, mais par un ardent amour du vrai. Sa critique est profondément positive et corrective. Le radical anéantit avec l'enveloppe mauvaise le germe fertile ; le libéral jette l'écorce et conserve précieusement le fruit. D'ailleurs la critique libérale ne le cède point en hardiesse à la critique radicale. Elle remue et sonde sans crainte les plus hautes questions, non avec la légèreté de l'enfant, mais avec la décision de l'homme. Aucune autorité ne lui paraît si haute qu'elle s'y soumette aveuglément, ou l'accepte avant d'en avoir reconnu la légitimité ; mais elle sait ensuite s'incliner devant qui le mérite. Le radical divinise arbitrairement une certaine autorité, et méprise toutes les autres ; le libéral examine toutes les autorités, pour les placer suivant leur valeur. La vraie critique scientifique, telle qu'elle est représentée par *Lessing*, est surtout libérale.

L'ancienneté d'une institution n'est jamais pour le libéral une raison de la renverser. Il ne s'imagine point que le monde est à refaire et commence avec lui. Il s'enthousiasme peu des abstractions de l'école ou d'un système préconçu. Il sait trop bien que la vie ne se règle pas simplement par des déductions logiques d'axiomes généraux. Mais aucune institution humaine ne lui semble au-dessus de toute controverse, ou inviolable au point de ne pouvoir être améliorée. Il ose retrancher tout ce qui est usé, vieilli, injuste.

Tant qu'elle est possible, il préfère la *réforme* à la révolution; et il s'efforce toujours de prévenir celle-ci par l'autre, car il hait la violence. Mais au besoin, et tout en s'efforçant de rentrer au plus tôt dans les voies du droit, il ne reculera pas devant une révolution devenue indispensable pour une transformation nécessaire de l'État.

C'est ainsi que *Martin Luther* entreprit et conduisit en vrai libéral sa grande lutte contre la hiérarchie du pape et des évêques. Au regard du système juridique du moyen âge, la réforme allemande du XVIe siècle pouvait sembler une révolution criminelle; devant le tribunal de l'histoire, elle était un *developpement nécessaire*. Le libéralisme de Luther ressort à la fois de son attitude contre les radicaux *Carlstadt* et *Munster* ou même contre *Henri IV*, et de l'énergie avec laquelle il brûla le corps du droit canon et les commentaires humains en contradiction avec l'Évangile.

De même, le violent *Mirabeau*, malgré certaines tendances radicales et absolutistes, n'est qu'un audacieux libéral auprès du radical abbé Siéyès. Mirabeau critiquait sans ménagement les anciennes autorités, la royauté despotique et la noblesse égoïste et orgueilleuse; mais il se jetait, avec le courage d'un lion, au-devant des passions radicales qui s'attaquaient aux fondements nécessaires de l'État.

C'est bien à tort que l'on reproche souvent aux libéraux de manquer d'énergie, parce que leurs principes ne sont ni absolus ni exclusifs. Le courage viril, calme, conscient de lui-même, dévoué à un idéal élevé, est au contraire leur grande qualité. Il faut plus de vertu pour se modérer dans la lutte que pour courir à l'aveugle jusqu'à se briser contre les dures réalités. La modération est la condition d'une politique féconde. Le reproche vient de ce que l'on a pris des radicaux inconséquents pour des libéraux.

La première virilité se distingue surtout par le développement des forces productives. Le jeune homme cherche à s'affirmer, à prendre sa place dans le monde. Les natures libérales conservent toujours ce caractère, et la force *organisatrice* qu'elles montrent, est le signe le plus infaillible du vrai libéralisme. La plupart des esprits créateurs sont libéraux, ou brillent par quelque grande qualité libérale.

L'école *systématise*; la politique créatrice *organise*. Quand le radicalisme a renversé l'ancien édifice et déblayé le terrain, c'est au libéralisme qu'il appartient de reconstruire. *Cromwell*, à côté de tendances et de préjugés radicaux, avait l'intelligence libérale des besoins de la nation anglaise et de l'humanité ; *Guillaume d'Orange*, malgré certaines habitudes absolutistes, était doué d'une puissante énergie libérale. Le génie organisateur d'*Alexandre Hamilton* éclate de jeune vivacité; la sagesse tranquille de *Whasington* révèle un caractère conservateur. L'histoire d'Allemagne compte nombre de grands libéraux : ainsi le roi *Henri I, Henri III* et *Frédéric II*, empereurs, *Frédéric II* de Prusse. On peut même dire que le peuple allemand place volontiers son idéal dans le libéralisme. Le baron de *Stein* et *Guillaume de Humboldt* furent d'éminents ministres libéraux. Schiller glorifie dans son marquis *de Posa* et dans son *Guillaume Tell* l'idéal libéral de son esprit, et le conservateur Gœthe lui-même a créé, de la main du génie, la nature libérale de *Faust*.

Le libéralisme regarde et marche en avant. Mais l'avenir qu'il poursuit n'est point fantaisiste et éloigné comme celui du radical. Il entreprend actuellement de le réaliser; par suite, il tâche de le rattacher au présent, et pèse les enseignements du passé. Il est grand ami et riche d'idées, mais d'idées fécondes et vraies, non d'abstractions.

En comparant les principales idées qui remuent l'Europe depuis un siècle, l'on peut se convaincre qu'elles vont du radicalisme au libéralisme. L'idée libérale de l'*Etat public* (*Volksstat*) a) a justement détrôné le *contrat* social de Jean-Jacques. La liberté radicale de la Révolution française était une conception abstraite, ayant l'égalité mathématique pour base et pour limite, et agitée par l'arbitraire de tous; la *liberté libérale* a ses racines dans la *personnalité vivante* et des individus et de la nation, et c'est la nature elle-même qui l'anime et la détermine. Ainsi encore, l'idée récente des nationalités suppose un tout harmonieux et historique plein de vie. Elle a donc une réalité positive qui manque le plus souvent aux conceptions abstraites du siècle passé. On est frappé de la différence quand on compare entre elles les idées de *peuple* et de *société* b).

Mais l'idée politique suprême du libéralisme ne s'arrête pas au peuple, sa pensée va plus loin; elle comprend que les nationalités ne sont que les membres de l'*humanité*. Pour elle, le grand devoir de l'individu est de devenir hautement humain, d'être l'expression noble et féconde de l'humanité dans le monde. Cet idéal a enthousiasmé le génie des Hellènes et la virile ambition des Romains. Mais le monde moderne le conçoit d'une manière plus large et plus libre encore. C'est un grand souffle humain qui anime aujourd'hui notre civilisation : arts et sciences, institutions d'utilité publique ou de bienfaisance, sociétés et familles, commerce général, vie de l'État, droit des gens.

Ces tendances et ces progrès modernes sont dans une étroite parenté avec la religion chrétienne, quoi qu'en disent ceux qui se prétendent ses seuls représentants. Le *christianisme est la religion de l'humanité*. La divine charité du Christ console tous ceux qui souffrent, relève les faibles et les opprimés, se dévoue et se sacrifie pour l'homme, créé à l'image de Dieu ; elle a fécondé le monde; elle est *la manifestation religieuse et morale de la plus pure humanité*. *Jésus*, luttant à la fois contre les Pharisiens absolutistes et contre les Sadducéens radicaux, et transformant l'esprit de la religion traditionnelle tout en ménageant ses formes, nous offre le type éternellement jeune du libéralisme le plus élevé. *Pie IX* avoue donc, à son insu, que la papauté s'est écartée de

a) Comp , sup , p. 193.
b) Comp., vol I, p 90 et ss.

l'esprit de son fondateur, quand il proclame qu'elle ne peut se réconcilier avec le libéralisme moderne. Si Jésus revenait, il s'entendrait facilement avec lui. Le même esprit de noble humanité les anime tous deux, dans l'un, s'adressant davantage au cœur et au sentiment religieux, dans l'autre, à l'esprit et à la raison temporelle.

L'humanité civilisée est sortie de son adolescence depuis environ deux siècles ; cependant elle est loin d'avoir encore atteint l'apogée de sa vie. C'est un sentiment général qu'elle a d'immenses progrès à faire, et que la réalisation de son idéal appartient à l'avenir. Mais l'espoir, la conviction du succès final, font aujourd'hui battre son cœur et animent son action. Son visage brille comme celui d'un jeune homme; la joie, la santé et la vie éclatent dans ses traits. Aussi le fond de son caractère est-il actuellement libéral, et ses ennemis font-ils vainement rage contre l'esprit créateur et progressif qui l'inspire.

L'amour de la *liberté*, si puissant dans la jeune virilité, est également le caractère le plus accentué du vrai libéralisme. Le libéral aime la liberté par-dessus tout ; pour lui, *être libre*, c'est *vivre*. Mais il ne la conçoit pas comme séparée de l'ordre ; il sait qu'elle est déterminée et limitée par l'harmonieux ordonnancement des forces qu'elle manifeste. Enfin, il estime hautement la *liberté de penser*, car c'est elle qui nous fait à l'image de Dieu, c'est elle qui éclaire le monde.

Mais il sait aussi que la liberté n'est pas une monnaie courante qu'on se passe de la main à la main ; il comprend qu'elle est la manifestation et le développement d'une *force personnelle* ; que chacun peut être libre, mais en proportion seulement de sa valeur. Aussi se méfie-t-il des libertés octroyées. Il n'a foi qu'en la liberté innée, ou conquise par le travail et l'effort. Il sent que la liberté grandit par l'éducation et l'exercice ; qu'elle a ses *degrés* légitimes ; et que des masses stupides et superstitieuses ne sauraient être aussi libres qu'une nation virile, habituée à penser et vouloir.

La *psychologie* est une science libérale, et le libéralisme aime à étudier l'homme psychologiquement. Il examine les aptitudes morales des peuples et des individus, et sait y découvrir des

facteurs déterminants. Les autres éléments lui paraissent secondaires. Son clair regard pénètre les forces cachées de l'esprit,
et il pose en principe que chacun *se gouverne d'après sa nature
et son caractere.*

Il reconnaît volontiers le vrai mérite; mais il dénonce sans
pitié le coquin ou l'hypocrite puissant. Il est en cela l'homme de
la *politique* plutôt que du droit. La plus haute politique en revient toujours à la nature, et poursuit sans relâche les fins naturelles des nations. Elle marche en avant; elle réalise les aspirations des peuples; elle découvre les beaux fruits du travail
caché de l'esprit; elle féconde et crée. Elle est donc essentiellement libérale.

La politique libérale est surtout active. Elle ne se met point à
la remorque d'autrui. Elle sonde et scrute elle-même, puis manœuvre énergiquement. Rien de faux comme de dire avec Stahl
que les princes sont par vocation les ennemis du libéralisme. La
libre initiative du roi est au contraire naturellement libérale,
et c'est par une politique libérale que les grands rois ont fondé
leur gloire et leur puissance. *Frédéric le Grand* demeure sous ce
rapport le modèle de la royauté saine et virile des temps modernes.

L'*attaque* du libéralisme n'est pas tumultueuse, comme celle
des radicaux; elle pèse avec plus de prudence les moyens et les
obstacles; son énergie est plus soutenue, ses succès plus fréquents. Le radicalisme ne réussit guère dans une entreprise difficile que s'il se laisse conduire par des chefs libéraux. C'est en
agissant avec la prudence d'un libéral que le comte *Cavour*
affranchit l'Italie de l'Autriche. L'aide de la France lui était indispensable; il parvint à se l'allier sans s'y soumettre, et finit
par assurer la grandeur de son pays, même contre les vœux de
Napoléon III. La campagne hardie de Garibaldi à Naples et en
Sicile, entreprise d'entente avec Cavour, n'eut un si rapide succès que parce que le terrain était politiquement préparé. Par
contre, les deux campagnes que ce général fit contre Rome, en
se fiant à la puissance d'une idée et à l'enthousiasme de ses volontaires, ont un caractère plus radical que libéral, et échouèrent
contre la force mal appréciée des rapports réels.

La conception libérale de l'État a un caractère psychologique.
L'idée naïve de l'antiquité : que Dieu gouverne l'État directement par des signes et des miracles, ou indirectement par ses
prêtres, lui semble une puérilité que l'expérience et la critique
confondent. Mais il repousse également la conception radicale
qui fait de l'État un système abstrait de principes logiques. Pour
lui, l'État est un *organisme vivant* qu'animent l'esprit et le caractère de la nation. Aussi l'État libéral est-il toujours un *État public* (*Volksstat*), qu'il soit république ou monarchie. C'est un
tout vivant, muni d'organes vivants, protégeant la liberté de
tous.

L'idée que l'autorité fait seule la loi, et l'idée que la loi est la
volonté arbitraire des individus, sont également étrangères au
libéralisme. Pour lui, *la loi est la haute expression de la volonté
une de la nation*; par suite, tous les membres de la nation doivent prendre part à sa formation, chacun suivant son importance à l'égard du tout. La *constitution représentative* est donc un
progrès libéral et un système bien supérieur, soit aux ordres
du moyen âge, qui remettaient toute la puissance aux mains de
l'aristocratie, soit aux assemblées populaires de l'antiquité, peu
capables de délibérer, et toujours forcément incomplètes.

La *participation* des citoyens à la *justice* par les jurés et les
schoffen, et à l'administration par les fonctions *gratuites* et
d'*honneur*, ou par la *selfadministration* des cantons et des communes, sont également des institutions libérales qui ouvrent un
champ libre aux forces vivantes de la nation, et qui rattachent
le droit et la liberté au devoir et aux intérêts.

Nous ne sommes qu'au début du développement libéral du
monde. Les résistances passionnées des traditions ou des préjugés, les malentendus et les expérimentations hasardées, l'entravent encore trop souvent. De violentes oscillations nous
agitent depuis un siècle. Mais les progrès accomplis sont une
assurance de la victoire future du principe politique libéral, et
d'un développement de l'État moderne plus grandiose et plus
libre que les formations connues jusqu'à ce jour.

Le libéralisme, tel que nous venons de le définir, diffère
sensiblement de ce que l'on nomme souvent ainsi de nos jour .

Les partis libéraux d'Europe ou d'Amérique sont tantôt très-mêlés d'éléments radicaux, ou se distinguent plus par leur modération que par leur courage. Les grandes qualités du libéralisme se rencontrent parfois chez l'individu, rarement dans tout un parti. Mais il serait à la fois utile et glorieux que des groupes entiers poursuivissent ce type idéal de virile et féconde jeunesse, et se dégageassent des étreintes mauvaises des pratiques radicales. Ce progrès s'accomplit cependant d'une manière sensible. On en est frappé quand on compare, par exemple, les Cortès espagnoles de 1812 et de 1871.

CHAPITRE VIII.

Le conservatisme.

, Moins brillant que le jeune libéral, le conservateur a plus de calme, de solidité, de vigueur même. C'est l'homme de trente à quarante ans, moins occupé d'acquérir des biens nouveaux que d'améliorer et d'étendre ceux qu'il possède. Cet homme a son foyer, sa famille, sa profession, mais, tout en les *conservant*, il les *développe* ou les *perfectionne;* il est donc également viril et actif.

Produire et conserver sont les deux pôles du gouvernement divin du monde. De même, deux forces mâles sont décisives dans l'État : la force *libérale qui crée* et la force *conservatrice qui garde.* Le règne exclusif de l'une d'elles troublerait la paix et la calme jouissance des choses, ou entraverait le progrès et le riche développement des aptitudes.

Mais l'humanité est encore dans sa période de croissance; un champ immense d'action et de production s'ouvre de toutes parts devant elle. C'est seulement dans des siècles éloignés qu'elle atteindra son âge mûr, qu'elle deviendra dans son ensemble conservatrice, que le conservatisme portera tous ses fruits. Ce dernier n'a donc eu jusqu'à ce jour qu'une importance relativement subordonnée.

L'esprit conservateur a moins de génie, mais plus de *sagesse* que l'esprit libéral. Ses connaissances et son expérience plus étendues le rendent moins facilement enthousiaste, non qu'il méprise les idées, mais parce qu'il voit mieux les choses et les difficultés de la réalisation d'un type idéal. Il scrute profondément les hommes et les relations humaines en connaisseur exercé de la vie, et jusque dans leurs derniers replis. Un trait imperceptible suffit souvent à lui dévoiler les intentions les plus secrètes. Le sage *Salomon* est un grand type conservateur. La plus haute *diplomatie* est conservatrice.

Quoique moins fécond en idées, le conservateur sait comprendre le génie libéral, et l'appuie volontiers quand il lui voit des désirs réalisables. Cependant certaines idées sont spécifiquement conservatrices, et plus généralement cultivées par les natures de ce genre.

C'est d'abord la *piété*, belle expression de l'âme conservatrice. La vraie piété ne s'applique qu'aux choses dignes de respect, parce qu'elles assurent l'union intime de la vie et affermissent par leurs attaches mystérieuses l'ordre moral du monde. Telle est la piété de l'enfant, de l'élève ou du disciple, du protégé, de l'héritier, du donataire, envers les parents, le maître, l'auteur ou le bienfaiteur. Mais la piété s'adresse également aux grandes institutions. L'Église et la patrie ont droit toutes deux à la piété de leurs enfants. Cette grande vertu rattache toujours l'inférieur au supérieur, et sanctifie et ennoblit leur rapport.

Le principe de *fidélité* s'en rapproche. Les Romains estimaient surtout la piété; les Germains, la fidélité. Ce second principe domine remarquablement dans les formations du moyen âge. La piété révèle surtout la puissance nécessaire des lois morales et religieuses. La fidélité a surtout son origine dans la volonté libre des individus, dans le serment et l'hommage. Aussi a-t-elle un caractère politique plus marqué; elle naît de l'esprit de liberté. Gardienne de la foi librement promise, elle est la loi intime des *contrats*. La volonté libre et libérale *crée* l'obligation contractuelle; l'esprit conservateur de la fidélité *la garde et l'assure*.

Le libéral aime surtout la liberté; le conservateur, le *droit*:

le respect du droit est son but suprême. Or le droit donne force
et stabilité aux rapports reconnus nécessaires ; il assure le
maintien des choses, prévient les destructions, réfrène les passions. Aussi la notion conservatrice du droit a-t-elle un autre
caractère que l'idée libérale du droit. Celle-ci aime à le fonder
philosophiquement et psychologiquement ; à partir des talents
individuels; à faire progresser le droit; à réaliser son idéal
dans le droit; à protéger le droit qui est en *formation*. Le conservateur, au contraire, fixe surtout son regard sur le droit *historique*, il explique par le passé le droit *existant*; il en regarde
volontiers la forme traditionnelle comme sacrée. *Savigny* et son
école ont tout à fait ce caractère conservateur. Mais le conservatisme cesse d'être de bon aloi quand il ne connaît pas d'autre
source du droit que le passé, quand, suivant l'expression du
poète, « le droit n'est plus qu'un mal héréditaire qu'on traîne
d'âge en âge » a). Le vrai conservateur sait reconnaître le
développement incessant et les formations nouvelles du droit.
S'il protége le droit établi, c'est contre les attaques et les innovations précipitées, en s'efforçant autant que possible d'y rattacher le droit nouveau et d'éviter toute brusque rupture.

Les *législateurs* sont souvent des *libéraux* ; les grands *jurisconsultes* sont pour la plupart des *conservateurs*. Peu ami des innovations, le jurisconsulte met en relief le droit qui a pris une forme
achevée ; c'est à ce droit seulement qu'il reconnaît une autorité
obligatoire pour tous, et c'est par lui qu'il protége la *propriété*,
les *contrats*, la *famille*, ces biens précieux de la vie privée. Le
droit de succession, qui transmet aux fils les acquisitions des
pères, a un caractère conservateur marqué. Dans le droit public
également, les conservateurs aiment surtout les traditions sûres
et la stabilité des *institutions juridiques*.

Le conservateur a de plus un profond sentiment du *devoir*.
Le droit maintient surtout l'ordre externe ; le devoir accompli
donne l'harmonie interne de l'esprit Le sentiment du devoir
grandit et féconde la bienfaisance, l'assistance des pauvres, le

a) « Eine erbliche Krankheit von Geschlecht zu Geschlecht fortgeschleppt »
(*Faust*)

dévouement au bien public. Plus sévère, plus mesuré, plus prosaïque que le jeune amour du prochain, il n'est pas moins utile
au bien général ; il conserve ce que l'autre a produit.

Le conservatisme étudie volontiers l'histoire, cette gardienne
des choses passées. La vie de l'homme mûr est presque une
histoire, et il est ainsi plus apte à comprendre celle des autres.
Thucydide, Tacite, Jean de Muller, Niebuhr et *Ranke* sont des
conservateurs.

Mais l'esprit conservateur n'est pas plus exclusivement réaliste que l'esprit libéral n'est exclusivement idéaliste. Tous
deux savent qu'il faut unir l'utile et l'idéal ; seulement, ils se
placent à un point de vue différent : l'un partant de l'idée, et
l'éprouvant par la réalité ; l'autre partant de la réalité, et recher-
chant l'idée qui l'anime.

C'est ainsi qu'ils jugent les hommes. Le conservateur considère d'abord les caractères externes, la nationalité, la classe, la
famille, la profession, la fortune, le rang, en un mot, ce que
nous nommons la *race*. Il n'a égard qu'en seconde ligne à l'esprit
et au caractère *individuel* C'est que la race est visible et facile
à reconnaître, l'individualité cachée ; et l'homme mûr sait que
l'on se trompe facilement dans l'appréciation des individus.
Plusieurs absolutistes ne considèrent que la race, et préfèrent
un noble sans valeur au bourgeois plein de mérite. Le conservateur se garde d'aller jusque-là. Il comprend que la valeur de
chacun dépend encore plus de l'individu que de la race, et il
estime hautement les talents. Mais il attend qu'ils se soient ma-
nifestés en actes, et soient ainsi sûrement reconnaissables ;
jusque-là, il s'en tient plutôt à la race. Il procède en somme
plus prudemment que le libéral, qui, s'inquiétant peu de la
race, croit son œil assez exercé pour découvrir du premier coup
les mérites *individuels*, et qui, de crainte de s'en laisser imposer
par la noblesse du sang, considère de prime-saut tout homme
en lui-même pour le classer suivant sa valeur individuelle.

Jésus nous a donné peut-être l'exemple le plus frappant de la
manière libérale de juger les hommes. Il choisit ses disciples
dans les rangs inférieurs, mais ils sont presque tous individuellement remarquables par le caractère ou l'intelligence. De

même, *Shakespeare* révèle son grand esprit libéral quand il peuple ses' drames, avec une liberté et une puissance souveraines, des personnages les plus divers, mais toujours individuellement caractérisés. Au contraire, la prudente manière conservatrice se reconnaît dans le commerce de *Wellington* avec les hommes et dans les choix du grand conservateur *Washington.*

L'État *ordonné* du moyen âge était un système plus conservateur que la forme libérale de l'État représentatif moderne. C'est qu'il s'était développé depuis la fin du viii⁰ siècle, dans la période conservatrice de ce grand âge. Une période plus libérale avait précédé, une période absolutiste suivit. La *puissance de la race* atteignit son apogée dans les ordres ; chaque ordre conservait son caractère, son indépendance, ses droits traditionnels. L'État anglais, avec ses grandes familles nobles et son importante gentry, a encore cette empreinte conservatrice ; mais on ne la trouve plus dans la république nord-américaine. L'esprit conservateur est favorable au pouvoir des familles distinguées, et garde pieusement les institutions traditionnelles. Sans repousser les exigences et les progrès des temps nouveaux, il veut que le mouvement vers l'avenir respecte les droits du passé [1].

Il est bon de s'inspirer des idées libérales quand on veut rompre avec le passé. Cependant des chefs ou des partis conservateurs parviennent souvent à innover heureusement, sans pénible rupture et avec les plus grands ménagements. Les ministres conservateurs de l'Angleterre ont accompli maintes réformes libérales. Mais il est généralement utile que les conservateurs agissent de concert avec les libéraux, de crainte que leurs réformes ne manquent d'énergie et ne donnent trop d'importance à des usages vieillis.

Le conservatisme a sa place naturelle après une révolution ou une transformation profonde, alors qu'il s'agit de garder les conquêtes faites, et de les préserver d'abus nouveaux. Les abso-

[1] *G. Frantz* (Kritik aller Parteien, Berlin 1862) appelle conservateur ce que nous nommons absolutiste, quand il dit que le « maintien du statu quo » est le principe du conservatisme.

lutistes l'écoutent assez volontiers, et respectent en lui la pleine
force de l'âge mûr. Il peut leur servir de guide et de barrière,
comme le libéralisme aux radicaux.

Au reste, il y a entre les libéraux et les conservateurs une
étroite parenté. La fécondité virile des premiers répond à la
garde virile des seconds, le génie des uns à la sagesse des
autres. Le libéral a l'ardeur du courage et de la volonté, le
conservateur la noblesse de l'âme et le sentiment du devoir. Il
n'y a jamais entre eux de lutte à mort. Ce sont bien plutôt des
questions d'opportunité ou de personne qui les divisent. Ils
peuvent donc transiger et s'entendre sans manquer à leurs principes, et même au grand profit de tous.

Le conservateur est peu agressif; sa force est surtout la *défensive*. Mais il sait au besoin prendre l'offensive pour se sauvegarder. La politique et les guerres de l'Angleterre ont le plus
souvent ce caractère conservateur.

De même, c'est en conservateur que *Washington* mena la
guerre de l'Indépendance ; ce furent des hommes d'État conservateurs que *Pitt* le jeune et *Robert Peel* en Angleterre, *Casimir
Périer* et *Guizot* en France, *Kaunitz* et *Stadion* en Autriche,
Münster, *Hardenberg* et *Radowitz* en Allemagne, César *Balbi* et
Menabrea en Italie. Le comte *Bismark* lui-même appartient
plutôt à cette classe, quoiqu'il ait transformé l'Allemagne. Ses
premiers efforts tendirent surtout à conserver et grandir l'État
prussien. Ce n'est qu'après s'être assuré de la force de celui-ci
qu'il accepta les idées libérales modernes, le principe des
nationalités et la forme représentative. Ses tendances personnelles étaient et demeurent favorables aux idées de race. Mais
ses merveilleuses facultés d'analyse et d'observation lui font
comprendre l'importance actuelle de la bourgeoisie, et lui ont
réconcilié plusieurs individualités marquantes qui ne doivent
rien au rang de la naissance. Un libéral n'aurait jamais édifié
l'empire allemand dans un style aussi mêlé, avec autant d'égards
pour les situations traditionnelles, ou même pour de vieux préjugés ; cette construction mixte ne pouvait être entreprise avec
succès que par un conservateur. Voyez comment le libéral
Alexandre Hamilton conçut et accomplit autrement sa mission

en Amérique. Le comte Bismark procède à la manière conservatrice : il voit d'abord les faits et les réalités, et ne passe qu'ensuite aux idées. Il ne rappelle l'esprit libéral que par certains traits, par les paroles de génie qu'il lance parfois, comme de lumineux éclairs, dans les discussions, et par les irruptions violentes de sa volonté de fer.

CHAPITRE IX.

L'absolutisme.

L'absolutisme correspond à l'homme âgé; ses qualités sont celles du sexagénaire. Les forces *féminines* et *réceptives* ont peu à peu envahi les forces mâles. La vie descend, et s'approche de sa fin.

Ce n'est pas à dire, sans doute, que l'homme âgé cesse toujours de produire. Nombre de poetes, d'écrivains, d'artistes ou de savants, ont enfanté jusque dans leur vieillesse des œuvres admirables; des politiques et des généraux septuagénaires ont remporté de magnifiques triomphes. Les talents radicaux, le génie libéral, la sagesse conservatrice d'une nature individuelle, persistent souvent malgré les ans. Mais l'âge ne donne point ces qualités à qui ne les possédait pas, et il en apporte d'autres qui, si estimables qu'elles soient, ont cependant moins de valeur.

Ce qui le caractérise en première ligne, c'est la *perfection* et *l'habileté de la forme*. Il semble qu'elles viennent couvrir l'affaiblissement des forces actives, et elles se montrent rarement au même degré auparavant. C'est cette qualité qui, dans les cours et dans les salons, fait souvent la supériorité de la vieille noblesse sur des parvenus plus intelligents. Celle-ci sait mieux représenter, ses manières sont plus fines, plus sûres, plus conscientes. L'importance que l'on donnait aux anciennes formes et à l'usage du monde, explique en partie le nombre des diplomates célèbres d'âge avancé, et les succès de *Talleyrand*, leur maître. Nul ne dirige mieux des fêtes et des cérémonies qu'un homme à l'esprit vieux.

Le goût et l'habileté de la forme se présentent tantôt avec une *inexorable raideur*, tantôt avec un *abandon* facile et bien-veillant. Mais l'esprit en est généralement absent; parfois même il est en contradiction avec elle.

Le *style rococo*, qui régna en Europe depuis le milieu du XVIIe siècle jusqu'au XVIIIe, est tout à fait dans le second genre. Impuissant à représenter de grandes choses, il a un certain charme doux et familier qui repose. On retrouve ainsi dans le style le côté bienveillant du formalisme absolutiste de l'époque, dont le côté raide et antipathique est représenté d'autre part par une *orthodoxie* étroite et durement oppressive des cons-ciences.

La douceur des formes du vieillard est en harmonie avec sa prudence calculatrice. Son expérience s'est enrichie, mais son cœur s'est refroidi et desséché. Il observe naturellement, et compte juste. Les spéculations idéales ne l'intéressent plus guère, car l'expérience lui a montré qu'elles sont pratiquement stériles. Il est trop faible pour concevoir à la manière libérale, mais il ne croit même plus que médiocrement aux vérités de l'histoire. Tantôt sceptique comme *Voltaire*, il se raillera de toutes les traditions; tantôt, s'exagérant sa faiblesse, il se sou-mettra entièrement à leur autorité, comme les jésuites et les orthodoxes. Il cultivera volontiers les sciences qui pèsent, comptent ou mesurent. Les vérités démontrées d'une manière sensible ou par des chiffres ont surtout ses faveurs; leur cer-titude absolue semble reposer son âme. C'est dans les *mathé-matiques* et les *sciences exactes* que les vieillards ont le plus produit.

Notre siècle radical-libéral est justement peu sympathique aux tendances absolutistes qui répondent au génie du grand âge. Cependant la vie privée et la société doivent aussi beaucoup à ce dernier. C'est en grande partie a son admirable *talent de combinaison*, à ses *applications savantes*, que nous devons notre luxueux confort, nombre de nos moyens techniques, les riches produits de nos fabriques et de nos manufactures, en un mot l'*improvement*, comme disaient les Anglais.

Quant aux sciences abstraites, l'absolutiste les aime moins pour leurs vérités que pour les services ou les jouissances pratiques qu'elles peuvent procurer. L'utilité et l'argent deviennent pour lui la mesure des choses. Il est parfois un virtuose dans les *affaires de finances* : nombre de banquiers et de financiers ont été vieux toute leur vie. Sa *prudence* extrême dégénère facilement en *ruse*. La jeunesse court après les papillons en s'enivrant de l'azur du ciel ; la vieillesse ramasse avarement les fruits tombés par terre.

L'homme âgé a de plus un grand sentiment des *convenances* et de la *décence*, qualité précieuse pour la société. Mais son *extérieur digne* couvre souvent une moralité douteuse. Il est volontiers un amateur délicat de la musique et des mouvements rhythmés ; mais la littérature et les arts ne l'intéressent qu'autant qu'ils le font jouir sans troubler son repos. C'est ainsi que la période classique de la littérature française fleurit au soleil de la faveur royale pour les jouissances intellectuelles d'une cour absolutiste et des délicats de Paris, bien plus que pour celles de l'ensemble du peuple. L'art, qui cultive surtout le brillant de la forme, est naturellement absolutiste. Il ne saurait prétendre à l'immortalité des œuvres qui remuent le cœur et l'esprit de l'humanité.

La vieillesse se tourne volontiers vers le *positif ;* elle aime les *biens matériels*, l'argent et la fortune, le titre et le rang. Non qu'elle en ignore la vanité et la fragilité : elle sait bien qu'ils n'augmentent pas la valeur de l'âme ; mais elle sait surtout apprécier leur utilité et les employer à ses fins.

Ses idées politiques n'ont plus l'éclat de la jeunesse, ni la sagesse profonde de l'âge mûr. L'élément féminin y domine également. C'est ainsi qu'elle aime par-dessus tout le repos et la stabilité. Ce goût est souvent à tort nommé conservateur. Le conservateur est trop vaillant pour vouloir le repos pour le

repos; il ne dort que pour reprendre des forces; il comprend
que la placidité absolutiste méconnaît le mouvement nécessaire
de la vie et l'inévitable mobilité des choses.

L'amour du repos, le besoin de dormir, se montrent surtout à
la suite de révolutions ou de guerres pénibles, après des
efforts ou des travaux considérables. L'absolutisme sait habilement profiter de ces moments. L'Europe était précisément dans
cette situation après les grandes luttes de la Réformation,
lorsque le régime absolu envahit les monarchies et les républiques, et vint grandir sans mesure l'*autorité de l'État*. Les
esprits fatigués s'inclinèrent. Louis XI et Louis XIV furent
pendant longtemps des princes très-populaires en France.

Les grandes guerres de la Révolution et de l'Empire produi-
sirent la même lassitude et les mêmes effets (1815). *Talleyrand*
lança dans la circulation le *principe légitimiste* au congrès de
Vienne; Metternich s'en saisit avec joie, et pendant vingt ans,
l'on fit croire à l'Europe qu'il pouvait seul donner le salut et la
paix.

On peut dire en un sens que l'absolutisme n'était pas *réactionnaire* aux siècles derniers, qu'il terminait naturellement la
grande période du moyen âge et préparait les temps nouveaux.
Mais il l'est habituellement de nos jours, car il veut imposer ses
vieux oripeaux aux jeunes épaules d'une époque nouvelle. Tous
les partis absolutistes actuels ont plus ou moins une empreinte
réactionnaire. Ils n'aiment ni ne comprennent la vie moderne,
et rêvent de ramener le paradis perdu du moyen âge clérical
et nobiliaire.

L'absolutiste se vante parfois de respecter le *droit* et d'affermir l'*ordre*. Mais son droit est sans vie et son ordre sans liberté.
Il exagère volontiers l'*autorité des formules*, et fait triompher la
lettre sur l'*esprit*. Peu sympathique au droit en formation, peu
ménager de l'équité, à moins qu'il n'y ait utilité, il montre
tantôt un *respect pédantesque* du droit formel, tantôt nul autre
souci que sa *convenance*. Placé entre le droit et le pouvoir, il
s'empare du pouvoir aussitôt qu'il y trouve avantage.

Il aime l'*autorité absolue, incontestée*, qui semble le mieux
assurer le repos, parce qu'elle se meut sans entrave. Il lui

26

donne une origine divine, et va jusqu'à la dire inspirée. Il exige une obéissance *passive*. La monarchie absolue et théocratique est son idéal.

Sans doute, l'autorité absolue et l'obéissance stricte occupent une place nécessaire jusque dans l'État moderne; mais jamais elles n'y sont au premier rang. Leurs domaines spéciaux sont l'*armée* et la *comptabilité*. Les moyens externes de la guerre, l'organisation, l'armement, le commandement et l'obéissance, ont un caractère mécanique et formel qui se comprend, parce que la force y est déterminante. De même, la comptabilité de l'État doit avoir une sûreté mathématique, comme celle des institutions privées. Mais ces deux branches n'ont dans l'État qu'une situation subordonnée. Elles sont au service de la politique. Leur règne serait une despotie de janissaires et de prétoriens, ou une plutocratie qui vendrait jusqu'à l'honneur de la nation.

L'*ordre des jésuites* est sans contredit l'expression la plus dangereuse et moralement la plus importante des idées absolutistes. Il naquit remarquablement à l'époque même où le moyen âge vieilli, ébranlé par la Réformation, entrait dans sa période dernière. La forme absolue favorisa sa rapide expansion. Il s'établit en maître dans quelques pays catholiques, puis tomba à la lumière des idées nouvelles, pour renaître avec vigueur lors de la réaction de 1815. S'il est encore toléré de nos jours sur le continent, c'est que certaines vieilles cours absolutistes l'aiment ou le craignent.

Cet ordre fameux transporte dans la vie religieuse, qui ne peut être mécanique sans cesser d'être consciencieuse et vraie, l'autorité naturellement absolue du général d'armée sur le soldat. Il tue dans ses membres la liberté personnelle, pour en faire les instruments passifs de son arbitraire puissance. Le monde chrétien peut justement leur crier : « Vous êtes les ennemis du genre humain ! »

L'ordre de Jésus prétend ne poursuivre qu'un but élevé, la sanctification des âmes, l'extension de la chrétienté, la soumission à la volonté divine. L'éducation savante et ascétique de ses membres n'aurait pas d'autre but que de tuer en eux tout égoïsme. Mais, en réalité, il ne tend qu'à dominer les hommes et à les exploiter à son profit; et si ses membres perdent tout égoïsme individuel, c'est pour reprendre leur large part dans l'égoïsme insatiable de l'ordre. Les jésuites n'agissent jamais avec franchise et liberté. Leurs *maximes* leur tiennent lieu de principes; leur souple *casuistique* de loi; l'*intrigue* d'action. La *ruse* et l'*artifice* sont leurs meilleures armes.

L'on se tromperait en jugeant par eux seuls de la nature de l'homme âgé; ce serait fermer les yeux sur le bon usage qu'il fait aussi de ses qualités. Mais le type dégénéré peut aider à trouver le type pur; et les jésuites nous prouvent que les qualités du vieil âge sont plus féminines que viriles. Le courage libéral peut dégénérer en sauvage audace, la fermeté conservatrice en dureté; ils ne prendront jamais ce caractère féminin.

C'est pour cela que les natures absolutistes tombent souvent sous la *domination des femmes*. Un homme d'État peut écouter volontiers le conseil moral de son épouse, mais il ne se laissera jamais gouverner par elle; il croirait perdre sa dignité d'homme. Les princes absolutistes, au contraire, sont fréquemment sous la pantoufle de leurs femmes, et surtout de leurs favorites et de leurs maîtresses. C'est que la femme, dans les qualités de son sexe, est réellement supérieure à l'homme.

L'*irritabilité* de l'absolutiste s'explique de même. Nombre d'absolutistes sont bons et bienveillants; ils jouissent du bonheur d'autrui et ne sont point égoïstes. Mais qu'on trouble leur repos, et ils s'agitent, s'irritent, se courroucent, deviennent cruels. La plupart des tyrans, et les plus détestables, appartiennent par le caractère au vieil âge.

CHAPITRE X.

Le principe psychologique dans la politique.

L'étude des forces changeantes de l'âme dans la succession des âges a une importance plus générale encore. Elle ne s'applique pas seulement aux partis, mais à la vie entière du peuple et de l'État, et elle devient ainsi une véritable science de l'esprit et du caractère politique en général.

Tout parti politique se rapproche plus ou moins de l'un des types indiqués. Il en est de même de *tout individu*, alors même qu'il n'appartiendrait à aucun parti : l'un pensera en libéral, l'autre en absolutiste, etc., toujours d'ailleurs avec des nuances variant à l'infini.

Même remarque pour les *institutions*, car l'homme donne son empreinte à ses œuvres. Les fonctions du juge n'ont-elles pas un caractère conservateur ? La plus haute mission du chef de l'État n'est-elle pas libérale ?

Les chefs de partis appartiennent même souvent à un autre type que le parti qu'ils mènent. Le parti ultramontain se range parfois sous le drapeau d'une nature radicale, comme *Lamennais* ou *Veuillot*. Le parti radical accepte plus souvent encore un prudent chef absolutiste. On comptait plusieurs absolutistes parmi les meneurs des jacobins ; les démocrates américains eurent pour chef *van Buren*, vieillard habile en expédients; les associations ouvrières radicales de l'Allemagne s'inclinent devant certaines prudentes têtes grises. Mais il est plus naturel et meilleur que les radicaux soient conduits par un libéral, comme les révolutionnaires par *Mirabeau*, les mobiles Irlandais par *O' Connel*, et les absolutistes par un conservateur, comme les ultra-tories par *Wellington*, les *Junker* prussiens par *Bismarh*.

Des oppositions analogues se remarquent dans les nations.

Les Français sont volontiers absolutistes par le caractère et radicaux par l'esprit, ce qui explique les oscillations violentes et extrêmes de leur histoire, et le rôle prépondérant que la France a joué dans les périodes absolutistes et dans les périodes radicales, sous Louis XIV et pendant la Révolution. Une âme enfantine s'unit dans le peuple russe à un esprit vieillot. La race germanique est plus virilement constituée. Les *Anglais* ont surtout un caractère conservateur; les idéals de l'esprit *allemands* sont manifestement libéraux. Aussi les Anglais ont-ils mis la liberté sous la protection du droit, tandis que les Allemands la comprenaient et en usaient surtout comme indépendance personnelle de l'esprit. Mais toutes ces qualités ne sont pas exemptes de mélange. Les Français ont accompli de grandes actions libérales; les Anglais ont aussi produit des abstractions radicales, ou poursuivi des tendances absolutistes; combien de fois les Allemands ne se sont-ils pas bercés de rêves puérils, ou n'ont-ils pas montré une servile soumission!

Toute l'*histoire* des *nations* et de l'*humanité* obéit à la même loi des forces changeantes de l'âme. Dans leur enfance, elles s'inclinent devant des idées abstraites ou se laissent conduire par les créations de leur imagination. Dans leur vieillesse, elles donnent une autorité décisive aux formes traditionnelles, et montrent plus de prudente habileté que d'esprit créateur ou de vraie sagesse.

L'*histoire du droit romain* présente cette série d'une manière remarquable.

Dans son enfance, Rome est riche en formes symboliques qui frappent l'imagination, et qui révèlent pour ainsi dire dramatiquement son profond sentiment du droit. Ce sentiment se mêle encore plus ou moins de religion et de poésie, et ces trois forces concourent à créer ces institutions plastiques qui forment l'ancien et sévère *jus civile*.

Dans la virile jeunesse de la Rome républicaine, le droit devient plus conscient et plus vivant; et il s'exprime soit par la loi constitutive de l'ordre général, soit par le remarquable système des édits changeants des magistrats, soit enfin par les avis toujours plus autorisés des jurisconsultes.

Mais ce n'est que dans l'âge mûr du grand État, à la fin de la

république et au commencement de l'empire, que la science
classique des Romains arrive à sa perfection. Rome est alors
moins créatrice du droit; elle garde les institutions existantes;
mais c'est avec une intelligence virile, avec un travail persistant
d'amélioration et de développement.

Enfin, dans la vieillesse du grand empire, l'activité de la
science et du génie va s'éteignant, pour faire place à l'autorité
inintelligente d'une jurisprudence traditionnelle restée stationnaire, ou des lois souvent arbitraires des empereurs. Le formalisme redevient prépondérant comme au début; mais il n'a
plus rien de la poésie aimable de la jeunesse. Il est froidement
utilitaire et mécaniquement technique.

Une série analogue se présente chez les autres nations. C'est
ainsi que le droit des Germains aime également, à l'origine, les
symboles, les formes poétiques, les maximes plastiques. Au
moyen âge, il prend un développement original, et libéral au
fond, dans les statuts, les us et coutumes, les sentences des
Schoffen et des juges locaux; et les « livres de droit » viennent
en faire une science, inférieure sans doute pour la logique et la
clarté à la doctrine classique des Romains, mais plus éprise de
liberté. Enfin, dans les derniers siècles du moyen âge, le droit
germain s'incline devant l'autorité traditionnelle d'un droit
étranger. Notons cependant une différence importante à Rome,
ce fut à l'époque de sa vive jeunesse que le droit subit les influences de la Grèce, et son développement continua d'être national; le droit allemand, au contraire, était arrivé à son âge
mûr quand il se laissa envahir par le droit plus cultivé de Rome,
et il perdit de plus en plus son caractère national sous l'absolutisme caduc qui suivit. Mais le nouvel âge du monde qui
s'ouvre depuis un siècle, a donné et promet à l'Allemagne de
neuves création qui fondent et réunissent en un tout homogène
les éléments romans et germaniques.

Enfin, les oppositions psychologiques expliquent toute la
variété des opinions, des idées, des actes, et plus spécialement
des tendances naturelles des hommes. Elles deviennent ainsi de
véritables *catégories* de la plus haute importance pratique. Notre
étude sur les partis en a fourni maintes applications. Le tableau
suivant les rendra encore plus sensibles.

	AGE OU CONCEPTION			
	RADICALE	LIBÉRALE.	CONSERVATRICE.	ABSOLUTISTE
1. *Idéal de l'État* . . .	Règne de la loi	Une nation libre sous un chef libre.	Règne des familles et des classes nobles.	Arbitraire des puissants
2. *Forme de l'État* A. *monarchique*	Monarchie de forme seulement, comme le point sur l'i.	Monarchie représentative; monarchie élective.	Monarchie ordonnée, monarchie constitutionnelle héréditaire	Monarchie théocratique, par la grâce, ou absolue.
B *républicaine*	Pouvoir exclusif des changeantes majorités populaires.	Démocratie representative.	Aristocratie.	Démocratie absolue ou démocratie patriarcale
3 *Notion de la nation*	Association des individus	Personne politique	Personne juridique	Masse passive des gouvernés
4 *Notion de l'État* …	La société.	La personne de la nation.	Un organisme constitué	Une institution d'autorité.
5. *Notion du droit.*	Droit naturel absolu	L'ordre naturel de la vie commune.	Droit historique	Légitimité.
6. *Liberté*	Tous également libres	Chacun libre en proportion de sa force	Chacun libre dans la mesure du droit.	Liberté pour les gouvernants, obéissance pour les gouvernés.
7. *Principe des nationalités*	Toutes les fractions d'un même peuple ne doivent former qu'un seul État.	Déterminant, dans la mesure des exigences de la vie collective du peuple.	Le développement national basé sur l'histoire	Exploitation arbitraire de l'idée nationale
8. *Activité économique*	L'école et le jeu [?]	Le travail et l'acquisition	L'épargne et l'hérédité.	Le repos et la jouissance
9 *Question ouvrière*	Communisme national. L'État industriel	Organisation par le travail. Association. Libre concurrence	Équilibre du travail et du salaire. Sécurité des existences	Domination du capital et de l'argent. Esclavage.

TABLE DES MATIÈRES

LIVRE QUATRIÈME

LES MOYENS DE L'ÉTAT

LIVRE CINQUIÈME.

L'ÉTAT MODERNE ET LA VIE DE L'ESPRIT : RELIGION, SCIENCE, ART

LIVRE SIXIÈME.

POLITIQUE DE LA CONSTITUTION

A — EN GÉNÉRAL

LIVRE SEPTIÈME.

B. — EFFETS ET DEVOIR DE LA MONARCHIE REPRÉSENTATIVE.

LIVRE DOUZIÈME.

LES PARTIS POLITIQUES.

FIN

Saint-Denis. — Imprimerie CH. LAMBERT, 17, rue de Paris.

www.ingramcontent.com/pod-product-compliance
Lightning Source LLC
Chambersburg PA
CBHW071953270326
41928CB00009B/1420